Le monde du vin a-t-il perdu la raison ?

Parc Saint-Joseph – BP 3522 – 12035 Rodez cedex 9
Tél. : 05 65 77 73 70 – Fax : 05 65 77 73 71
www.lerouergue.com

GUY RENVOISÉ

Le monde du vin a-t-il perdu la raison ?

Éditions du Rouergue

Sans l'abnégation et la générosité des familles donneuses d'organes à qui je dois ma greffe rénale, ce livre n'aurait pas vu le jour.

SOMMAIRE

AIMER LE VIN

LES DIX RÉGIONS DU VIGNOBLE FRANÇAIS

PRÉFACE

Il est exceptionnel qu'un spécialiste réputé, dans un domaine aussi exigeant que le vin, demande une préface à un non-spécialiste.

Si j'ai néanmoins accepté la proposition de Guy Renvoisé, c'est au moins pour trois raisons.

Tout d'abord parce qu'œnophile par tradition familiale et par goût, collectionneur depuis de nombreuses années, j'ai beaucoup apprécié la démarche ambitieuse et la justesse de ton du précédent ouvrage de Guy Renvoisé paru en 1994 sous le titre *Le Monde du vin : art ou bluff?*

Il n'est pas fréquent en effet de trouver rassemblé dans un même livre autant de savoir sur le vin. Il est moins habituel encore qu'un même ouvrage puisse devenir tout à la fois une référence pour la qualité encyclopédique des connaissances présentées et constituer un guide utile pour le consommateur soucieux de vérité.

Tel est pourtant le pari qu'a déjà gagné Guy Renvoisé en 1994 et dont l'immense succès de librairie porte encore témoignage.

Guy Renvoisé n'est pas un homme de mode. La démarche qui le porte, lui et son épouse, associée fidèle dans son incessant travail d'investigation et d'analyse, c'est bien plus que l'amour du vin, c'est le respect du terroir, des modes de fabrication, des procédés de vieillissement et puis, par-dessus tout, cette volonté de dire des choses simples et vraies : les vins français sont trop chers et quelquefois trop sophistiqués, ils sont de plus en plus concurrencés par des productions étrangères de qualité. Gardons-nous, ici encore, de nous endormir sur nos lauriers : le réveil pourrait être douloureux.

Il est une deuxième raison qui m'a fait accepter la proposition de l'auteur : Guy Renvoisé et moi partageons la même considération pour un ami disparu, Alain Chapel, que j'ai connu dans le département de l'Ain, et avons le même attachement pour un établissement parisien tenu par Gérald Goutagny. C'est d'ailleurs ce chef qui, sachant notre goût partagé pour la cuisine et le vin, a provoqué entre Guy Renvoisé et moi la rencontre d'où cette préface est née.

La troisième raison est plus anecdotique. Peu de nos compatriotes en effet savent que depuis que l'École Nationale d'Administration s'est installée à Strasbourg, les élèves font, chaque année, le choix d'un vin qui porte le nom de leur promotion. Je l'ai moi-même découvert en prenant la direction de l'ENA en 1995, lorsque les élèves qui achevaient leur scolarité ont offert à Mme René Char un coffret de tokay pinot gris portant le nom de son mari, nom qu'ils avaient choisi pour leur promotion. Une tradition œnologique s'est ainsi établie à l'ENA. Dans l'image pas toujours positive que porte l'école – et quelque infondées que soient beaucoup des critiques que cet établissement véhicule –, la référence au vin comme valeur partagée par les élèves français et étrangers mériterait, certainement, d'être mieux connue...

Amour du vin, respect des terroirs, procédés plus écologiques de fabrication, voilà, dira-t-on, qui fleure la tradition et ignore que, comme tout produit, le vin est un bien dont le développement et la commercialisation s'inscrivent dans un contexte de mondialisation.

Cette double réalité ne me paraît pas antinomique.

Parmi les nombreux mérites de cet ouvrage, celui qui consiste à rappeler aux producteurs cette vérité que, même mondialisé, le consommateur de vin, précisément parce que ce produit est joyeux, comme l'écrit joliment l'auteur, peut devenir un censeur rigoureux, n'est assurément pas l'un des moindres.

Livre de dégustation et de vérité, servi par une connaissance intime des terrroirs et des vins, porté par une franchise de ton salutaire, tel se présente le nouvel ouvrage de Guy Renvoisé. Il est le très bienvenu.

RAYMOND-FRANÇOIS LE BRIS.
Préfet honoraire, ancien directeur de l'ENA.

AVANT-PROPOS

Chaque année, il sort de nombreux ouvrages sur le vin. Généralement, ils décrivent avec beaucoup de détails l'ensemble du vignoble français, avec les différentes appellations contrôlées, VDQS et vins de pays le composant, traitent des méthodes de vinification. Ils indiquent aussi une multitude d'adresses de récoltants. Il en est de fort bien documentés et surtout joliment illustrés. D'autres, au contraire, accumulent le paralogisme, mais ils ont tous un point commun : ils ne font quasiment que louanger ! Alors, allez-vous penser, encore un livre du même style. Je répondrai : pas exactement. Car si je trouve qu'actuellement, certes on boit moins et mieux, dans le même temps, j'ai constaté que depuis un certain temps, le paysage viticole français avait tendance à se modifier, entraînant des changements notables dans la typicité de nombreux vins et même parfois d'une région entière.

Dans un précédent ouvrage, j'avais alerté les consommateurs et dénoncé certaines pratiques incompatibles avec l'esprit initial des AOC, parmi lesquelles les abus d'engrais nuisibles aux grands terroirs (la potasse en Côte-d'Or) et surtout les apports des sinistres boues de ville en Champagne.

Depuis ce constat, dressé il y a dix ans, il faut reconnaître qu'un certain nombre d'éléments ont évolué dans un sens positif, ce qui a permis aux sols de retrouver leur vitalité.

En revanche, je continue à déplorer tout un ensemble de pratiques, en tête desquelles celle de prix de vente à la propriété parfaitement excessifs pratiqués ces dernières années. J'ai exercé durant plus de trente ans la profession de conseiller œnophile auprès d'une soixantaine de grands chefs plusieurs fois étoilés, servant aussi de lien amical entre ces professionnels et des Domaines viticoles réputés. Je parle donc d'un sujet que je connais fort bien. Aujourd'hui, avec le recul, je reste effaré – le mot n'est pas trop fort – devant les prix du vin pratiqués par la majorité des propriétés possédant des appellations en vue dans les zones les plus prestigieuses. Deux exemples illustrent mon propos :

- comment peut-on imaginer qu'un vin de Bourgogne grand cru d'un village et d'un Domaine réputé de la Côte de Beaune, que j'avais conseillé en 1975 à 53 F (8 €) vaille maintenant 125 € (soit 820 F) ?
- à Bordeaux, le plus réputé des seconds crus se négociait en 1975 à 42 F (6,4 €), et en 2000 s'est vendu à 120 € (780 F).

On va certainement me rétorquer qu'en Bordelais le millésime 2002 a subi une baisse substantielle. Malheureusement les autres régions n'ont pas suivi cet exemple. Je juge quand même cette baisse un peu faible, si l'on tient compte du sérieux coup de pouce donné en 2000, et surtout lorsque l'on sait qu'elle a été en partie imposée par la chute du dollar. Je précise qu'en dépit de la sagesse des prix pratiqués avant ce vent de folie, je n'ai pas souvenance d'avoir connu un domaine dont les biens aient été dispersés à l'encan.

Traditionnellement, les grands vins avaient la vocation saine d'être bus et appréciés à leur apogée entre connaisseurs. En raison du facteur prix, ils sont maintenant pour une grande part détournés de cette noble destinée, pour devenir de simples objets de spéculation que les commissaires-priseurs exhibent dans les salles des ventes.

Depuis plusieurs années, une importante majorité de récoltants alourdissent considérablement leurs coûts de production en pratiquant l'absurde vendange en vert, toujours dans le même but : être dans le vent et apporter de la concentration. Le vigneron sait pourtant que la vigne est un être vivant avec une réaction hormonale, n'appréciant guère qu'on l'agresse continuellement. Chaque cep a une activité physiologique qu'il faut respecter. Aujourd'hui, à peine un mois après les vendanges, les sécateurs sont déjà en marche au mépris des futures gelées, car la vigne a encore dans ses bois des réserves glucidiques. Les multiples interventions de l'homme ont du mal à s'arrêter une semaine avant la nouvelle récolte. Je pense que, si elle pouvait revendiquer, la vigne demanderait l'application des trente-cinq heures et celle des congés annuels !

En outre, de nombreux Domaines bordelais et d'ailleurs, sont aussi équipés d'un appareillage très onéreux, permettant encore de réduire un peu plus le volume de la récolte, en enlevant entre 10 et 12 % d'eau dans le moût, par l'utilisation des méthodes soustractives : osmose inverse* ou évaporation sous vide, autrement dit d'un appareillage concentrateur.

---

* Les astérisques renvoient au glossaire, p. 355.

Il y a dix ans, le terme « fabriquer », employé dans un article de la réglementation communautaire sur le vin, m'avait choqué. Dans mon esprit, on fabriquait une automobile, mais on « élaborait » un vin. Aujourd'hui, je dois reconnaître que ce vocable, appliqué au vin, décrit pourtant assez bien une certaine réalité.

Autre sujet à méditer : un phénomène médiatique néfaste, fait de jugements sommaires sur la réalité qualitative du vin et oubliant le moment de sa consommation à table, qui reste pourtant la seule vérité indiscutable.

On fabrique des supercuvées souvent inaptes au vieillissement, où le micro-bullage* n'est pas absent, uniquement pour satisfaire aux mascarades d'appréciations de quelques gourous à la mode qui ont en plus l'audace d'oser attribuer des notes. Un seul objectif : impressionner par la matière et la couleur, car si la robe d'un vin n'est pas noire il n'a plus aucune chance!

Je réprouve aussi :

- l'emploi à tort et à travers de fûts neufs sur des vins inaptes à les supporter, dans le seul but de bluffer le consommateur en lui imposant un surcoût totalement injustifié;
- les cuvées spéciales, qui ne devraient pas être admises dans des dégustations soi-disant comparatives;
- le mirage des vignerons amateurs;
- la multiplication des « vins de garage ».

La montée en puissance des vins étrangers sur de nombreux marchés accentue encore ce malaise. Il existe en effet actuellement une concurrence mondiale impitoyable.

Autant de facteurs qui devraient faire prendre conscience aux producteurs qu'il n'y a qu'un moyen de réagir : élaborer des vins bien représentatifs des excellents terroirs dont ils sont issus et les vendre à un prix décent. Au lieu de cela, la plupart ont pris le problème à l'envers, s'ingéniant, par des pratiques culturales et œnologiques, à enlever la typicité à beaucoup d'appellations et à jongler avec les augmentations de prix. Il en existe heureusement encore pour lesquels la qualité et la typicité demeurent les objectifs prioritaires. D'où, dans cet ouvrage, une liste comprenant près de 500 récoltants. Ce n'est pas une sélection, mais plus exactement, pour chaque région ou pays, les vins que j'ai aimés pour leur sincérité, en espérant qu'il en sera de même pour les lecteurs.

Cet ouvrage parcourt aussi les grandes régions viticoles, pour en dresser la carte et donner une vision la plus approchante des hommes et des terroirs les composant. Ce tour d'horizon permettra à chacun, y compris une majorité de récoltants vivant encore en autarcie, de se familiariser avec les pratiques de collègues éloignés, dont ils connaissent parfois assez mal les vins.

Il ne se veut ni rébarbatif ni trop technique et encore moins infatué, consacrant une large part de son contenu au consommateur, qui trouvera matière à s'informer sur beaucoup d'autres points tels que :

– les dix-neuf circuits de vente les plus courants et les plus insolites ;
– les écueils à éviter pour l'installation, la gestion et la rentabilité éventuelle d'une cave ;
– les deux clés de la spéculation avec les 33 vins réunissant ces conditions ;
– les garanties et les précautions dont il faut s'entourer lors d'un transport ;
– savoir d'où proviennent les arômes des vins, sans se perdre dans d'interminables commentaires ;
– les causes principales du goût de bouchon ;
– les bons mariages à table : classique, surprenant ou téméraire ;
– le vin et la santé avec l'opinion avisée de professeurs de médecine, le recommandant avec modération…
– pourquoi le vin est-il toujours mis en accusation ?

Enfin, une série de photos illustrent ce livre en venant corroborer mon propos.

INTRODUCTION

UNE CIVILISATION DU VIN MILLÉNAIRE

LA VIGNE : DE L'EMPIRE ROMAIN À NOS JOURS

Héritier d'une civilisation millénaire, qui doit beaucoup à l'Église du Moyen Âge, le vignoble français plonge ses racines dans les conquêtes des peuples méditerranéens. Cinq siècles avant notre ère, donc bien antérieurement à l'occupation romaine, il semble que ce soient les Phocéens, fondateurs de Massilia (Marseille), qui apportèrent sur le sol de la Gaule les premiers ceps de vignes.
Le véritable développement des terroirs* viticoles, leur prolifération et leur épanouissement sont très profondément liés à la romanisation de la Gaule. En encourageant la culture de la vigne, Rome y a introduit des caractéristiques qui ont perduré jusqu'à notre époque : son expérience de la juridiction et de la législation. Il ne faut pas oublier que la Rome impériale était très épicurienne, et surtout qu'elle avait le sens du prestige ainsi que l'amour du vin.
Cela n'empêcha cependant pas l'empereur Domitien, en l'an 92, d'ordonner l'arrachage de plus de la moitié des terres à vignes de la Gaule, sans doute pour éviter aux producteurs romains d'avoir à subir la concurrence. Mais, suite à la diminution des emblavures, il avait surtout éprouvé de vives craintes pour le futur approvisionnement de Rome. Pour la petite histoire, rappelons que dans les légions romaines l'emblème des centurions était un cep de vigne.
En 280, un autre entrepreneur, Probus, abolit l'édit de Domitien et autorisa à nouveau les plantations de vignes en Gaule.
Tous les manuels du vin citent ces deux empereurs, mais curieusement, passent sous silence l'empereur Constantin Ier qui, par l'édit de Milan en 313, garantit aux chrétiens

une tolérance qui équivalait à la reconnaissance du christianisme comme religion d'État. C'est sous son règne que la culture de la vigne s'intensifia, le vin remplaçant la bière qui, jusqu'alors, avait été la boisson nationale des Gaulois, inventeurs du tonneau pour la transporter, alors qu'à Rome, malgré une civilisation beaucoup plus avancée, on utilisait essentiellement des outres en peau et des amphores en terre cuite.

Les invasions barbares des Ve et VIe siècles réduisirent à néant tous ces efforts. Parce que les assaillants ne purent y propager le feu comme dans les moissons, quelques vignes survécurent, mais le désastre était tel qu'il fallut replanter partout. Le renouveau vint de l'Église et de ses évêques qui eurent besoin de vin pour célébrer l'eucharistie. L'évangélisation des campagnes, qui débuta avant la chute de Rome, se poursuivit sous les Francs puis surtout sous les Carolingiens (VIIe siècle) avec la création de monastères et d'abbayes. Partout où on entendait la messe, poussa la vigne. Les troubles n'ayant point cessé, les religieux cherchèrent à protéger les récoltes : le vin trouva refuge dans des souterrains, à l'abri des regards indiscrets. Ainsi naquit sans doute la cave.

Tout au long du Moyen Âge, prenant appui sur le rayonnement de l'Église, le vignoble français se développa et se perfectionna. Pour leurs fondations, les ordres bénéficièrent de dotations grâce auxquelles se constituèrent les terroirs* prestigieux.

Mais il faut attendre les Xe et XIe siècles, avec le foisonnement des églises romanes et la prospérité des grandes abbayes – souvenons-nous pour la seule Bourgogne de Pontigny, Cîteaux, Tournus et Cluny – pour voir le clergé exercer une véritable domination sur les meilleurs terroirs, en contribuant à la propagation du vin.

Presque tous les ordres religieux ont travaillé la vigne, mais ce sont surtout les bénédictins et les cisterciens qui ont véritablement contribué au développement de la viticulture et formé ce qui constituerait huit siècles plus tard les grandes AOC actuelles. Les premiers s'imposèrent en Alsace, dans le Sud-Ouest, dans les Côtes du Rhône, en Touraine, plus particulièrement en Bourgogne (prieuré de Saint-Vivant, abbaye de Cluny et clos de Bèze) et surtout, beaucoup plus tard, en Champagne à l'abbaye de Hautvillers où œuvra le célèbre dom Pérignon. De nombreux clos* ou lieux-dits témoignent encore aujourd'hui du passage des ecclésiastiques : la Roche-aux-Moines à Savennières, le Cellier-aux-Moines à Givry, la Combe-aux-Moines à Gevrey-Chambertin, etc. Les cisterciens furent les pionniers d'une grande partie du vignoble bourguignon actuel : leurs points forts étaient l'abbaye de Pontigny en 1147 (Chablis) et surtout le clos de Vougeot, dont la création remonte à 1120. Bien qu'ils aient joué un rôle moins efficace dans la viticulture, les austères pères chartreux furent aussi propagateurs du vin ; on les retrouve en 1381 à Beaune, en 1383 à Bordeaux et surtout à Cahors. On ne saurait oublier les ordres féminins, tout aussi experts. Les bénédictines de

Saint-André-de-Provence nous ont légué le gigondas et les abbesses de Château-Chalon, le vin de paille et le vin jaune. Sans leur contribution, la viticulture française se serait certes développée, mais beaucoup plus lentement.
En instaurant l'indulgence au XIIIe siècle, l'Église accrut encore son domaine viticole grâce aux legs que lui firent les bourgeois et nobles en échange d'une place au Paradis à l'heure du Jugement dernier. Il est vrai qu'il n'en coûtait guère aux religieux de faire des promesses, assorties de la félicité céleste, aux apeurés de l'heure dernière, en contrepartie de quelques arpents de vignes bien placées, qui permettaient à l'Église, avec l'aide de Dieu, de procéder habilement aux premiers remembrements avant la lettre ! Elle put mettre le vignoble en valeur grâce à une main-d'œuvre abondante, peu coûteuse et corvéable à merci, dont elle disposait dans les villages, et au travail désintéressé des préposés au cellier, qui s'évertuaient à élever patiemment le vin dans les meilleures conditions. Enfin, le système féodal l'avantageait, car elle prélevait la dîme – dixième partie de la récolte – en vin et percevait des droits en contrepartie de l'utilisation du pressoir banal.
À cette époque, les religieux connaissaient déjà le principe fondamental, selon lequel les vignes plantées sur les sols les moins fertiles donnent les meilleurs vins. Mus par une sorte d'instinct, ils avaient conscience des facteurs agronomiques qui font que certains vins sont supérieurs à d'autres. La preuve : les bons moines surmontaient allégrement les distances et les pires difficultés d'accès, pour s'installer aux emplacements les plus favorables, comme le Clos de Vougeot, le Chablisien, les meilleurs coteaux alsaciens, Château-Chalon, Cahors et l'Hermitage, pour ne nommer que quelques sites.
La religion jouait aussi un rôle hospitalier. Les abbayes avaient mission d'héberger les pèlerins, d'accueillir les voyageurs, les hôtes de marque et les grands du royaume. Parmi les devoirs de l'hospitalité, venaient en premier chef ceux de la nourriture, du vin et du coucher. Tous les anciens écrits insistent sur ce point : il fallait bien traiter les personnalités, mais aussi tous les humbles qui demandaient asile et protection ou simplement refuge, et surtout leur donner convenablement à boire, ce qui était l'usage. Très rapidement, cette attribution se renforça d'un rôle somptuaire : puisque l'on devait bien recevoir dans ces lieux ouverts à tous, pourquoi ne pas y associer la consécration du vin ? Il est vrai que nous sommes au haut Moyen Âge, où se situe le vrai départ de la viticulture française.
La société féodale d'alors manifestait un net penchant pour le bon vin. Lorsqu'ils se déplaçaient de château en château, les rois de France emmenaient parfois leurs crus favoris, puisant dans leurs réserves pour donner des fêtes ou honorer des invités. De vieux ouvrages mentionnent de somptueux cadeaux de pièces ou de queues de vin (ancienne mesure d'un muid* et demi) offerts par les papes, les monarques, les évêques et les seigneurs. En ce temps-là, le vin voyageait beaucoup

moins qu'aujourd'hui, car l'insécurité régnait sur les routes, tandis que le transport par voie fluviale comportait de nombreux risques. Aussi, certains vignobles, incapables de vendre leur production, en étaient-ils réduits à l'autoconsommation. Ceux qui se trouvaient sur un lieu de passage ou proches d'un port purent exporter. À partir des XIIe et XIIIe siècles, des villes comme Autun, Colmar, Avignon, Reims, La Rochelle et Bordeaux furent étroitement associées aux marchands de vins, ancêtres du négoce actuel.

Le professeur Branas, pour définir cette viticulture lors du congrès international Vigne et Vin au Cap en Afrique du Sud, le 28 octobre 1983, employa une belle image; il la qualifia de « transparente ». Il faut dire qu'elle était orientée vers l'obtention des vendanges les plus sucrées (la chaptalisation* n'existait pas encore), afin de produire les vins les plus agréables.

Précédée par les famines de 1316-1317 qui affaiblirent les campagnes, la guerre de Cent Ans chassa la prospérité et stoppa l'essor de la classe marchande. Des bandes de pillards brûlèrent et détruisirent à nouveau les récoltes. La vigne en souffrit et ne s'en releva que sous le règne de Louis XIV. Alors que tout semblait aller mieux, survint une terrible catastrophe : le rude hiver de 1709, si froid que la mer gela, portant un nouveau coup fatal au vignoble. On dut pratiquement tout replanter. Ce fut le signal d'une série de troubles futurs.

DE L'ÂGE D'OR À LA RUINE

Arriva 1789, époque de la Révolution, libérant la paysannerie française et donc les viticulteurs d'un certain nombre de contraintes et de servitudes multiséculaires, comme la dîme et le pressoir banal. On a souvent écrit que l'on a donné aux paysans la terre qu'ils cultivaient. Pour être totalement objectifs, disons que les choses ne se sont pas passées exactement comme cela. Il est vrai que les propriétés épiscopales ont bien été restituées, mais on oublie de préciser que la Révolution « quoique bonne fille pleine de vertus » n'a pas fait de tels cadeaux aux vignerons. Toutes les terres ayant appartenu à l'Église ont été revendues en tant que « biens nationaux ». Certains ont eu la possibilité d'en acheter, mais pas systématiquement ceux qui la cultivaient auparavant, et pour cause : avec quel argent auraient-ils pu s'offrir un tel patrimoine? Il ne faut pas oublier qu'à cette époque la paysannerie était très pauvre. Dans la plupart des cas, ce sont des bourgeois cossus qui ont remplacé le clergé; quant aux paysans, ils ont simplement changé de maîtres, mais pas toujours de condition.

Dans le même temps, l'extension des surfaces continuait anarchiquement, stimulée par l'absence de législation créée par la suppression des règles en vigueur sous l'Ancien Régime. Il s'ensuivit beaucoup de plantations sur des sols impropres à la culture de la vigne.

Le second Empire correspond à l'âge d'or. Vers 1850, la vigne s'étendait en France sur 2,2 millions d'hectares et occupait le second rang des cultures après les céréales. Les vignerons n'avaient à craindre sporadiquement que les rigueurs du climat (gelée ou grêle), les dommages intermittents de certains parasites connus depuis l'Antiquité et le redoutable collecteur d'impôts... Il existait sans doute certaines maladies physiologiques, qui n'avaient pas encore été identifiées, mais leurs dégâts devaient être insignifiants. Les méthodes de lutte étaient essentiellement d'ordre cultural; choix des meilleures situations topographiques, modes de conduite orientés vers la qualité des produits en faisant appel à des procédés physiques comme l'ébouillantage contre la pyrale* ou le ramassage des insectes et le comptage des papillons, etc. Il n'y avait pas de protection chimique : la vigne était réellement conduite en « culture naturelle ».
La viticulture commerciale semblait donc de nouveau appelée à un avenir florissant. Malheureusement, cette seconde moitié du XIXe siècle fut non seulement endeuillée par la redoutable guerre de 1870, mais aussi par l'apparition successive de quatre redoutables parasites (insectes et champignons) en provenance des États-Unis, qui furent cause du plus grand désastre de tous les temps dans la viticulture avec l'apparition du phylloxéra. C'est un minuscule puceron, étudié et décrit pour la première fois en France par le botaniste Planchon en 1868, dont la présence dans les vignes se manifeste sous deux formes : les sexués et les asexués qui, à l'instar des abeilles ou des pucerons, se reproduisent par parthénogenèse en pondant un très grand nombre d'œufs. On sait à peu près avec certitude que l'insecte destructeur s'est introduit en France sur des plants racinés, venant de New York à Roquemaure, et qu'il se multiplia dans la pépinière des frères Audibert à Tonnelle près de Tarascon avant d'envahir l'ensemble du vignoble français. En 1865, la maladie fut constatée pour la première fois officiellement à Roquemaure.
Pour lutter contre le phylloxéra, on employa sans grand succès plusieurs techniques culturales ou chimiques :

- les plantations dans le sable : elles n'offraient que des possibilités très limitées;
- la submersion : c'était un autre procédé de lutte, fondé sur une donnée physiologique, aussi simple que la découverte d'Archimède. Le puceron est organisé pour vivre dans l'air et non dans l'eau. En effet, lors de la submersion, l'eau agit mécaniquement; par son poids, elle chasse les molécules d'air contenues dans la terre et l'insecte, ne trouvant plus l'oxygène dont il a besoin, meurt par asphyxie;
- le sulfure de carbone : on tenta également d'enrayer le phylloxéra grâce aux méthodes chimiques, en insufflant, à l'aide de pals injecteurs*, du sulfure de carbone dans les sols atteints de phylloxéra. Ce travail manuel était très pénible, mais il faut dire qu'à l'époque la main-d'œuvre était abondante, forte et peu rémunérée. En Bourgogne, la célèbre Romanée-Conti

fut protégée par ce procédé jusqu'en 1944, date à laquelle ses anciennes vignes furent arrachées.

Dans la lutte contre ces maladies, le laboratoire de viticulture de l'École nationale supérieure agronomique de Montpellier joua un rôle prépondérant grâce aux travaux de ses sommités : les professeurs G. Foex, P. Viala (à qui l'on doit une splendide ampélographie*), L. Ravaz, Alexis Millardet et Ulysse Gayon, ces deux derniers, pères de la fameuse bouillie bordelaise, mise au point en 1883.

LA RENAISSANCE DU VIGNOBLE

Alors qu'elles causèrent la destruction du vignoble français, les vignes américaines permirent paradoxalement sa renaissance. Planchon ramena des États-Unis des plants capables de survivre aux attaques du phylloxéra, tandis que le botaniste Alexis Millardet établit, entre 1870 et 1880, une « échelle de résistance » des cépages américains et observa que seules quelques espèces possédaient cette propriété héréditaire.

Au cours des années 1885-1890, Alexis Millardet mit définitivement au point les porte-greffes bien adaptés aux différents cépages du terroir* que nous connaissons aujourd'hui.

NOTA BENE

Pour rédiger ce texte, j'ai fait confiance aux écrits des historiens car, comme le disait Alphonse Allais : « Plus nous vivons, moins il y aura de gens à avoir connu Napoléon. »

LE SOL ET LE SOUS-SOL

LE DRAINAGE NATUREL A UNE INFLUENCE SUR LES GRANDS TERROIRS

Les progrès accomplis par la science nous permettent de savoir maintenant avec précision que, pour produire de très grands vins, il n'y a pas de formation géologique meilleure qu'une autre. Actuellement, on ne connaît pas un seul constituant ou élément du sol dont on puisse affirmer avec certitude qu'il est un facteur indiscutable de la qualité. Le seul avec lequel elle est souvent associée est le calcaire actif; ce qui n'a rien d'étonnant, puisque, à l'échelle mondiale, de nombreux vignobles réputés sont établis sur des roches mères calcaires et que l'abondance du calcium est un facteur bien connu de l'amélioration structurale des sols.
Bien que de plus en plus connue, la science géologique recèle toujours une petite part de mystère, raison pour laquelle il faut faire preuve de la plus grande circonspection lorsqu'on avance une nouvelle affirmation sur la structure tectonique de l'écorce terrestre. Dans l'état actuel de la recherche, il subsiste un certain nombre d'éléments qui échappent aux scientifiques. Il existe sans doute encore aujourd'hui dans le monde des terroirs* peut-être équivalents, voire meilleurs, que ceux déjà répertoriés. L'inventaire exhaustif est, en effet, loin d'être entièrement réalisé.
Néanmoins, grâce aux remarquables travaux du professeur Seguin de l'université de Bordeaux, on sait maintenant que les grands terroirs sont définis depuis des siècles par un régime hydrique naturel et régulier, qui a au moins autant d'importance que la structure géologique qui les compose. Avec la diversité de ses très grands terroirs,

le vignoble français semble tout à fait illustrer cette théorie, en produisant des crus tout aussi remarquables les uns que les autres, sur des sols pourtant très différents :

- en Alsace, les grands crus offrent à eux seuls tout un éventail de sols : schistes au kastelberg d'Andlau, granit au brand de Turckheim, grès rougeâtre au kitterlé de Guebwiller, roches volcaniques au rangen de Thann, etc. ;
- dans le Bordelais, le Château Haut-Brion campe sur des graves ainsi d'ailleurs que les Châteaux Latour et Lafite Rothschild en Médoc. À Saint-Émilion, le vignoble de Château Ausone est planté en partie sur le rocher calcaire alors que, contre toute logique, le meilleur cru de Pomerol, Pétrus, repose sur une boutonnière d'argile lourde ;
- les Côtes du Rhône n'échappent pas à la règle, les vignobles de l'Hermitage et de la Côte-Rôtie se situent sur des schistes désagrégés (comme d'ailleurs la célèbre Coulée de Serrant du Val de Loire) tandis que les meilleurs châteauneuf-du-pape sont issus de vignes poussant sur les galets roulés et la molasse marine (exception faite pour le Château Rayas, situé sur un sol léger, plutôt siliceux) ;
- en Bourgogne, les grands crus prestigieux de la Romanée-Conti, de Chambertin, Chambertin-Clos-de-Bèze et Musigny trouvent leurs assises sur des sols argilo-calcaires où domine le calcaire dur ;
- les grands champagnes tirent leur finesse d'un sol crayeux à bélemnite à peine fertile ;
- dans le Jura, l'incomparable château-chalon a son terroir d'élection sur les lias (marne bleue).

D'autres exemples pourraient aisément compléter cette liste. Tous ces grands vins exceptionnels, lorsqu'ils ont été très bien vinifiés, présentent bien entendu des caractéristiques totalement différentes, mais rien ne permet d'affirmer de manière péremptoire que l'un d'entre eux est supérieur aux autres.

La grande diversité des roches mères et des climats apporte la preuve qu'il est possible d'obtenir des vins de haute qualité sur des sols pédologiquement très différents.

Les grands terroirs se définissent essentiellement par quatre éléments indissociables : un sol et un sous-sol – nous avons vu que leur composition pouvait en être extrêmement diversifiée – étroitement liés à un bon microclimat* et surtout – ce qui est primordial – bénéficiant d'un drainage naturel, remontant à des temps immémoriaux ; ce qui est démontré avec les meilleurs crus. Ainsi, à Sauternes, l'exceptionnel Château d'Yquem est planté sur les sols de la croupe la plus élevée de la commune, qui, sans une bonne macroporosité, empêcherait tout développement de vignes de qualité.

Le drainage était déjà pratiqué couramment par les Romains. Il est évident qu'avec les moyens matériels actuels et les coûts de revient nettement moins élevés, on peut améliorer considérablement la circulation de l'eau dans un sol, à condition de ne pas recourir, comme on le fait quelquefois à tort aujourd'hui pour des facilités culturales, à la technique du dérochement qui enlève l'originalité des terroirs. Il est important de respecter la structure des sols et des sous-sols, en n'oubliant pas que les rochers jouent un rôle important dans la circulation de l'eau ; les anciens les aménageaient, sans jamais les retirer. Malgré tout, le progrès ne permettra jamais d'égaler les fissures naturelles du sous-sol, créées par la nature au cours des siècles, dans les terroirs d'exception.

À l'inverse, les terroirs plus modestes, qui constituent malheureusement la majeure part des extensions actuelles, présentent invariablement, selon les années, un déficit ou un excès d'humidité. Les profils hydriques relevés après des précipitations abondantes montrent que l'eau apportée par la pluie dans certains types de sols peu perméables, et surtout mal drainés, a tendance à stagner. Si la vigne résiste très bien à la sécheresse, en contrepartie, elle craint particulièrement un passage prolongé dans l'eau. Ses racines peuvent aller jusqu'à l'asphyxie et mourir. Dans le cas de vignes jeunes, ayant un enracinement superficiel, la totalité des racines (ou presque) est située dans la couche baignée par la pluie : les racines sont donc amenées bien involontairement à absorber l'eau d'une façon brutale et excessive, avec une répercussion néfaste sur les grumes qui gonflent, éclatent et finissent par pourrir.

On a la preuve de ce phénomène lors des années de chaleur caniculaire avec les extensions abusives des plaines par rapport aux vignes de coteaux. Sur les terrains riches de la plaine où le niveau hydrique est moyen, la vigne développe son système radiculaire juste au-dessus du niveau de l'eau et, dès que celui-ci baisse en raison de la brusque sécheresse, les feuilles commencent à tomber. En coteau, où il n'y a pas de niveau hydrique, les racines qui descendent très loin, arrivent à trouver un peu d'humidité et supportent mieux les dures conditions climatiques. C'est ce que certains vignerons ont encore du mal à comprendre ou ne veulent pas comprendre.

C'est dans les années défavorables que la supériorité des grands crus est la plus éclatante, en raison de la qualité de leurs terroirs bien structurés, qui présentent toujours une forte perméabilité et une bonne aération. Cet avantage est encore accentué lorsqu'ils sont plantés en vieilles vignes, possédant un enracinement profond, qui limite considérablement les effets d'une forte sécheresse ou ceux d'une pluviosité excessive, comme cela se produit quelquefois en août et en septembre.

La nature du sol et celle du sous-sol, conjuguées à l'exposition du terrain, exercent une action sur les constituants aromatiques du cépage, en imprimant une personnalité au vin, indépendamment de sa qualité qui, elle, résulte en partie des conditions climatiques de l'année. On connaît l'influence de quelques composants : fer (intensité colorante), calcaire (plénitude, gras et rondeur), silice (finesse et puissance), argile (moelleux et fermeté). On sait aussi que la couleur des sols a une action : ceux de couleur foncée conviennent mieux aux vignes produisant des vins rouges et ont aussi un pouvoir plus absorbant à l'égard des radiations solaires, alors que les terres blanches sont plutôt réservées à la production de vins blancs. Ce domaine est si vaste et si passionnant qu'il ne se passe guère d'année sans que les géologues ne fassent part aux agronomes de nouvelles découvertes. Un grand vin n'est pas le fruit du hasard. Dans son ouvrage *Le Théâtre d'agriculture et mesnage des champs* paru en 1600, Olivier de Serres, célèbre agronome français, écrivait : « Les trois choses que demande la vigne sont l'air, le sol et le complant. » J'ajouterai l'homme.

L'ÉROSION DES VIGNOBLES EN COTEAUX RISQUE DE POSER DES PROBLÈMES

Il faut vivre avec son temps. La vigne n'a pas échappé au progrès. On peut dire que depuis 1955, son entretien est entièrement mécanisé, si l'on fait bien sûr abstraction des très rares vignerons qui continuent à travailler avec un cheval.
Les premiers tracteurs enjambeurs ont vu timidement le jour en 1947. La mécanisation permet un nombre plus élevé d'interventions rapides (désherbage, traitements antiparasitaires multiples, rognage*, etc.). En revanche, cet avantage peut devenir un inconvénient pour les sols, car ces opérations sont quelquefois réalisées dans des conditions climatiques peu propices, en particulier lors des périodes humides ; ce qui a pour effet de modifier la structure des sols au passage des roues, entraînant un phénomène de tassement (création d'ornières, sites privilégiés de l'érosion) encore amplifié par l'utilisation d'engins de plus en plus lourds, la machine à vendanger en particulier.
Plus grave encore, pour faciliter le passage et la circulation des tracteurs, la plupart des vignes sont maintenant plantées dans un seul sens. Elles suivent la ligne de pente ; ce qui favorise l'érosion, alors que pendant des siècles elles avaient épousé le contour des coteaux, pour permettre au cheval de ne pas peiner. Ainsi, lors de violents orages, rien n'arrête plus la terre qui est ravinée avec une ampleur démesurée. Les vignerons ont beau la remonter, il en manque toujours un peu plus à chaque perturbation. Dans un avenir qui semble assez proche, il est à craindre que, dans certains vignobles de coteaux, il n'y ait bientôt plus assez de terre.
Malheureusement, trop de vignerons ne voient pas le danger. Lors des replantations, il faudrait, de temps en temps, penser à planter horizontalement en suivant la courbe des coteaux, retravailler la vigne d'une manière aratoire et surtout poser des drains aboutissant à des fosses de décantation. Il convient donc, plus que jamais, de protéger le sol en tant que support de culture, mais surtout en tant qu'élément irremplaçable de l'originalité et de la typicité des vins, car si l'on peut aisément le reconstituer par un apport de terre, on ne peut recréer un terroir datant d'une dizaine de siècles.

Comme le dit si joliment un passionné hors du temps, Nicolas Joly : « Le sol doit être considéré comme un capital placé en banque, dont on tire des intérêts pour vivre, sans toucher au principal. »

LA SAGESSE D'ACCORD, LA LUTTE RAISONNÉE : PARFOIS DU FOLKLORE, LA BIODYNAMIE : ON MANQUE ENCORE DE RECUL POUR LA JUGER

Les grands vins de France ont acquis, voilà déjà près d'un siècle, une réputation mondiale et ce n'est pas aux fertilisants qu'ils la doivent. Déjà au Moyen Âge, plusieurs rois de France et ducs de Bourgogne avaient pressenti le danger, en interdisant les épandages de fumures dans les vignes.

Je dois aussi citer le professeur Branas : « Les vignerons oublient souvent que la vigne est une mauvaise plante méditerranéenne, qui se plaît là où rien d'autre ne pousse. » J'ajouterai que les grands vins sont toujours issus de vignes ayant souffert.

Si l'on place la vigne dans des conditions trop favorables, avec de gros apports de fertilisants, elle devient une assistée ne se donnant même plus la peine d'aller chercher la nourriture dont elle a besoin dans le sous-sol. Pourquoi ferait-elle l'effort de descendre profondément ses racines, alors qu'elle peut trouver de quoi s'alimenter au-dessus d'elle ? Lorsqu'on commence à prendre la vigne en charge, comme un animal sauvage enfermé dans un zoo, on met le doigt dans un engrenage néfaste. Comment s'arrêter, alors que le volume de terre qu'elle explore, là où la vie est facile, est trop restreint pour lui permettre de reprendre son autonomie ? J'ajoute qu'en lui ayant enlevé son facteur de résistance, on l'a rendue très vulnérable.

Ne jamais oublier, que dans plusieurs régions, les apports massifs d'engrais ont longtemps et largement contribué à fausser l'image du millésime. Celui-ci doit être différent chaque année. Il est le reflet du temps et du climat. Suivant les conditions météorologiques, la plante, pour contrebalancer certains excès dus aux variations climatiques, secrète des substances lui permettant de puiser dans les couches géologiques successives, les éléments dont elle a besoin, variant selon la température, l'hygrométrie, etc.

D'où la nécessité d'avoir constamment un sol équilibré, avec une vie microbienne et bactérienne contribuant à l'image du millésime. C'est maintenant prouvé scientifiquement. On peut, sous le couvert d'un soi-disant progrès ou des belles paroles des marchands d'illusions, mésestimer l'extraordinaire complexité et l'organisation du monde animal dans le sol, en particulier des micro-organismes permettant de rendre assimilables les substances du sol et du sous-sol par la vigne ainsi que d'innombrables bactéries participant au bon équilibre biologique, entre autres les bactéries pourpres assimilant la lumière solaire.

Une vigne bien conduite doit suivre le régime d'un « sportif de haut niveau ». Il vaut mieux qu'elle ait une petite faim de potasse ou d'azote que de se laisser bercer dans l'abondance. La plus grave erreur, commise il y a une vingtaine d'années par des récoltants inconscients, a été d'essayer, par la fertilisation poussée à l'extrême, d'amener le sol à son optimum de production. C'est dans les terroirs où l'on observe des insuffisances, que l'on produit les plus grands vins.

Dans l'état actuel des connaissances de l'homme en matière d'agronomie ou de géologie, il est impossible d'établir la moindre corrélation entre la qualité des vins et la teneur des sols en tel ou tel élément nutritif. Si cela avait été le cas, avec des amendements appropriés, des petits malins attirés par le profit auraient déjà tenté de produire un grand vin, n'importe où. On n'est peut-être pas loin des concepteurs des vins de garage[1] qui prônent la technique aux dépens des terroirs.

Sous l'impulsion de quelques vignerons clairvoyants pris au début pour des illuminés, une grande partie de la viticulture semble avoir pris conscience que, pour exprimer leur potentialité, les terroirs devaient être traités avec le plus grand respect. Les trois premières régions viticoles à réagir furent l'Alsace, le Val de Loire et la Bourgogne (Côte de Nuits et Côte de Beaune) avec l'abandon de la potasse qui avait causé le plus grand désastre après le phylloxéra. Pour ces crus magnifiques, ce n'est plus qu'un mauvais souvenir.

Enfin, la Champagne, plus réticente en raison de la formidable campagne de presse déclenchée par une photo parue dans mon dernier ouvrage *Le Monde du vin : art ou bluff?*, a dû se résigner à interdire les sinistres boues de villes qui ont quand même pollué les sols pour de nombreuses années. Elle a aussi réduit les apports d'azote. À l'INRA de Bordeaux, des travaux ont démontré que ces excès provoquent un enrichissement des vins en précurseur de carbamate d'éthyle et en histamine : deux substances jugées nuisibles à la santé. À noter que les vignerons champenois, lorsqu'ils ont quelque chose dans la tête, ont du mal à changer d'avis. Ils ont en partie remplacé les gadoues par des écorces de pin broyées, loin d'être la panacée pour la vigne. J'y reviendrai dans le chapitre consacré à cette région.

Actuellement, on compte quatre catégories de récoltants :

- ceux qui croient toujours à la vertu des engrais : la Champagne et moindrement le Bordelais qui ne sont peut-être pas loin d'avoir encore cette optique;

[1] Le terme de « vins de garage », dérivé d'un concept américain (vin de boutique), a été inventé par Jean-Luc Thuvenin, qui n'avait pas de cuverie lorsqu'il s'est établi, mais un grand garage. Il s'est élargi et s'applique maintenant chaque fois qu'un producteur réalise une petite cuvée avec un grand battage médiatique.

- ceux qui, pour se donner bonne conscience, tentent d'influencer la clientèle avec un argument parfois fallacieux, la « lutte raisonnée » : belle invention des marchands de poudre de perlimpinpin ! Deux mots pour s'acheter une conscience. J'aime assez la définition donnée à ce terme par un ministre de l'Agriculture : « Phase d'approche de la lutte intégrée, consistant en un aménagement progressif de la lutte chimique, grâce à l'utilisation des seuils de tolérance économique et à l'emploi raisonné de produits de traitements spécifiques ou peu polyvalents. » Si l'on dissèque cet exposé, on est amené à sourire : « aménagement progressif », ce qui en clair veut dire que l'on va prendre son temps ; « seuils de tolérance économique », si je comprends bien, c'est trouver un juste équilibre entre trop de produits et juste un peu ; « emploi raisonné », je crois comprendre qu'il faut vérifier les dosages, sans doute marqués sur la boîte ! Si l'on en croit ce texte, la lutte raisonnée avec un grand R, pour beaucoup mais heureusement pas la majorité, n'est qu'un vulgaire simulacre de respect de l'environnement et souvent un « attrape-couillon » pour le consommateur ;
- les adeptes de la biologie. Selon une source provenant de l'ONIVINS, les vignes cultivées avec cette technique ont progressé. Elles dépasseraient actuellement les 20 000 ha dont à peu près 4 000 en Gironde. C'est une goutte d'eau dans cet immense lac viticole de près de 120 000 ha. Rappelons que le vin bio n'existe pas. Il y a seulement des vins issus de l'agriculture biologique, seule mention légale autorisée sur une étiquette ;
- enfin, les puristes, partisans de la biodynamie, science attribuée à un philosophe médecin et agronome autrichien du XIXe siècle, Rudolf Steiner, à l'instar de l'agriculture biologique, proscrivent l'ensemble des produits de synthèse. Leur démarche consiste à rétablir un équilibre qui n'aurait jamais dû disparaître entre la plante cultivée et son milieu naturel, tant terrestre qu'aérien.

La biologie est un système de culture corrigeant lentement au cours des années les erreurs qui auraient pu être commises dans le passé telle que la culture intensive ayant fait appel sans discernement aux engrais, aux désherbants et aux produits de traitement comme les systémiques*. Alors que la biodynamie n'est pas une agriculture physique, mais essentiellement un procédé énergétique. Sorte de réflexion permettant de mieux préserver l'environnement, cette pratique se différencie de la biologie en ce sens qu'elle n'utilise que de légères infusions de plantes (ortie, prêle, camomille, etc.) et de silice (agissant sur la photosynthèse). Ces préparations sont dynamisées dans de l'eau, puis pulvérisées à dose homéopathique sur le feuillage, en choisissant minutieusement les dates et les heures d'interventions, fonction de paramètres bien précis. On comprend mieux qu'elle puisse paraître déconcertante à ceux qui tentent de la comprendre.

Parmi la petite centaine de défenseurs qu'elle regroupe (le double si l'on compte ceux n'ayant que quelques parcelles à titre expérimental), j'ai à plusieurs reprises fait des dégustations sans avoir véritablement constaté de différence qualitative flagrante entre les deux pratiques. On ne peut pour autant condamner la biodynamie, car on manque de recul pour la juger objectivement. Rappelons que, parmi ses adeptes, seule une poignée de domaines l'ont mise en application depuis une vingtaine d'années, tels Nicolas Joly en 1980 (Coulée de Serrant), Pierre Frick en 1981 (Alsace), Mme Bize Leroy en 1988 (Vosne-Romanée), le Château Romanin en 1989 (les Baux-de-Provence), Anne-Claude Leflaive (Puligny-Montrachet) et le Château La Grave en 1990 (Fronsac).

Je ferai cependant une petite réserve amicale. La dynamisation consiste à mélanger la préparation à l'eau pendant vingt minutes à une heure, en tournant alternativement dans un sens puis dans l'autre, créant un tourbillon grâce auquel le mélange capte soi-disant les influences cosmiques. La position des planètes et des constellations revêt en effet une grande importance en biodynamie. Je n'ai jamais mis en doute l'attraction des astres, mais je reste sceptique sur le fait qu'en tournant dans un sens puis dans l'autre, on puisse les capter. Cela relève presque du vaudou !

Pour pratiquer la biodynamie, il est presque impératif d'être le seul propriétaire de son domaine, car dès qu'il y a des associés attendant des dividendes, le problème risque un jour ou l'autre de se compliquer.

En tant qu'ardent défenseur de la nature, je ne peux qu'approuver les vignerons cherchant à produire des vins où le terroir dont ils sont issus s'exprime pleinement sans le secours d'adjuvants amenant une standardisation déformant le goût du consommateur.

Il y a un point sur lequel je ne les rejoins pas. Par le passé, lorsqu'un viticulteur décidait d'arracher une parcelle de vignes, il pratiquait l'assolement triennal, procédé de culture par succession et alternance de végétaux, pour conserver la fertilité au terrain avec deux années de plantation fourragère et une de jachère*. Aujourd'hui tout le monde, y compris les fervents de la biodynamie, plante vigne sur vigne. On va me rétorquer qu'avec les charges et la fiscalité, ce n'est plus possible. Soyons sérieux, je dis qu'il y aurait une meilleure solution, peut-être raccourcir le temps de jachère, mais le maintenir !

LA VIGNE

LA VIGNE N'EST QU'UNE LIANE À APPRIVOISER

Pour éviter qu'elle ne soit livrée à elle-même, en acquérant un trop grand développement pouvant aller jusqu'à plusieurs dizaines de mètres, il faut la domestiquer. La production de bois assurant sa pérennité a tendance à prendre le pas sur celle du fruit, laquelle deviendrait irrégulière, sporadique et faible avec des baies minuscules et peu sucrées.

La taille a pour objet de limiter le développement du bois et son allongement, de régulariser la production du fruit en qualité et surtout en quantité.

On peut répartir les différents systèmes de taille en plusieurs classifications, les deux principaux étant :

- taille courte, lorsqu'on ne laisse sur la souche que deux coursons[1] ;
- taille longue en laissant au moins un long bois.

Il est compréhensible que la taille longue soit nécessaire pour les cépages moins fertiles, tels le pinot noir ou le cabernet-sauvignon, ce qui n'est plus aussi vrai actuellement, en raison des clones. Réciproquement, la taille courte semble mieux adaptée aux variétés plus fertiles (aramon, carignan, grenache, syrah, mondeuse, merlot, chardonnay, etc.).

Plusieurs systèmes de taille, selon les régions, sont mis en pratique par les récoltants :

[1] Branche fruitière taillée court pour que la sève s'y concentre.

– la guyot simple, du nom de son concepteur, semble dans beaucoup de vignobles être devenue la panacée, entre autres en Côte-d'Or. Elle risque à la longue d'être épuisante pour la souche, si la charge n'est pas correctement déterminée. Par ailleurs, la végétation est parfois déséquilibrée, favorisant les attaques des deux maladies cryptogamiques* : l'esca et l'eutypiose;
– le cordon royat, partant d'une souche coudée, présente sur la partie horizontale des bras régulièrement espacés partant des coursons. Ce mode de taille présente trois avantages : une production moins importante, une taille plus rapide et facile à réaliser, enfin des grappes bien étalées et mieux aérées, ayant pour effet de les faire mieux profiter de l'ensoleillement et des traitements.
En revanche, il a aussi quelques inconvénients : le travail de formation est long et délicat. Le tailleur, pendant les trois premières années, éprouvera des difficultés pour bien équilibrer la végétation future, en évitant l'allongement du vieux bois, pour ne pas nuire au bon vieillissement du cep.
En conclusion, pour le pinot noir, surtout lorsqu'il s'agit de clones associés à des porte-greffes un peu impétueux, ce mode de taille s'impose en Côte-d'Or. Ce que semblent avoir déjà bien compris des domaines de qualité comme la Romanée-Conti, le Comte Armand, etc., ne faisant en cela que reprendre le système préconisé, il y a plus de trente ans, par le grand Pierre Ramonet, qui connaissait bien le sujet.

L'ENCÉPAGEMENT À TRAVERS LES ÉPOQUES

Aujourd'hui, en excluant les variétés ne produisant que des raisins de table dont certaines sont issues de récents croisements intraspécifiques entre cépages ayant donné de nouvelles espèces comme le caladoc (grenache et cot), on compte, selon les services du ministère de l'Agriculture, près de cent soixante variétés de plants de cuves, destinés à faire du vin. Cette sélection représente un choix opéré par l'homme au cours des siècles. Il a été fondé sur plusieurs critères :

– aptitude culturale à certaines zones;
– précocité, fertilité, résistance aux maladies cryptogamiques*;
– richesse en sucre, qualité du vin et possibilités de vieillissement.

Si une bonne douzaine est restée très localisée, tels le viognier de Condrieu (qui malheureusement, sous la poussée de vignerons touche-à-tout, est largement sorti de son terroir de prédilection), l'en de l'el de Gaillac, le petit et le gros manseng de Jurançon, le poulsard et le trousseau du Jura, le braquet et la folle-noire à Bellet ou la mondeuse et la jacquère en Savoie, on ne peut pas dire que, hormis l'Alsace possédant en grande partie (exception faite pour les pinots noirs et blancs) un encépagement bien à elle, il en soit de même dans les autres régions viticoles. Ainsi la Bourgogne et la Champagne tirent leur gloire de deux cépages communs : le pinot noir et le chardonnay. Le cabernet franc – qui, soit dit en passant, se nomme bouchet à Saint-Émilion et Pomerol – fait aussi la renommée des vins de Chinon, Bourgueil, Saint-Nicolas-de-Bourgueil et Saumur-Champigny, où on l'appelle breton. Pour ne pas être en reste, un autre cépage bordelais, le malbec, a fait une incursion en Touraine sous le nom de cot, sans pour autant mésestimer les vins de Cahors dont il assure une partie de la pérennité sous le pseudonyme d'auxerrois. Dans le Jura, le chardonnay, pour ne pas nuire à son prestige, se prénomme communément melon d'arbois. Il arrive aussi, pour simplifier les choses, que dans une même région le même cépage porte deux patronymes ; ce qui est le cas dans le Val de Loire avec le chenin blanc (Anjou) ou pineau de Loire (Touraine). Difficile de s'y retrouver pour un profane !

Les deux plus grandes familles sont les noiriens (pinot noir, pinot gris, gamay, chardonnay et savagnin) et les cabernets (sauvignon, franc, merlot, petit-verdot, fer servadou, etc.).

C'est en se basant sur leurs caractères morphologiques comparés que les premiers ampélographes, Vialla et Vermorel, ont essayé de reconstituer la genèse des cépages actuellement cultivés, en se limitant à la simple description des caractères sans toujours avoir abordé l'étude de l'origine, demeurée souvent incertaine et quasiment impossible à vérifier. Le polymorphisme des cépages actuels est la résultante des variations de toute nature qu'ils ont subies au cours des siècles. La pérennité des nouveaux types apparus au cours des temps, à la suite de mutations successives, est assurée maintenant par la multiplication végétative (sélection massale ou clonale).

Contrairement à une opinion très répandue, tous les cépages ne sont pas apparus spontanément dans les vignobles où ils sont actuellement cultivés. Ils ont souvent été échangés entre les continents, les pays ou les régions ; et ce depuis la plus haute Antiquité. Nombreux sont ceux ayant connu un grand développement loin de leur zone d'origine. Ainsi le carignan, le grenache, le mourvèdre et l'aramon ont été introduits d'Espagne, alors que l'ugni blanc provient d'Italie et la syrah sans doute de Perse.

Jusqu'à une époque assez récente, des propriétaires de vignobles férus d'ampélographie*, à force d'hybridation et d'expérimentation, ont réalisé de véritables sélections. Leur activité a aussi facilité les échanges de plants entre les différentes contrées. Il en est résulté un intense brassage, dont on retrouve aujourd'hui les effets dans les vignobles du monde entier.

L'acclimatation d'une vigne à un milieu donné doit tenir compte dans son comportement, non seulement du climat ou du microclimat*, mais également des conditions du sol qui lui sont offertes (profondeur, pH, régime hydrique, richesse en éléments minéraux et teneur en calcaire). Seule l'expérience accumulée durant des siècles a permis de déterminer empiriquement les sols et les sous-sols, aptes à tel ou tel cépage. Ce n'est qu'à partir de là qu'il a été possible à nos aïeux de définir avec suffisamment d'éléments les caractéristiques de chaque terroir à produire des vins de bonne qualité.

La loi de 1936, créant le Comité national des vins de France, fut à l'origine des décrets fixant les conditions de production de chaque appellation, en précisant notamment la liste exclusive des plants autorisés dans les zones délimitées. Ce fut la première réglementation de l'encépagement, décrétée au niveau national. Elle consistait, dans la majeure partie des appellations, à distinguer deux groupes : les principaux et les cépages accessoires ou secondaires, en donnant pour ces derniers un pourcentage minimal ou maximal à ne pas dépasser pour chaque AOC.

Si le choix des cépages principaux a fait l'unanimité, en retenant les traditionnels les plus cultivés dans chaque aire où ils ont été inscrits d'office, il n'en a pas été de même avec les variétés d'appoint qui ont causé beaucoup de problèmes. Certains ne figuraient alors qu'à l'état de trace. En examinant l'encépagement actuel, on constate que, dans beaucoup d'appellations, un grand nombre de ces cépages ont quasiment disparu et c'est dommage pour la typicité de quelques vins.

Ces variétés sont pourtant les derniers témoins de la réalité viticole durant la période préphylloxérique. Les raisons qui les ont fait sélectionner par les anciens sont aujourd'hui oubliées des générations actuelles, qui devraient avant de les supprimer, comme ils ont de plus en plus tendance à le faire, procéder à des explorations plus approfondies des procès-verbaux ayant permis de les inclure dans les premières AOC.

Au lieu de cela, nous assistons depuis deux ou trois décennies à un véritable déclin de l'encépagement diversifié. Aujourd'hui, avec la mécanisation poussée à l'extrême et les techniques ultra-sophistiquées, les vendanges sont réalisées en un minimum de temps. C'est pourquoi durant les périodes de reconstitution, on a abandonné toute une série de très bons cépages comme le petit-verdot ou la muscadelle, ou tout simplement, on les a réduits à la portion congrue, au point qu'il est devenu difficile, pour ne pas dire impossible, de bien les juger dans les nouvelles conditions d'exploitation. Ces raisons sont diverses : beaucoup resteront malheureusement méconnues, mais on imagine facilement les impératifs prioritaires qui ont dicté ce profond bouleversement, la sacro-sainte rentabilité engendrant la productivité.

Une autre tendance actuelle, regrettable, consiste quelquefois à ne faire appel qu'à un seul cépage pour l'élaboration des vins qui, traditionnellement, provenaient de plusieurs. Ce qui n'est pas du tout conforme aux principes des « usages locaux, loyaux et constants », même si cette pratique ne va pas à l'encontre de la réglementation en vigueur. Celle-ci, en effet, pour certaines appellations, n'impose pas de proportions à respecter pour les cépages principaux. Cette tolérance a été très largement utilisée au cours de la seconde moitié du XXe siècle et surtout durant les deux dernières décennies, par de nombreux propriétaires de Châteaux du

Haut-Médoc, pour toutes sortes de raisons en tête desquelles on trouve naturellement la rentabilité et aussi le souci de produire régulièrement en quantité suffisante des vins à la fois plus alcoolisés, plus souples et plus aromatiques à dominante merlot, au détriment du cabernet-sauvignon, ce grand cépage médocain.
À titre indicatif, en 1970, dans le vignoble bordelais, le merlot couvrait 17 694 ha contre plus de 62 073 en 2000 changeant radicalement la physionomie d'une grande partie du vignoble de la Gironde. D'où la perte de typicité d'un grand nombre de crus classés du Haut-Médoc. Et tout cela dans le plus profond respect de la réglementation existante !

LA SÉLECTION CLONALE : UN RISQUE D'UNIFORMISATION À CRAINDRE DANS L'AVENIR

Après la dernière guerre, beaucoup de vignobles avaient grand besoin d'être reconstitués. Les vignes dégénéraient un peu partout. Les organismes viticoles prirent conscience du désastre et cherchèrent à y remédier par le biais de l'Institut national de la recherche agronomique (INRA). Au départ, les chercheurs avaient comme unique but d'opérer une très bonne sélection sanitaire, pour fournir aux vignerons un matériel exempt de dégénérescence.
Les premiers travaux eurent lieu un peu avant 1960 dans plusieurs stations de l'INRA, notamment à Colmar où M. Pierre Uglin s'est intéressé aux cépages alsaciens, tandis qu'en Bourgogne, à l'ONIVIT, sous la direction de M. Raymond Bernard, on travaillait énormément sur le pinot noir et le chardonnay.
Ces investigations ont montré que les cépages de raisins de cuve sont constitués d'une population faite d'une multitude d'individus vigoureux ou faibles, qui ont des qualités ou des défauts extrêmement diversifiés. Ce qui n'était au départ qu'une sélection sanitaire permettant de détecter certains virus, responsables de la dégénérescence infectieuse, est très vite devenu une sélection génétique ou sélection clonale, dont l'INRA avait codifié les premières règles en 1967.
Depuis l'origine de la culture de la vigne, les hommes se sont toujours efforcés, par divers moyens, d'améliorer la plante quelquefois dans un but quantitatif, mais surtout dans un but qualitatif ou en tentant de conjuguer les deux. Les premières sélections, dites « sélections parcellaires », étaient très primitives et pas vraiment efficaces.

LA SÉLECTION MASSALE

Antérieurement à 1967, on ne connaissait que le mode de sélection dite « massale », qui pouvait être positive ou négative. Dans le premier cas, le vigneron marquait d'un fil ou d'un cordon de couleur différente, pendant cinq ou six ans, les ceps qui lui paraissaient les plus beaux, pour y prélever ensuite ses greffons. Dans l'hypothèse d'une sélection négative, le processus était le même, mais à l'inverse ; elle portait sur les pieds les moins productifs et les plus déficients pour les éliminer. Pour l'anecdote, ces vignes marquées de plusieurs fils étaient familièrement appelées « vignes colonelles ».

La sélection massale présente l'avantage d'offrir un matériel végétal plus hétérogène, mais, en contrepartie, n'offre aucune garantie du point de vue sanitaire. Elle est de plus en plus pratiquée par les vignerons traditionalistes, très attachés à la qualité. Pour faire un grand vin, il faut savoir prendre des risques cependant, quatre facteurs font que ce type de sélection tend pourtant à connaître des difficultés :

- elle demande beaucoup de temps et de travail, pour un résultat comptant beaucoup d'échecs, car un certain pourcentage de greffons ne reprend pas ;
- il faut que le vigneron soit apte à juger visuellement les symptômes des différents virus (ce qui n'est pas toujours le cas) ;
- les vignerons ont toujours le droit (pour combien de temps encore ?) de faire leurs sélections massales, sauf s'ils se trouvent dans un schéma de restructuration. Dans ce cas, pour toucher leurs primes, ils ont obligation d'utiliser du matériel certifié, autrement dit des clones ;
- les pépiniéristes encore désireux de se charger de greffer sur porte-greffes les bois sélectionnés par les vignerons sont des artisans, qui deviennent de plus en plus rares, car la tendance actuellement – où tout n'est que simplification et rentabilité – va nettement aux clones agréés.

LA SÉLECTION CLONALE

C'est l'isolation d'une souche prélevée dans une population et multipliée par greffage*. Le clone est l'ensemble de la descendance végétative d'une seule souche appelée « souche mère » ou « tête de clone ». Il possédera exactement les mêmes caractéristiques, les mêmes qualités ou les mêmes défauts que la souche mère dont il est issu. On arrive donc ainsi à l'homogénéité totale d'une parcelle ; d'où un intérêt vis-à-vis des maladies, donc des traitements, puisque chaque pied réagit de la même façon, ce qui ne constitue d'ailleurs pas pour autant la panacée car, si tous les ceps d'un même clone ont un comportement identique, l'avantage peut alors très vite devenir un inconvénient. En cas de coulure* climatique, par exemple, toute la parcelle sera atteinte. De même, face aux invasions graves dues à un champignon ou un insecte, l'attaque sera d'autant plus difficile à combattre que tous les ceps seront atteints.

La sélection clonale, en s'appuyant sur la reproduction d'un seul sujet dont la qualité est jugée optimale, va trop loin. Les chercheurs manquent encore de recul pour estimer avec précision les conséquences de cette pratique. Il leur faudra encore de nombreuses années pour être véritablement sûrs que leur technique est fiable à

100 %. Il faut savoir que, plus on arrive à une race pure, plus on la fragilise. Rien ne prouve qu'il n'y aura pas dans le futur une calamité aussi redoutable que le phylloxéra, qui détruirait alors la majorité des clones. Pour réussir la sélection de leur pinot fin à l'abbaye de Hautvillers en Champagne et au Clos de Vougeot en Bourgogne, les bons moines bénédictins et cisterciens ont mis plusieurs siècles. L'utilisation d'un même clone dans une parcelle banalise le vin. Par extrapolation, on est conduit à se demander si, dans l'avenir, il sera encore possible, lors de la dégustation, de distinguer un cru d'un autre dans la même appellation.

Le clone a une autre conséquence. Il donne un vin technologique. Ce qui se comprend, puisqu'on n'a plus la diversité d'une population. Imaginons que les humains aient tous le même visage et le même caractère ! La valeur d'une civilisation se juge à ses individualités, de même que pour bien fonctionner, une salle de classe ne doit pas uniquement regrouper en son sein que des génies, mais au contraire se composer d'élèves ayant des personnalités diverses : le farceur, le paresseux, le distrait, le studieux et le surdoué, seuls garants d'un bon équilibre. Cette banalisation n'empêchera sans doute pas ce même vin d'obtenir plus tard une médaille au Concours général agricole de Paris.

Sur le plan qualitatif, un seul clone ne peut produire un vin complet, fin et aromatique, se suffisant à lui-même. L'expérience en matière de dégustation comparative des clones tend à le prouver. Il est donc non seulement nécessaire mais impératif de planter plusieurs clones, au minimum trois, voire cinq, dans une même parcelle ou tout au moins dans la même exploitation. C'est d'ailleurs ce que font la plupart des récoltants.

D'un clone à l'autre, dans un même cépage, la différence de maturité, pouvant aller jusqu'à une semaine, peut modifier la teneur en sucre d'environ 10 % et apporter une diminution du taux d'acidité. C'est une première possibilité de correction* naturelle des moûts*.

La sélection clonale connaît un succès grandissant, du seul fait qu'elle permet d'augmenter considérablement les rendements à l'hectare, même si elle va quelquefois à l'encontre de la qualité. En effet, en viticulture, c'est le rendement par cep qui importe puisque c'est de lui que dépend tout le système de la production des raisins, d'où l'intérêt de conserver, sinon la sélection massale, du moins une sélection clonale très étudiée et rigoureuse. En maintenant exclusivement des individus vigoureux, produisant beaucoup, on ne fera plus de grands vins, mais seulement du vin : il y a une nuance. La vigne étant une plante pérenne*, une erreur dans le choix des clones peut pénaliser un viticulteur pendant deux ou trois décennies.

Le clonage est une découverte allemande, qui remonte à 1876. Elle bénéficia d'une organisation centralisée dès 1937, au sein de la culture des vignes du Troisième Reich.

Cette sélection, dont le premier avantage est la garantie sanitaire de la vigne, ne peut être positive si l'organisme officiel, garant de la discipline des appellations d'origine contrôlée, n'interdit pas la plantation de tous les clones trop productifs, dont les effets désastreux se font déjà sentir sur plusieurs grands vins. On distinguait autrefois les cépages prohibés et les cépages autorisés. Il devrait en être de même aujourd'hui avec certains clones.

Nous risquons d'aller vers un appauvrissement de la population végétale. Il faut à tout prix sauvegarder les individualités; plusieurs clones ne correspondent pas toujours aux notions de diversité et de complexité aromatiques appartenant à notre histoire viticole si riche en vins exceptionnels.

À l'actif des chercheurs de l'INRA et de l'ANTAV[1], la sélection clonale a permis de sauver de vieux cépages de qualité, qui ne produisaient pratiquement plus tant ils étaient dégénérés : le floral viognier donnant le condrieu et le rare château-grillet, le trousseau qui apporte la typicité aux côtes-du-jura, la mondeuse, ce grand cépage savoyard dont Arbin est le berceau, et le petit manseng, meilleur producteur des admirables grands jurançon moelleux d'autrefois. Après avoir été testés pour s'assurer qu'ils avaient bien la valeur que leur accordaient les écrits anciens, quelques clones ont été régénérés sanitairement et réintroduits dans ces petits vignobles, en produisant à nouveau ces vins typiques et renommés depuis le Moyen Âge.

LES VIGNES HAUTES N'ONT PAS LEUR PLACE DANS TOUTES LES AOC

À l'origine, les autorisations de plantations de vignes hautes n'avaient été accordées qu'à titre provisoire et expérimental. Le temps est passé sans que personne ne s'en occupe, l'essai est non seulement devenu un état de fait, mais il a fait, parmi ses partisans, de nombreux émules. Aujourd'hui, elles ont envahi la majorité des appellations.

Hormis une facilité de travail et un coût de revient moins élevé qui la justifient dans les AOC mineures ou pour les zones de vins de pays, la vigne haute est nuisible à la qualité.

La vigne, comme toute végétation, demande à être conduite. Or, il est important de savoir que les réserves glucidiques se situent dans le bois. Donc plus une vigne a de bois, plus ses potentialités qualitatives sont élevées. Les vieilles vignes, mieux pourvues, ont toujours une production qualitativement supérieure. Pour les mêmes raisons, les vignes hautes ont obligatoirement une qualité inférieure.

[1] Deux organismes officiels s'occupent de la sélection clonale : l'INRA (Institut National de la Recherche Agronomique) et l'ANTAV (Association Nationale Technique pour l'Amélioration de la Viticulture).

La partie la plus riche en réserve est le tronc. Celle-ci est d'autant plus importante par rapport au raisin, lorsque la vigne est conduite en taille basse.
Il y a aussi un facteur capital que minimisent, à tort, beaucoup de vignerons. L'influence climatique du sol, c'est-à-dire celle de la plate-forme sur laquelle repose la couche d'air environnant le feuillage. L'altitude au-dessus du sol est une donnée essentielle. Pendant la période de maturation* des raisins, il fait plus chaud au niveau du sol ; la température moyenne de l'air ambiant diminue lorsqu'on s'élève, avec des différences importantes. Cette donnée impose un mode de conduite tel que le feuillage se trouve aussi près du sol que possible. Elle condamne donc irrémédiablement le système à tige élevée, pour la production de vins fins. Plus une vigne se trouve proche du sol, plus elle prend de force pour s'élever vers le soleil et la lumière. Les propriétés de la surface du sol jouent un grand rôle, surtout lorsque ce dernier est fait de graves ou de cailloux roulés comme à Châteauneuf-du-Pape. Ceux-ci emmagasinent de la chaleur la journée, la restituant la nuit à la vigne.
Pour les régions septentrionales, surtout à partir de septembre, où les nuits commencent à se rafraîchir, la vigne basse possède un avantage considérable sur la vigne haute, car son sol bénéficie de la restitution de la chaleur de la journée et l'en fait profiter la nuit.
Des études ont démontré que les raisins de vignes hautes, se trouvant à environ 70 cm du sol, subissent pendant la période nocturne, une température inférieure de 1 à 1,5 °C à celle des raisins d'une vigne basse située généralement à 30 cm.
Dans une vigne basse, des raisins mieux structurés, plus sucrés, joueront un grand rôle sur la qualité du futur vin.

LA MACHINE À VENDANGER D'ACCORD, MAIS PAS POUR TOUS

Il est indéniable que depuis les cinq dernières années, en raison de nombreuses améliorations techniques, ce mode de ramassage du raisin a fait d'incontestables progrès, sans pour autant être devenu la panacée. Pour être objectif, on doit admettre que bien conduite, elle peut offrir beaucoup d'avantages.
Sa percée s'explique par le fait qu'en raison de tracasseries administratives de plus en plus contraignantes, les vignerons cherchant à recruter des vendangeurs doivent accomplir des formalités relevant presque du parcours du combattant.
Pour être objectif, disons que le salaire de cette main-d'œuvre temporaire, travaillant parfois avec des conditions climatiques difficiles, n'a pas suivi le cours des vins, loin s'en faut.
Pour en revenir à la machine, dans les vignobles ne jouissant pas d'une réputation flatteuse permettant aux récoltants de pratiquer des prix en conséquence, son utilisation est compréhensible.

Je rappelle qu'une vendange manuelle revient aux alentours 3 800 € par hectare alors qu'effectuée mécaniquement elle ne coûte environ que 620 €.
En revanche, pour les appellations bénéficiant d'une grande renommée, elle devrait être bannie. Je n'ai pas l'intention d'infliger un pensum aux lecteurs en passant en revue son utilisation dans les principaux grands vignobles. Un seul exemple démontre sa progression : en Côte-d'Or, où elle n'avait pourtant pas la cote, pour le millésime 2000, plus de 2 000 ha ont été récoltés mécaniquement, soit 23 % des surfaces en plantations, alors qu'en 1988 seulement 14 % avaient été traités de cette manière. Les simulateurs arguent bien fort qu'ils récoltent la plus grande partie manuellement et, bien sûr, seulement deux ou trois parcelles de jeunes vignes à la machine. Il n'est pas difficile de prouver leur mauvaise foi ; il s'agit, comme je le fais périodiquement, d'assister un matin au départ des équipes et ensuite d'établir une équation, superficie du domaine/nombre de vendangeurs, pour découvrir la supercherie.

LE CHEVAL : UN RETOUR AUX SOURCES OU LE MIROIR AUX ALOUETTES ?

Le règne du cheval dans le vignoble n'a duré que pendant une période relativement courte. On peut le situer entre 1890, époque post-phylloxérique où les rangs de vignes palissés ont pris la place des ceps conduits en foule, et 1952, avec l'apparition des premiers tracteurs enjambeurs, mais c'est à partir de 1962 qu'il a totalement disparu du paysage viticole, lors de la mécanisation totale.
Depuis quelques années, on assiste dans les différentes régions viticoles à un timide retour du cheval de trait pour divers travaux de culture comme le décavaillonnage*.
La réintroduction du cheval vise principalement à lutter contre le tassement des sols, provoqué par le passage répétitif des tracteurs et des engins motorisés, de plus en plus lourds, modifiant la vie microbienne. J'ajoute que, lorsque le soc de la charrue accroche un cep, de lui-même le cheval s'arrête ; il n'en est pas de même avec la mécanique.
On peut ranger les adeptes de l'animal en trois catégories :

- les récoltants indépendants, farouches défenseurs des traditions, qui possèdent parfois des parcelles très pentues, difficiles à exploiter, des puristes comme Nicolas Joly à la Coulée de Serrant, le Domaine Schlumberger en Alsace ou Guy Bossard (muscadet-sèvre-et-maine). Bien que leur nombre soit assez restreint, la liste n'est pas exhaustive. Ils ont toujours eu des chevaux pour leur utilité et non pour sacrifier à un phénomène de mode. À noter qu'ils n'en font jamais état à titre publicitaire ;

– quelques nouveaux perfectionnistes, soucieux de pratiquer un travail protégeant les sols, font depuis trois ou quatre ans appel à des prestataires de services possédant plusieurs chevaux. Selon l'emplacement des parcelles et la nature des sols pour huit ou dix passages par an, le coût de revient par hectare s'élève entre 4000 et 6000 € ;
– ne nous voilons pas la face, la cause principale du regain d'intérêt pour le cheval de la part de quelques roublards n'est pas toujours la protection des terres. Elle tient plutôt dans l'image positive qu'il véhicule pour peu qu'un journaliste prévenu par le récoltant soit là au bon moment pour la fixer sur la pellicule ! Cette parodie du laboureur est tellement grotesque que même les oiseaux, pourtant gourmands de vers, ne tombent pas dans le piège. Ils négligent, et on les comprend, de suivre un sillon que le soc de la charrue effleure tout juste...

Récemment est née une nouvelle confrérie de la vigne et du cheval. Pour asseoir sa position, elle a déjà organisé sa première démonstration en public, au printemps 2001, dans le vignoble folklorique de Montmartre.

Deux buts ont guidé son action : remettre en valeur auprès du consommateur le travail de l'homme associé au cheval, mais surtout faire connaître ce retour au passé avec la création d'une contre-étiquette, amenant quelques cuvées spéciales de plus. On commence déjà à les voir fleurir dans plusieurs vignobles, notamment à Vouvray, en Beaujolais et, si mes informations sont exactes, bientôt en Côte-d'Or, à Gevrey-Chambertin et Pommard. Un petit conseil, soyez circonspects. Le cheval améliore les sols mais pas obligatoirement le vin !

LA VENDANGE EN VERT ET L'EFFEUILLAGE : DEUX PRATIQUES CONTESTABLES

La vendange en vert, que l'on peut qualifier de constat d'impuissance ou de phénomène de mode, consiste, une soixantaine de jours avant la vendange (période la plus proche possible de la véraison*), à retirer sur chaque cep de vigne un certain nombre de grappes soi-disant excédentaires pour tenter d'amener une apparence de concentration. La réalité est toute autre. Elle tend à donner bonne conscience au vigneron n'ayant pas respecté une ou plusieurs des cinq règles qualitatives incontournables.

Il y a toutefois dans la prévendange une opération qualitative dénommée « l'éclaircissage sanitaire » (à ne pas confondre avec la vendange en vert), pratiquée uniquement par les véritables professionnels respectueux de la nature, et consistant à retirer simplement les grappes accolées aux autres pour éviter les éventuels foyers de pourriture.

À la lecture de ce chapitre, je dois sans doute être taxé de passéiste, bien que loin d'être hostile au progrès, sous réserve qu'il ne nuise pas à l'authenticité d'un produit aussi merveilleux que nos grands vins issus de terroirs qui, sans chauvinisme, sont certainement parmi les meilleurs du monde.

Une vigne plantée dans les règles (clone et porte-greffe bien choisis), conduite sagement, ne doit produire que ce que l'on est en droit d'attendre d'elle. Sauf lors d'années pléthoriques rares, du type du millésime 1999 en Côte-d'Or où les récoltants ont pu, grâce à la qualité, obtenir un PLC de 40 % (Plafond Limite de Classement, permettant d'augmenter le rendement autorisé d'autant, sans trop nuire à la renommée de l'année).

Cinq facteurs peuvent être à la base d'un excès de production :

- lorsque la bonne vieille sélection massale a été remplacée par la sélection clonale, on a assisté à de nombreux dérapages. Les scientifiques, tout en s'efforçant de rechercher la qualité, ont aussi, sans doute bien involontairement parfois, privilégié la quantité en retenant des clones trop productifs. Sans crainte d'être démenti, je peux affirmer qu'au début cette technique a tenté de réunir les deux principes pour donner satisfaction à bon nombre de vignerons de l'époque, tant ils paraissaient indissociables pour l'avenir de leurs exploitations;
- après la terrible invasion phylloxérique de la fin du XIXe siècle, l'ensemble du vignoble français fut entièrement replanté par greffage* sur des porte-greffes issus de vignes américaines, seules capables de résister à la piqûre de l'insecte. Celui-ci est un facteur encore plus important de la vigueur de la vigne, donc de la production, par conséquent de la qualité du vin. N'oublions pas que, si le système foliaire du greffon assure la nutrition carbonée, le système racinaire du porte-greffe, dans la vie végétative du cep, a en charge l'alimentation hydrique, la nutrition minérale et synthétise, en plus des substances de croissance, des acides organiques et des protéines participant activement à l'évolution de la variété greffon. Le récoltant n'ignore pas ces choses que malheureusement il n'a pas toujours pris en considération. Je ne compte plus le nombre de fois où je me suis entendu dire par des viticulteurs : « Moi, monsieur, je recherche la qualité… » Et de m'énumérer les clones utilisés, réputés pour leurs qualités et leur faible rendement. Seulement voilà, il y avait un hic! En abordant le sujet du porte-greffe, apparaissait une contradiction flagrante, lorsque étaient cités ceux qui étaient réputés pour leur vigueur. Celui qui revenait le plus, n'était autre que le sinistre SO_4 ou le non moins destructeur 420^A mais rarement le remarquable Riparia Gloire. Les deux premiers furent préconisés à outrance il y a une trentaine d'années par des fonctionnaires de la viticulture inconscients, qui auraient été bien incapables de faire pousser de simples radis! Il faut se rappeler que l'un de ces porte-greffes a été à la base de la baisse qualitative des grands vins du Haut-Médoc (en association avec le greffon du cabernet-sauvignon dont il est l'antithèse). Il s'est montré aussi

néfaste en Côte-d'Or. On oublie parfois un peu vite que la vigne est une plante pérenne*. Ce n'est pas une salade : lorsque le mal est fait, il dure longtemps, d'où encore aujourd'hui des vignes trop productives. Je rappelle que la notion de vigueur conférée au greffon par le porte-greffe, différente de celle du pied mère, n'était pas soupçonnée au moment de l'introduction du greffage* après la période phylloxérique ;

- au risque de me répéter, j'insiste sur le fait qu'une vigne bien tenue n'a besoin que d'un fertilisant réfléchi et bien mesuré, principalement à la plantation, sauf si le récoltant fait fi de la qualité et souhaite produire au maximum autorisé, voire un peu plus, dans l'espoir d'un hypothétique arrangement sous forme d'une rallonge en PLC par l'INAO, après intervention des syndicats viticoles toujours prêts à se manifester lorsqu'il s'agit de l'intérêt de leurs adhérents ;
- lors de la taille, il faut savoir gérer la future charge. Cette opération démontre qu'une grande bouteille, sauf exception, ne peut provenir que d'une vigne peu productive ;
- au mois de mai, il est impératif de pratiquer méticuleusement un ébourgeonnage, action consistant à retirer les bourgeons superflus, dont les faux bourgeons. Cette sélection quantitative est la première intervention intelligente limitant la future récolte.

En conclusion, si le vigneron choisit avec discernement un mélange de clones qualitatifs et peu productifs, en les associant à des porte-greffes ayant les mêmes qualités, s'il maintient sa vigne avec une petite faim d'engrais, en la labourant et en surveillant attentivement la taille et l'ébourgeonnage, la vendange en vert, à de rares exceptions près pour de très jeunes plantes, est parfaitement inutile. Dans le cas contraire, où l'une ou l'autre de ces cinq opérations n'aurait pas été respectée, celle-ci est incapable de réparer ce que j'appellerais « un constat d'incompétence ».

Depuis quelques années, sous l'impulsion de plusieurs crus classés du Haut-Médoc se prenant pour le nombril du monde et surtout des vins de garage ou de crus de la rive droite, parfois acquis par des hommes d'affaires ayant fait fortune dans le secteur de la grande distribution, ce procédé pervers encouragé par des œnologues soucieux de ne pas contrarier leurs clients tend à se propager dans toutes les régions viticoles, à la vitesse d'une épidémie au Moyen Âge.

Les vignerons semblent avoir oublié que la vigne ne réagit pas toujours comme ils le souhaiteraient. La vigne étant un être vivant, elle est organisée pour nourrir le nombre de raisins qu'elle a produits. Il est compréhensible que, si par une opération contre-nature, on en enlève un certain nombre par cep, elle va, par ce qu'on nomme l'effet de compensation, être amenée à suralimenter ceux qui restent.

Cela aura pour effet de faire grossir exagérément les baies restantes, avec pour conséquence de donner des raisins déséquilibrés par un excès de jus, comparativement à la matière comprenant la pellicule et la pulpe, qui sont les éléments primordiaux de la personnalité et de la typicité du vin. J'ajoute que les ceps amputés d'une partie importante de leurs grappes ont généralement tendance l'année suivante à avoir un excès de vigueur. C'est le chat qui court après sa queue.

Une vigne s'arrête de pousser lorsque le raisin a atteint sa maturité. En revanche, le fait de lui en retirer lui donne de la vigueur et l'amène à continuer son cycle végétatif, provoquant dans le fruit mûr un goût végétal, engendré par les feuilles encore actives.

Quitte à revenir sur des vignerons d'exception, dont les vins sont encore là pour le démontrer, je n'ai jamais vu, en Bourgogne, Pierre Ramonet, Henri Gaunoux, Louis Trapet, Edmond Delagrange, Henri Gouges, François Raveneau et Georges Mugneret pratiquer cette opération, et ce, même dans les années où les vignes étaient chargées. Pas plus que Jacques Boivin (Château de Fesles), M. Chardon père (Château Palmer), M. Sanders (Château Haut-Bailly), les demoiselles Robin (Château Lafleur), François Roussier (Clos de Coulaine à Savennières), Jacques Raynaud (Château Rayas) et M. Cros (Clos Fontindoule à Monbazillac). J'ajoute que certaines vignes de ces grands hommes du vin avaient pourtant parfois par méconnaissance été greffées sur des porte-greffes généreux. Cette liste n'est bien entendu pas exhaustive. Ils étaient certainement beaucoup plus nombreux.

À l'énoncé de ces noms, je m'attends à ce que l'on me rappelle qu'il s'agit encore du passé. D'accord mais parlons du présent : Henri Jayer, dont le dernier millésime commercialisé ne date que de 1995. Il n'a jamais pratiqué cette technique dévastatrice (il s'agit pourtant du meilleur vinificateur de la Côte-d'Or). Entrent également dans cette classification Antony Barton dont le Château Léoville-Barton fait partie des gloires des crus classés, et Jean Gautreau (Château Sociando-Mallet) qui m'a dit : « Je ne suis pas assez riche pour perdre des raisins et j'aurais toujours peur que le personnel enlève les meilleurs. » Là, je rejoins Gautreau, les prévendangeurs savent-ils à coup sûr reconnaître, sur un pied de vigne, les grappillons à supprimer ? Pour des questions de rapidité ou d'inexpérience d'exécution, l'opération va quelquefois à l'encontre du but recherché.

En résumé, la vendange en vert n'apporte pas de qualité supplémentaire évidente. Je pense que c'est un phénomène de mode permettant à ses adeptes d'avoir un argument de vente supplémentaire auprès des consommateurs, surtout lorsqu'elle est renforcée, photos à l'appui, par des commentaires de journalistes auxquels on a fait prendre des vessies pour des lanternes ! En revanche, son coût de revient très élevé se retrouve à la vente, au détriment de l'acheteur.

ET L'EFFEUILLAGE, SI ON EN PARLAIT ?

Les anciens avaient pour habitude d'enlever juste avant les vendanges quelques rares feuilles à la base du cep pour permettre un ramassage plus aisé. L'écrivain latin Columelle, dans son traité d'agriculture écrit il y a près de vingt siècles, en parlait déjà. En contrepartie, ils n'oubliaient jamais que, pour protéger l'usine à sucre et éviter que les raisins ne soient brûlés par le soleil, il fallait contrairement aux « garagistes » conserver beaucoup de feuilles en bas. C'était ce qu'on pourrait appeler un effeuillage raisonné.

Notons que dans cette pratique les champions incontestés sont les vignerons suisses.

À Saint-Émilion, les vins de garage se multiplient d'une manière anarchique et inquiétante, en raison de nouveaux venus semblant avoir inventé la viticulture sans feuilles, poussant le système à l'extrême, allant jusqu'à pratiquer le double effeuillage. Lorsque je parcours le vignoble, voyant bien avant les vendanges, ces pauvres raisins semblables à des fruits confits séchés au soleil comme du linge oublié sur un fil, je ne peux m'empêcher de les comparer à des sujets momifiés, pourtant destinés à faire du vin, mais quel vin !

Toujours à l'affût d'une bonne affaire, les fabricants d'effeuilleuses se sont multipliés. On ne compte plus les modèles en tout genre. Cela va du prototype à aspiration, en passant par celui à soufflerie jusqu'à l'effeuilleuse thermique, fonctionnant au gaz propane. Avec ce dernier système, les feuilles brûlées par une température supérieure à 60 °C se ramollissent, se dessèchent et, au bout de quelques jours, commencent à tomber. Le fabricant annonce quand même un taux (sans le chiffrer) de blessures faibles, susceptibles d'endommager le raisin.

Après toutes ces manigances, je me demande si je vais encore continuer à boire du vin... Certainement, mais après avoir été très circonspect sur la conscience professionnelle des vignerons à qui j'accorderai ma confiance.

LE VIN

UNE VIEILLE ET TRÈS BONNE TECHNIQUE : L'ÉGRAPPAGE

L'égrappage est une technique très ancienne. Jusqu'à la deuxième décennie du siècle dernier, beaucoup de viticulteurs restaient hostiles à ce procédé. Il faut dire qu'ils ne disposaient pas encore d'un matériel performant. Si l'on revient seulement une quarantaine d'années en arrière, on constate qu'hormis le vieil « érafloir » médocain, où les rafles étaient séparées des baies par simple ratissage manuel des raisins déversés sur une claie en bois, il n'y avait rien de vraiment performant.

En 1772, le célèbre abbé Rozier écrivait : « Il n'est pas plus absurde de dire qu'il est avantageux de mettre dans la cuve des sarments avec le raisin que de laisser la grappe entière. » Plus près de nous, le professeur Peynaud soulignait fort justement par une formule lapidaire : « Ce qui n'est pas bon à manger n'est pas bon à boire. »

Les rafles représentent, suivant la grosseur et l'architecture des grappes, de 4 à 8 % du poids des fruits. Elles contiennent de l'eau, des matières minérales, des acides et des tanins.

De nos jours, la pratique de l'égrappage s'est considérablement développée, la machine à vendanger ayant largement œuvré dans ce sens. On peut dire que 90 % du vignoble rouge français est égrappé, hormis la Champagne et le Beaujolais.

Le fait d'égrapper dans une cuvaison traditionnelle est bénéfique, car la rafle, hormis les années très ensoleillées où le bois de la grappe est bien aoûté, est une mauvaise matière, qui n'apporte rien d'agréable au vin, si ce n'est de la dureté et de l'astringence.

L'ŒNOLOGUE PEUT ÊTRE AUSSI UN HOMME D'AFFAIRES

Les œnologues ont été reconnus officiellement par une loi du 19 mars 1955 leur octroyant un diplôme national, délivré exclusivement par six centres d'enseignement français. À ne pas confondre avec l'œnophile, connaisseur et amateur de vin. L'œnologue a une action de conseiller auprès du viticulteur. Son rôle commence à la vigne car pour faire un grand vin, il est nécessaire d'avoir de beaux raisins. La cuverie ou le chai ne doivent en aucun cas être un lieu de rattrapage des erreurs commises au vignoble.

Un bon œnologue est une personne sachant gérer l'équilibre et l'harmonie du vin pour que celui-ci exprime le mieux possible un lieu ou un climat et que sa technique navigue avec intelligence entre finesse, élégance et puissance. Autant de choses faisant la signature d'un terroir bien particulier, en n'oubliant pas qu'il y a deux sortes de millésimes :

- les grands classiques, avec de bonnes conditions climatiques, pour lesquels l'intervention de l'homme n'est pas prépondérante ;
- les difficiles, avec des faiblesses climatiques, où l'homme doit s'investir à fond pour tirer le maximum de la matière première.

Depuis la venue de Robert Parker, il se pratique, notamment dans le Bordelais, ce que l'on pourrait appeler une forme d'œnologie tenant compte de son goût. Cette façon d'agir pour certains a un objectif bien précis : tenter d'obtenir pour séduire les clients une meilleure note par l'homme du Maryland, même si son obtention demande des techniques de vinification allant parfois à l'encontre de la longévité du produit et de sa typicité. À en juger par les appréciations du critique… ça semble marcher !

Cette espèce de connivence entre deux professionnels semblant s'entendre comme « larrons en foire » a eu pour effet de faire d'abord monter le prix des bouteilles et du même coup indéniablement celui des vignobles.

À l'instar des grands chefs de cuisine, l'œnologue vedette d'aujourd'hui, entouré d'une bonne équipe de collaborateurs, passe le plus clair de son temps d'un avion à l'autre pour parcourir les vignobles du monde entier, à rédiger une ordonnance et à présenter sa note. Une star a son prix !

Attention : certains œnologues sont ainsi juge et partie. Hormis le consulting, ils ont aussi deux autres activités fort rentables : réalisation des analyses et ventes de produits, en somme une certaine catégorie joue sur plusieurs tableaux… Mais l'arbre ne doit pas cacher la forêt : il existe toujours dans cette profession, et c'est heureux, des hommes intègres et de très haute qualité.

FÛTS NEUFS POUR PETITS VINS : UN ATTRAPE-NIGAUD

Le tonneau, objet utilitaire par excellence, déroge à toutes les règles établies. Je ne connais aucune autre invention due au génie de l'homme ayant traversé les siècles sans avoir subi de modifications tant elle est parfaite. Ce contenant se révèle idéal pour l'élevage des vins et leur conservation. Sa forme très particulière aidant à la manipulation et son pouvoir de clarification* en font un élément indissociable pour la maturation* de ce noble produit.

Lorsqu'on se penche sur sa fabrication, on constate qu'il n'est pourtant que la superposition d'un petit tas de planches, que le savoir des anciens a réussi à emboîter les unes aux autres sans le secours de colle, de clous, ni d'aucun autre adjuvant. On ne peut être qu'admiratif devant la maîtrise des maîtres tonneliers, ayant su préserver cette invention des Celtes, définitivement mise au point par les Gaulois. Les régions les plus réputées aujourd'hui pour la production de chênes destinés à la tonnellerie sont le Limousin, la Nièvre, les Vosges, la Sarthe (forêts de Jupille et de Bercé) et surtout l'Allier (forêt de Tronçais). Il est évident que l'élevage sous bois (ce qui ne veut pas dire neuf) permet des échanges gazeux et en particulier une très lente et douce oxydation* du vin, transformant gentiment les tanins* en les rendant plus souples et surtout moins astringents. Il est bienfaisant, à condition que les barriques ne soient pas trop âgées et surtout très bien entretenues, c'est-à-dire nettoyées soigneusement tous les ans pour y prélever le dépôt de tartre et les désinfecter. Je remarque qu'aujourd'hui, dans pratiquement toutes les AOC n'ayant pas le privilège d'être prestigieuses, l'élevage en fûts neufs n'est qu'un leurre permettant à des vignerons d'abuser de la crédulité du consommateur. Il est pourtant indéniable qu'il apporte, outre les tanins, des arômes vanillés pouvant parfois être bénéfiques au vin. Faut-il encore que celui-ci ait la structure tanique* suffisante pour l'assimiler et réaliser un mariage harmonieux entre les tanins du vin et ceux du bois, les seconds ne devant jamais dominer.

Pour remplir ces conditions, je ne vois l'utilisation du bois neuf que sur des vins de très noble origine. Ce qui ne va pas dans le sens de la tendance actuelle. Le rôle de la barrique semble s'être déplacé de contenant préparateur, améliorateur, il est devenu aromate. Le professeur d'œnologie Guiberteau a ironisé en disant : « On ne met plus du vin dans le bois, mais du bois dans le vin. »

Seule, une faible minorité de crus classés ou assimilés et quelques très grands bourgeois de Moulis, Margaux, Saint-Julien, Pauillac, Saint-Estèphe, graves de pessac-léognan, saint-émilion et pomerol sont à même de le supporter. On peut ranger dans la même catégorie les grandes AOC bourguignonnes des Côtes de Beaune et de Nuits (blanches et rouges) sans oublier, en Côtes du Rhône septentrionales, l'Hermitage et la Côte-Rôtie. À la rigueur, si l'on veut s'amuser sans être assuré du résultat final, pourquoi ne pas faire un essai pour un millésime d'exception sur un cru robuste du Languedoc ou du Sud-Ouest, tel que faugères ou madiran (vins très taniques*) ? Pour tous les autres vins, quelle que soit leur région de production, ce n'est qu'un artifice.

Prenons l'exemple d'un générique* valant 2,30 € la bouteille. Élevé en fût neuf (la pièce de 225 litres, équivalant à 300 bouteilles, vaut 580 € HT). Compte tenu de l'évaporation de l'ouillage* (remplissage hebdomadaire pour éviter la piqûre acétique* due à l'air) et de la main-d'œuvre plus importante, moins la revente de la barrique d'occasion (198 €), le coût de revient par bouteille atteint 1,80 + 2,30 €. Si je compte bien, 2,30 + 1,80 = 4,10 €. Seulement voilà, l'étiquette porte maintenant la formule magique « Élevé en fût neuf ou fût de chêne », d'où une plus-value artificielle totalement injustifiée. Il est à peu près certain que ce même vin sera ensuite commercialisé aux alentours de 6,90 à 7,60 €, permettant au vigneron madré de se mettre 2,80 à 3,50 € dans la poche sur le dos du consommateur, pour lui avoir vendu bien cher une vulgaire infusion de chêne!

En ce qui concerne les vins de pays, faute d'avoir les moyens de s'offrir des fûts même d'occasion, ils peuvent actuellement, sous réserve d'en faire une demande expérimentale à la DGCCRF[1], obtenir un accord pour incorporer des copeaux de chêne dans les cuves. Il est à peu près certain que le but, à plus ou moins long terme, est de s'aligner sur la réglementation européenne. Cette pratique, après décision de l'ONIVINS, sera sans doute admise pour les années à venir par les instances nationales pour la majorité des vins de pays. Elle constituera un nouveau pas, déformant le goût du consommateur, le familiarisant encore un peu plus avec un processus d'aromatisation artificielle aujourd'hui propre aux vins étrangers (certaines pratiques, comme l'apport d'extrait de chêne, autorisées dans des pays comme l'Australie, sont heureusement interdites en France).

Il est seulement à craindre qu'une fois la porte ouverte, d'autres vins, en l'occurrence les VDQS restants et quelques AOC en difficulté, tentent de s'engouffrer dans la brèche. Les syndicats viticoles ne sont-ils pas là pour y veiller!

Lorsque je visite d'autres régions viticoles que le Bordelais ou la Bourgogne, particulièrement le Val de Loire, le Languedoc, le Sud-Ouest ou le Sud-Est, je suis toujours étonné de constater que sur l'utilisation de la futaille, la plupart des vignerons font preuve d'une crédulité désarmante dans leurs achats. Pour beaucoup, le nec plus ultra, pour élever leurs vins dans les meilleures conditions, demeure la barrique provenant des crus classés du Bordelais. Je ne compte plus le nombre de fois où je me suis entendu dire : « Ma meilleure cuvée passe sous bois dans les fûts d'un seul vin que j'achète au Château Tartempion. » Pour peu qu'il s'agisse d'un premier cru, quelle référence! C'est un peu comme la femme qui s'habille

[1] Direction Générale de la Concurrence, de la Consommation et de la Répression des Fraudes.

chez un grand couturier, afin d'avoir le privilège de porter sa griffe. De grâce, consommateur, ne tombez pas dans ce piège! Ces vignerons naïfs ignorent que parfois la soi-disant pièce vendue comme telle par le propriétaire – bien qu'elle soit loin d'être une relique – a en effet servi au Château pendant quinze à dix-huit mois pour l'élevage du grand vin, mais aussi souvent quelques mois à bonifier le second. Un vin ne peut jamais être amélioré par celui qui l'a précédé quand bien même serait-ce Pétrus ou Cheval Blanc pour citer deux grands seigneurs. La valeur technique d'un bon fût de la même année, qu'il provienne d'un cru bourgeois ou d'un premier cru, est la même. Il faut que les viticulteurs qui n'ont pas la chance d'avoir un vin supportant le bois neuf, et surtout les finances pour investir dans ce type de produit, fassent plutôt confiance, sans s'inquiéter de la provenance, à une société de tonnellerie spécialisée dans le rachat des fûts d'occasion, qu'ils revendent après les avoir nettoyés et analysés, pour garantir tout risque de pollution (goût de levure*, de soufre ou odeur de chlorophénol).

Une barrique ayant déjà contenu un vin subit un brûlage au soufre, désinfection incontournable avant la vente. Le vigneron qui l'achète pour ensuite y mettre son produit doit la passer à la vapeur et à l'eau, afin de dissoudre les derniers éléments indésirables et éventuellement détruire les excès de soufre restants, dus aux méchages précédents dont il ne connaît pas les doses, en repartant à zéro.

Même si elle provient d'un premier cru, où est le bénéfice pour le nouveau vin? Les achats de barriques d'occasion chez un vigneron de la Côte-d'Or ou des Côtes du Rhône septentrionales demandent encore plus de réflexion. Ne jamais oublier qu'un viticulteur digne de ce nom connaît toutes les pièces de sa cave au même titre qu'une mère connaît chacun de ses enfants. Même si elles proviennent d'une tonnellerie en renom, il y en a de meilleures que les autres. Si l'on ne connaît pas intimement le récoltant, prudence…

En matière de fûts, mieux vaut taire certaines vérités. Pour cause, il y a d'énormes stocks de barriques d'occasion à vendre!

Lorsqu'un sommelier en mal de vedettariat vous proposera un petit vin élevé en fût de chêne neuf, répondez-lui avec l'humour qui caractérise les amateurs de bonne chère que vous aurez bien le temps de faire connaissance avec le bois neuf lors de votre dernier voyage!

LE LEVURAGE FAIT PROGRESSIVEMENT ENTRER LE VIN DANS LE MONDE DE LA BRASSERIE

Le levurage est un acte médical obligeant à une intervention supplémentaire. Il est pratiqué depuis une vingtaine d'années par la quasi-totalité des vignerons soucieux de se faciliter la tâche et endoctrinés par les représentants d'industriels, dont l'unique

but est de développer leur chiffre d'affaires et de faire d'importants profits. Il est devenu presque incontournable – hormis chez les adeptes de la biodynamie – mais ne devrait jamais être systématique. Il va à l'encontre de la nature, qu'il serait parfois souhaitable de laisser agir.
Dans le passé, les levures* autochtones (pourtant elles n'étaient pas toutes bonnes) présentes naturellement sur la pruine du raisin suffisaient avec un pied de cuve[1] à faire démarrer les fermentations et assurer la particularité des crus, en fonction du terroir d'où ils provenaient.
Malheureusement, aujourd'hui les vignes qu'on ne laisse jamais tranquilles sont souvent endommagées par des traitements intervenant tardivement, détruisant une bonne partie des levures* indigènes qui, ne l'oublions pas, participent activement à la typicité du produit.
Ces mêmes levures autochtones étaient aussi présentes sur le matériel viticole et les murs de cuveries, naturellement ensemencés par la vendange précédente.
De nos jours où tout est aseptisé, ce n'est plus possible, d'où l'obligation de faire appel à des levures industrielles* sélectionnées. Il existe légalement près de trois cents levures dont une bonne centaine aromatiques susceptibles de parfumer les vins d'AOC, les éloignant de leur typicité d'origine.
Les anciens ne relevuraient jamais et certains faisaient déjà de grands vins, dont quelques spécimens, bien antérieurs à 1980 encore bien là, nous rappellent la valeur et la diversité des sols.
La vie moderne, où tout doit aller très vite, a bouleversé les traditions. Aujourd'hui, le nouveau consommateur, surtout lorsqu'il est étranger, ne veut pas comprendre que le vin a besoin de plusieurs années pour s'épanouir. Il n'exige qu'une seule chose : se faire plaisir immédiatement, même si cela va à l'encontre de la longévité du produit. D'où le levurage permettant de transformer très vite les sucres en alcool et capable d'accentuer les arômes de petits fruits rouges en participant à la complexité aromatique.
Les plus gros consommateurs de levures œnologiques sont les pays du Nouveau Monde : États-Unis, Australie, Afrique du Sud et Chili. Une fois de plus et malheureusement, la France viticole, faisant abstraction des produits naturels de ses fabuleux terroirs, est allée chercher ailleurs des technologies nouvelles, dont elle aurait pu, sinon se passer, du moins limiter la consommation.
Le consommateur doit savoir que la fabrication des levures d'œnologie représentait à ses débuts sur le marché, comparativement à l'industrie boulangère et à la brasserie, grosso modo à peine un jour de fabrication annuelle. Curieusement, ces

[1] Levain provenant de la cueillette préalable d'un faible volume de raisins parfaitement mûrs, choisis dans la parcelle la plus précoce, facilitant la multiplication des levures dans une cuve de vinification. On considère qu'un hectolitre de levain suffit pour faire démarrer 40 hectolitres de vendanges.

industriels de la levure, pour la plupart, sont installés en Belgique, au Canada, en Afrique du Sud et au Danemark (à noter que trois de ces pays ne sont pas producteurs de vin, le Canada mis à part, mais tellement marginal qu'on n'en parle pas). Aujourd'hui, grâce aux dépliants publicitaires vantant des mérites souvent illusoires, c'est devenu un marché juteux pour les firmes qui ont développé ces levures spécifiques. Pour schématiser, on peut affirmer que cette technologie industrielle tend à faire entrer le vin dans le monde de la brasserie.
J'ai en ma possession une multitude de catalogues et de dépliants publicitaires, où j'ai lu par exemple que la naissance d'un bon cru nécessite des partenaires de choix, tels que des levures accentuant l'expression des terroirs (mon Dieu ! je plains les anciens pour leur ignorance...). Tout un arsenal : des activateurs de fermentation, des bactéries lactiques, des levures comme la « Bayanus C 12 » apportant des degrés alcooliques plus élevés, la « CRB » pour obtenir des vins secs très rapidement. Il est des levures qui ont, soi-disant, le mérite d'accentuer les arômes de fermentation sur des cépages neutres, d'autres ayant été sélectionnées pour leur aptitude à diminuer l'acidité de certains vins, tel le gros-plant, ou encore privilégier le côté aromatique du pinot noir. On nous dit même que les vins fermentés avec la souche « BM 45 » se distinguent par une palette d'arômes complexes : fruits rouges, confiture et bois aromatique avec, au cours du vieillissement en barrique, des notes épicées et balsamiques.

Comme si le levurage ne suffisait pas pour dénaturer les vins, il faut aussi parler de l'utilisation des préparations enzymatiques utilisées aux différentes étapes de la vinification : clarification*, extraction de la couleur, révélation aromatique, amélioration de la filtration* ou accélération de l'autolyse des levures durant l'élevage. Reste encore l'ensemencement bactérien pour faciliter la fermentation malolactique*, le tanisage et j'en passe...
Avec tous ces produits miracles, il n'y aura pratiquement plus de mauvais vins, mais à coup sûr, il y en aura beaucoup moins de grands et surtout aptes au vieillissement. Le nivellement par le bas, vous connaissez !
Avec une telle panoplie, je comprends mieux la première phrase prononcée par la majorité des vignerons : « Moi, monsieur, je fais de la qualité... »

EN DÉPIT DE PROGRÈS, ON COMPTE ENCORE 4 % DE VINS BOUCHONNÉS

Le chêne-liège occupe de vastes territoires, où il se reproduit constamment. Les zones de plantations sont situées à l'ouest du bassin méditerranéen occidental, sur la péninsule Ibérique et en Afrique du Nord ; elles sont assez proches de la vigne.

Le Portugal, qui totalise près de 60 % de la production mondiale, demeure le premier exportateur. Il est suivi de l'Espagne, avec environ 25 % des parts du marché. Ces deux pays approvisionnent la quasi-totalité de la consommation mondiale en bouchons. La Tunisie, l'Algérie et le Maroc représentent pourtant encore 12 % des plantations. En France, le massif des Maures, malheureusement souvent dévasté par les incendies de forêts, compte encore 10 000 ha de surfaces potentielles en subéraies, plus très bien entretenues, donc peu productives. D'après nos aînés, il semble que la qualité de ce liège était encore bonne il y a une quarantaine d'années, mais, petit à petit, elle s'est détériorée, car les levées n'ont pas été effectuées régulièrement et les arbres n'ont pas été renouvelés, ce qui a entraîné une dégradation avec l'âge.
La production accrue de vins de qualité dans le monde a considérablement fait augmenter la mise en bouteilles, entraînant du même coup une demande toujours en extension du bouchon de liège, alors que la situation réelle de la production mondiale de matière première stagne et, dans certains cas, a même tendance à régresser, tant sur le plan quantitatif que qualitatif ; ce qui risque de devenir un véritable problème dans l'avenir. Il ne faut pas perdre de vue que lorsqu'on plante un gland, il faut attendre une bonne cinquantaine d'années pour récolter des plaques de liège ayant la qualité nécessaire pour faire un bon bouchon, apte à être utilisé pour préserver le vieillissement d'un vin de garde.
Le liège a ceci de particulier qu'il se reconstitue généralement tous les neuf à dix ans, pendant environ cent cinquante ans. Ce qui explique qu'au Portugal sa culture soit divisée en neuf parties pour les très grandes exploitations ou, plus communément, en neuf régions pour obtenir une récolte chaque année. Dans ce pays, les chênes-lièges sont souvent immenses, sans pour autant être vieux. L'espèce est la même que celle cultivée en France. La différence réside en partie dans le climat, mais elle est surtout due au fait que la plupart des importantes subéraies portugaises (certaines font plusieurs milliers d'hectares) sont en général implantées dans des plaines cultivées d'une façon aratoire, sur des terrains rendus très fertiles par des apports massifs d'engrais, destinés à accroître la production des cultures céréalières pratiquées en dessous, amendement dont, bien sûr, profitent également les arbres. Ces données expliquent qu'à âge égal, leur taille soit pratiquement le double de celles des chênes-lièges du Var ou du Roussillon, qui eux, poussent sur des collines aux sols superficiels et pierreux. Cette façon de cultiver les arbres, en sorte de vergers à liège, permet d'avoir toujours des chênes bien entretenus et surtout taillés ; ce qui rend les plantations facilement accessibles par camions, en diminuant aussi les frais de transport et de main-d'œuvre.
L'Espagne compte trois zones de production : le Sud, identique au Portugal où l'on effectue une récolte tous les neuf ans, le Centre, où il faut attendre dix à onze ans, et la Catalogne (petite productrice), où les lièges poussent beaucoup plus lentement

(levée tous les quatorze ou quinze ans), ce qui leur confère une meilleure élasticité et les rend plus aptes à la fabrication des bouchons réservés aux vins de garde.
La formation annuelle du liège varie avec la nature du sol, les conditions climatiques et la vitalité de l'arbre. La qualité du liège est, pour une large part, fonction de la situation dans laquelle se trouve l'arbre. Placé sur un sol fertile, humide et bien exposé, il pousse plus vite, mais en contrepartie, il donne un liège souple et moins dense, qui le prédestine à la fabrication de bouchons de second choix. À l'inverse, en terrain maigre ou si l'arbre vit sur un coteau, le liège sera compact et plus nerveux; ce qui le destinera aux bouchons « super ». Le chêne-liège a un point commun avec la vigne. Il doit être issu d'une plante qui a souffert pour donner de la qualité.
Le Portugal et l'Espagne possèdent des forêts de chênes-lièges relativement jeunes. Les arbres ont une moyenne d'âge d'environ quatre-vingts ans. Leur potentiel de production est donc encore de près d'un siècle. Un développement et des reboisements se poursuivent régulièrement selon un plan concerté, en utilisant uniquement des plants sélectionnés par voie végétative, afin d'éviter l'hybridation avec les espèces jugées peu intéressantes.
Pour la récolte, les producteurs doivent impérativement respecter certaines contraintes. L'époque la plus propice se situe entre le début juin et la fin août, lorsque la première poussée de la sève se ralentit. Ce qui n'exclut pas d'arrêter les levages si les conditions météorologiques deviennent subitement mauvaises.
Après avoir subi différentes opérations, les dernières étant le tirage en bandes et le tubage, les bouchons sont lavés à l'eau claire, puis dans plusieurs bains successifs qui contiennent généralement du chlorure de chaux, de l'acide oxalique et parfois un peu de chlore pour les débarrasser de toutes les impuretés et les aseptiser.
Selon M. Pierre Dubois, œnologue, ingénieur agronome et maître de recherches à l'INRA, le chlore n'apportait pas de mauvais goût par le passé, il n'est censé en donner que depuis qu'il existe dans la nature un grand nombre de produits chimiques étrangers, tels que les pesticides ou les engrais.
Une grande partie des goûts actuels est due à une contamination que peut subir le liège en raison d'un champignon. Deux causes à cela : mauvaise gestion de l'entretien des forêts au Portugal et démasclage des plaques de liège beaucoup trop bas.
Les grands crus classés de la Gironde et les propriétaires d'appellations prestigieuses prennent pourtant de multiples précautions pour éviter les désagréments : ils exigent du bouchonnier un bulletin certifiant une analyse des bouchons, après en avoir prélevé au hasard sur plusieurs balles. Ils font à leur tour une deuxième analyse et enfin une troisième lorsqu'ils reçoivent la livraison des bouchons estampillés au nom du domaine.
Le liège est le seul matériau idéal pour le bouchage du vin en raison de plusieurs facteurs : structure très aérée, cellules contenant un gaz à prédominance d'azote

et faible densité. Enfin, sa légèreté facilite grandement son transport et sa manipulation. De plus, ses qualités d'élasticité sont remarquables.

Le liège est peu perméable à l'eau. Il en absorbe moins de 20 %, en raison du gaz contenu dans ses cellules. Il résiste aussi aux températures extrêmes et il est imputrescible (on a retrouvé des amphores grecques parfaitement bouchées, alors qu'elles reposaient depuis plusieurs siècles au fond des océans).

De tous les produits de conditionnement, le bouchon de liège reste le plus difficile à contrôler : contrairement aux autres articles nécessaires à la mise en bouteilles des vins qui sont des matières premières dont la production obéit à des mesures et des dosages bien déterminés, sévèrement contrôlés, c'est une substance végétale naturelle, hétérogène non transformée, donc impossible à homogénéiser et encore moins à standardiser. Le caractère agricole naturel du liège impose aux pouvoirs publics et aux consommateurs l'acceptation de cette hétérogénéité, qui reste intimement liée aux différences existant entre les terroirs et entre les arbres ; ce qui est fondamental et ne doit jamais être oublié. La fabrication mécanique des bouchons, le triage et les techniques de finition dont il bénéficie ne peuvent que la corriger.

L'achat d'un très bon liège est un art que seuls quelques très grands bouchonniers possèdent. Il leur faut avoir l'œil pour juger de la couleur claire et uniforme, le sens du toucher pour se rendre compte de la nervosité et de l'élasticité, mais surtout une longue expérience sur le terrain, qui repose essentiellement sur la connaissance des caractéristiques des diverses régions de production, terroirs, forêts, etc. C'est à force d'observations longues et minutieuses que ces hommes ont appris à parfaire l'adaptation des divers lièges pour les multiples besoins de bouchage exigés par la diversité des catégories de vins.

Bien que la loi actuellement en vigueur fasse obligation de compter en millimètres, curieusement la profession de bouchonnier a conservé les vieilles traditions et continue à s'exprimer en « lignes », ancienne mesure comme le pied, la toise, le pouce et l'aune. Les deux dimensions d'un bouchon sont sa longueur et son diamètre (24 mm) :

- 24 lignes : 53 mm ;
- 22 lignes : 49 mm ;
- 20 lignes : 44 mm ;
- 17 lignes : 38 mm.

Les vingt-quatre lignes n'existent que dans la qualité « super, extra ou fleur de liège » (cela dépend du bouchonnier). Ces bouchons sont utilisés par les grands Châteaux du Bordelais et aussi par les viticulteurs de quelques AOC prestigieuses de Bourgogne, d'Alsace et des Côtes du Rhône.

Il y a six qualités de bouchons, en réalité sept avec le « super choix ». Les producteurs de grands vins, qui se plaignent souvent, sont facilement enclins à trouver que le prix des bouchons de qualité a augmenté dans de sérieuses proportions.

Pour la petite histoire, je leur rappellerai qu'en 1830 les très bons bouchons valaient déjà de 40 à 50 francs le mille, mais c'étaient des francs or! Ce qui démontre que le produit n'est pas aujourd'hui d'un prix prohibitif, comparativement à la hausse démesurée des grandes appellations.

LES GOÛTS DE BOUCHON

De multiples travaux ont été faits sur l'étude des goûts de bouchon. Ce n'est pas un problème nouveau; on en parle presque depuis le début du siècle. Aujourd'hui, c'est tout à fait d'actualité, en raison de nouvelles odeurs apparues et sous la pression des consommateurs toujours plus exigeants. Ainsi, l'université de Bordeaux a procédé à de nombreux essais pour tenter de les identifier.

La recherche des composés volatils naturels extraits du liège n'a pas encore permis de trouver des constituants susceptibles de donner un goût de bouchon au vin. En revanche, certains composés chlorés à l'odeur de moisi ont été détectés sur des plaques de liège destinées aux bouchonneries. La mouture de ces lièges peut communiquer au vin dans lequel on la fait macérer un caractère « bouchonné », dont l'intensité augmente selon la quantité de trichloroanisole. Le pentachlorophénol mis en évidence dans certains échantillons est le précurseur le plus probable de ces mauvaises odeurs qui sont actuellement responsables de la grande majorité de ce que l'on dénomme les « nouveaux goûts de bouchon », qui bien souvent disparaissent à l'aération ou mieux encore lors de la décantation.

Si l'origine des chloroanisoles dans les atmosphères polluées de certaines caves ne fait plus aucun doute, celle du trichloroanisole dans les vins « bouchonnés » est moins facile à expliquer. C'est à Tanner que revient le mérite d'avoir souligné son rôle dans les « goûts de bouchon » actuels des vins. Pour expliquer la présence de ce composé, il avait émis l'hypothèse d'une action chimique du chlore quelquefois utilisé comme désinfectant sur des produits de dégradation de la lignine du liège.

Les goûts de bouchon, quelle que soit leur origine, sont plus perceptibles sur un contenant de petit volume tel que la demi-bouteille, puisque la concentration est plus élevée. À l'inverse, ils sont moins prononcés pour les grands flaconnages : magnums, etc.

L'authentique goût de bouchon ou « puant » est très rare. Il transmet au vin une odeur putride et butyrique, qui le rend inconsommable. Son origine est certainement liée au liège, mais on n'en connaît toujours pas la cause réelle. Les bouchonniers évitent cependant d'employer des bouchons atteints de la « tache jaune » ou de la « tache brune », supposées provoquer un goût; ce qui a été démontré dans certains cas, mais la relation directe « tache jaune/goût de bouchon » n'est pas systématique. Son développement serait dû à un organisme végétal indéterminé, mousse pour les uns, champignon pour les autres. On constate ce défaut à la base des arbres qui croissent près d'un ruisseau ou dans des régions humides où les troncs sont recouverts de végétation. De même les modifications organoleptiques rencontrées dans les vins en bouteilles sont souvent qualifiées à tort de « goût de bouchon ». Sous ces termes sont regroupées plusieurs altérations de l'odeur et du goût qui en réalité ont des origines très différentes : goût de levure*, goût de lumière, goût de plaque (dû à un mauvais filtrage), goût de grêle (goût de sec communiqué aux raisins meurtris peu de temps avant les vendanges) ou tout simplement goût de mauvaise futaille. Ce qui est plus grave, certains consommateurs et même professionnels de la restauration assimilent quelquefois au goût de bouchon de bonnes odeurs de chêne lorsqu'elles dominent un peu trop le vin. Comme on peut le constater, c'est un problème très complexe, car il n'y a pas un seul mais bien de nombreux goûts de bouchon, d'autant plus que la majorité des exploitants forestiers de chênes-lièges, s'ils se défendent de pratiquer un quelconque traitement sur les arbres, avouent quand même utiliser des désherbants chimiques à leur pied.

Enfin, devant l'apparition de nouveaux goûts de bouchon, certains fabricants ont tenté de mettre en place une barrière entre le liège et le vin, en utilisant depuis quelques années des polymères synthétiques, produits classiques dans l'industrie des matériaux en contact avec les denrées alimentaires. Le revêtement des extrémités du bouchon est obtenu par trempage et supporte la compression sans éclater. Cette nouvelle technique apporte des avantages notables :

- elle a permis de diminuer considérablement la proportion de « mauvais goûts » dus à certains bouchons ;
- elle évite l'expulsion des poussières de liège dans le vin lors de la compression ;
- elle est conforme à la législation et résiste à la thermolysation (ce qui avantage la pratique courante de la flash pasteurisation*).

Ces revêtements, de même que le paraffinage (destiné à améliorer la glisse lors du bouchonnage), sont sévèrement contrôlés pour vérifier leur innocuité et leur absence de goût par des laboratoires qualifiés. Ils ne sont pas un obstacle à la « respiration » du liège, ni à la pénétration d'humidité qui entretient sa souplesse.

LES VINS D'AUJOURD'HUI ONT-ILS LE MÊME POTENTIEL DE VIEILLISSEMENT QUE CEUX D'HIER ?

Ayant depuis une quarantaine d'années acquis une certaine expérience des millésimes très antérieurs, j'en suis arrivé à considérer 1975, sauf en Bourgogne, comme l'année charnière entre deux époques.

Il m'arrive fréquemment, lors de dégustations, de me poser des questions sur la nouvelle durée de vie des vins produits dans les années qui ont suivi cette période. Sans faire preuve de pessimisme, j'en arrive à la conclusion qu'il ya de fortes chances pour qu'ils ne procurent jamais, pendant aussi longtemps, le même plaisir que les années phares que furent 1900, 1921, 1928, 1929, 1945, 1947, 1959 et surtout 1961, pour ne citer que les plus prestigieuses. Sans pour autant, plus près de nous, oublier 1962, 1964, 1966, 1970, 1982, 1989 et 1990. Soulignons quand même qu'elles furent pratiquement toutes (exceptées 1964, 1970, 1982 et 1989) issues de petites, voire très faibles, récoltes.

Dans le passé, très peu de domaines étaient équipés pour faire de la mise en bouteilles. Seuls, les grands Châteaux du Bordelais possédant les meilleurs terroirs, disposant de moyens financiers considérables et d'un personnel hautement qualifié, étaient en mesure de le faire. J'ajoute qu'ils ne retenaient essentiellement pour cette pratique que leurs meilleures cuvées.

Parmi ceux-ci, seuls une dizaine semblait posséder un sixième sens leur permettant dans beaucoup de millésimes d'émerger du lot : Philippe de Rothschild (Château Mouton), qui fut aussi à l'origine de la mise en bouteilles au Château, Raymond Dupin (Château Grand-Puy-Lacoste), Mme Dubois Chalon (Château Ausone), Thierry Manoncourt (Château Figeac), Pierre Lasserre (Château L'Église Clinet), Mlles Robin (Château Lafleur et Château Le Gay), Claude Ricard (Domaine de Chevalier) et Jean Sanders (Château Haut-Bailly).

Avec des moyens de fortune, une poignée de vignerons d'élite avait aussi commencé ce travail de défricheurs :

- en Bourgogne : Pierre Ramonet, Louis Trapet, Henri Gaunoux, Charles Noellat, Paul Tollot, Henri Gouges, Alfred Michelot, M. de Villaine père, Robert de Suremain, Paul Roulot, Edmond Delagrange, François Virot, Maurice Fèvre et François Raveneau ;
- dans les Côtes du Rhône : Jean-Louis Chave (le grand-père), Étienne Guigal, Régis Avril et Louis Reynaud ;
- même dans des régions viticoles, considérées à l'époque comme mineures : à Bandol Lucien Peyraud et à Monbazillac M. Cros.

Depuis une douzaine d'années, l'orientation commerciale de la viticulture s'est considérablement modifiée. Actuellement, dans la plupart des régions de production, même si parfois la valeur de certaines zones reste discutable, tout le monde embouteille. Il faut savoir que le vieillissement du vin est lié au volume du contenant. Selon son importance, il est plus ou moins accéléré. Un vin en demi-bouteille sera très vite à son apogée, alors qu'il se conservera plus longtemps en bouteille et, bien entendu, encore mieux en magnum. Pourtant la majorité des vins, y compris des millésimes moyens, sont inaptes au vieillissement. Vouloir à tout prix en faire des bouteilles de garde est contre-nature.

Le consommateur ne doit surtout pas ignorer que certains procédés, apportés par de nouvelles techniques de culture et de vinification, ont complètement modifié les données du problème. On peut citer les clones, les porte-greffes, le levurage, l'extension parfois inconsidérée de certains secteurs d'AOC, les méthodes soustractives*, etc. N'oublions pas les pratiques, pour être dans le vent, prônées par les concepteurs des vins de garage, qui après des extractions excessives et les malolactiques en barriques neuves, utilisent aussi le micro-bullage* et le bâtonnage* des vins rouges, sans oublier la vendange en vert et l'effeuillage poussés à l'extrême. C'est autant de moyens de séduction pour s'attirer les bonnes grâces de la presse, en particulier de Robert Parker, dont le goût semble privilégier les vins outrageusement concentrés. Pour se mettre en valeur, beaucoup de sommeliers en deviennent aussi indirectement les propagateurs.

C'est là où ils commettent une erreur. L'extraction est loin d'être la solution idéale pour obtenir un bon vieillissement. Il ne faut pas confondre qualité des tanins* et quantité des tanins. Seules, la finesse, l'harmonie et la complexité engendrées par l'expression du fruit permettent de faire un grand vin, sous réserve qu'il provienne d'un très bon terroir et qu'il soit issu d'une récolte que je qualifierais de raisonnable (35 à 45 hectolitres/hectare).

Le pouvoir d'achat, les conditions de vie actuelles ne permettent plus, comme par le passé, de conserver les vins aptes à traverser le demi-siècle sans dommage. Dans un certain sens, c'est sans doute regrettable, mais on ne peut pas arrêter la marche du temps.

En contrepartie, aujourd'hui, l'ensemble de la production est nettement meilleur : c'est là, le côté positif.

En voulant faire croire à l'acheteur que la majorité des vins ont des vertus de vieillissement, le récoltant n'est pas sincère. Mais en plus, il va à l'encontre du mode de consommation actuelle consistant à boire les vins rapidement. Son optique commerciale revêt alors l'allure d'un processus industriel à l'anglo-saxonne, favorisant la progression de vins standards, dont les vignobles du Nouveau Monde sont devenus les pourvoyeurs. Soulignons que ces pays faussent le jeu, car ils n'ont pas les mêmes contraintes de production, puisqu'ils bénéficient, entre autres, du droit à l'irrigation.

LES MILLÉSIMES : LES EXCEPTIONNELS, LES BONS ET LES AUTRES...

La valeur en devenir d'un millésime est conditionnée par deux périodes bien distinctes. La première est le passage de la fleur qui se situe entre le 15 mai et la fin juin ; il conditionne en grande partie le volume de la future récolte. Son bon développement doit être précoce et repose sur la rapidité de la fécondation, l'idéal étant qu'il se déroule par un temps sec et chaud, pour permettre que l'opération se fasse

en quatre ou cinq jours au maximum. Dans le cas contraire, lors de pluie ou de froid, il se produit un avortement partiel de la fleur ou l'éclaircissement d'une partie des futurs grains de raisins, provoquant un phénomène de coulure* ou de millerandage*. Lorsque la vigne fleurit (généralement en même temps que le lys ou le tilleul), elle annonce au vigneron la date des futures vendanges qui, à trois ou quatre jours près (au maximum), se situe cent jours plus tard, quelles que soient les conditions météorologiques qui suivront. Ce cycle du règne végétal est lié à une manifestation de la nature comparable à celle des humains et du monde animal.
Pour le récoltant, bien connaître la date de la floraison* permet de vivre au rythme de la plante et aide à comprendre le langage du vin.
Par opposition aux raisins de table, les raisins de cuve sous nos climats tempérés sont des fruits de développement et de maturité plus tardifs.
La seconde période, qui correspond à la deuxième quinzaine de juillet, aux mois d'août et de septembre, influe sur la qualité. Si la température est chaude, elle permet une très bonne fonction chlorophyllienne, ayant pour effet d'augmenter la quantité de sucre formée par la photosynthèse, en contribuant à dégrader deux acides organiques du raisin : le tartrique* et le malique*, qui seront alors brûlés par la respiration du fruit.
Tout est une question d'équilibre, car un excès de chaleur et une longue période de sécheresse, comme nous en avons eu en 2003, arrêtera ou bloquera ce fameux cycle empêchant l'évolution normale de la maturation*. Cela se traduit par des tanins* durs et mal évolués, donc des vins manquant d'acidité et de gras. Ce qui démontre qu'à l'instar des humains, le vin peut être riche sans être élégant. Les années de forte luminosité sont également un facteur primordial pour une bonne coloration des raisins rouges. Dans les zones plus froides proches de la limite nord, les plantations sont en principe axées sur les variétés de vignes produisant des vins blancs (Chablisien, Alsace et Champagne). À l'inverse, dans les régions méridionales où la chaleur est parfois excessive, les raisins blancs manquent toujours d'acidité, ce qui influe sur leur potentiel de vieillissement, malgré tous les effets « pervers » de l'œnologie, qui tend avec insuccès à en faire des produits technologiques sans avenir et surtout sans attrait.
Chaque millésime, en fonction des conditions climatiques, possède son propre style. Certains ont des points communs, mais aucun ne se ressemble.
Dans la première partie du siècle dernier, nous avons eu des millésimes d'anthologie qui tiennent encore leurs promesses. Actuellement, les techniques ultrasophistiquées de vinification, les rendements beaucoup plus élevés et les clones ne permettent plus de faire de tels vins, susceptibles d'atteindre une longévité comparable et surtout d'apporter encore autant de plaisir gustatif. Ces vins sont des sortes de phénomènes, se plaçant en dehors des normes communes, tant ils sont éloignés des types actuels. Avec les années, ils ont transgressé sans dommage nos

lois des équilibres et des saveurs. Leur puissance et les sensations qu'ils procurent à la dégustation tolèrent même un taux d'acidité volatile[1] qui aujourd'hui serait considéré comme une tare rédhibitoire. De plus, comme on les a attendus longtemps, les excès de tanin des rouges, qui les rendaient durs, sont parvenus à se fondre harmonieusement à l'ensemble, au point qu'ils finissent par donner l'impression d'être gras.

Un grand millésime est toujours bon, au départ lors de la cuvaison, plusieurs années après et bien entendu à tous les stades intermédiaires. J'ajoute que les grandes bouteilles très anciennes que nous connaissons actuellement sont toutes de noble origine et proviennent des grands Châteaux ou des Domaines d'exception. Ce qui est compréhensible, leurs propriétaires respectifs étaient les seuls à l'époque à posséder les plus grands terroirs, à disposer de solides assises financières et à avoir pour maîtres de chais les hommes les plus qualifiés.

À titre d'exemple, voici les meilleurs vins des dix millésimes de légende :

- 1900 : Château Margaux;
- 1921[2] : Château d'Yquem;
- 1928 : Château Mouton Rothschild;
- 1929 : Château Latour;
- 1937 : Romanée-Conti;
- 1945 : Château Mouton Rothschild, le Clos des Lambrays;
- 1947[2] : Château Cheval Blanc;
- 1949 : Château La Mission Haut-Brion, Château Haut-Brion;
- 1959 : Château Lafite Rothschild, Musigny Domaine de Voguë;
- 1961 : Pétrus, Château Latour.

On m'a souvent posé cette question : « Pour vous quel est le millésime du siècle dernier? » Pour moi, je répondrais que celui qui m'a le plus impressionné est 1961 (Sauternais mis à part, en raison de la quasi-absence de botrytis*), même si un jugement de ce type fait toujours intervenir le goût personnel. Le mien est étayé par plusieurs facteurs :

- le passage de la fleur, très précoce, s'est déroulé dans les meilleures conditions;
- durant les différentes étapes physiologiques de la vigne et lors des vendanges, on aurait pu croire que le temps (soleil et pluie) avait été minutieusement harmonisé par une équipe de scientifiques chargés de préparer un programme spatial de haut niveau;

---

[1] La plupart de ces vins seraient en raison de cela jugés actuellement impropres à la consommation, notamment les grands liquoreux.

[2] Dans ces deux années, il ne faut pas oublier les sublimes moelleux de l'Anjou et de la Touraine. En disant cela, je pense au vouvray de Gaston Huet et surtout à l'exceptionnel bonnezeaux La Chapelle, vinifié par le talentueux père de Jacques Boivin, ancien propriétaire du Château de Fesles avant son rachat par Gaston Lenôtre.

– la vigne était peu chargée (quelques gelées printanières étaient survenues à point nommé pour rappeler les hommes à la sagesse).

En plus de Pétrus et Latour, ce millésime a aussi donné de nombreux autres vins exceptionnels : Haut-Brion, Palmer, Hermitage la Chapelle, etc. La liste est loin d'être exhaustive.

Enfin, et c'est sans doute le point crucial, les récoltants commençaient à prendre conscience de certains phénomènes jusqu'alors inconnus, telle la fermentation malolactique*. Leurs connaissances en œnologie, bien qu'encore limitées, ont permis de mieux tirer parti d'un vin hors du commun ; elles n'étaient heureusement pas encore développées au point de faire de la technologie poussée à l'extrême comme aujourd'hui. Il faut également ajouter qu'ils avaient à leur disposition un matériel mieux approprié, notamment pour le contrôle des températures qui avait fait si cruellement défaut en 1947 et même en 1959. Parler de réussites hors du commun ne doit pas nous faire oublier quelques autres millésimes moins cotés, mais néanmoins très bons, comme 1934, 1943 (liquoreux) et surtout 1948, passé inaperçu entre 1947 et 1949 et 1950.

Hélas, durant cette même période où l'œnologie en était encore au stade embryonnaire, combien de vins pourtant supérieurs à ceux de 1994 et 1997 ont fini tragiquement à la vinaigrerie.

Actuellement, même dans un petit millésime, le consommateur est assuré de boire bon. L'œnologie a fait des progrès considérables, la majorité des récoltants a une connaissance approfondie de la vinification et de l'élevage. Enfin, chaque domaine dispose d'un matériel de plus en plus sophistiqué. Disons que pour rater un millésime, il faut vraiment y mettre de la bonne volonté.

Depuis 1961, les meilleures réussites sont à mettre à l'actif des années suivantes : 1962, 1964, 1966 (il semble qu'il soit le millésime charnière pour une longue tenue* des vins), 1970 (pourtant pléthorique), ne parlons pas de 1975 catastrophique en Bourgogne et très surestimé en Bordelais (avec deux exceptions pour les réussites de Pétrus et Château La Mission Haut-Brion), 1976, 1978, 1982, 1986 (surtout en Médoc), 1988, 1989 et 1990 (ces deux derniers proches d'un très grand) 1995, 1996, 1999 (surtout en Bourgogne et en Côtes du Rhône septentrionales), 2000 (bordelais et bourgogne blanc), 2001 et 2002 (pour ce dernier, bordelais sous coté et bourgogne remarquable).

Enfin nous arrivons à 2003, qualifié peut-être un peu vite par la presse de millésime du siècle. De façon plus réaliste, disons que c'est une année atypique, puisqu'il faut remonter à plus d'un siècle pour avoir vu des vendanges aussi précoces, très exactement en 1893.

Pour schématiser, il semble, toutes régions confondues, qu'il s'agisse d'un millésime d'excellente qualité et d'un volume très réduit, qu'il a fallu toutefois réacidifier avec du tartrique*, sous réserve que les récoltants n'aient pas été agités par

la frénésie d'une cueillette trop hâtive comme ce fut le cas dans certaines zones, notamment dans beaucoup de domaines de la Côte-d'Or.
Pour ce secteur, les vendanges ont commencé dès l'ouverture du ban les autorisant le 17 août, Hautes Côtes incluses, ce qui fut à mon avis une erreur. Dans chaque zone, la date de ce dernier est fixée par le préfet, qui, dans un bureau climatisé, ignore sans doute que le raisin a deux stades de maturité, qu'il faut impérativement respecter pour sauvegarder la qualité.
Il faut dire que cette décision un peu prématurée a sans doute eu pour détonateur les responsables de l'INAO, croulant sous les demandes de dérogations, émanant de vignerons, toutes régions confondues, parfois plus obnubilés par le profit que par la qualité.
La maturité physiologique est communément appelée maturation* technologique. Ce vieil indice, appliqué pendant des décennies, était conseillé par le professeur Peynaud : c'est un rapport sucre sur acide. Le premier augmente alors que le second diminue, mais il ne suffit pas pour déterminer la bonne date de cueillette.
Avec la technique de l'œnologue bordelais Dupuch, mise au point en 1991, on entrait dans une ère nouvelle grâce à la découverte de la maturité phénolique*, procédé consistant à mesurer l'extractibilité des tanins* mûrs et à contrôler l'accumulation des anthocyanes* fixateurs de la couleur.
Pendant la maturation* du raisin, la couleur augmente jusqu'à un certain palier et ensuite chute. Entre le pic et la période de diminution, il n'y a que quatre à cinq jours, correspondant au moment idéal de récolte. Le temps est très court, c'est un peu comme le lait sur le feu.
Ainsi, le contrôle sucre/acidité ne suffit pas. Seule la maturité phénolique détermine avec exactitude le mûrissement intégral des baies.
Je rappelle que les composants phénoliques, tels que les polyphénols* responsables de la qualité, sont essentiellement dans la pellicule.
Par conséquent, il se trouve que certains récoltants n'obtiendront pas, en 2003, le résultat que laissaient espérer les conditions météorologiques.
Un petit conseil avant d'acheter ce millésime, informez-vous du jour d'ouverture du ban des vendanges et demandez insidieusement au récoltant à quelle date il a commencé la cueillette. Vous risquez de vous poser des questions.
En conclusion, ne vous fiez pas toujours aux commentaires de la presse qui a quelquefois tendance à juger de la valeur d'un millésime alors que les raisins sont encore sur pied, oubliant les aléas liés à de nombreux événements climatiques, pouvant toujours survenir les derniers jours, en réduisant à néant les prévisions les plus optimistes. Tant que le raisin n'est pas dans la cuverie, on ne peut généralement rien dire…

LES DIFFÉRENTS TYPES DE VIN

Lorsque l'on parle du vignoble français, on pense immédiatement aux appellations d'origine contrôlée et plus particulièrement à celles des régions les plus célèbres. Il en existe pourtant beaucoup d'autres. En 2003, elles sont quatre cent vingt-six à constituer ce noyau de nanties, suivies d'une trentaine de VDQS plus ou moins groupés près du portillon qui donne accès à la catégorie supérieure, et cent cinquante et un vins de pays pleins d'espoir depuis la loi de décembre 1973, qui constitue pour eux une bonne structure d'accueil. Enfin viennent les vins de table, ces sans-grade dont l'avenir est souvent plus noir que leur couleur. On dénombre en fait quatre catégories de vins très dissemblables qui n'ont entre elles qu'un lien commun : elles sont toutes issues de la fermentation du moût* de raisins frais. Au fil des siècles, le terroir, l'encépagement, le savoir-faire de l'homme et le législateur réunis ont permis d'établir une hiérarchie qui a abouti à la délimitation des AOC, à la création des VDQS, à la naissance des vins de pays et à une réglementation difficile des vins de table, ces déshérités qui se vengent parfois en se déguisant en vins de marque, pour tenter de piéger le consommateur, lequel a toujours beaucoup de difficultés à retrouver son chemin dans le labyrinthe du vignoble français.

J'espère que ce chapitre jouera pour lui le rôle du fil d'Ariane.

APPELLATIONS D'ORIGINE CONTRÔLÉE (AOC)

Leur superficie est de 557 940 ha, en tenant compte des 74 108 ha relatifs aux vignes destinées à la production des deux eaux-de-vie AOC cognac et armagnac. Il est bon de rappeler qu'une appellation d'origine est, par essence même, une entité qui possède des caractères strictement locaux ou régionaux. Il n'est donc pas possible d'utiliser des critères identiques à l'échelon national pour servir de base exclusive aux normes qui la régissent. Les vins qui en bénéficient doivent cependant tous satisfaire à des clauses précises :

- être issus d'une zone délimitée, constituée par un ensemble de terroirs situés à l'intérieur d'une aire géographique, reconnue comme apte à les produire. Les textes qui réglementent chaque appellation en fixent les délimitations parcellaires, à partir de limites administratives (liste de communes) ou de limites naturelles nettement apparentes. C'est la première des conditions de production d'une AOC;
- provenir d'un encépagement spécifique, qui donne à la production son originalité, complément indispensable au terroir pour constituer avec lui un ensemble se caractérisant par un potentiel qualitatif de haut niveau, dont l'homme a eu la lente révélation au cours des générations successives;
- ne pas dépasser un rendement maximal;
- titrer, avant tout enrichissement* (chaptalisation*), un degré minimal en vertu du principe selon lequel un vin digne d'une appellation contrôlée doit être élaboré avec des raisins ayant atteint un niveau de maturité suffisant. Pour les vins enrichis par la chaptalisation*, il existe aussi un degré alcoolique maximal à ne pas dépasser;
- provenir de vignes taillées selon un mode imposé pour chaque appellation. Le viticulteur doit aussi tenir compte d'une certaine densité de plantation* à l'hectare;
- être élaborés en se conformant aux modes de vinification imposés, en bénéficiant de toutes les pratiques œnologiques autorisées par les lois et règlements en vigueur. Certaines, très particulières, tiennent aussi compte de la période d'élevage en fût et du type de flaconnage employé pour la mise en bouteilles;
- enfin, en vertu d'une réglementation de septembre 2001 reprenant le décret-loi du 19 octobre 1974, les vins doivent subir une dégustation et une analyse, dernier examen avant la commercialisation.

Le consommateur doit savoir que si l'INAO, par le biais de toutes les contraintes qu'il impose aux producteurs pour l'obtention de l'appellation d'origine contrôlée, est bien en mesure de garantir l'authenticité du produit, il ne peut pour autant en faire de même pour sa qualité. Ces deux notions ne vont en effet pas forcément de pair.

LES VDQS : CES FRUSTRÉS

Leur superficie est de 6066 ha. C'est devenu une course infernale vers l'obtention d'une AOC, au point que je me demande ce qu'il adviendra quand tous les vins à la recherche d'une identité auront la leur ?

N'échappant pas à la règle, les VDQS veulent bien entendu tous devenir AOC. On ne peut les en blâmer car au fond ils se traînent, depuis un arrêté de taxation pris en 1945, un label bâtard, sans aucune signification commerciale : « Vin Délimité de Qualité Supérieure. » Supérieure à quoi ? Personne ne l'a jamais dit.

Depuis 1970, trente VDQS sont quand même parvenus à entrer dans la catégorie des AOC. Il en reste encore vingt-cinq à frapper à la porte. Pourtant, ils ont beaucoup de mal à se faire entendre. Les personnes chargées d'étudier les dossiers sont pour la plupart des professionnels appartenant à l'INAO, donc juges et parties. On comprend qu'étant eux-mêmes en AOC, ils craignent parfois de devoir accueillir des futurs concurrents sur un marché déjà bien encombré.

Parmi les nouveaux récipiendaires depuis 1970, ayant saluons l'entrée des crus faugères, côtes de cabardès, minervois, cahors et côtes-de-buzet. La liste n'est pas exhaustive, mais certains doivent encore faire quelques progrès pour justifier cette promotion. C'est le cas des coteaux-du-tricastin et des vins du Béarn.

Une loi du 12 décembre 1973 autorise les vins de pays à briguer à leur tour un classement en VDQS, sachant qu'ils seront ainsi dans l'antichambre des AOC. Plusieurs (six) ont déjà franchi ce palier. C'est une spirale sans fin, où l'espérance de gloire fait parfois oublier le principal : la « Qualité ».

LES VINS DE PAYS TITILLENT LE CONSOMMATEUR ET INQUIÈTENT LES PRODUCTEURS D'AOC

Cette catégorie de vins a été créée par le décret du 13 septembre 1968, pour distinguer certains vins de table ou vins de consommation courante. Leur superficie est de 292 884 ha. La notion de vins de pays semble aussi vieille que la vigne elle-même.

Un décret du 1er septembre 2000 abrogeant celui de 1979 a fixé définitivement leurs conditions de production et également autorisé la création des vins de pays de zones, aujourd'hui au nombre de cinq grandes.

Depuis le texte communautaire du 11 mai 1989, bien qu'ils fassent toujours partie des vins de table, ils n'ont plus l'obligation de faire figurer la mention « vin de table » peu honorifique sur leur étiquette.

Chaque vin de pays doit provenir d'une zone ou d'un département strictement défini et être issu des cépages recommandés par le département concerné.

Le producteur ou la cave coopérative sont tenus de ne pas dépasser un rendement maximal à l'hectare, fixé par le décret imposé par l'ONIVINS, organisme responsable des vins de pays, agissant selon les directives des ministères suivants : L'Économie et les Finances ainsi que l'Agriculture. Les rendements (sauf dérogation due à des conditions climatiques exceptionnelles) sont de 85 hectolitres pour les vins rouges et rosés et 90 pour les vins blancs. Les producteurs, à l'instar des AOC, doivent aussi remplir un formulaire de déclaration de récolte indiquant la zone de production et présenter leurs vins devant une commission d'agrément. Enfin, les étiquettes sont tenues d'être en conformité avec la législation en vigueur, sans pouvoir faire figurer les mots « Château » ou « Clos » réservés exclusivement aux AOC.

Actuellement, l'ensemble des plantations de cette catégorie avoisine les 300 000 ha, soit plus du double du vignoble bordelais. La production s'élève à 15 millions d'hectolitres, dont un tiers part à l'exportation.

Depuis une douzaine d'années, les vins issus d'un seul cépage connaissent un essor fulgurant auprès des consommateurs, surtout ceux provenant des variétés universelles telles que le cabernet franc, le merlot, le cabernet-sauvignon et la syrah pour les rouges, tandis qu'en blanc, derrière le sauvignon nettement en tête, on relève le chardonnay loin devant le chenin, le viognier, l'ugni blanc et le colombard (ces deux derniers presque exclusivement en Charente, où ils servent de bouée de sauvetage aux producteurs de cognac en péril). À noter que les vins de cépages produits à l'étranger peuvent revendiquer cette particularité avec seulement 80 % du cépage concerné. Comme je l'ai écrit à plusieurs reprises, les règles ne sont pas les mêmes pour tous, malgré la Communauté européenne.

Il y a actuellement cent cinquante et une dénominations relatives aux vins de pays, réparties en trois classifications :

- cinquante-deux concernant un département, mais en réalité, ce type de vins est implanté sur cinquante-neuf;
- quatre-vingt-quatorze ne s'appliquant qu'à un périmètre bien délimité;
- cinq recouvrant de vastes zones englobant plusieurs départements.

Ces dernières sont respectivement :

VINS DE PAYS DES JARDINS DE LA FRANCE

Elle s'étend sur treize départements :

- la Nièvre;
- la Sarthe;
- l'Allier;
- la Vienne;
- le Loiret;

- les Deux-Sèvres ;
- le Cher ;
- le Maine-et-Loire ;
- le Loir-et-Cher ;
- la Vendée ;
- l'Indre ;
- la Loire-Atlantique ;
- l'Indre-et-Loire.

Cette zone comprend également trois dénominations relatives à un périmètre bien défini, pouvant éventuellement remplacer la mention des Jardins de la France sur les déclarations de récoltes et les étiquettes. Ce sont les Coteaux Charitois (Nièvre), du Bourbonnais (Allier), du Cher et de l'Arnon (Cher et Indre).

Quinze cépages sont autorisés : sept pour le rouge et le rosé et huit pour le blanc.

Deux bonnes adresses :

- Emmanuel Guitteny, Domaine de la Coche, 44680 Saint-Pazanne.
  Chardonnay.
- Jean-Yves Brétaudeau, Le Colombier, 49230 Tillières.
  Chardonnay.

VINS DE PAYS DU COMTÉ TOLOSAN

Elle recouvre onze départements :

- les Landes ;
- la Haute-Garonne ;
- le Lot-et-Garonne ;
- l'Ariège ;
- les Pyrénées-Atlantiques ;
- le Tarn ;
- le Gers ;
- le Lot ;
- les Hautes-Pyrénées ;
- l'Aveyron ;
- le Tarn-et-Garonne.

Cette zone a aussi huit vins de département et neuf pour un périmètre plus restreint : Coteaux du Glanes (Lot), du Quercy, de Saint-Sardos et Coteaux et Terrasses de Montauban (Tarn-et-Garonne), de Bigorre (Hautes-Pyrénées), Côtes du Condommois, de Gascogne et de Montestruc (Gers) et du Tarn (Tarn).

Dix-huit cépages autorisés : onze pour le rouge et le rosé et sept concernant le blanc.

VINS DE PAYS D'OC

Les vins de pays du Languedoc-Roussillon, implantés sur quatre départements :

– le Gard ;
– l'Aude ;
– l'Hérault ;
– les Pyrénées-Orientales,

totalisant à eux seuls, 75 % de la catégorie. On y recense cinquante-neuf vins sur des secteurs plus restreints :

– dix-sept dans l'Aude ;
– vingt-huit dans l'Hérault ;
– neuf dans le Gard ;
– cinq en Pyrénées-Orientales.

Quatorze cépages autorisés : huit en rouge et en rosé et six en blanc.

Huit adresses dignes de confiance :

- Domaine de Beauséjour Judell, 34800 Nébian.
  Chardonnay remarquable.
- Hervé et Pascaline Leferrer, Domaine du Grand Crés, 11200 Ferrals-les-Corbières.
  Assemblage* de viognier et de roussanne.
- Philippe Guichard, Les Salimandres, 30800 Saint-Gilles.
  Merlot.
- Comte Bruno Lafon (famille célèbre en Côte-d'Or), Domaine de Magellan en Côtes de Thongues.
  Belle gamme à des prix étudiés.
- Michel Saumade, Mas des Moulines, 34130 Mudaison.
  Merlot remarquable.
- Viviane Mennesson, Domaine du Cadran, 11200 Ferrals-les-Corbières.
  Enfin un grand carignan.
- Jean-Pierre et Jean-François Crosquette, Château La Grave, 11800 Badens.
  Excellent sauvignon.
- Domaine de la Tour Pénédesses, 34220 Gabian.
  Curieusement un très beau tempranillo (cépage espagnol).

VINS DE PAYS DES PORTES DE LA MÉDITERRANÉE

Zone comprenant huit départements :

– les Hautes-Alpes ;
– le Var ;
– les Alpes-de-Haute-Provence ;
– les Bouches-du-Rhône ;
– les Alpes-Maritimes ;

– la Haute-Corse ;
– le Vaucluse ;
– la Corse-du-Sud.

On y recense aussi six dénominations départementales et sept zones bien particulières : au Mont Caumes, d'Argens, des Maures et des Côteaux du Verdon (Var), de la Principauté d'Orange et d'Aigues (Vaucluse), enfin de la Petite Crau (Bouches-du-Rhône).

Dix-huit cépages sont autorisés : neuf en rouge et en rosé également neuf en blanc.

Quelques domaines dignes d'intérêt :

- Domaine du Grand Cros, 83660 Carnoules.
  Carignan, encore un bon cépage local.
- Domaine de Lunard, 13140 Miramas.
  Excellent cabernet-sauvignon.
- Domaine de Triennes, 83860 Nans-les-Pins.
  Remarquable vin rouge bien élevé en fût.
- Anne Dor, Val d'Iris, 83440 Seillans.
  Cabernet-sauvignon bien élevé.

VINS DE PAYS DES COMTÉS RHODANIENS

Étalés sur six départements :
– le Puy-de-Dôme ;
– l'Isère ;
– l'Ardèche ;
– l'Ain ;
– la Drôme ;
– la Loire,

en comptant également huit secteurs particuliers : Coteaux de l'Ardèche et des collines rhodaniennes (Ardèche et Drôme), Comté de Grignan et Coteaux des Baronnies (Drôme), Balmes dauphinoises et Coteaux du Grésivaudan (Isère), d'Urfé (Loire) et Coteaux d'Allobrogie (Ain).

Vingt et un cépages autorisés : neuf en rouge et rosé et douze en blanc. Ce panel comprend trois plants savoyards résistant à la rigueur du climat.

Deux adresses valables :

- Jean-Yves Liotaud, Domaine du Rieu Frais, 26110 Saint-Jalle.
  Un grand merlot.
- Cave de la Valdaine, 26160 Saint-Gervais-sur-Roubion.
  Remarquable syrah.

Ces cinq immenses zones mises à part, il faut associer la région de l'Est disséminée sur neuf départements (ou partie) : l'Yonne, la Seine-et-Marne, la Côte-d'Or, la Saône-et-Loire, le Jura, le Doubs, la Haute-Saône, la Haute Marne et la Meuse, en comptant aussi quatre dénominations mineures : les Coteaux de Coiffy (Haute-Marne), Franche-Comté (Jura), Sainte-Marie-La-Blanche (Côte-d'Or et Saône-et-Loire) et Coteaux de l'Auxois (Côte-d'Or).
Seulement six cépages autorisés : deux en rouge et rosé, quatre en blanc.

Une cave mérite un détour :

• Vignoble Guillaume, 70700 Charcenne.
  Excellent chardonnay vieilles vignes.

Enfin, les vins d'Aquitaine et des Charentes, comprenant neuf départements à l'exclusion de la Gironde où les vins de pays sont proscrits :

- Charente ;
- Creuse ;
- Charente-Maritime ;
- Corrèze ;
- Dordogne ;
- Landes ;
- Lot-et-Garonne ;
- Pyrénées-Atlantiques.
- Haute-Vienne,

sans oublier quatre petites zones : L'Agenais et Thesac-Perricard (Lot-et-Garonne), Terroirs landais (Landes) et du Périgord (Dordogne).

Deux adresses méritantes :

• Noël et Christian Laudet, Le Moulin de Laballe, 40310 Parlebosque.
  Bel assemblage* de colombard et de gros manseng.

• Cave viticole de Branceilles, 19500 Branceilles.
  Assemblage* de cabernet franc et merlot.

Il y aurait encore beaucoup de choses à dire. Malgré le nombre imposant de vins de pays (cent cinquante et un), il semble que cette liste doive encore s'allonger. C'est déjà commencé avec une amorce en Calvados, terroir pourtant guère réputé pour la culture de la vigne. Il en est de même en Périgord semblant pourtant plus apte à la truffe qu'à la production viticole. Aujourd'hui en matière de vins, plus rien ne peut étonner !
Il est regrettable que de nombreuses zones de production de vins de pays soient sinon imbriquées, au moins très proches des secteurs où sont produits des vins

d'appellation d'origine contrôlée. Les cépages étant généralement les mêmes, on retrouve ainsi invariablement les plants miracles : cabernet-sauvignon et franc, merlot, syrah, grenache, chardonnay, sauvignon, chenin et viognier. J'ajoute que beaucoup de récoltants produisent simultanément des AOC et des vins de pays dont la commercialisation, en raison d'une production moins contraignante et plus abondante, est souvent plus intéressante pour le producteur avec cependant des prix assez proches de ceux des AOC, pour peu que sur l'étiquette figurent les formules magiques « élevé en fût de chêne » ou « vieilles vignes ».

Sans être visionnaire, il est prévisible que les conditions économiques et le mode de vie des décennies à venir favoriseront l'attrait du consommateur pour les vins de pays.

Non contents de la réussite de ces vins, quelques syndicats viticoles réclament en plus, que certaines zones soient autorisées à incorporer des cépages prohibés dans les AOC. D'autres ont même obtenu l'autorisation inadmissible d'introduire de nouveaux plants issus de croisements intraspécifiques entre cépages, comme le chasan et le caladoc, déjà tolérés en Provence et Côte d'Azur.

Reconnaissons que certains vins de pays à base de cabernet-sauvignon, merlot, syrah, chardonnay ou sauvignon, lorsqu'ils sont bien vinifiés, ont largement de quoi inquiéter les génériques* type bordeaux (y compris supérieurs), bourgogne, côtes-du-rhône et aussi d'autres appellations plus cotées.

Je remarque que près de 30 % des vins de pays vendus en primeurs, avec un déblocage plus avancé, sont avantagés vis-à-vis des vins du Beaujolais déjà très éprouvés.

Les caves coopératives commercialisent 74 % des vins de pays, sans pour autant tenir, qualitativement, entièrement le haut du pavé.

Pour conclure, disons que la surprenante ascension de ce type de vin est due en grande partie au petit côté écologique qui sommeille dans le cœur de chaque Français.

VINS DE MARQUE : UNE IDENTITÉ QUI PRÊTE À CONFUSION

La langue française est remplie de subtilités. Allez donc faire comprendre à un étranger que l'on peut mettre de l'argent de côté pour en avoir devant soi, afin d'assurer ses arrières! Dans le domaine du vin, il existe aussi un terme pouvant prêter à confusion : la marque commerciale, que le consommateur a déjà trop souvent tendance à assimiler à l'appellation d'origine contrôlée. Il est en partie excusable car il existe deux vignobles où les marques individualisant des vins d'AOC passent avant celles-ci. Il s'agit de deux régions prestigieuses : le Bordelais et la Champagne.

Les vrais vins de marque sont scindés en deux catégories bien distinctes.
La première regroupe des vins d'AOC génériques* : bourgogne, côtes-du-rhône et surtout bordeaux y compris des appellations supérieures : médoc, graves, saint-émilion, etc. Dans ce cas, les conditions de production sont identiques à celles d'un vin vendu sous le nom de l'AOC dont il dépend.
À Bordeaux, il y en a une kyrielle avec un leader incontestable : Mouton Cadet créé en 1934 par le baron Philippe de Rothschild (à l'époque, il s'agissait d'un vin du Médoc). En homme visionnaire, le baron avait prévu que les vins de marque connaîtraient dans l'avenir un succès sans pareil. Je subodore qu'il avait aussi en tête une petite idée commerciale. Reconnaissons que pour le profane, le mot « Mouton » et la référence au baron sur une étiquette peuvent parfois prêter à confusion. Quoi qu'il en soit, il faut lui tirer son chapeau en rappelant que la marque vend un volume supérieur à 15 000 000 de bouteilles et qu'elle est présente dans un nombre très élevé de pays.
Dans cette catégorie, à Bordeaux, qualitativement, j'aime assez Le Vieux Moulin (Malher-Besse), Mascaron (Ginestet), Sirius (Sichel) et Michel Lynch Réserve (famille Cazes).
Bien que n'étant pour la plupart que de simples bordeaux d'assemblage*, leurs créateurs jouent parfois sur les superlatifs : cuvée de prestige, fût de chêne, vieilles vignes et j'en passe. Que dire de plus, ces produits n'ont pas de terroir bien défini, ils sont propres, sans grand intérêt mais aussi sans défauts, c'est déjà ça. Ce sont des vins de soif pour une consommation courante. Il est seulement dommage que le prix de certains oscille entre 10 et 20 €.
Avec la multiplication de ces vins de marque, je crains que Bordeaux fasse une brèche difficilement cicatrisable dans les murs de l'AOC, amenant le consommateur sur le terrain des wineries australiennes ou californiennes et des bodégas espagnoles et portugaises. Là nous entrons sur un sol glissant, le combat n'est plus uniquement celui de la singularité des cépages sur un sol donné ni de la maîtrise œnologique, mais plutôt d'ordre marketing et financier où nous risquons de ne pas être les plus forts.
La seconde concerne de modestes vins de consommation courante, provenant pour la plupart du Languedoc. Les exploitants qui possèdent ces vignobles n'ont qu'une obligation vis-à-vis de la législation européenne : respecter la définition légale du vin qui doit être « un produit issu exclusivement de la fermentation du raisin frais ».
Aucune autre contrainte pour cette catégorie, tout est permis au producteur :

- les rendements ne sont pas limités ;
- pas de zone délimitée pour l'implantation des vignobles à partir du moment où le récoltant a en poche des droits de plantations ;
- l'encépagement est absolument libre au point que certains hybrides* comme le villars blanc sont encore utilisés ;

– la chaptalisation* est interdite, en revanche, ce qui est cocasse, l'enrichissement* avec du moût* concentré est parfaitement légal ;
– tous les modes de vinification sont autorisés ;
– enfin, il n'y a pas de dégustation obligatoire.

La première catégorie englobant des génériques* achetés au plus bas à la propriété permet au négoce d'améliorer considérablement la rentabilité de ses entreprises, tout en concédant au pauvre récoltant de maigres subsides lui permettant de survivre. Quelques marques ont acquis une telle renommée au-delà de l'Atlantique qu'elles sont, aussi curieux que cela paraisse, parfois plus connues que des appellations au volume il est vrai beaucoup plus restrictif.

La seconde s'appuie sur une production acquise sur 54 100 ha. Sa réussite tient au fait que les négociants qui la commercialisent ont eu l'habileté de l'embouteiller dans une bouteille type d'une appellation célèbre bourguignonne ou bordelaise avec sur l'étiquette quelques mentions susceptibles de vaguement rappeler une AOC connue, avec un seul objectif : créer un climat d'ambiguïté auprès du consommateur pour faciliter la vente. Ces vins peuvent être rouges, rosés ou blancs. Ces derniers sont d'une approche facile, car souvent mis en bouteilles avec un certain taux de sucre résiduel*. Quant aux rouges, rien n'interdit non plus un ajout de sucre avant la mise en bouteilles.

CUVÉES SPÉCIALES = ÉCRÉMAGE[1]

À longueur d'année, la presse parle du vin. Je trouve qu'elle le fait très succinctement. C'est ainsi qu'elle a toujours passé sous silence une donnée de la plus haute importance.

Quelle que soit sa renommée, sa superficie ou sa zone de production, aucun domaine viticole au monde (même le plus restreint) ne possède un ou des terroirs totalement homogènes.

Les climats bourguignons (lieux-dits) en sont l'illustration parfaite, tant il y a parfois de variantes entre plusieurs vins, pourtant produits dans la même unité cadastrale. Les anciens, qui prenaient plus de temps pour définir les choses, l'avaient bien compris, en établissant en 1861 le plan statistique des vignobles produisant les grands vins de Bourgogne, les classant en ordre de mérite par cuvée, allant de la première à la troisième. J'irai même jusqu'à affirmer, sans risque d'être contredit, qu'entre deux vins récoltés dans le même climat, on trouve parfois des différences plus nettes que celles existant entre deux crus mitoyens.

[1] *Petit Larousse* : « S'emparer de ce qu'il y a de meilleur dans un ensemble. » *Petit Robert* : « Dépouiller un ensemble de ses meilleurs éléments. »

Ce qui est facilement compréhensible, lorsqu'on sait le nombre de paramètres entrant en ligne de compte dans un ensemble de terroirs d'une propriété : situation géographique des différentes parcelles, véritable kaléidoscope, exposition favorisant la précocité, qualité des sols et des sous-sols, drainage plus performant, etc.
Autant d'éléments retenus par les experts de l'INAO en 1935 lors de la création des AOC.
On peut encore ajouter l'âge des vignes et beaucoup d'autres facteurs, mais il faudrait pour les développer entrer dans des considérations trop techniques pour cet ouvrage.
Toutes ces explications démontrent que chaque vigneron quelle que soit le pays où il exerce, sait très exactement là où se trouvent les parcelles produisant chaque année son meilleur vin.
D'où la naissance des fameuses cuvées spéciales, qui donnent obligatoirement à un domaine ses lettres de noblesse. N'oublions pas le principal : elles font entrer plus d'argent, pris dans la poche du consommateur.
Cette pratique, vu l'extension inadmissible de la plupart des crus classés ou des grands bourgeois, a aussi favorisé en Bordelais la prolifération des deuxièmes et troisièmes vins, produits dans des terroirs indignes d'une marque réputée mondialement.
Il n'y a plus besoin d'être un vinificateur d'élite pour se démarquer de ses confrères. Il suffit de faire une cuvée d'exception sur une très faible superficie de son domaine et mettre en pratique toutes les techniques en vogue pour la « mousse » médiatique : vendange en vert poussée au maximum, effeuillage au-delà du raisonnable, malolactique en fûts neufs très brûlés, surextraction à outrance... et surtout ne pas manquer d'envoyer des échantillons à ceux qui peuvent en parler. En somme, tout un arsenal pour séduire, lors de la dégustation des primeurs en mars, les principaux critiques. Enfin, ne pas omettre de revaloriser les prix en conséquence et le tour est joué!
Il n'est pas difficile de faire du sur-mesure pour quelques milliers de bouteilles. Cela porte un nom : leurre.
Devant le succès rencontré par les cuvées de prestige, il est tentant pour les propriétaires qui en usent de leur faire faire des petits en y incorporant un certain pourcentage du vin produit, par ce qui subsiste encore de meilleur dans le domaine (pratique plus courante qu'on ne le pense).
Il est évident qu'en procédant de cette façon, on appauvrit à la fois la bouteille phare et la cuvée générique, en entrant dans un processus sans fin où la qualité (quelle que soit la cuvée) ira en régressant. Il arrivera fatalement un jour où la cuvée de prestige n'aura plus que le nom ; quant au reliquat, à force d'être épuré, je me demande s'il reflétera encore son AOC.
Il n'y a qu'une solution pour rester logique : numéroter les bouteilles. Hélas, à ma connaissance, je n'ai constaté ce phénomène qu'au Domaine Chave Père et Fils

en Hermitage pour la cuvée Cathelin (épisodique) qui constitue presque un cas d'espèce!
Le consommateur doit aussi savoir que les mentions superfétatoires concernant ce style de cuvée ne sont pas obligatoires sur la déclaration de récolte, ce qui laisse la porte ouverte à leur multiplication.

Rapide coup d'œil sur les dix régions d'AOC.

ALSACE
Cette manière déguisée de mettre certains vins en valeur existait depuis longtemps avec les cuvées « réserve », « réserve personnelle » et « grande réserve » dont les vignerons sont friands.

BORDELAIS
Hormis les neuf appellations de prestige où les premiers, deuxièmes et éventuellement troisièmes vins suffisent :

- margaux ;
- saint-julien ;
- pauillac ;
- graves pessac-léognan ;
- saint-estèphe ;
- saint-émilion ;
- pomerol ;
- sauternes ;
- barsac,

toutes les autres AOC girondines usent et abusent de ces superlatifs.

BOURGOGNE
Excepté les côtes-de-beaune et les côtes-de-nuits, pratique courante dans toutes les AOC mineures comme la Côte chalonnaise ou le Mâconnais.

CHAMPAGNE
Le processus est parti de cette région, il continue allégrement à se multiplier.

VALLÉE DU RHÔNE
On les trouve aussi, même là où on ne les attendrait pas, entre autres à Châteauneuf-du-Pape.

JURA-SAVOIE
Elles existent aussi, mais en minorité. Il est vrai que la superficie des crus demeure limitée.

LANGUEDOC-ROUSSILLON

Ce vignoble en recherche d'identité, donc de notoriété, trouve là le moyen idéal pour se faire reconnaître en multipliant ce genre de cuvées vendues beaucoup trop cher pour des vins n'ayant de prestige que l'étiquette.

SUD-EST

Beaucoup de ses cuvées de prestige en côtes-de-provence et même dans les vieilles AOC n'ayant plus rien à prouver, telles que :

- bandol ;
- bellet ;
- cassis.

SUD-OUEST

On ne peut pas dire qu'elles ont été oubliées. Ainsi, dans *Le Guide Hachette des vins*, qui ne représente qu'un panel restreint de domaines, j'en ai compté deux cent cinq !

VAL DE LOIRE

Elles sont très présentes, notamment dans quatre AOC :

- muscadet ;
- sancerre ;
- bourgueil ;
- pouilly-fumé.

Il ne faudrait pas croire que les vins de pays échappent à la règle : les cuvées spéciales y font aussi de plus en plus d'adeptes.

DÉGUSTER ET JUGER LE VIN

DES ARÔMES D'ACCORD, MAIS INUTILE D'EN RAJOUTER

La dégustation est avant tout une grande école de découvertes, mais surtout de modestie. Elle exige un effort de concentration et constitue un excellent exercice de mémoire (on dit aussi examen organoleptique ou analyse sensorielle). Elle est l'appréciation par la vue, le goût et l'odorat des qualités ou des défauts d'un vin. À propos d'arôme, je me rappelle le commentaire du regretté Pierre Ramonet en présence d'un grand vin : « Là y'a du vin. » Beaucoup plus de personnes qu'on ne le pense sont aptes à déguster. Il ne suffit souvent que d'un petit effort d'attention, d'un peu d'entraînement et surtout d'apprendre à analyser les impressions, afin de pouvoir décrire les sensations éprouvées, pour donner un avis en termes clairs, sans se perdre dans des considérations poétiques sortant du sujet.

Actuellement, chaque commentaire sur la moindre bouteille de vin est auréolé de remarques dithyrambiques, mémorisant toute une kyrielle d'arômes, dont seuls leurs auteurs semblent avoir percé le mystère ! Personne n'y échappe ! Cela va du journaliste ou du sommelier en mal de vedettariat, au dépliant publicitaire des grandes surfaces et de la propriété, en passant par les multiples guides. La plupart d'entre eux ne sont là que pour aider à prendre un peu d'argent au consommateur désorienté, perpétuellement à l'affût de la bouteille miracle, avec laquelle il pourra à son tour tenter de briller avec ses relations.

Toutes les odeurs contenues dans le vin, qu'elles soient de torréfaction, noyau, pain grillé, miel, champignon, balsamique, cynégétique, résineuse, chimique, épicée, florale, fruitée, animale, voire d'hydrocarbure, etc., sont apportées par des molécules odorantes dont l'origine est souvent des précurseurs aromatiques présents dans le raisin. On en recense aujourd'hui un nombre impressionnant. Certaines d'entre elles étaient encore inconnues il y a quelques années. Mais, aux dires des spécialistes de la recherche, il doit en exister une quantité bien supérieure. Ce qui se conçoit aisément, étant donné que chaque cépage a les siennes.

Pour faire référence à un parfum ou à une odeur connue, on ne peut procéder que par analogie avec celle d'un fruit, d'une plante ou toute autre matière que l'on pense avoir détectée. Les milieux professionnels d'œnologie utilisent pour cela des désignations chimiques pour les décrire. Exemples : l'acétate d'isoamyle (banane), le diacétyl (beurre), la méthoxypyrasine (poivron), etc. En revanche, on explique mieux certains défauts olfactifs, dont on connaît la molécule chimique, tels le mercaptan (combinaison sulfurée) et aussi (quoique très subtile mais dont on parle beaucoup actuellement) l'odeur de suint de cheval mélangée au cuir, provoquée par une levure* de contamination, l'éthyl-phénol (brettanomyces). En tant qu'ancien jockey, je n'ai pour ma part guère souvenance de l'avoir détectée lors de mes multiples dégustations.

Certaines molécules sont tellement dominantes qu'elles évoquent immédiatement (même pour un débutant) l'odeur caractéristique d'un produit bien défini, qu'on ne s'attend pourtant pas à trouver dans un vin. Exemples : la truffe présente dans certains grands pomerol ou les hydrocarbures (familles des terpènes) pour un riesling bien typé comme Le Clos Sainte Hune. Ces constituants ne sont pourtant pas du tout les mêmes que ceux existants dans le tubercule ou le pétrole.

Comme toute discipline, une dégustation gagne à être faite avec des personnes connaissant très bien le sujet et n'ayant pas d'a priori.

Lorsqu'on est amené à commenter un vin en présence d'un groupe avec lequel on n'a pas encore eu l'occasion de déguster, il faut éviter d'employer trop de qualificatifs, se souvenir que toutes les élucubrations actuelles employées par certains guides ou chroniqueurs ne servent pas la cause du vin, mais au contraire, lui nuisent. Il faut aussi savoir qu'il est parfaitement inutile de faire appel à toutes les ressources de la création, si l'auditoire n'a pas la même connaissance sensorielle et surtout n'est pas parfaitement familiarisé avec les produits que l'on évoque. Ne jamais oublier qu'il faut rester humble et penser qu'il existe deux langages pour décrire un vin : un pour les amateurs et un autre, plus technique, utilisé par les œnologues.

Ainsi, le coing, présent dans un vieux vouvray, est inconnu au Canada et dans d'autres pays. Il en est de même pour le poivron au Japon. Lorsqu'on évoque l'odeur de l'abricot (condrieu), il y a peu d'espoir pour que celui qui écoute la perçoive, vu que 95 % des abricots vendus aujourd'hui dans le commerce, ramassés avant maturité et conservés dans des chambres à atmosphère contrôlée, n'ont aucun parfum, sauf si on a la chance d'être allé un jour dans un verger odorant des Côtes du Rhône septentrionales (à la condition que le producteur soit un sage ou que vous ayez vous-même un abricotier dans votre jardin). Pour évoquer cette odeur, on peut tenter d'établir un parallèle avec la confiture, malheureusement elle aussi, le plus souvent industrielle, est la plupart du temps dénaturée par des apports d'arômes chimiques.

Aujourd'hui, les pseudo-dégustateurs, pour se rendre intéressants, utilisent à tort et à travers des définitions d'odeurs qu'ils n'ont, semble-t-il, rencontrées que dans le vin et jamais ailleurs, finissant à la longue par ne faire que des associations de pensées.

Il y a aussi ceux qui veulent faire « chic ». Ainsi, pour évoquer un parfum de résineux, on ne dit plus bois de pin mais plutôt « senteur de cèdre ».

Même en procédant par points de repère avec les références olfactives, le problème reste très complexe, car beaucoup de molécules odorantes sont volatiles, très évolutives avec le temps et souvent masquées par d'autres en raison d'estérification.

Il arrive que des dégustateurs peu expérimentés, ou pour briller, émettent sur le même vin des avis divergents quant aux arômes. Sans que l'on puisse pour cela trancher en faveur de l'un ou de l'autre, chacun tente de décrire ce qu'il pense avoir détecté. C'est un peu comme lorsqu'on se trouve devant un nouveau-né : les uns prétendent qu'il a le front de son grand-père, tandis que les autres trouvent qu'il a les yeux de sa tante…

Dans ce domaine, où la modestie devrait être de rigueur, Robert Parker n'échappe pas à l'énoncé de commentaires fantaisistes. Exemples avec quelques-uns d'entre eux :

- chêne vanillé (une des composantes du chêne présente dans les vins élevés en fûts neufs, est la vanilline, donc un pléonasme) ;
- fumé, olive, chocolat, bois de noyer et de chêne épicé ! (Il n'a pas dû aller souvent dans une ébénisterie) ;
- cassis et crayon noir (domaine où j'avoue mon incompétence, bien qu'en ayant mâchouillé souvent à l'école lors des dissertations) ;
- pierre concassée (il est vrai que la différence entre une pierre à l'état brut et celle en petits morceaux doit être grande !) ;
- nez végétal, tournant autour de l'ortie blanche et du légume vert (!) ;
- menthol, cacao, mie de pain et cassis (pour trouver celui-ci derrière le menthol : bravo !) ;
- arôme de fourrure, cuir et souffle chaud (quel palais !) ;
- terre, herbes séchées, ketchup (on retrouve l'Américain !), cassis et épices à barbecue.

J'arrête là ces élucubrations, faites pour vendre du papier.

De nos jours, tout est bouleversé, qu'il s'agisse des méthodes de vinification ou des cépages présents là où on ne les attend pas. Exemples : on trouve du chardonnay un peu partout, le cabernet-sauvignon est présent dans cinq grandes régions et la syrah dans trois. Le viognier s'est déplacé en Ardèche à Cahors, même dans les Corbières et j'en passe !

La plus grande ineptie actuelle consiste à vouloir comparer des vins de régions différentes, sous prétexte qu'ils sont du même cépage, alors qu'ils n'ont rien de commun. Pourquoi vouloir tout compartimenter ?

En ce qui me concerne, j'ai trouvé la parade. Hormis les défauts que professionnellement j'arrive encore à détecter, je me contente de dire « c'est bon » ou le contraire. Avec cette tactique, au moins, je ne prends pas de risques ! À titre indicatif, je me souviens, lorsque la viticulture n'était pas encore débridée, que sur une trentaine de vins de France différents, dégustés à l'aveugle, j'arrivais facilement à en reconnaître au moins les deux tiers dont un pratiquement seulement au nez. C'était le bon temps, celui des vins authentiques.

LA QUESTION QUE TOUT LE MONDE SE POSE

On m'a souvent interrogé sur le nombre de composants naturels présents dans le vin (certains s'étonnent qu'à l'instar d'autres produits alimentaires, ils ne figurent pas sur l'étiquette). À cela je réponds que la bouteille et même le magnum ne seraient pas assez grands pour se voir apposer une contre-étiquette aussi détaillée. Les dernières études en ont recensé plus de huit cents.

Pour schématiser, on trouve l'alcool éthylique, les différents sucres résiduels (fructose, levulose, etc.), toute la variété des polyphénols (famille des tanins et des anthocyanes responsables de la couleur), l'ensemble des molécules aromatiques qui font l'originalité et la subtilité du vin, les minéraux (fer, cuivre, calcium, sodium, magnésium et potassium), des vitamines dont la fameuse PP, la série des acides avec surtout le tartrique unique et original que l'on ne rencontre que dans le raisin.

Ce qui fait la spécificité du vin, c'est la diversité de ses composants. La plupart des produits présents dans le vin sont liés à ceux que l'on trouve dans le raisin, auxquels s'ajoutent ceux fabriqués ou transformés par la fermentation sous l'action des levures et des bactéries lactiques.

LES MÉDAILLES : IL ARRIVE QUE CELA SOIT SEULEMENT UN SATISFECIT POUR LEURRER

J'attache de moins en moins d'importance aux médailles, tant leur attribution peut parfois sembler suspecte :

– Les bouteilles sont fournies par les domaines, par conséquent sujettes à caution. Comment être sûr à 100 % qu'il ne s'agit pas d'un vin provenant d'une barrique spécialement bichonnée pour passer brillamment l'examen, mieux encore, d'une autre AOC plus prestigieuse pour les domaines possédant plusieurs crus ? Il serait préférable que les échantillons soient prélevés anonymement en cave par une commission composée de gens réputés pour leur intégrité.

– Une grande partie des membres du jury est sélectionnée en raison de relations commerciales ou simplement par copinage (courtiers*, négociants, vignerons, cavistes, acheteurs de grandes surfaces, sommeliers, restaurateurs…).
– Trop de vins sont surboisés et concentrés à outrance. Là, nous voyons les rois de la surextraction cherchant un satisfecit.
– Une médaille n'est souvent qu'un argument publicitaire pour mieux vendre un produit difficile à imposer.

LES PETITS MALINS À LA DOUBLE CASQUETTE

À l'instar des grandes surfaces, aujourd'hui tout le monde veut tout faire : l'acteur fait de la mise en scène, la station-service vend du vin, et pour ne pas être en reste, le vigneron récoltant devient négociant. Personne ne semble échapper à cette spirale qui consiste à vouloir tout faire pour se valoriser et accroître la rentabilité. Dans la plupart des dix grandes régions viticoles, on ne compte plus les viticulteurs ayant adjoint à leur profession une activité annexe de négociant, notamment en Bourgogne et dans les Côtes du Rhône. Rien de répréhensible, à condition d'annoncer la couleur. Malheureusement c'est loin d'être toujours le cas. Sous le couvert d'être récoltant, on peut tromper le consommateur, en vendant astucieusement sous le nom d'un domaine, des vins que l'on n'a pas produits, provenant de vignes étrangères à la propriété. Pour se disculper, l'intéressé crie bien fort qu'il n'achète que du raisin ! Baliverne, c'est en partie vrai, mais pour un très faible pourcentage, loin de représenter la totalité du volume d'acquisition. La réalité est toute autre. Il s'agit plus couramment d'achats en moût* et encore plus en vin fini. Trois raisons sont à la base de cette activité complémentaire :

– arrivant sur le marché alors que les parents ne sont pas encore prêts à passer la main, les nouvelles générations n'ont parfois pas d'autre alternative. Les propriétés ne sont pas toujours assez importantes pour subvenir aux besoins d'autant de bras, et le vigneron se trouve en face d'obstacles difficilement surmontables. Il faut savoir que, dans les grandes régions, notamment en Côte-d'Or, en Chablisien ou dans les Côtes du Rhône septentrionales, il y a peu de bonnes vignes à vendre ou à prendre en métayage, tant les prix exorbitants des terroirs viticoles découragent les meilleures volontés. J'ajoute que, dans ce genre de transaction, le fisc se base toujours sur les derniers achats les plus élevés. Il ne reste qu'une solution : créer une seconde activité, sous forme d'un négoce auxiliaire. Ce phénomène peut aussi arriver lorsque, à l'occasion d'une succession, une partie des terres est reprise par l'un des cohéritiers en divisant le domaine. Ce cas s'est produit, il y a une quinzaine d'années, au Domaine Étienne Sauzet à Puligny-Montrachet ;

– le fait de pouvoir commercialiser sous une seconde étiquette afin de se diversifier et de vendre aux grandes surfaces des cuvées secondaires sans déprécier la réputation du domaine, sont autant de raisons valables ;
– il faut toutefois être réaliste, la cause principale tient essentiellement à l'intérêt. Je ne compte plus le nombre de fois où j'ai entendu les jérémiades de vignerons, en pensant qu'ils allaient être obligés d'envoyer leurs clients chez un collègue (c'est ainsi qu'ils appellent pudiquement un concurrent) pour y acquérir une AOC qu'ils ne possèdent pas, alors qu'ils auraient très bien pu grossir la commande et augmenter leur bénéfice. Faire travailler le voisin va à l'encontre d'un vieux précepte : « Quand le client est là, il ne faut pas le lâcher. »

Cette absence de franchise est facilitée par le manque de vigilance des services officiels, notamment la répression des fraudes. Cette dernière, dans un récent rapport d'activité, précise que, durant l'année 2000, les contrôles ont donné lieu à vingt mille actions de vérifications dans le secteur viticole. Celles-ci ont été suivies de deux mille trois cents rappels à la réglementation, sur lesquels trois cent cinquante dossiers ont été transmis aux autorités judiciaires. J'ai constaté que bien peu concernaient l'étiquetage… Il devient urgent et plus que souhaitable que ces cumulards fassent l'objet de vérifications sérieuses, afin que chaque étiquette indique clairement et sans équivoque la véritable profession. Je ne crains pas d'être contredit en disant qu'actuellement, pour moi, au moins une étiquette sur trois n'est pas en conformité avec la législation.

J'ajoute que la réglementation, vieille de près d'un siècle et toujours en vigueur, oblige les récoltants ayant plusieurs activités à posséder deux caves et deux cuveries séparées par une rue, pour entreposer et vinifier des vins de provenances différentes. Ce qui n'est presque jamais respecté.

Pauvre consommateur ! Il existe cependant un moyen imparable pour débusquer les fumistes : la capsule CRD (Capsule Représentative des Droits) qui va devenir obligatoire pour l'ensemble du vignoble. Lorsqu'il s'agit uniquement d'un récoltant, elle porte la mention : R ou Récoltant. Alors que pour toutes les autres, seules deux sont autorisées : N (Négociant) ou E (Éleveur ou Embouteilleur). Attention, pour entretenir le flou, certains petits futés étiquettent leurs bouteilles au nom d'un domaine tout en les coiffant d'une capsule démontrant le contraire.

Cette double activité, longtemps marginale, semble connaître depuis une quinzaine d'années une progression spectaculaire, touchant l'ensemble du vignoble, ce qui ne va pas obligatoirement de pair avec la qualité qu'elle est en mesure d'offrir. La cause s'explique facilement : les ventes directes connaissent actuellement une certaine euphorie, facilitée par les nouveaux consommateurs soucieux de s'approvisionner à la source. D'où de grosses difficultés pour les récoltants ayant deux casquettes à se pourvoir en bonnes cuvées, dont les vignerons se gardent bien entendu la primeur. Ami lecteur, soyez de plus en plus circonspect dans vos achats.

LA DÉGUSTATION EST DEVENUE UN DOMAINE OÙ LA FEMME SE MONTRE AUSSI L'ÉGALE DE L'HOMME

Lors d'une conférence à Monaco sur les différents sujets touchant au vin, un grand professeur de l'université de Rennes, spécialiste du cerveau a déclaré : « La femme a un centre de dégustation plus développé que l'homme. » D'après lui, elle aurait dans ce domaine un niveau de performances plus élevé.
Pour ma part, je considère qu'elles ont une approche de la dégustation différente de celle de l'homme, sans doute moins rationnelle et moins technique mais plus globalisée, plus spontanée et souvent plus réaliste. J'aime déguster avec des femmes, car elles sont très complémentaires en ayant des attitudes et souvent des performances d'une logique remarquable. J'avais d'ailleurs, à ce sujet, déclaré sur les ondes d'Europe 1, à l'émission d'Yves Calvi, que les femmes avaient deux terrains d'entraînement permanent, qui les familiarisaient avec les odeurs : la cuisine et le parfum dont elles usent quotidiennement, ce qui n'est peut-être pas toujours aussi vrai aujourd'hui pour le premier. On ne peut plus dire que le sujet soit un domaine réservé aux hommes, car les femmes dégustent plus finement grâce à des intuitions et des perceptions parfois déroutantes, mais d'un bon sens indiscutable.
Dans le passé, on a longtemps dit que les grands stratèges politiques ou financiers ne prenaient que rarement une décision importante, sans avoir au préalable consulté leur éminence grise, en l'occurrence la femme vivant dans leur ombre. Ce qui démontre qu'ils étaient conscients de la perspicacité de l'élément féminin.
Cette qualité essentielle, ajoutée aux autres, fait que dans tous les domaines réservés aux vins, les femmes ont pris une place prépondérante et amplement méritée.
Certaines sont devenues d'excellentes dégustatrices, n'ayant rien à envier à la gente masculine, telles :

- Serena Sutcliff, experte pour le département vins de la célèbre maison de Londres Sotheby's ;
- Myriam Huet, chargée de la rédaction de plusieurs rubriques viticoles ;

– Marie-France Chauvin, président-directeur général de la maison Descaves ;

– Dominique Vayron, propriétaire avec son mari Xavier, du Château du même nom à Pomerol, elle est en plus une remarquable cuisinière du niveau d'une table étoilée.

Dans un passé encore récent, la profession d'œnologue était une chasse gardée réservée aux hommes. Les femmes y ont ouvert une sérieuse brèche avec succès. Parmi celles les plus en vue, on trouve :

– Dany Rolland ;

– Nadine Gublin ;

– Myriam Huet ;

– Catherine Cohen ;

– Laurence Jobard ;

– Claire Chenard (4e génération d'œnologue).

De très beaux vignobles appartiennent aujourd'hui à des femmes ou à leur famille. Elles les conduisent avec brio, tant sur les plans agronomique, œnologique que commercial. C'est le cas de :

– Anne Gros ;

– Ghislaine Barthod ;

– Lalou Bize ;

– Sylvie Esmonin ;

– des deux filles Mugneret : Marie-Andrée et Christine,

toutes cinq en Côte de Nuits. C'est encore le cas de :

– Anne-Claude Leflaive à Puligny-Montrachet ;

– Chantal Lecouty en Languedoc.

Pour s'être imposées dans la profession difficile de courtier* ou d'agent commercial auprès de la grande restauration, il faut citer Françoise Vadé-Félon et Danièle Gérault.

Sachant combien le choix des vins et la présentation du livre de cave sont importants dans une belle restauration, je me dois de féliciter cinq femmes, ayant brillamment réussi l'examen de passage. En premier, celle qui, il y a plus de vingt ans, leur montra la voie : Jacqueline Lorain de *La Côte Saint-Jacques* à Joigny. Elle a fait depuis de nombreuses émules :

– Véronique Abadie (*L'Amphytrion* à Lorient) ;

– Sylvie Tournadre (*Gill* à Rouen) ;

– Cathy Groult (*Amphyclès* à Paris) ;

– Karoline Constantin (*Le Moulin des Quatre Saisons* à la Flèche).

Toutes sont en mesure de présenter aux clients une superbe sélection bien représentative des différentes régions viticoles, avec même une petite incursion au-delà de nos frontières.

Ce panel est très restreint, je le concède, et la liste n'est pas exhaustive.

On note actuellement une bonne évolution tant chez le viticulteur que chez le consommateur. Pour le premier, il y a encore une vingtaine d'années, lorsque je visitais un domaine, il n'était pas question que la dégustation soit faite par quelqu'un d'autre que le propriétaire et surtout pas sa femme, qui n'avait que le droit d'écouter et de laver les verres. Aujourd'hui, heureusement, les choses ont bien changé : lorsque le mari ou le responsable est occupé à la vigne, la femme les supplée, en faisant preuve d'un grand professionnalisme, démontrant qu'elle connaît parfaitement son sujet. À ce titre, sans entrer dans une énumération fastidieuse, on peut citer :

- Hélène Boivert (Château les Ormes Sorbet) ;
- Christiane de Montille (Volnay) ;
- Nicole Amirault (Bourgueil) ;
- Florence Chevallier (Château de Villeneuve) ;
- Françoise Dagueneau (Pouilly-Fumé) ;
- Christine et Andrée Trapet (Gevrey-Chambertin) ;
- Georgette Groffier (Morey-Saint-Denis).

Pour les consommateurs, j'assiste souvent chez quelques amis cavistes à des entretiens passionnants entre les professionnels et leurs clientes, cherchant à mieux connaître le vin avec lequel elles pourront associer et mettre en valeur le plat qu'elles s'apprêtent à mijoter. Autre bon point, elles ne manquent jamais de s'enquérir de la température à laquelle il faudra le servir. Autant de choses inimaginables dans le passé, où l'homme, pour ce domaine, était le seul maître à bord. Tous ces faits sont révélateurs d'un changement dans la société.

Il serait impensable de brosser un tel panégyrique des femmes, en oubliant celle qui fut pendant presque un siècle, la plus grande dame du vin que l'on ait connue : Jane Descaves, avec laquelle j'ai entretenu pendant une trentaine d'années des relations commerciales privilégiées. Née au début du siècle dernier, elle a quitté Bordeaux pour aller rejoindre les vignobles célestes le 28 décembre 1999 à l'âge de 98 ans. Cette reine du négoce bordelais possédait dans ses chais du Cours du Médoc plus de 35 000 caisses des plus grands vins de la Gironde sur une multitude de millésimes exceptionnels. Jane Descaves appelée familièrement la « mère Descaves » était pleine d'esprit, mais lorsqu'elle n'aimait pas quelqu'un, elle n'avait pas besoin d'un tiers pour le lui faire savoir. Il faudrait tout un chapitre pour rendre hommage à ses qualités, parmi lesquelles un sens inné des affaires, un enthousiasme dont devrait s'inspirer la jeunesse actuelle, une droiture exemplaire, une repartie instantanée doublée d'une mémoire phénoménale (jusqu'au dernier jour), et surtout un courage impensable. Il faut se rappeler qu'elle était accrochée à son téléphone chaque jour de 8 heures à 20 heures, où elle conversait affaire avec le monde entier. C'était aussi une très grande dégustatrice, dont le palais n'a pas failli : encore une dizaine de jours avant sa disparition, elle goûtait des

échantillons. Elle aimait tous les bordeaux, avouant quand même avoir un petit faible pour les Châteaux Haut-Brion et d'Yquem. Seule petite entorse à sa région, une coupe de champagne bien frappée dans l'après-midi.
Avec sa disparition, Bordeaux a perdu une ambassadrice irremplaçable.

LES ACHATS

LE CONSOMMATEUR : IL ARRIVE QUE SON ÉDUCATION SOIT À REFAIRE

Contrairement à l'idée reçue, à la différence de l'Anglais, du Belge ou du Suisse, le Français connaît assez succinctement les différentes catégories de vins produites sur le territoire national, à plus forte raison les appellations d'origine contrôlée. On en a régulièrement la preuve lors de jeux télévisés faisant appel aux connaissances générales. Étant conscient d'être dans le pays où l'on fait les meilleurs vins, il illustre le proverbe : « La culture (même celle du vin), moins on en a, plus on l'étale. »

Les consommateurs de vin sont partagés en trois catégories :

- la première concerne ceux qui sont insensibles au raffinement gustatif, pour lesquels le vin n'est qu'une boisson devant être bon marché et d'une approche facile. Leur argumentation, lors d'un achat, est uniquement basée sur le prix ; pour eux, la qualité est secondaire. Ils ont des adeptes dans les villes, mais c'est surtout dans les campagnes profondes qu'on les trouve ;
- la deuxième regroupe des amateurs, considérant le vin comme un produit d'agrément, essayant de faire concorder un certain équilibre entre prix d'achat et qualité. Beaucoup de jeunes d'aujourd'hui sont dans cette catégorie ;
- enfin, la troisième que j'appelle les connaisseurs, pour qui le vin a largement dépassé le stade de boisson, pour faire place à un produit méritant la plus haute considération. Dans ce cas, il est évident que le choix de l'appellation, du producteur ou du millésime passe avant la somme à débourser.

> C'est à eux que je donne raison, sachant qu'à l'instar des étrangers, le consommateur français, pour avoir un très bon vin, doit nécessairement quelquefois accepter de payer un certain prix, s'il veut acquérir une grande bouteille. Il arrive que qualité et prix réunis ne dépassent pas le stade du raisonnable. Malheureusement, c'est rarement le cas. C'est là où doit intervenir le flair de l'amateur éclairé, possédant une sorte de sixième sens pour détecter, avant les autres, le producteur qui va devenir une valeur sûre. Certes la presse n'a jamais autant parlé du vin qu'aujourd'hui. C'est à la fois un bien pour les producteurs et les vendeurs, grandes surfaces en tête, mais paradoxalement pas toujours pour le consommateur, car la surinformation finit par le désorienter.

Dans l'absolu, la notion de qualité ne saurait être définie, puisqu'elle correspond à l'agrément de chacun. Elle est très subjective, car dépendante des aptitudes sensorielles de chaque individu, de sa psychologie, de ses habitudes alimentaires et surtout de sa culture. Les habitants du Nord n'ont pas les mêmes goûts que ceux du Sud. Certains aimeront les vins jeunes, légers et fruités, alors que d'autres auront plaisir à boire des vins corsés riches en tanin*. Il en est pour qui les vins élevés en fûts de chêne neufs ont toutes les vertus alors que d'autres exècrent le goût du bois. Les vins bus en dehors des repas ne sont en général pas les mêmes que ceux qui les accompagnent. À chaque préparation culinaire correspond un type de vin, formant une association susceptible d'engendrer la satisfaction ou la déception. Il faut encore ajouter que le jugement varie énormément selon l'âge et surtout l'expérience. Ne pas oublier que le vin d'un millésime ancien peut parfois rappeler à un homme mûr des souvenirs enjolivés par le temps.

Par ailleurs, toutes les dégustations marathoniennes, voire comparatives horizontales ou verticales, faussent complètement l'idée que l'on se fait d'un vin, car le jugement hâtif d'une dégustation où l'on recrache et celui du même vin à table est totalement différent. Dans le premier cas, ce sont toujours les vins noirs et concentrés qui ressortent, écrasant ceux vinifiés en finesse et développant un fruité harmonieux. Mais nous sommes à une époque, où pour être bien noté dans une dégustation, il faut impressionner.

À table, ces vins surextraits deviennent vite fatigants ; il en est de même avec les blancs contenant du sucre résiduel*. Les sommeliers constatent d'ailleurs qu'à la fin des repas les bouteilles sont encore à demi pleines. Au contraire, les vins élégants démontrent la véracité de cette maxime : « La vraie culture, c'est le vin à table et pas autour d'un crachoir en dégustation. »

Pour séduire, dans certaines régions, on ne trouve bientôt plus que des cuvées spéciales où le bois neuf et la concentration sont les deux chevaux de bataille. Heureusement, quelques récoltants plus perspicaces commencent à faire marche arrière, mais ce ne sont encore que des marginaux.

Il y a quelques points sur lesquels il faut attirer l'attention du consommateur. Traumatisé par le rythme effréné de la vie actuelle, il a tendance à devenir nostalgique, ne rêvant plus que de manger et boire des produits naturels. Il oublie que le mot « naturel » ne signifie pas obligatoirement « de qualité ». Ainsi, un champignon mortel comme l'amanite phalloïde n'en demeure pas moins un produit naturel. Le vin, selon la définition légale en vigueur, est issu exclusivement de la fermentation du jus de raisin frais. Pourtant, le mot naturel n'existe pas, car sans la surveillance permanente de l'homme et la protection du SO_2[1], la nature le transformerait très vite en vinaigre.

Le consommateur actuel réclame du naturel, mais lorsqu'on lui en propose, il le refuse. Ainsi une pomme ou une poire avec des taches de tavelure, même habitée par un ver, n'en est pas moins tout ce qu'il y a de plus naturel. On en vient à ne plus supporter le moindre dépôt ni quelques cristaux de bitartrate de potassium dans une bouteille. Ce qui amène la plupart des viticulteurs à s'entourer des conseils d'œnologues pour donner satisfaction à leurs clients, en présentant des vins d'une limpidité irréprochable. Sachez, qu'un vin de quelques années sans aucun dépôt est une personne qui n'a rien à dire !

Lorsqu'un vin est légèrement piquant, comme c'est le cas pour certains beaujolais primeurs ou des vins blancs mis en bouteilles avec une dose de CO_2 un peu plus importante que la moyenne pour leur garder de la fraîcheur, c'est dû à un phénomène naturel n'ayant rien à voir avec l'acescence* propre à l'acidité volatile. Le consommateur a la fâcheuse habitude de dire : « Ce vin est piqué », alors qu'en réalité il est simplement perlant.

Enfin, contrairement à une fausse croyance perdurant dans l'esprit du public, un vin dont les fermentations après contrôles et analyses sont terminées ne retravaille jamais même lors du « passage de la fleur ». S'il se remet en effervescence en bouteilles du fait de l'élévation de la température de la cave (en général en mai ou en juin, époque où la vigne fleurit), c'est uniquement parce que le récoltant a mal contrôlé son produit.

Il y a deux causes, il peut s'agir :

- de sucres résiduels* incomplètement transformés, provoquant le redémarrage de la fermentation alcoolique* ;
- d'une fermentation secondaire (malolactique) qui n'est pas totalement terminée, d'où une réactivation des bactéries.

[1] Ce produit est incontournable pour la vinification, il est aussi essentiel que le chlorure de sodium dans l'alimentation. Des centaines de recherches avec promesse d'une forte récompense ont été tentées. Au grand désespoir des œnologues, aucune n'a permis de trouver un produit de remplacement. Je n'ignore pas que des vignerons, soucieux de faire parler d'eux, font parfois une cuvée sans soufre, on compte les réussites. Dans la plupart des cas, cela s'est soldé par un échec.

Il ne reste plus qu'à avertir le viticulteur pour qu'il reprenne ses bouteilles. En cas de contestation, faire procéder à l'analyse d'une bouteille par un laboratoire d'œnologie, pour avoir une preuve devant les tribunaux.

Je considère qu'actuellement un nombre impressionnant de vins sont largement surestimés, à commencer par les vins de garage. Devant une telle anarchie, il faut bien rechercher les coupables la favorisant.
À mon sens, ils n'appartiennent qu'à deux catégories : les médias encensant sans vergogne des cuvées indignes du prix que l'on en demande (il est vrai que, dans la plupart des cas, ils n'ont guère à débourser pour se les procurer) ; et surtout le consommateur qui les achète, faisant le jeu de ces récoltants peu scrupuleux, animés par le seul désir de prendre plus d'argent et de connaître un vedettariat usurpé. Ces producteurs, que rien n'arrête, poussent même le bouchon un peu loin, en limitant les quantités pour créer l'illusion d'un phénomène de rareté. Le pire c'est que l'acheteur tombe dans le panneau ! Dans les ventes aux enchères où les experts sont moins novices, ces bouteilles partent généralement pour des sommes dérisoires. Le prix du vin s'apprécie dans le temps. Il y a plusieurs siècles que l'on parle d'Yquem, du Montrachet ou de L'Hermitage pour n'en citer que trois. Cela continuera encore pendant aussi longtemps dans le futur, alors que les vins éphémères, tels des comètes, auront disparu depuis belle lurette du paysage viticole, sans avoir laissé le moindre souvenir.

En conclusion, j'incite vivement le consommateur à respecter ces trois règles :

- ne pas prendre pour argent comptant toutes les remarques des journalistes, si célèbres soient-ils, et les notations des guides. Il y a certes de bonnes choses à en tirer, mais il convient de séparer le « bon grain de l'ivraie » ;
- ne jamais acheter des vins surfaits, dont la revente éventuelle serait problématique ;
- enfin, se rappeler que les deux meilleurs alliés sont l'intuition personnelle et le palais, car enfin qui boit les vins !

LES RAISONS QUI SONT LA CAUSE DU MALAISE ACTUEL

À l'heure où j'écris ces lignes, dans la plupart des pays industrialisés, même parmi ceux disposant d'un substantiel pouvoir d'achat, l'optimisme dans les milieux financiers n'est pas au beau fixe. À la baisse du dollar et l'incertitude régnant sur pratiquement toutes les places boursières est venue s'ajouter la guerre en Irak. La quasi-totalité des secteurs économiques est concernée. Il est évident que, dans un tel contexte, l'activité viticole, qui n'est pas vitale, soit l'une des premières touchées, notamment à l'exportation vers les États-Unis et les pays asiatiques. Elle l'est d'autant plus que, sur l'ensemble de la planète, les extensions de plantations et, du même coup les productions, vont très vite devenir excédentaires, si l'on tient compte que la consommation, malgré l'ouverture il y a quelques années de nouveaux marchés, ne cesse de régresser.

Charité bien ordonnée commençant par soi-même, je m'intéresse tout naturellement à notre vignoble. Dans un ouvrage précédent, j'avais déjà mis en garde les viticulteurs français sur le danger de la venue des vins étrangers.

Plusieurs de ces nations sont en matière viticole loin d'avoir les mêmes contraintes que la France. Je suis en désaccord avec ces exigences moindres, d'autant qu'à partir du moment où les règles ne sont pas les mêmes pour tous, je considère que la partie est truquée à notre désavantage.

En dépit de toutes ces considérations, les viticulteurs, par leur inconscience et parfois leur recherche immodérée du profit, sont en partie responsables de la crise touchant actuellement l'ensemble des régions viticoles. Ils ont oublié les facteurs actuels de la désaffection et surtout deux composantes immuables qui ont, selon les événements et la conjoncture économique du moment, toujours prévalu sur les règles régissant la commercialisation du vin : le consommateur et le récoltant.

LE CONSOMMATEUR

Depuis la création des appellations d'origine, le mode de vie a considérablement changé. Rappelons qu'en 1936 la consommation était de 123 litres annuels par habitant (assurée en grande partie par les travailleurs manuels) contre 57 aujourd'hui.

Il faut ajouter que, sur les conseils des médecins, le consommateur actuel attache une grande importance aux problèmes de santé. N'oublions pas le rôle joué par les campagnes de dénigrement orchestrées par les pouvoirs publics rendant le vin responsable de tous les accidents et de tous les maux.

Enfin, la peur du gendarme entraînant la perte de points et le retrait du permis : 0,50 g/l, c'est vraiment vite atteint. Un conseil : déguster une bonne bouteille ou prendre la route, il faut faire un choix. Les deux sont incompatibles !

La baisse du pouvoir d'achat et l'apparition de nouveaux centres d'intérêt font qu'aujourd'hui les budgets familiaux ne laissent plus que peu de place à la table et aux vins. J'ajoute que la plupart des consommateurs ne savent plus manger et encore moins boire. Que l'on vienne me dire le contraire, car enfin les fast-foods ne désemplissent pas.

LE RÉCOLTANT

Le vigneron est un homme de la terre, donc certainement un tantinet madré. Lorsqu'on évoque avec lui les difficultés de la commercialisation actuelle, il renverse très vite la vapeur, en trouvant un bouc émissaire, généralement les pouvoirs publics, mais aussi revendeurs, restaurateurs ou cavistes, qu'il accuse de toutes les calamités.

La réalité est toute autre. La désaffection des acheteurs pour de nombreuses appellations tient essentiellement aux prix, qu'il s'agisse du Bordelais, de la Côte-d'Or, de la Champagne, de la Vallée du Rhône, du Val de Loire et maintenant du Languedoc-Roussillon (parti après les autres, il les a déjà largement dépassés). On comprend le désarroi du consommateur face à ces augmentations difficiles à comprendre, quelle que soit la valeur des millésimes, pratiquées inconsidérément par beaucoup de récoltants.

Si je n'avais pas craint d'être fatigant, j'aurais pu donner de nombreux exemples illustrant mes propos. On aurait ainsi l'occasion de constater que pour les cinq grandes régions concernées, durant les périodes comprises entre 1982, 1990 et 2000, la quasi-totalité des prix de ventes à la propriété relatifs aux appellations en vue ont enregistré des coefficients multiplicateurs dépassant les prévisions les plus optimistes. Pour certaines cuvées de prestige, vins de garage ou gloires éphémères du Languedoc-Roussillon, cela dépasse l'imagination. Je rappelle que le vin, même de noble origine, est un produit de consommation convivial.

Après tout, puisque « la mariée est trop belle », pourquoi ne pas en profiter ? Je conseille aux récoltants de méditer sur la réflexion faite à Napoléon Ier par sa mère Maria Letizia : « Pourvu que çà doure mon petit. »

Selon les chiffres qui m'ont été communiqués par l'INSEE[1], l'érosion monétaire due à l'inflation permet de constater qu'en matière de hausse des prix, les vins font véritablement cavalier seul.

Je suis parfaitement conscient que les charges sociales, le matériel de plantation, de culture et de vinification, les travaux d'entretien des sols et des bâtiments, la futaille, les produits de traitement et tout l'attirail nécessaire à la mise en bouteilles (bouchons, capsules, étiquettes, caisses ou cartons, etc.) ont subi une flambée bien supérieure à la moyenne nationale de l'indice des prix.

Sachant pour chaque région le prix de revient approximatif d'une bouteille de vin pour chaque catégorie, même en tenant compte des augmentations supérieures au coût de l'indice encourues pour le matériel et les produits déjà cités, j'en conclus qu'entre les années 1982, 1990 et 2000, les coefficients multiplicateurs de la quasi-totalité des vins les plus en vue ont subi une poussée inflationniste très supérieure à celle ayant touché tous les autres produits. De nombreux domaines viticoles auraient pu faire preuve de plus de discernement, sans pour autant compromettre leur équilibre financier.

Lorsqu'on évoque l'ahurissante progression des prix de certains vins depuis deux décennies, les cambistes les plus chevronnés en restent pantois.

---

[1] Institut National de la Statistique et des Études Économiques.

Depuis une quinzaine d'années, la plupart des domaines, quelle que soit la région, ont cherché à s'étendre avec de nouvelles plantations, parfois même en sortant de leur zone de production, sans penser à l'avenir. Aujourd'hui, la conjoncture semble leur donner tort.
Dans neuf des grandes régions productrices, des extensions de plantations ont été, la plupart du temps, faites sur des parcelles indignes de porter les appellations qu'elles représentent.
Le développement intensif de la dernière zone, le Languedoc-Roussillon, n'a pas toujours été fait en respectant bien les véritables terroirs à vocation viticole susceptibles de produire des vrais vins d'appellation contrôlée.
L'accroissement anarchique des zones aptes à produire des vins de pays (cent cinquante et une) n'a guère arrangé la situation.
Dans un contexte international où le secteur vins, notamment à l'exportation, a longtemps semblé privilégié, les pouvoirs publics, en favorisant l'essor de la viticulture, sont partis d'un bon sentiment. Ils ont toutefois oublié qu'à l'étranger les pays producteurs de vins, ne restant pas inactifs, avaient adopté la même tactique, d'où actuellement une récession mondiale provoquant un effet boomerang sur notre économie viticole.

POUR BIEN ACHETER, DIX-NEUF POSSIBILITÉS S'OFFRENT À VOUS

Les dix-neuf circuits de commercialisation sont répartis en trois catégories :

- les traditionnels au nombre de neuf : vente à la propriété, vente en primeur, négociant, cave coopérative, caviste, vente aux enchères, foire-exposition, grande surface et vente à domicile ;
- six dont cinq de création plus récente : Internet, club de vente, cave entrepôt, antiquaire du vin, foire au vin et – déjà ancien – le comité d'entreprise ;
- enfin quatre complètement fantaisistes sont issus de la nouvelle anarchie qui règne sur la vente du vin : le touche-à-tout, la vente par correspondance, la vente par téléphone et par Minitel.

Il est indéniable qu'il vaut mieux se tourner vers les circuits traditionnels pour choisir son système d'approvisionnement. Incontestablement, le meilleur avant 1990 était la vente en primeur, réduisant le capital engagé au départ, en laissant même la porte ouverte aux possibilités de spéculation future, ce n'est plus aussi vrai aujourd'hui. En deuxième position, la vente à la propriété, outre les prix d'achat, offre beaucoup de garanties sur la qualité du produit.
Dans tous les domaines, même avec des connaissances, le facteur chance intervient, rien n'est jamais absolu. C'est pourquoi j'ai mis beaucoup de soin à détailler chaque circuit de commercialisation, en insistant sur sa fiabilité ou en démontrant sa fragilité.

Dans l'avenir, on peut cependant craindre que cette multiplicité finisse par désorienter les consommateurs, au point de faire du vin un simple objet de marketing, dont la réussite commerciale tiendra plus à une politique de communication qu'à la qualité intrinsèque d'un produit noble issu de la nature.

DEUX ASPECTS DES PRIX

Les prix sont déterminés par le seul précepte régissant la commercialisation, l'offre et la demande, raison pour laquelle il ne faut jamais oublier que seuls les consommateurs ont une influence directe sur eux. Il est évident que les propriétaires de châteaux ou de domaines situés dans une appellation prestigieuse ou possédant quelquefois des parcelles lilliputiennes, pourtant reconnues depuis fort longtemps, sont en situation privilégiée. La demande dépassant toujours largement l'offre, ils peuvent imposer des prix frisant parfois l'indécence, surtout si leurs vins jouissent en plus d'une grande réputation qualitative. Cas des neuf premiers crus classés ou assimilés comme tels en Bordelais. Peuvent être également inclus dans cette catégorie en Côte-d'Or la Romanée-Conti et La Tâche, ainsi qu'une poignée de récoltants d'élite bourguignons ou de la Vallée du Rhône, dont les vins atteignent parfois des sommets lors de ventes aux enchères. Pour ce type de vins, les prix n'entrent pas en considération. Il existe aujourd'hui dans le monde des clients ayant un pouvoir d'achat illimité, prêts à accueillir ces bouteilles : Émirats arabes, pays asiatiques, États-Unis et la nouvelle mafia des pays de l'Est.

En revanche, je m'élève avec véhémence contre les prix aberrants pratiqués pour une autre catégorie de vins, sans grade ni notoriété, dont la réputation surfaite, totalement usurpée, tient esentiellement à trois facteurs :

- magie de quelques articles démesurés émanant de chroniqueurs maîtrisant assez mal le sujet. Encenser de prétendus grands vinificateurs opérant sur des terroirs sans passé, dont ils viennent d'avoir la révélation qualitative soudaine, relève d'une méconnaissance totale;
- ignorance de certains consommateurs, à la recherche du mouton à cinq pattes pour faire étalage de prétendues connaissances devant leurs amis;
- incompétence de quelques sommeliers cherchant à se mettre en vedette.

LA VENTE À LA PROPRIÉTÉ

Dans le passé, la viticulture comptait deux professions bien distinctes : le vigneron faisait la vigne et le vin, le négociant se chargeait de son élevage, de la mise en bouteilles et assurait ensuite la commercialisation.

Tout aurait pu continuer ainsi si les négociants avaient joué le jeu. Hélas! Dès le départ, les dés ont semblé pipés. Conscients de leur suprématie financière et de la force de leur implantation commerciale, ils ont imposé aux vignerons des conditions devenues souvent inacceptables. Sans vouloir jeter l'anathème sur la profession de négociant, qui a toujours compté dans ses rangs des éléments de grande valeur et d'une probité commerciale indiscutable, on peut dire que, dans ce revirement des habitudes commerciales, ils ont souvent été les artisans de leur déclin.

Les très graves crises viticoles (1929 en Champagne, 1933 en Bourgogne et 1973 dans le Bordelais) furent à l'origine de la création des premières caves coopératives. Puis quelques hardis pionniers – Bourguignons en tête – se dirent qu'avec un produit de qualité, mieux valait tenter seul l'aventure et se créer une clientèle, plutôt que de continuer à se laisser exploiter par des commerçants dont le seul objectif était la défense de leurs intérêts. Les premiers viticulteurs à pratiquer la vente en direct eurent bien du mérite, car faire du vin est une chose, assurer son élevage, le mettre en bouteilles au moment opportun dans de bonnes conditions et bien le commercialiser en est une autre.

Au départ, seule une élite sut très vite concilier l'empirisme et les idées nouvelles qui se faisaient jour, en surmontant tous les obstacles : ostracisme du négoce, quasi-ignorance des techniques de conservation des vins et méconnaissance totale des circuits de distribution. Il faut croire que la qualité paie toujours, car une clientèle nouvelle, venue le plus souvent de l'étranger (ce qui prouve que nul n'est prophète en son pays), en particulier des États-Unis, commença à s'intéresser sérieusement à ces vins, dont le caractère typique tranchait avec la majorité des appellations vendues jusqu'alors dans le commerce.

La renommée acquise à l'étranger et auprès de plusieurs tables de prestige par quelques grands noms de la viticulture commençait à faire tache d'huile. Dans toutes les régions viticoles, de nombreux émules de la vente en direct manifestèrent le désir de ne plus rester pieds et poings liés au commerce. Cette volonté d'indépendance, facilement compréhensible, allait de pair avec le développement de l'œnologie moderne qui ouvrait aux vignerons des horizons nouveaux.

Plusieurs autres crises viticoles ont mis à mal le négoce. Certaines maisons très connues ont même parfois dû fermer boutique ; d'autres se sont accrochées tant bien que mal pour surmonter la tempête, en stoppant tous leurs achats et en se spécialisant dans la vente de vins de marques qu'ils ont créées pour la circonstance et qui sont aujourd'hui devenues dominantes, ce qui a encore accentué bien involontairement la mise en bouteilles à la propriété. Beaucoup de vignerons ont opté pour cette formule, plus pour sauver leur exploitation que par véritable vocation. Puis, les années passant, ces viticulteurs ont pris goût à ce nouveau mode de vie plus rémunérateur qui, en outre, leur permettait d'acquérir une certaine indépendance et de nouer des contacts avec une clientèle souvent cultivée et aisée. Cet ensemble de facteurs explique que le mythe du vigneron récoltant ait fait son chemin.

Actuellement, la vente en direct à la propriété connaît l'engouement. Elle est favorisée par le fait que le consommateur actuel, pris dans l'engrenage d'une société de plus en plus industrialisée, cherche par tous les moyens à retrouver une certaine authenticité du produit… Le développement du tourisme et la multiplication des réseaux routiers ont largement contribué à faire découvrir certaines régions viticoles, leur offrant des débouchés et encourageant l'extension de la mise en bouteilles à la propriété.
La vente directe a été aussi très largement favorisée par l'appui inconditionnel des chroniqueurs gastronomiques qui n'ont jamais autant parlé du vin qu'aujourd'hui. C'est à qui communiquera le premier le plus grand nombre de prétendues bonnes adresses, les meilleures bien sûr étant déjà connues de tout le monde depuis bien longtemps.
Mais, après tout, cela me rappelle ce vieux turfiste impénitent à qui l'on reprochait toujours de ne jouer que des favoris et qui répondait : « Il vaut mieux être plusieurs sur une bonne affaire que seul sur une mauvaise. »
Les journalistes ont indéniablement fait beaucoup pour la viticulture, mais ils n'ont pas toujours été au fond du problème, certains oubliant parfois de contrôler toutes leurs informations.
Mes pérégrinations dans de nombreux vignobles m'amènent à rencontrer toutes sortes de personnages parfois réservés, diserts ou colorés, chez qui je déguste. Les vins, bien entendu, sont très différents tant sur le plan de la typicité que sur celui de l'échelle des prix. Ce qui se comprend aisément, vu la diversité. Avec chacun je m'efforce d'avoir un long dialogue, pour mieux comprendre sa région, sa vinification et ses problèmes. Un mot revient trop souvent dans les conversations : « qualité », qui semble être le vocable le plus utilisé dans le langage du vigneron actuel. C'est à croire que tous les vins ont cette caractéristique. Je me demande bien souvent pourquoi les récoltants en font un véritable leitmotiv, puisqu'il ne permet plus de se démarquer du voisin. On n'entend que cela. Je réprouve d'autant plus ces actes de foi que souvent, ils émanent de vignerons que la conscience n'a pas toujours tourmentés. C'est un peu la dame de petite vertu qui, un jour, décide de se ranger. Je crains simplement qu'en opérant de cette façon les viticulteurs aillent à l'encontre du but recherché. Au lieu de demeurer un argument de vente auprès du consommateur, il arrive à perdre son pouvoir attractif. Je suis aussi irrité de voir de plus en plus de vignerons jouer sur la méconnaissance des acheteurs avec toutes sortes de précisions sur leurs méthodes de culture et leurs techniques de vinification, alors que ceux-ci se trouvent le plus souvent dans un domaine qui leur est étranger et que les choses les plus importantes leur échappent. Pour lui, une seule chose compte : la qualité du produit lorsqu'il l'a dans son verre. De grâce, messieurs les vignerons, faites votre vin le mieux possible, pour qu'il soit agréable, franc, honnête et surtout vendez-le à un prix décent afin que l'on puisse

boire mieux pour le plaisir, mais arrêtez d'en rajouter sur la manière dont vous le faites. Car enfin : « Toute marchandise vantée perd de sa valeur. »

Il n'est pas toujours aisé, lorsqu'on se déplace dans une zone d'appellation, de détecter le bon vinificateur, d'où quelques conseils qui, sans tomber dans la compilation des guides du vin, vous permettront de déjouer certaines embûches.

Dans une commune viticole, ne jamais espérer trouver la bonne adresse auprès d'un autochtone car il ne fait aucun doute que s'il la connaît, il se gardera de la communiquer, cherchant plutôt à détourner l'acheteur éventuel pour l'orienter chez un de ses copains. Dans chaque village, il y a souvent une vieille rancœur qui sommeille. Les jeunes restaurateurs – contrairement à leurs aînés – se passionnent pour le vin. La lecture de leur livre de cave est pleine d'enseignements. En revanche, ne comptez pas trop tirer d'informations des professionnels locaux sur les vins de leur secteur, car ils ont des obligations commerciales envers les clients qui les font le plus travailler et risquent de mal vous orienter.

Lorsqu'on ne connaît pas une région viticole, il faut faire appel aux limiers les plus experts qui sont en général le curé, les gendarmes ou le facteur, le premier recevant toujours quelques bouteilles, les autres ayant parfois l'obligation de trinquer. Nul n'est mieux placé pour connaître en détail les bonnes caves sans y avoir un quelconque intérêt.

Il ne faut, sous aucun prétexte, lors d'un achat à la propriété, accepter ou solliciter du viticulteur un arrangement qui consisterait à étiqueter les bouteilles d'une autre appellation moins prestigieuse en établissant une facture en conséquence avec une partie du règlement en espèces (ce que j'appellerai vulgairement « la poche kangourou du vigneron »), pour diminuer éventuellement le prix du vin et surtout réduire celui de la TVA, même si on ne la récupère pas. Dans ce cas, non seulement on deviendrait le complice d'une fraude en lui ouvrant toute grande la porte, encourageant le dépassement de récolte non déclarée qui, invariablement, se ferait au détriment de la qualité du produit qu'on acquiert.

Même si l'on est un nostalgique du temps passé, il ne faut pas croire qu'un vin élevé dans de très vieux fûts datant de la décennie précédente trônant au milieu d'une cave, dont les murs sont couverts d'une épaisse couche de moisissure, est meilleur, au contraire ! Le fût est l'inverse de la pipe : plus il est culotté, moins il est bon ! À la longue, ce n'est plus qu'un mauvais récipient entartré, véritable repaire de bactéries.

Acheter en direct à la propriété implique pour le client quelques règles de courtoisie élémentaire : lorsqu'on a l'intention de rendre visite à un vigneron, il est bon, au préalable, de prendre rendez-vous et non d'arriver à l'improviste. Il ne faut pas oublier que, comme tout le monde, il a une vie professionnelle et personnelle qu'il a le droit de protéger. Il ne faut surtout pas pousser la dégustation, en abusant de la gentillesse du récoltant, si l'on n'a pas l'intention de faire un achat, si modeste soit-il. Une dégustation en cave demande le calme et le

recueillement. Les enfants ou les amis non intéressés qui ne voient là qu'un but de sortie n'y ont pas leur place, pas plus que les personnes outrageusement parfumées, car les émanations volatiles dominent la subtilité des arômes, rendant toute dégustation impossible. Enfin, il ne faut jamais fumer dans une cave.
Pour être sûr d'avoir quelques bouteilles – surtout lorsqu'il s'agit d'un grand millésime ou d'une appellation dont la demande dépasse la production – les réservations concernant des vins encore en fûts doivent être faites très rapidement et par écrit. Un chèque d'acompte peut, le cas échéant, y être joint ; il est fort possible que le récoltant le refuse, mais, même dans cette hypothèse, il constitue un gage de bonne foi. En ne prenant pas ces précautions en temps utile, on court le risque que des clients occasionnels passent à la propriété dès les mises en bouteilles terminées, en se montrant assez convaincants pour traiter avec le vigneron, qui ne peut constamment dire non. On reproche parfois à l'exploitant de ne pas toujours avoir le respect de la parole donnée ; c'est plus facile à dire qu'à faire. Il faudrait de temps en temps se mettre à sa place. Dans les grandes années, qui, de surcroît, sont souvent de petites productions, il peut être excédé de devoir refuser des ventes presque chaque jour, uniquement pour tenir un engagement moral avec des acheteurs qui, par la suite, négligent quelquefois d'honorer leurs réservations faites dans un moment d'euphorie.

Le vigneron embouteilleur est, parfois, un personnage ambigu, qui veut tout à la fois « avoir le lait, le beurre et l'argent du beurre… » Ce qui l'amène souvent, au détriment de ses clients fidèles, à trop se disperser dans le choix de ses circuits de vente. On ne peut raisonnablement vouloir exporter, vendre au négoce, travailler avec le particulier et être en même temps présent dans la grande restauration, sans que cela ait, à un moment ou à un autre, une incidence négative sur une partie de la clientèle.
Le bon vigneron, en général, n'a pas de stock, sauf en période de vente difficile. Il oublie qu'il travaille avec le ciel au-dessus de sa tête telle l'épée de Damoclès et qu'il est tributaire des conditions climatiques à venir, avec tout ce que cela peut engendrer comme répercussions sur la production (gel ou grêle).

Lorsqu'on a l'habitude de travailler régulièrement avec un viticulteur, il faut lui acheter tous les millésimes sans distinction et non se contenter de n'acquérir que les meilleurs, car il faut penser qu'il fait du vin chaque année et a donc besoin de commercialiser régulièrement, pour maintenir son exploitation en vie. En contrepartie, l'exploitant doit être logique. Il a aussi des devoirs envers ses clients, qui consistent à moduler ses prix en fonction des conditions climatiques qui ont précédé l'élaboration de son produit et faire sien ce prétexte : « Grande année ou petit millésime, d'accord, mais prix en conséquence. »

Il ne faut pas se laisser griser par le premier moment d'euphorie passé dans une cave que l'on découvre et, encore moins, tomber sous le charme du vigneron, en général bien sympathique, avec son accent du terroir. Surtout ne jamais accepter, pour accompagner la dégustation, de fromage et encore moins de noix, qui ont le pouvoir de farder le vin, au point que le plus modeste peut devenir une grande chose, en n'oubliant jamais une maxime chère aux acheteurs anglais (sans doute les plus grands connaisseurs de vins) : « Achetez sur du pain et vendez sur du fromage. »

Lors d'une dégustation en cave, il est très possible que certains vins ne se présentent pas toujours au mieux ce jour-là, ce qui ne les empêchera pas de bien vieillir. Aussi, ne soyez pas étonné d'entendre le viticulteur leur trouver des excuses parfaitement justifiées, du style : il vient d'être collé, il a été soutiré hier, la malolactique n'est pas complètement terminée, il n'y a pas longtemps qu'il a été mis en bouteilles et cela l'a fatigué ou bien encore la solution (SO_2) lui a enlevé un peu de couleur.

La première qualité d'un bon viticulteur est l'hygiène. Une cave bien tenue doit être d'une propreté irréprochable; elle est le reflet de l'homme qui fait le vin.

Pour mettre le plus d'atouts possibles dans son jeu, il faut acheter de préférence chez des viticulteurs dont les vignes sont situées dans les meilleures zones de leur appellation. Il est évident, pour ne citer que deux exemples, que les saint-émilion de plaine, récoltés à Saint-Pey-d'Armens, Vignonet ou Saint-Sulpice de Faleyrens, même s'ils sont grand cru, ne représentent pas ce qu'il y a de mieux dans leur appellation. Il en est de même dans les premiers crus de chablis récoltés dans les extensions récentes. La liste pourrait être étendue à d'autres AOC.

Comme dit le proverbe : « Le bon vin n'a pas besoin d'enseigne. » Dans les grandes régions viticoles, il faut se méfier comme de la peste des panneaux racoleurs invitant le client à la dégustation.

En théorie, un viticulteur ne peut commercialiser que le vin produit par sa propre récolte. Dans la pratique, ce n'est pas tout à fait vrai.

Il existe en effet un texte de tolérance administrative, qui se perd dans la nuit des temps, dont le premier document en la matière est une circulaire n° 506 du 30 octobre 1857, qui a fait l'objet de quelques aménagements par lettre autographe n° 2493 du 6 octobre 1938, n° 2687 du 27 octobre 1939 et n° 2958 du 20 janvier 1941. Cette question a aussi fait l'objet à l'Assemblée nationale de plusieurs réponses écrites aux parlementaires, notamment en 1980 et 1985. Au départ, le but de ce texte était de permettre aux viticulteurs, certaines années, d'améliorer qualitativement ou quantitativement des récoltes déficitaires, par l'achat de raisins ou de moûts* hors exploitation, avec un seuil de 5 % du volume total produit à ne pas dépasser, pour ne pas perdre le bénéfice de la position de

récoltant; au-delà, on est obligatoirement considéré comme négociant. Il va de soi que cet achat ne peut se faire qu'avec les appellations revendiquées dans les déclarations de récoltes.
Ce texte a été conçu dans une optique de bonification. Or il semblerait actuellement, au travers de l'évolution des circulaires et de réponses ministérielles, qu'il ait été plus ou moins vidé de sa substance d'origine : de tolérée, la pratique est devenue coutumière. Ainsi, les vignerons champenois y recourent largement, invoquant, pour se justifier, l'intérêt de l'assemblage*. Décidément, ils n'oublient rien!
L'intention de l'administration aujourd'hui est précisément de revenir au respect un peu plus strict des conditions qui avaient présidé à cette tolérance. Néanmoins, celle-ci reste toujours en vigueur, ce qui conduit à se poser une question : où commencent et où s'arrêtent, pour la propriété, les éventuelles bonifications?

LA COMMERCIALISATION BORDELAISE EN PRIMEUR

Chaque année, environ six mois après la récolte, l'ensemble des Châteaux (classés ou non) jouissant d'une certaine réputation dans le Bordelais – crus bourgeois y compris – font, aux négociants privilégiés, une offre de vente en primeur à un prix fixé par leurs propriétaires; celle-ci ne concerne qu'une tranche de la production et n'est valable que pendant un laps de temps très court. Ce sont toujours les Châteaux qui font leur répartition et qui déterminent les allocations qu'ils attribueront à chaque porteur.
En faisant leur proposition aux courtiers*, les propriétaires de Châteaux leur fournissent des échantillons, pour permettre aux négociants de juger, en dégustant, de la valeur du millésime. Les Châteaux ne peuvent bien entendu fournir au négoce acheteur que des échantillons prélevés directement sur les pièces, avant l'assemblage* de la cuvée; ce qui, par conséquent, ne donne pas une image exacte de la valeur de l'ensemble de la production du Château. Pour sauvegarder un certain prestige sur la place de Bordeaux, ces propriétaires ont quelquefois tendance à effectuer ces distractions sur leurs meilleures barriques. Il est toutefois impossible pour le consommateur moyen de connaître les viticulteurs qui agissent de cette façon. Les transactions se font toujours au tonneau (unité fictive censée représenter 1 200 bouteilles). Les vins, quelle que soit l'importance de la réservation, ne sont livrés au négoce en caisse de bois d'origine que deux ans plus tard.
La sortie sur le marché bordelais de la première tranche de primeurs des Châteaux les plus réputés est comparable aux courses cyclistes, qui se disputent sur l'anneau de vitesse du palais des Sports de Bercy avec « la fameuse séance de surplace des pistards… ». Chacun s'estimant meilleur que ses voisins, tous hésitent à communiquer leur prix le premier, car dans le Médoc, vendre moins cher qu'un confrère rival équivaut à se discréditer auprès du négoce de Bordeaux pour les années

futures, et surtout à perdre une partie du prestige du Château auquel tiennent par-dessus tout la majorité des propriétaires. N'oublions pas que les Médocains ont une très haute opinion d'eux-mêmes…

Pour le premier déblocage des primeurs dans les crus réputés, seule l'élite des bureaux de courtage est habilitée à traiter les marchés. En effet, toutes les transactions entre le Château et le négoce passent obligatoirement par l'intermédiaire d'un courtier* (il doit être *persona grata* auprès du propriétaire), qui perçoit au passage 2 % de commission versée par l'acheteur. À Bordeaux, cette profession représente une grande puissance très respectée par la viticulture et le négoce. En échange de quoi, le courtier* s'engage à ne jamais traiter une affaire en dehors de la Gironde. Dans toutes les transactions, la commission est versée par l'acheteur même lorsqu'il ne s'agit pas de primeurs, le Château restant toujours en dehors du jeu. Quand un négoce vend à l'un de ses confrères, c'est le vendeur qui règle les 2 % au courtier.

Un courtier* fait en général la majorité de ses affaires avec des vins de sa région. Comme dans le monde médical, il a sa spécialité. Si un négociant se désiste en totalité ou en partie, le Château dispose à sa guise des caisses restantes.

Après avoir pris la température de la commercialisation et des cours, les Châteaux débloquent en général une seconde tranche de primeurs dans les mêmes conditions que la première, mais en ayant pris soin de réajuster leur tarif à la hausse. Si la demande reste forte, il arrive qu'ils en mettent une troisième sur le marché, quelques semaines plus tard, mais avec un prix très largement corrigé.

L'élevage des vins achetés en primeur se poursuit au Château en barriques ou en cuves pendant une période de dix-huit mois à deux ans, avant d'être mis en bouteilles à la propriété et livré au porteur de l'allocation. Pendant son élevage, le vin – par le canal des courtiers* et des négociants – fait l'objet de multiples transactions. Il va sans dire qu'à chaque changement d'acheteur les cours grimpent allégrement. Ce qui se comprend aisément dans ce vignoble où il existe un commerce important de négoce à négoce. Toutes ces spéculations se font en dehors du propriétaire du Château qui, lui, traite avec une seule et unique personne : le porteur de l'allocation.

En dehors de la période des primeurs, le négoce, en fonction du marché, se réapprovisionne dans les Châteaux au coup par coup, expliquant ainsi les disparités dans les tarifs d'une maison à une autre pour le même vin du même millésime. Les raisons peuvent être multiples : tractations engagées quelques jours avant une forte demande, affinités commerciales du courtier* avec le viticulteur ou marge bénéficiaire plus serrée de l'intermédiaire.

Les négoces privilégiés, qui peuvent acquérir des vins en primeur en bénéficiant du prix de déblocage de la première tranche, occupent une position des plus enviables pour les quatre principaux marchés :

– les neuf grands crus : c'est une spéculation absolument sans risque. La demande excède toujours la production. Même dans un petit millésime, les bénéfices restent très substantiels ;
– les crus classés et assimilés : cette catégorie concerne les crus classés du Médoc (deuxièmes, troisièmes, quatrièmes et cinquièmes), les premiers et seconds crus de Sauternes et Barsac ainsi que les Châteaux les plus en vue des Graves, Saint-Émilion, Pomerol et quelques crus bourgeois que l'on compte sur les doigts d'une main, mais dont le niveau qualitatif dû au sérieux et au talent de vinificateur de leurs propriétaires fait qu'ils ont réussi à se glisser au sein du noyau d'élites où ils sont jugés sur un pied d'égalité. C'est un marché également spéculatif suivant les millésimes, mais il y a quand même un petit risque, car il repose sur les étiquettes. Il faut savoir bien acheter pour ne pas commettre, certaines années, des erreurs qui pourraient entraîner des pertes financières difficiles à supporter à notre époque. Il semble que la commercialisation de ce type de vin soit en perte de vitesse. Les raisons de ce désintérêt sont multiples. Hormis les premiers, la plupart des crus classés, en particulier certains seconds, sont devenus trop chers. On assiste aussi de plus en plus à Bordeaux à de curieuses pratiques qui découragent la commercialisation en primeur, en désorientant les acheteurs. Il n'est en effet pas rare de voir brusquement réapparaître périodiquement sur le marché des crus (parfois revenus de l'étranger, donc pas obligatoirement bien conservés) de millésimes anciens vendus moins cher, qui avaient été achetés plusieurs années auparavant comme cela s'est produit en 1997. Il faut encore ajouter qu'outre ces techniques de vente peu orthodoxes, ce circuit n'est plus guère rentable depuis l'année 1990, ce qui explique avec juste raison sa désaffection par beaucoup de consommateurs français ;
– les crus bourgeois : c'est un marché sérieux, assez facile pour qui goûte bien et sans grand danger, si l'on se contente d'une marge raisonnable ;
– les génériques* : marché très délicat, concurrentiel, de plus en plus difficile et à risque, vu l'importance du volume de la production de bordeaux, bordeaux supérieur, entre-deux-mers, etc.

CONSEILS POUR ACHETER EN PRIMEUR

L'acheteur de vin en primeur qui investit plusieurs années à l'avance un certain capital, même s'il écarte le facteur spéculatif, mise sur le fait que son vin, dans le temps, va automatiquement se valoriser, ne serait-ce que par sa rareté. Il a aussi la perspective d'un profit substantiel ou d'une économie par rapport au prix d'achat d'un millésime ancien, à consommer immédiatement. En revanche, il ne doit pas oublier qu'il s'agit de vin payable au négoce, en général environ dix-huit mois avant sa livraison et pour lequel la responsabilité des Châteaux ne peut être engagée. C'est ce qu'on appelle une marchandise en devenir. Il lui faut donc prendre un minimum de précautions. Sa meilleure garantie consiste à s'adresser à des maisons de commerce bordelaises connues pour leur sérieux et ayant pignon sur rue. Cela n'exclut quand même pas totalement un risque, infime, dont il faut tenir compte. À notre époque, une maison de négoce, même honnête, peut être amenée, pour de multiples raisons, à disparaître. Dans toutes les transactions financières subsiste une part de risque.

En outre, l'acquéreur doit étudier les tarifs de plusieurs négociants, afin d'établir des comparaisons, mais avec suffisamment de flair pour écarter systématiquement les propositions trop alléchantes, qui cachent souvent quelques imprévus. Il est arrivé que certaines personnes indélicates vendent des vins en souscription sans les avoir achetés auparavant à la propriété.

À partir du mois d'avril, il faut commencer à consulter les tarifs de primeurs du négoce bordelais, car, pour très bien acheter, il est indispensable de bénéficier des prix du premier déblocage. Mais pour certains crus rares, c'est pratiquement impossible sauf pour quelques initiés. Pour obtenir la liste de ses adhérents, écrire au Syndicat des négociants en vins de la Gironde, 125, avenue Georges Pompidou, 33500 Libourne, tél. : 05 57 25 40 31. Dans l'hypothèse (bien improbable) d'un accident survenant au vin en cours d'élevage, qui obligerait le fournisseur à annuler la livraison, le bordereau d'achat prévoit bien entendu le remboursement, mais en excluant tout droit d'indemnité pour préjudice financier.

Vu les prix de vente pratiqués de nos jours, acheter uniquement le grand millésime (sauf si l'on a des affinités de longue date avec un viticulteur), qui peut toujours, en cas de circonstances imprévues, se négocier facilement à un prix décent. Par exemple, après un millésime surestimé comme le fut 2000, la bonne affaire a été d'acheter des 2002 sous-estimés et d'une bonne qualité.

En achetant en primeur, les règlements peuvent être différents selon que l'on traite avec un négociant ou un viticulteur. Au négoce, on règle en général la moitié à la commande et le solde au bout de soixante ou quatre-vingt-dix jours. À la propriété, dans la plupart des cas, les paiements se pratiquent en versant un tiers à la commande, un tiers à six mois et le solde à neuf mois, voire quelquefois un an. L'acheteur doit impérativement respecter les délais de règlements, pour ne pas tomber sous le coup d'une clause résolutoire, toujours prévue sur les bordereaux d'achat. En ce qui concerne la TVA, le règlement est aussi différent. Si l'on traite avec un négociant, elle sera exigible en totalité avant la livraison (et non sur les acomptes), ce qui est facilement compréhensible puisque son générateur – au sens juridique du terme – est la mise à disposition du produit, qui intervient lorsque les vins sont identifiés par l'administration fiscale, c'est-à-dire seulement lorsqu'ils sont en bouteilles. Avec un viticulteur assujetti au régime

agricole de la TVA, celle-ci est payable sur chaque acompte, au fur et à mesure des règlements.
Enfin, avant la mise en bouteilles, le fournisseur propose à l'acheteur la possibilité de lui conditionner (pour le nombre de bouteilles qu'il a acquises) la totalité ou une partie en impériales, jéroboams*, magnums ou demi-bouteilles.

Jusqu'en 1986, les vins achetés en primeur constituaient une bonne opération pour tout le monde. Ils permettaient à la propriété de faire entrer une avance de trésorerie, au commerce de faire tourner la boutique et au client d'acquérir, dans des conditions décentes, de belles appellations pour l'avenir.
Par la suite, ces bouteilles procuraient de merveilleux instants de bonheur en famille ou entre amis, lorsqu'elles étaient dégustées par des connaisseurs, dissertant longuement sur les mérites de tel ou tel Château ou millésime. C'était une époque bénie, où le vin demeurait ce qu'il n'aurait jamais dû cesser d'être : un produit de consommation convivial.
Puis est arrivé Robert Parker, avec ses fameuses notes sur 100. Les premières ont concerné le millésime 1982, insistant sur la qualité de cette belle année et arguant qu'elle serait dans l'avenir très spéculative. Il faut dire qu'à cette période, les premiers crus s'étaient commercialisés par le négoce girondin à moins de 180 F (27,45 €). Il n'en fallait pas plus pour convaincre les Américains toujours à la recherche d'un business lucratif et perpétuellement en quête d'un gourou pour les guider.
N'ayons pas peur des mots, Robert Parker a construit sa réputation au détriment des grands vins de France. Comme le dit mon ami Jean Ducloux : « Au Moyen Âge, les gens mal intentionnés vous pourfendaient avec une épée, aujourd'hui, ils se servent d'un stylo et cela fait parfois aussi mal ! » Avec le sien, Robert Parker a effacé deux siècles de civilisation du vin.
Il y a encore une vingtaine d'années, la vente des vins d'AOC, considérée comme un commerce noble, répondait à des critères établis de père en fils depuis pratiquement un siècle. Elle reposait sur des relations amicales et professionnelles entre viticulteurs et négociants en amont, clients et cavistes en aval. C'était une époque heureuse où tout le monde trouvait son compte dans la joie et la bonne humeur, tout en encaissant un petit bénéfice et en faisant fi de toute ambition spéculative. Seul comptait l'amour du travail bien fait. Ces considérations d'un autre âge sont devenues caduques.
Sans être pessimiste, je crains, au train où vont les choses, que bien peu de consommateurs français, à l'instar de leurs aînés (exception faite pour des personnes très fortunées) n'aient la chance de boire à son apogée, une bouteille d'un cru classé renommé du millésime 2000. C'est fini, ces vins-là, on ne les boit plus, ils passent aux enchères faisant les beaux jours des spéculateurs et des commissaires-priseurs.

LES VENTES AUX ENCHÈRES

Elles ont tendance à se multiplier[1]. C'est à se demander d'où proviennent tous les vins présentés. Il devient difficile de réaliser une bonne affaire dans une salle des ventes de la région parisienne. Il n'y a plus guère que dans certaines petites villes de province que l'on peut encore quelquefois espérer réussir de bonnes opérations, surtout lorsque les ventes n'ont pas lieu un dimanche.

Dès réception du catalogue d'une vente, mentionnant les estimations des experts, le futur acquéreur, après avoir soigneusement annoté les lots susceptibles de l'intéresser, doit prendre l'avis de quelques initiés en qui il a toute confiance (cavistes, courtiers* en vins, viticulteurs, restaurateurs, etc.). Ces professionnels lui donneront confirmation des cours à ne pas dépasser et, surtout, des indications sur la valeur des vins ; même dans un grand millésime – pour des raisons multiples (incidents en cours de vinification, mauvais choix de la date des vendanges) – il peut arriver qu'un viticulteur très réputé ait connu un échec total.

À l'inverse, dans certaines années très mal considérées, naissent de belles réussites dont seuls peuvent bénéficier les acheteurs avisés et bien conseillés ; elles sont d'autant plus intéressantes que leur valeur marchande n'a pas subi d'inflation.

Si l'acheteur ne peut assister à la vente, il a la possibilité de donner un ordre d'achat écrit au commissaire-priseur ou à l'expert, mentionnant les lots susceptibles de l'intéresser, avec le prix maximal de l'enchère qu'il ne souhaite pas dépasser, en joignant un RIB (sauf s'il est bien connu de l'intermédiaire). Si d'autres acheteurs proposent davantage, le lot lui échappe. En revanche, s'il lui revient, c'est presque toujours pour le montant maximal qu'il a fixé, car il ne faut pas oublier que le commissaire-priseur n'est pas là pour faire acheter le moins cher possible mais, au contraire, pour vendre au meilleur prix. En assistant à la vente, on a plus de chances de faire de meilleures affaires.

Les vins étant exposés au public la veille ou le matin de la vente, une visite s'impose pour vérifier l'état des étiquettes, celui des bouchons et surtout le niveau du vin qui ne doit pas être bas ; dans ce cas, il faut éviter d'acheter si l'on ne veut pas courir le risque de se retrouver avec un vin oxydé. Personne ne peut s'opposer à une observation minutieuse des bouteilles proposées ; on peut même demander l'ouverture des caisses, afin de les examiner soigneusement. Avant la vente, il est conseillé d'interroger habilement les commissionnaires ou les assesseurs du commissaire-priseur, pour tenter de savoir d'où proviennent les vins et dans quelles conditions ils ont été conservés, car il ne faut pas oublier qu'à une température moyenne de 5 °C au-dessus de 16 °C le vin subit un

[1] Les trois plus grandes salles des ventes aux enchères sont :
- Sotheby's de Londres, 76, rue du Faubourg-Saint-Honoré, 75008 Paris, tél. : 01 53 05 53 05 ;
- Christie's de Londres, 9, avenue Matignon, 75008 Paris, tél. : 01 40 76 85 85 ;
- Salle Drouot, 9, avenue Drouot, 75009 Paris, tél. : 01 48 00 20 20.

vieillissement accéléré. Quant aux vins de très vieux millésimes (bordeaux en particulier), ils peuvent être inégaux d'une bouteille à l'autre, car, dans le passé, on ne pratiquait pas d'assemblages*. Les mises en bouteilles se faisaient fût par fût, avec un robinet à deux becs*. Leur achat parfois relève de la loterie ! Enfin, certains vins proposés dans ce style de transaction, même lorsqu'il s'agit de grandes appellations, sont complètement passés ou présentent de graves défauts. La salle de vente est parfois une sorte d'exutoire pour certains restaurateurs ou particuliers.

Une vente aux enchères est un spectacle, dont l'acteur principal est le commissaire-priseur, qui a en général un certain sens du théâtre, auquel le public donne la réplique. Entre eux s'instaure un échange de signes cabalistiques, difficiles à décrypter pour le profane. Avant de participer aux enchères, mieux vaut bien connaître les coulisses où s'agite tout un petit monde : les clercs chargés de dresser le procès-verbal des ventes et de calculer au fur et à mesure le montant des frais, les commissionnaires et les crieurs chargés de stimuler le public pour repérer les éventuels acheteurs ; ces derniers veulent aussi leur part du gâteau : lorsqu'un acheteur est particulièrement intéressé par un lot, il arrive qu'un billet soit glissé subrepticement, de sorte qu'ils tentent de s'arranger pour que l'adjudication soit bien frappée.

L'amateur qui veut faire fi de certaines règles propres à ce genre de vente risque de le payer assez cher :

- dans certains catalogues figurent à la fin plusieurs pages avec les évaluations du commissaire-priseur. Il est indispensable, avant d'assister à la vente, de les annoter en face de chaque lot car les enchères se déroulent tellement vite qu'il est impossible de les consulter ;
- au moment où démarrent les enchères, placez-vous de préférence sur le côté, le dos au mur, et surveillez attentivement le déroulement des opérations. Lors des envolées, le mouvement est toujours difficile à suivre, car tout se passe très rapidement. Quand vous avez décidé d'entrer dans les enchères, faites votre annonce d'une voix nette et intelligible ou bien levez très franchement la main. Dès que la somme dépasse celle que vous vous êtes fixé, faites, avec votre avant-bras, des signes de dénégation très fermes ; sans cela, vous risquez, lorsque le marteau revient vers vous, de vous retrouver bien involontairement le malheureux propriétaire d'un lot surpayé ;
- il peut arriver, lorsque la salle manque de combativité, que le commissaire-priseur fasse semblant de prendre des enchères à droite et à gauche, vous forçant ainsi à une escalade imaginaire jusqu'au moment où le mot fatidique « adjugé » sera prononcé à votre détriment, faisant de vous une victime de ce que l'on appelle le « coup de bourrage » ;

– il est vrai qu'il n'est pas toujours facile de résister à la griserie des enchères dans cette ambiance de surexcitation, qui fait que beaucoup d'acheteurs se prennent au jeu au point de payer, très au-dessus du cours, des vins que l'on peut encore trouver dans le commerce, allant même – dans ce climat d'euphorie – jusqu'à surenchérir sur des millésimes passés, qui n'ont plus aucune valeur ;
– il existe cependant dans toutes les ventes aux enchères des instants privilégiés pour l'acheteur où, malgré l'insistance du commissaire-priseur et des crieurs, la salle ne réagit pas. C'est le creux de la vague, qui permet souvent d'acquérir un lot pour un prix inférieur à sa valeur. Dans ce cas, si plusieurs lots identiques se suivent sur le catalogue, l'acheteur a la possibilité de se les procurer au même prix que l'enchère précédente en faisant une bonne affaire.

L'acheteur doit savoir qu'au montant de l'adjudication, viennent s'ajouter les frais afférents aux émoluments du commissaire-priseur, de ses assesseurs et de l'expert ainsi que ceux des catalogues et de la publicité ; ils sont généralement de l'ordre de 15 % HT et ne sont pas discutables. En revanche, en ce qui concerne le vendeur, les pourcentages exigés peuvent donner lieu à des arrangements, ils sont fonction de plusieurs paramètres : affinités avec l'organisme chargé de la vente, importance des lots ou valeur et rareté des vins et des millésimes proposés. Souvent, ces discussions, semblables à celles des marchands de tapis, sont de véritables marchandages. Partant d'une logique commerciale, en France dans le plus mauvais des cas, ils oscillent entre 15 et 18 % TTC.

Pour ce qui est des deux meilleurs organismes anglais, que je recommande chaudement : Christie's et Sotheby's, ils sont variables, atteignant 15 % HT jusqu'à un plafond proche de 2 500 €, tombant à 10 % pour les sommes supérieures. Pour les deux, il convient d'ajouter 1,50 % pour l'assurance couvrant les éventuels dommages (casse, vol, etc.), les frais de transport et, pour l'Angleterre, les droits d'accise tournant autour de 1,40 € la caisse.

Il est incontestable que les meilleures estimations, et par conséquent les meilleurs ventes, sont réalisées par les Anglais et tout particulièrement Sotheby's, disposant d'un fichier impressionnant de riches collectionneurs mondiaux résidant aux États-Unis et dans les pays asiatiques. En France, je recommande chaudement l'un des meilleurs experts : Alex de Clouet, 71, rue du 22 septembre, 92400 Courbevoie, tél. : 01 43 34 81 20 ou 01 43 34 88 03, fax : 01 47 88 01 07. Il se déplace à domicile pour donner une estimation des vins susceptibles de passer aux futures enchères.

Petite remarque : assurez-vous, lorsque vous mettez des vins aux enchères par l'intermédiaire d'un commissaire-priseur, que sur le catalogue de ventes ne figure pas le terme « vins de collection » un peu équivoque, il laisserait au fisc la porte ouverte pour assimiler votre vente aux « biens meubles », il vous en coûterait alors 4,50 %.

Le vendeur et l'acheteur ne doivent pas ignorer que, pour chaque lot figurant sur un catalogue, il y a deux estimations. Une basse, au-dessous de laquelle on ne peut descendre, et une haute, donnée à titre facultatif avec possibilité de monter à l'infini. Enfin, un prix de réserve, connu seulement du vendeur, permet au commissaire-priseur de retirer de la vente les lots susceptibles de descendre en dessous. Ceux-ci sans aucun frais supplémentaires peuvent au gré du vendeur être repris ou présentés dans une autre vente, éventuellement avec une nouvelle estimation.

Il est parfaitement compréhensible que les ventes de vins se soient multipliées, car elles ne font l'objet d'aucune taxation par les services fiscaux, puisque le vin « bien de consommation » n'entre pas dans la catégorie des « biens meubles » (voitures de collection, numismatique, objets d'art, etc.).

Même avec un petit bénéfice, elles sont plus rentables que l'ensemble des placements. Seule petite restriction : il ne faut pas faire plus d'une transaction annuelle pour ne pas courir le risque de se faire assimiler à un marchand.

Dernier conseil : une fois l'adjudication prononcée, les lots sont automatiquement sous la seule responsabilité de l'adjudicataire. Le commissaire-priseur n'a plus aucune responsabilité concernant les casses de bouteilles ou les manques. Il faut bien surveiller les manutentionnaires (là encore, ne pas hésiter à y aller de son petit billet, d'autant que l'on peut avoir besoin d'eux pour aider au chargement). N'oublions jamais que, dans le brouhaha régnant dans une salle des ventes, c'est souvent la foire d'empoigne.

LES NÉGOCIANTS

La majorité des consommateurs actuels a tendance à bouder les vins commercialisés par le négoce au profit de ceux produits par la propriété, à qui elle attribue toutes les vertus. C'est un raisonnement simpliste : il n'y a pas d'un côté les mauvais négociants et de l'autre les bons vignerons. Chaque profession compte dans ses rangs des éléments de valeur, d'une grande probité commerciale.

Le négociant n'a pas toujours été correct avec la propriété, proposant trop souvent des cours inférieurs à la qualité du vin et échelonnant ses règlements sur de longues périodes (un an, voire plus), ce qui, indéniablement, a contribué au développement de la mise en bouteilles à la propriété. Il faut dire également que le viticulteur n'a pas toujours joué le jeu, vendant quelquefois au commerce les cuvées moins bonnes, se réservant les meilleures pour sa propre mise en bouteilles. C'est pourquoi il faut se garder de jeter l'anathème sur le négoce. Aujourd'hui les choses ont changé devant les difficultés commerciales qu'il rencontre, le commerce est devenu très difficile et n'achète en fonction des demandes que des bonnes cuvées. C'est la raison pour laquelle beaucoup de négociants ont cherché, à une certaine époque, à acquérir des vignes avant les interventions de la SAFER[1], pourtant quelquefois mise en échec comme récemment dans les Côtes du Rhône septentrionales. Autrefois, les négociants passaient de cave en cave avec une tasse pour goûter les vins. Aujourd'hui, ils s'adressent la plupart du temps à un courtier* et surtout ne font confiance qu'à l'analyse pour procéder à leurs achats annuels : acidité volatile, pH, degré et malolactique semblent être devenus leurs chevaux de bataille. Quant au goût et au plaisir, ils sont laissés de côté et c'est bien dommage. La science l'emporte sur les choses naturelles, quand nos aïeux, loin d'être stupides, recherchaient plutôt la typicité et la vérité du terroir.

Pour ma part, je pense qu'il vaut parfois mieux boire un vin bien vinifié ou bien élevé par un négociant sérieux[2], plutôt qu'un autre issu de récoltes à gros rendements produit par un vigneron à la recherche du profit ou encore mis en bouteilles par un viticulteur sans expérience de cette technique, qu'il ne pratique qu'occasionnellement, selon la conjoncture économique du moment. Deux critères permettent de juger le sérieux d'un négociant : il s'efforce de ne vendre que des vins d'appellations de sa région et, surtout, aucun vin de marque, ce qui lui évite la tentation d'arranger certaines cuvées déficientes avec des vins « médecins* ».

LES CAVES COOPÉRATIVES

La première cave coopérative, dite *winzerkeller* (« cave des vignerons »), fut créée en 1895 en Alsace à Ribeauvillé, mais elle ne disposait pas de bâtiments comme celles d'aujourd'hui et n'était pas installée pour recevoir du raisin et, encore moins, pour vinifier. C'était, tout au plus, un lieu commun pour le stockage du vin : la première véritable cave coopérative de vinification fut celle de Maraussan dans l'Hérault, fondée en 1905.

Déjà, en 1918, la France comptait une centaine de caves coopératives, qui n'avaient plus rien de commun avec le mouvement coopératif du début du siècle, où le coopérateur, qui n'était lié par aucun engagement d'apport, profitait de cet avantage en ne cédant la plupart du temps à la coopérative que le vin qu'il considérait comme étant de moindre qualité. Dès 1932, les coopérateurs s'unirent en formant la Confédération nationale des caves coopératives. Entre les deux guerres, de nombreuses caves coopératives virent le jour, puis, après une période stationnaire, le mouvement reprit sa progression dès 1945.

À leur actif, elles ont largement contribué à remettre en valeur des appellations qui avaient connu bien des vicissitudes : blanquette-de-limoux, clairette-de-die, côtes-de-buzet, frontignan, jurançon, gaillac et cahors, sortant aussi de l'anonymat

[1] Société d'Aménagement Foncier et d'Établissement Rural créée dans le but d'aider les jeunes agriculteurs, en la circonstance les jeunes vignerons.

[2] Bien qu'il ne faille pas oublier un vieux proverbe bourguignon : « Plus on s'éloigne de la source, moins on a de chance que l'eau soit pure. »

quelques VDQS, vins du Haut-Poitou et même de Saint-Pourçain-sur-Sioule. Le développement intensif des vins de pays est aussi en rapport direct avec le mouvement coopératif.

En France, les caves coopératives représentent un pouvoir économique très important, qui pèse lourd dans notre balance commerciale, au point que, bien souvent, elles influent sur les décisions prises par les organismes officiels en faveur de la viticulture et obligent le négoce à les considérer comme des partenaires à part entière. Quelques chiffres démontrent leur importance :

- en 2002, 848 caves coopératives étaient réparties dans les différentes régions viticoles (51 départements). La zone la plus représentée par le mouvement coopératif est le Languedoc-Roussillon avec 361 caves coopératives. Une grande région d'AOC comme la Champagne en compte 150 ;
- la même année, les 108 964 vignerons coopérateurs ont cultivé 52 % de la superficie du vignoble français, dont 40 % des AOC (chiffre en constante augmentation : 36,3 % en 1970).

Devenus en quelque sorte des producteurs de raisins parfois encore payés au kilo, les vignerons coopérateurs prônent quelquefois la surproduction. Pourtant, durant la période comprise entre 1970 et 1980, sont apparues, dans beaucoup de régions, des modifications de l'encépagement qui ont entraîné des vinifications séparées, d'où des écarts qualitatifs, obligeant alors la majorité des caves coopératives à encourager les efforts de leurs adhérents en créant des grilles de bonification, qui tiennent compte de plusieurs paramètres susceptibles d'influencer la qualité : terroir, découpage parcellaire, encépagement, rendement, contrôle de maturité, degré, etc. Une note est attribuée pour chacun d'entre eux, qui sont, en outre affectés d'un coefficient multiplicateur, d'où toute une série d'opérations. Malgré tout – même si son mérite est récompensé par quelques primes qualitatives – le bon vigneron, amoureux de sa vigne, qui produit peu, récolte à maturité et surtout vendange encore manuellement, lorsqu'il amène au cuvage une récolte saine et qu'il la voit parfois avec tristesse tomber dans un conquêt de réception avec celle d'un voisin moins scrupuleux, se dit qu'au fond, il a peut-être tort de ne pas entrer lui aussi dans le système. On peut aussi parfois faire un reproche aux coopérateurs qui, à la vendange, parle en kilos et non en hectos.

Certaines caves coopératives produisent tout de même des vins qui peuvent rivaliser avec ceux des bons vinificateurs. Il n'y a pas de secret à leur réussite : elles jouent à fond la carte de la qualité, avec tout ce que cela suppose comme contraintes morales et financières au niveau d'une gestion rigoureuse. Elles ont su s'entourer de cavistes compétents et scrupuleux, octroient des primes qualitatives à leurs adhérents qui respectent certains critères, se sont équipées d'un matériel de vinification ultramoderne, travaillent dans des conditions d'hygiène parfaites et n'hésitent pas à déclasser les cuvées qu'elles jugent indignes de leur appellation. C'est à ce prix seulement qu'elles se maintiennent au meilleur niveau. En disant cela, je pense particulièrement à la Chablisienne à Chablis, à deux caves du Roussillon : Tautavel et Baixas, aux caves des Côtes de Buzet dans le Sud-Ouest, de Oisly-Thésée en Val de Loire et de Turckheim en Alsace.

Bien entendu, cette liste n'est pas exhaustive. Il y en a beaucoup d'autres d'un haut niveau.

Pour se familiariser avec le fonctionnement des caves coopératives, le consommateur doit avoir en tête plusieurs informations :

- elles sont parfaitement autorisées (sous réserve de ne pas dépasser un certain pourcentage) à prendre des parts dans une autre coopérative située en dehors de leurs zones viticoles. C'est un complément de vin provenant d'une autre cave et vendu sous son appellation d'origine. Ceci est fait dans le cadre d'un engagement au profit de la solidarité coopérative ;
- toutes les caves coopératives ont droit, pour les vins qu'elles produisent, à la mention « mis en bouteilles à la propriété » ;
- certaines caves coopératives vendent sous plusieurs étiquettes, en utilisant l'identité de leurs adhérents (en Bordelais, pour certains Châteaux par exemple). C'est tout à fait légal, à condition que les vins aient été vinifiés à part, ce qui n'est malheureusement pas toujours le cas, mais bien difficile à vérifier ;
- en vertu de l'article 48 du Code du vin, relatif à la notion d'exploitation, les caves coopératives sont considérées par l'administration fiscale comme étant le prolongement de l'exploitation individuelle et peuvent acheter, hors adhérents, jusqu'à 20 % de leur production (en vin, moût* ou raisin) qu'elles commercialisent sans pour autant perdre le bénéfice de la coopération. Toutefois, les vins ne provenant pas des adhérents ne peuvent, en principe, bénéficier de la mention « mis en bouteilles à la propriété ».

LES CAVISTES

C'est un métier qui semble actuellement en constante progression. Le petit commerce du vin a de beaux jours devant lui. La majorité des consommateurs demeurent dans des résidences modernes, où ils ne disposent pas toujours de caves bien adaptées à la conservation des vins ; en outre, les vols sont tellement fréquents qu'ils préfèrent acheter plus souvent à l'unité. C'est pourquoi il faudrait que le caviste s'adapte au consommateur actuel, en tenant compte de certains impératifs :

- affirmer ses compétences bien au-delà du simple choix du vin, se montrer très accueillant et ne négliger aucun atout, notamment le fait qu'il bénéficie d'un formidable avantage sur les grandes surfaces, en opérant dans des magasins qui sont encore des lieux conviviaux, permettant les contacts personnalisés et ne jamais oublier qu'il doit rester le meilleur informateur face à des clients voyageant et mieux avertis maintenant, grâce à tout un arsenal de renseignements sur les appellations et les millésimes glanés dans la presse et les livres spécialisés ;

– ne pas se contenter d'acheter sur tarif, mais faire confiance à des courtiers* ou des agents commerciaux qualifiés (ne pas confondre avec les VRP de service, totalement incompétents et ne voyant que leur commission) ou, éventuellement encore mieux, se déplacer en personne sur les lieux de production, pour connaître les terroirs et les hommes qui font le vin ;
– offrir au client des vins sélectionnés chez les meilleurs vinificateurs de chaque région de production, si possible avec quelques millésimes anciens, en perfectionnant son choix chaque année, histoire de braver les spécialistes du marketing ;
– éviter les grands crus classés du Bordelais, bradés par les grandes surfaces, en raison de la politique anti-commerciale du négoce girondin qui ne sait jamais à quel saint se vouer ;
– avoir des prix étudiés pour éviter les écarts trop importants avec la propriété qui, elle aussi, est un concurrent qu'il ne faut surtout pas négliger ;
– pour les appellations prestigieuses dont la rotation est beaucoup moins rapide, éviter de les conserver en boutique, où elles subissent les variations de température – car malheureusement peu de magasins sont climatisés – et surtout la lumière. Les grands vins méritent le respect. Le client sera toujours sensible au fait de voir son caviste descendre à la cave quérir le précieux flacon ;
– enfin, un magasin de vin doit être sobre mais attractif. Une belle vitrine et des casiers avec des bouteilles factices de grandes appellations (les viticulteurs se feront toujours un plaisir de les fournir), quelques gravures sur le vignoble, ou mieux encore, un ou deux vieux outils de vigneron, retiendront toujours l'attention de l'amateur.

Lorsque toutes ou partie de ces conditions sont requises, le consommateur trouve là un excellent circuit de distribution que je recommande.

Dix adresses dignes d'intérêt :

• *Les Caves Taillevent*, 199, rue du Faubourg-Saint-Honoré, 75008 Paris, tél. : 01 45 61 51 40.
Une des caves où les vins sont les mieux traités (bouteilles factices et climatisation du magasin). Sélection impartiale de M. Jean-Claude Vrinat.
• *Les Caves Royales*, 6, rue Royale, 78000 Versailles, tél. : 01 39 50 14 10.
Gentillesse et connaissances sont deux des qualités de Hervé Guillot.
• *La Cave Augé*, 116, boulevard Haussmann, 75008 Paris, tél. : 01 45 22 16 97.
Un grand professionnel, Marc Sibard, vous parlera du vin avec passion.

- *Les Caves Mannevy*, 50, boulevard Richard Wallace, 92800 Puteaux, tél. : 02 41 87 27 61.
  Les conseils avisés du chef des achats, Thierry Monnier.
- *La Cave Legrand*, 1, rue de la Banque, 75002 Paris, tél. : 01 41 60 07 12.
  Un magasin qui a une âme. J'ai encore en mémoire les repas familiaux préparés par l'épouse de mon regretté copain, Lucien Legrand, entouré de son personnel (toutes nationalités confondues) qu'il appelait « mes enfants ». Aujourd'hui, l'affaire appartient à M. de Châteauvieux, bien connu dans les vignobles.
- *La Cave Beaurepaire*, 67, rue Beaurepaire, 49100 Angers, tél. : 02 41 87 27 61.
  Devenu provincial, un ancien sommelier de Joël Robuchon connaissant fort bien les vins du Val de Loire.
- *Les Grandes Caves*, 9, rue Poncelet, 75017 Paris, tél. : 01 43 80 40 37.
  Jérôme Huard, dynamique et enjoué, est aussi un homme qui reçoit avec sympathie et un brin de fantaisie.
- *Lavinia*, 3 et 5, boulevard de la Madeleine, 75001 Paris, tél. : 01 42 97 20 20.
  Dépendant d'une enseigne espagnole (deux importants magasins à Madrid et à Barcelone), cet espace consacré aux vins occupe 1 500 m² sur trois niveaux, regroupant 6 500 références dont 2 000 réservées aux vins étrangers. Quelques remarques sur les données fournies dans le dossier de presse :
  - les grandes « eaux-de-vie » telles que le cognac, l'armagnac, etc., sont des produits trop nobles pour être vulgairement qualifiés « d'alcool ». Je rappelle que l'alcool n'est que la boisson des Cosaques ou réservée aux soins des malades !
  - le fait de présenter des vins de quarante-cinq pays avec, entre autres, Cuba, la Belgique, le Danemark, Haïti, la Norvège, l'Écosse ou la Guyane, nations particulièrement viticoles comme chacun le sait, n'est à mon avis qu'un faire-valoir bien inutile.

  Ces petites remarques amicales mises à part, c'est un beau magasin où l'on peut trouver son bonheur et rêver devant autant de choix.
- *Le Cellier Saint-Germain*, 3, rue du Vau-Saint-Germain, 35000 Rennes, tél. : 02 99 79 36 82.
  Très grand choix de Jean-Pierre Lecluze.
- *Aux Crieurs de vins*, 4, place Jean Jaurès, 10000 Troyes, tél. : 03 25 40 01 01.
  Également aux Halles de l'hôtel de ville, tél. : 03 25 43 20 20.
  Double conseil de deux passionnés : N. Vautier et J.-M. Wilmes

La liste n'est bien entendu pas exhaustive.

LES FOIRES-EXPOSITIONS

Les foires-expositions constituent l'endroit idéal pour se faire pigeonner ! On peut compter sur les doigts d'une main les viticulteurs de qualité présents dans ce genre de manifestation[1]. La quasi-totalité des stands est tenue par des bonimenteurs qui se contentent de racoler pour vendre très cher un produit moyen qu'ils ne connaissent pas, à une clientèle crédule le plus souvent prise au piège d'une mascarade de dégustation, où elle boit surtout les paroles du charlatan qui est derrière le comptoir.

Le prix prohibitif souvent demandé pour des vins quelconques s'explique facilement : location des emplacements très élevée, vendeurs travaillant à un pourcentage tout à fait inhabituel compte tenu d'une période d'activité très courte et risques d'impayés bien supérieurs à la moyenne. En effet, il s'agit de traiter avec une clientèle de passage qui, bien souvent dans un moment d'euphorie, signe le bon de commande sans bien réfléchir, bien qu'elle doive l'accompagner d'un chèque d'acompte. Il ne faut surtout pas confondre les foires-expositions avec un salon comme celui des caves particulières et faire le distinguo avec une partie du Salon de l'agriculture où les stands sont tenus par des viticulteurs.

LES GRANDES SURFACES

Le nouveau mode de vie des Français a incontestablement favorisé l'extension de la grande distribution. Le premier supermarché date de 1963. En 1970, la France comptait déjà 1 828 supermarchés et 114 hypermarchés. En 1985, on en recensait respectivement 4954 et 549. Aujourd'hui, ils sont près de 7000 et la progression continue inexorablement[2]. Chaque année, ils broient un peu plus le petit commerce. Nos dirigeants n'ont pas encore pris conscience qu'un tel monopole, aux mains de financiers, représente pour l'avenir de notre pays un réel danger, car lorsqu'ils seront seuls ou presque, il faut s'attendre à voir grimper les prix. Il est vrai que la grande surface, par sa taille importante, a la possibilité – contrairement au commerce de détail – de référencer un nombre impressionnant de produits (vendus en général à moindre prix) et de proposer une gamme extrêmement variée. Mais sa supériorité repose surtout sur le fait qu'elle est presque toujours d'accès facile et qu'elle dispose d'un vaste parking attenant.

Les grandes surfaces sont exploitées par d'habiles spécialistes en marketing, qui ont très vite compris l'impact que le vin pouvait exercer sur le consommateur.

LES FOIRES AUX VINS

Dans ces foires, essentiellement organisées par les grandes surfaces, la bonne affaire n'est pas toujours pour celui qu'on croit ! Les définitions données au terme « foire » par les deux principaux dictionnaires ne sont pas encourageantes pour ce

[1] Quelques exploitants s'y sont pourtant fait une belle clientèle de particuliers, mais précédemment au désordre qui s'est mis à régner dans la commercialisation du vin en 1986.

[2] La loi Royer, limitant les nouvelles implantations, a été aussi efficace qu'un cautère sur une jambe de bois.

circuit de vente du vin (il tend pourtant à se multiplier jusqu'à plusieurs fois par an au détriment du commerce traditionnel) :

– *Le Grand Larousse Universel* : « Endroit où tout est en désordre, pêle-mêle, où l'on fait du bruit » ;

– *Le Petit Robert* : « Lieu bruyant où règnent le désordre et la confusion. »

Conditions idéales pour choisir avec discernement un produit aussi noble qu'une AOC issue de nos grands terroirs ou un vin étranger renommé. Le consommateur doit savoir que hormis le Bordelais, accidentellement l'Alsace, ce n'est pas dans ce type de ventes qu'il dénichera le mouton à cinq pattes. Ce qui est compréhensible, aucun domaine en renom ne tenant à voir ses bouteilles figurer sur ces linéaires guère prestigieux. Je ne peux m'empêcher de citer Coluche : « Circulez, y'a rien à voir. »

Une question vient tout de suite à l'esprit : comment se fait-il que les crus les plus réputés de la Gironde soient présents dans ce circuit ? La réponse est très simple et je suis toujours étonné de constater que l'ensemble des quotidiens et grands magazines (y compris *La Revue du vin de France*), consacrant chaque année au moins un numéro spécial avec force détails à ces fameuses foires, éludent cette particularité. Voilà comment les choses se passent.

La commercialisation bordelaise, contrairement aux autres grandes régions viticoles, concernant les crus classés ou assimilés (pomerol) et quelques grands bourgeois, ayant au fil du temps réussi par la qualité à acquérir une réputation équivalente, tel le Château Sociando-Mallet, présentent la particularité de ne jamais être traités en direct, à de rares exceptions près. Bien qu'ils s'en soient toujours défendus, il est arrivé, lors de petits millésimes, à des crus « vedettes » de se substituer au négoce, prouvant qu'occasionnellement les scrupules peuvent s'effacer lorsque le business est en jeu… D'où des offres attractives faisant les choux gras des acheteurs des foires au vin, même si la qualité est absente.

En Bordelais, les ventes des crus en renom se font essentiellement en primeur. Elles s'effectuent en deux ou trois tranches[1] représentant généralement un peu plus des deux tiers de la production du Château auprès des négociants agréés des places de Bordeaux et de Libourne (environ 95 % de la profession). Ceux-ci deviennent donc *les maîtres absolus pour assurer ensuite la répartition mondiale*, ce dont bénéficient les grandes surfaces.

En 2003, le vignoble de la Gironde comptait 119 817 ha en AOC. Seulement 6 % de cette superficie (à peine 7 000 ha) en crus recherchés sont susceptibles d'engendrer une spéculation future (deuxièmes vins y compris).

---

[1] Le complément demeure dans les chais des Châteaux. Il sert aux dégustations, à la vinothèque des propriétaires, mais surtout à alimenter au cours des années suivantes (avec des prix largement réactualisés) le négoce pour des réapprovisionnements en fonction des demandes de sa clientèle.

Pour faire tourner la boutique, le négoce de la place de Bordeaux et celui de Libourne, où règnent en maîtres les Corréziens, n'ont d'autres ressources pour alimenter le marché en volumes importants que de se rabattre sur des vins provenant d'AOC moins prestigieuses : médoc, satellites de saint-émilion, lalande-de-pomerol, fronsadais, graves, côtes-de-bourg, blayais, etc., et aussi la volumineuse production de bordeaux supérieurs et bordeaux génériques, devenus un véritable boulet pour les instances dirigeantes.
En 2003, la superficie de ces deux dernières appellations (rouges et blancs) atteignait 63 023 ha soit 52 % de l'ensemble des plantations. Plus de 75 % de ces deux AOC mineures, bradées par leurs détenteurs, passent sous les fourches Caudines du négoce pour alimenter en grande partie les vins de marque faisant le bonheur du commerce et les beaux dimanches du consommateur lambda !
Face à un acheteur mandaté par une importante centrale d'achat, opérant pour un puissant groupe disposant d'un vaste réseau de supermarchés et d'hypermarchés désireux d'acquérir un volume très substantiel de « cols » (c'est ainsi qu'ils banalisent les bouteilles d'AOC ou de grands vins étrangers au même titre qu'un vulgaire paquet de papier toilette), le vendeur est placé devant une situation cornélienne, ne lui laissant que peu de choix s'il tient à faire vivre son entreprise.
S'ensuivent alors d'interminables palabres où prix, remises quantitatives, délais de règlements et modalités de frais de transport sont passés au crible dans un scénario digne des marchands de tapis opérant dans la casbah. Comme si cela n'était pas suffisant, le mandataire exige en plus comme préalable à la transaction, l'acquisition d'un certain nombre de caisses de crus classés ou assimilés parmi les plus en vue à un tarif défiant toute concurrence (souvent proche du prix d'achat du négociant). C'est à prendre ou à laisser !
Avec ce système d'achat pour sa future foire aux vins, votre grande surface sera en mesure d'avoir suffisamment de leurres en promotion pour garnir ses catalogues et prendre le consommateur dans ses filets...
En matière de commerce, il y a une règle incontournable : faire entrer le client dans le magasin et c'est déjà à moitié gagné. Conscientes de cette maxime, les grandes surfaces ont compris depuis longtemps que ce n'est pas avec Pétrus, Lafite Rothschild ou Yquem qu'elles assureront leur chiffre d'affaires. En contrepartie, ces bouteilles de légende attirent toute une foule qui rêve, se rabattant en matière de compensation sur des vins moins prestigieux. C'est à celui qui remplira le plus son caddie, allant même au-delà de ses besoins, tant dans ces lieux règne la fièvre des bonnes affaires ! Il est vrai qu'elles existent, mais pour le tiroir-caisse de groupes financiers. Dans son hit-parade des plus grosses fortunes françaises, la revue *Capital* a relevé une dizaine de familles dont l'activité principale consiste à posséder une ou plusieurs enseignes de grandes surfaces.

Le battage fait autour des foires aux vins et les offres alléchantes proposées dans les catalogues ont fini par éveiller l'attention de la DGCCRF[1], l'amenant à réaliser en 1998, une grande enquête auprès de deux cent vingt-cinq magasins organisateurs de ce type de ventes : *Auchan, Carrefour, Leclerc, Intermarché, Casino, Super U*, etc. À l'issue de ces contrôles, trente rappels à la réglementation et vingt et un procès-verbaux prouvant qu'ils n'étaient pas irréprochables. Les principales infractions relevées :

- indications erronées comparativement aux millésimes figurant sur les catalogues;
- discordance entre certains prix annoncés dans la publicité et ceux réellement pratiqués;
- publicité mensongère annonçant pour certains vins les termes « grand ou premier cru » concernant des produits dont les étiquettes ne portaient pas ces mentions;
- les lots regroupant un très petit nombre de bouteilles pour lesquels les termes « quantité limitée ou quantité très limitée » ne figuraient pas.

Je constate aujourd'hui que les consignes données par les services de la répression des fraudes ont été un coup d'épée dans l'eau, si l'on en juge par les nombreux catalogues récents en ma possession, émanant des hypermarchés en renom. Voici quelques exemples pris au hasard :

- sur l'un d'eux, datant de septembre 2001 est mentionné un bourgueil millésimé 2000 du Domaine Yannick Amirault, alors que ce vin, à la propriété que je connais fort bien, n'était pas encore mis en bouteilles;
- sur une dizaine de catalogues édités par deux des magasins vedettes de ce type de commercialisation, pour trente-deux vins aux volumes réduits, ne figurait pas la mention « quantité limitée » ou « très limitée ». Il s'agissait pourtant de lots comprenant de une à dix bouteilles. Difficile d'être plus restrictif;
- sur un autre, le Meursault Clos de la Barre est annoncé comme étant un premier cru, alors que ce climat n'a jamais accédé à cette classification.

La liste est loin d'être exhaustive. Ces quelques exemples démontrent qu'à l'aide d'arguments fantaisistes ou d'omissions volontaires, les grandes surfaces ont souvent induit le consommateur en erreur. Seul conseil pour faire cesser ces procédés : en présence d'une anomalie, avertissez immédiatement la répression des fraudes.

En dehors du Bordelais, malgré l'extrême vigilance dont ils font preuve, il arrive malheureusement à des domaines prestigieux de retrouver à leur insu les vins qu'ils ont produits sur un catalogue de foire aux vins.

Bien qu'extrêmement attentifs dans le choix de la clientèle, ils ne peuvent empêcher pour des quantités minimes des actes malveillants, alimentant ce que j'appellerais « le marché gris » et servant d'appât dans les grandes surfaces.

[1] Direction Générale de la Concurrence, de la Consommation et de la Répression des Fraudes.

N'oublions pas non plus les salles des ventes aux enchères et filières parallèles à l'étranger, notamment en Angleterre, Belgique ou Italie.

Là encore des exemples ayant servi à attirer le consommateur :

– Meursault Clos de la Barre 1996, Domaine Des Comtes Lafon à 166 € ;

– Corton Charlemagne 1993, Domaine Coche Dury à 477 €,

soit entre huit et douze fois leur prix d'achat à la propriété.

Étant en relations amicales avec ces deux domaines, n'ayant jamais rien à vendre, je suis en mesure d'affirmer qu'il ne peut s'agir que d'achats en piratage. Que l'on ose me dire que ces acquisitions n'ont pas été faites sous le manteau !

Le développement effarant pris par les grandes surfaces dans le domaine du vin laisse pantois (pratiquement 70 % de la consommation nationale). Ce nouveau marché a été grandement facilité par l'anarchie et la mévente régnant sur une grande partie de la viticulture actuelle (pratiquement toutes régions confondues). Il faut quand même tenir compte du fait que les foires aux vins, dénigrées par une majorité de viticulteurs, arrangent parfois pourtant bien les affaires, grâce à leur énorme pouvoir d'absorption. Elles jouent un rôle de régulateur en avalant une bonne partie des vins moyens et assainissent aussi le marché avec les petits millésimes, tels que 1992, 1993, 1994 et 1997, sans oublier les vins retournés de l'étranger, souvent restés entreposés dans de mauvaises conditions (ce qui n'est pas aussi rare que l'on voudrait nous le faire croire).

CONSEILS D'ACHAT POUR ÉVITER LES ÉCUEILS DANS LES FOIRES AUX VINS

Alsace

On peut encore trouver chaussure à son pied. Curieusement quatre domaines vedettes, chez qui il faut souvent montrer patte blanche pour avoir l'insigne privilège de se voir accorder une allocation, ne semblent pas faire preuve d'autant de méfiance pour ce circuit. Sur un catalogue d'*Auchan* en ma possession, j'ai noté que près de 25 % des vins proposés pour cette région provenaient de quatre domaines : Zind Humbrecht, Deiss, Faller et Ostertag.

Bordelais

C'est la seule région d'AOC où il est possible de faire des achats intéressants et des découvertes. Éviter les leurres sous forme de crus classés bien trop chers. Dans les bons millésimes 1996, 1998, 1999 et 2000, achetez à l'unité quelques bouteilles dans les crus bourgeois ou autres appellations moins cotées comme les côtes-de-castillon, lalande-de-pomerol, satellites de saint-émilion (montagne, lussac, saint-georges et puisseguin), côtes-de-bourg et vins du Fronsadais. Vous les dégusterez à l'aveugle (étiquettes cachées) avec votre entourage, en vous abstenant de commentaires inutiles.

Le lendemain, retournez à votre hypermarché pour y acquérir (en espérant qu'il en reste) quelques caisses du ou des vins qui vous ont laissé la meilleure impression. Souvenez-vous que pour faire un bon achat, le meilleur vin est celui que vous aurez aimé. Votre palais est souvent supérieur aux éloges dithyrambiques des prétendus spécialistes de la presse. Peut-être certains commentaires sont-ils un peu inspirés par l'espoir d'obtenir une caisse en cadeau ?

Bourgogne

Rien de valable. Quasiment que des négociants et pas les meilleurs, des firmes en masse – négociant travaillant sous plusieurs étiquettes brouillant les pistes pour vendre plus facilement des vins de qualité moyenne – et une poignée de récoltants ayant du mal à vendre.

Champagne

À peu près l'ensemble des négociants et une masse de marques auxiliaires (MA). Laissez de côté les bruts sans année, en raison de stocks pas toujours bien conservés, datant de la fin de l'an 2000 où les acheteurs de centrales d'achats avaient fait preuve d'un optimisme débordant.

Côtes du Rhône

Ne vous attendez pas à y trouver les domaines qui ont fait le renom de cette appellation.

Jura-Savoie

La première des deux régions n'est guère présente. En Savoie, très petit vignoble morcelé en de multiples crus. Les vignerons de qualité sont aussi absents et pour cause, ils trouvent facilement un débouché local avec les touristes des stations hivernales.

Languedoc-Roussillon

Quelques bouteilles dignes d'intérêt provenant de caves coopératives ou de viticulteurs n'ayant pas encore acquis la notoriété.

Sud-Est

En cherchant bien, on peut détecter quelques vins pas dénués d'intérêt dans les Côtes de Provence ou la Corse.

Sud-Ouest

Là encore, les vedettes qui ne sont pas négociants ont fait l'impasse.

Val de Loire

Une majorité de maisons de commerce opèrent sous le couvert de firmes (raisons sociales) et sous une multitude d'étiquettes pour brouiller les pistes.

Ces considérations régionales mises à part, il faut encore regretter :

- les conseils inexistants d'un personnel manquant visiblement de qualification ;
- les excès de décibels nuisibles à la stabilité d'un produit aussi fragile que le vin ;
- des conditions de stockage à revoir, malgré quelques progrès dans certaines enseignes ;
- trop de bouteilles debout, indiquant une méconnaissance totale du vin ;
- un éclairage rarement bien adapté et trop vif, susceptible d'amener des goûts de lumière, notamment aux champagnes très sensibles à ce phénomène chimique ;
- les mascarades de dégustations cautionnées par des récoltants visiblement peu à l'aise pour jouer les bonimenteurs vantant les mérites d'un vin pour lequel ils n'ont jamais réussi à fidéliser une clientèle.
- le nombre de leurres à prix prohibitif, protégés derrière des glaces ou inaccessibles au public. On se croirait chez les joailliers de la place Vendôme !
- et surtout les invitations, la veille de l'ouverture de la foire, à une clientèle susceptible d'avoir un certain pouvoir d'achat, avec possibilité d'acquisition, au détriment de ceux n'ayant pas cet avantage.

LES VENTES À DOMICILE

La vente à domicile semble connaître un véritable renouveau. Plusieurs facteurs en sont la cause : la crise de l'emploi qui sévit actuellement oblige beaucoup de salariés à tenter une reconversion difficile. De plus, la presse, la radio ainsi que la télévision n'ont jamais autant parlé du vin. Ce qui n'a pas manqué de susciter des vocations, d'autant qu'en cette matière, la plupart des Français sont intimement persuadés d'avoir la science infuse. Conscients de ce phénomène, quelques maisons de commerce peu scrupuleuses ont trouvé là un excellent moyen d'augmenter leur chiffre d'affaires, en récupérant une main-d'œuvre dynamique et disponible sans bourse délier, puisqu'elle n'est rétribuée qu'à la commission sur les affaires encaissées. Ces maisons misent intelligemment sur un facteur psychologique.
En effet, le représentant, pour se faire la main et tenter d'assurer son emploi, commence toujours par placer du vin à sa famille et ses amis, procurant ainsi à la maison une clientèle facile qu'elle n'aurait pu toucher autrement. Enfin, ces maisons de commerce possèdent presque toujours une multitude de firmes qui leur permettent de ficher les clients pour les solliciter à nouveau les années suivantes sous une nouvelle raison sociale, et avec un autre vendeur, mais malheureusement toujours avec le même produit souvent d'une médiocrité désarmante.

En cas de vente à domicile, sachez que vous ne devez jamais verser d'argent et que même après avoir signé un bon de commande, vous avez sept jours pour vous désister sans avoir à acquitter aucune indemnité.
Un autre type de racolage se pratique par le canal d'annonces publicitaires très alléchantes, où l'éventuel acquéreur se voit en général proposer une caisse assortie contenant toujours une ou deux bouteilles d'une AOC assez connue, ce qui ne veut pas dire pour autant qu'elle soit bonne, permettant astucieusement de surestimer l'ensemble ; le reste est constitué de vins de marque vendus bien au-delà de leur valeur marchande.
C'est souvent le cas en province, avec les démarcheurs dont le baratin fait merveille pour endormir la méfiance du paysan le plus coriace. Je parle en connaissance de cause, ayant moi-même assisté à ces sortes de séances de spiritisme.

LES CLUBS DE VENTE

Aucun circuit de vente ne remplit bien évidemment toutes les conditions requises pour être parfait. Mais certains apportent au consommateur une plus grande garantie que d'autres. Les clubs de vente entrent dans la catégorie la moins positive.
Cette idée de marketing, assez astucieuse au départ, conjuguée à des groupes financiers, se décompose en trois phases :

- première opération : s'assurer, moyennant de très substantielles rémunérations, le concours de chefs en renom, qui avaliseront une kyrielle de vins (parfois quelconques), qu'ils n'ont pas obligatoirement tous dégustés ;
- deuxième opération : à coups de millions, faire donner l'artillerie pour les appuyer à l'aide de vastes campagnes publicitaires répétées dans les organes de presse les plus lus ;
- enfin, troisième opération : s'assurer, toujours moyennant finances, un solide fichier pour couvrir la France avec un mailing gigantesque.

Reste à convaincre la clientèle ! Les clubs de vins[1] s'adressent en général à des professions libérales – entre autres, médecins qui constituent des proies idéales –, des commerçants et des cadres supérieurs, toujours flattés d'être considérés comme membres privilégiés d'un club de grande notoriété.
En général, chaque mois, les abonnés reçoivent une petite revue abondamment illustrée, prodiguant des conseils pour bien boire et recommandant les bonnes affaires du moment ; on se demande pour qui !
Personnellement, je m'explique très mal cet engouement pour ce genre de vente, qui draine une clientèle bien naïve et surtout masochiste car, à moins d'être des organismes philanthropiques – ce dont je doute –, je ne vois pas comment ces

[1] Le plus représentatif et surtout prestigieux est le *Savour Club*.

clubs peuvent vendre à des prix plus intéressants que ceux pratiqués par les viticulteurs ou le commerce traditionnel, compte tenu de leurs énormes frais de gestion occasionnés par une publicité tapageuse et les émoluments des toques blanches.

Les clubs de vente sont d'importantes sociétés commerciales aux mains de financiers, qui ont évidemment deux objectifs : expansion et rentabilité. Pour réaliser ces deux objectifs, les acheteurs n'ont d'autre alternative que de sélectionner les vins en tenant compte en priorité des volumes commercialisables ; ce qui se fait parfois au détriment de la qualité. C'est pour eux le seul moyen d'être en mesure de faire face à une forte demande. Bien sûr, il arrive que la qualité aille de pair avec la quantité, mais ce n'est pas obligatoirement le cas.

Il ne faut surtout pas que le consommateur s'illusionne, en pensant se procurer par le biais de ce circuit des bouteilles provenant de chez des viticulteurs réputés et, encore moins, d'appellations prestigieuses aux volumes confidentiels que les vignerons contingentent et réservent à l'élite de leur clientèle, ce qui est compréhensible. Ce système de vente n'est, on l'aura compris, guère fiable !

LES CAVES ENTREPÔTS

C'est devenu une mode. Il ne se passe guère de mois sans qu'une nouvelle cave entrepôt fasse son apparition. Elles disparaissent presque au même rythme, le vin étant un produit trop noble pour être mis entre toutes les mains.

La formule n'est pas très originale. C'est une profession où l'imagination n'est pas débordante ; jamais les plus petits frais de décoration, on fait avec les moyens du bord. Cela n'a pas pour objet de serrer les marges bénéficiaires ; si celles-ci semblent quelquefois plus réduites, c'est simplement parce que la qualité du produit est également réduite. On peut néanmoins, lorsqu'on est très averti, y faire occasionnellement une bonne opération sur certains bordeaux, à condition de bien suivre les ventes promotionnelles.

Il est indispensable de venir en voiture (on peut en général stationner facilement), car la majorité de ces caves entrepôts ne vendent pas à l'unité, mais uniquement à la caisse.

LES ANTIQUAIRES EN VIN

Par le biais de petites annonces et en fréquentant assidûment depuis plusieurs années les salles des ventes, quelques amateurs éclairés ont réussi à se constituer d'assez belles collections de vins et d'eaux-de-vie d'appellations et de millésimes très recherchés, qu'ils proposent ensuite à la revente. Certains tiennent boutique, d'autres opèrent en chambre en envoyant des listes nominatives. Comme à *La Samaritaine*, on y trouve de tout. Ce réseau commercial présente plusieurs avantages : il permet de se procurer à peu près toutes les grandes appellations, une multitude de millésimes très cotés ou médiocres mais cependant toujours recherchés pour les anniversaires. Les prix sont souvent prohibitifs, mais dans la plupart des cas, comme aux puces, ils se discutent. Malheureusement, cette solution a aussi son revers. L'acheteur n'a aucune garantie sur la qualité du vin, ce qui est parfaitement compréhensible puisque, bien souvent, le vendeur ignore lui-même les conditions dans lesquelles les bouteilles qu'il a acquises ont été entreposées.

LES COMITÉS D'ENTREPRISE

Peu après la Libération, une ordonnance du 22 février 1945 créa les comités d'entreprise dans toutes les sociétés regroupant plus de quarante-neuf salariés. Ils ont parfois pris une certaine ampleur. Ces organismes sans but lucratif disposent, sur le lieu de travail, d'emplacements réservés fournis par les employeurs, généralement situés près du restaurant d'entreprise ou du réfectoire.

Leur fonctionnement est assuré par des représentants du personnel, élus démocratiquement. Les responsables des ventes sont chargés d'étudier diverses propositions concernant la gamme complète de tout ce qui est susceptible d'intéresser un ménage. Cela va de l'équipement de la maison jusqu'aux vêtements, en passant par l'alimentaire. Il arrive également que des vendeurs – surtout à la veille des fêtes de fin d'année – fassent des expositions pour présenter ou faire déguster leurs produits. Pour ce qui est du vin, les fournisseurs sont le plus souvent des maisons de commerce, offrant une palette diversifiée de produits, comprenant des vins de toutes les régions. Parfois, il arrive qu'un viticulteur isolé ou en difficultés y fasse son apparition. Une chose est certaine : sauf rare exception, il est illusoire d'espérer trouver le mouton à cinq pattes par ce biais.

LES TOUCHE-À-TOUT

Face au phénomène de gigantisme créé par les grandes surfaces, les petits détaillants auraient dû instantanément réagir avec les armes dont ils disposaient : en premier lieu, l'accueil, le service et les heures d'ouverture, en opposant aux marchandises standardisées des produits de très haute qualité provenant de fournisseurs trop restrictifs pour être dans les hypermarchés, en suspendant les relations commerciales avec certaines maisons qui avaient besoin d'une leçon et surtout en jouant à fond la carte de la spécialisation.

Au lieu de cela, le commerce de détail – hors cavistes – a opté pour la mauvaise alternative, qui a consisté à se diversifier en vendant un peu n'importe quoi ou à peu près, faisant ainsi le jeu des supermarchés et hypermarchés, d'où l'anarchie dans la vente des vins. C'est un domaine où l'on est arrivé à une aberration totale. Tout le monde s'est découvert des talents de caviste : charcutier, pâtissier, fromager, poissonnier et, mieux encore, la station-service… Le consommateur devrait absolument boycotter ces réseaux fantaisistes où le vin est plus mal conservé qu'un vulgaire produit d'entretien. Qu'attendent les services de la répression des fraudes pour constater les entreposages désastreux ?

LES VENTES PAR CORRESPONDANCE

La VPC est une technique de vente venue des États-Unis, qui commence à s'implanter en France. Tous les secteurs de l'économie nationale sont plus ou moins concernés par ce mode de prospection, auquel la vente du vin ne pouvait échapper, vu la popularité dont jouit ce produit auprès des médias. Certains organismes, toujours à l'affût, ont flairé là une manne providentielle à exploiter sous forme de stage d'initiation et de perfectionnement pour le futur « vépéciste » de la bouteille ! En échange d'un droit d'inscription assez élevé, l'élève, à l'issue de débats, d'exposés et de discussions agrémentés de projections audiovisuelles, apprend l'avenir d'un circuit de vente, comment et avec quel investissement il peut se constituer un circuit VPC, ce qu'est un client et pourquoi celui-ci achète chez vous plutôt qu'à la concurrence : « Élémentaire, mon cher Watson. » En somme, beaucoup de bruit pour rien, car, enfin, restons sérieux : une bonne bouteille ne s'achète pas sur catalogue, comme une douzaine de torchons ! Enfin dernier conseil, il faut vérifier que le « vépéciste » adhère au syndicat de la vente par correspondance dont la liste est consultable sur fevad.com, cette association regroupe 80 % des vendeurs. À ne pas confondre avec la prospection par courrier provenant directement de la propriété.

LES VENTES PAR TÉLÉPHONE

Aussi curieux que cela paraisse, il existe aussi un circuit de vente téléphonique. En échange d'un droit d'inscription, le futur vendeur apprend la technique de la prise de contact avec son interlocuteur, la meilleure période de l'année pour prospecter, comment conduire un entretien téléphonique et, mieux que tout, la présentation des vins par téléphone. On croit rêver !

LES VENTES PAR MINITEL

Ce système a été créé par de puissants groupes, gérant déjà les clubs de vente. Il est d'une banalité désarmante. En tapant sur le clavier du Minitel, on voit apparaître toute une liste d'AOC avec les millésimes et les prix. Enfin, on peut visionner les sempiternelles notes de dégustation des spécialistes en odeurs…, ce serait vraiment dommage de s'en passer. Après tout, apprendre qu'un vin sent le sous-bois mouillé en automne ou la giroflée à peine épanouie peut être d'un enseignement précieux, pour savoir avec quel plat le consommateur peut l'associer ! Encore un circuit à bannir.

INTERNET ET LE VIN

Je sais qu'il faut vivre avec son temps, mais la commercialisation via Internet est loin d'avoir mon assentiment : pour un produit aussi vivant que le vin, cela manque de contacts humains.

Les différents types de sites de vins

Les sites informatifs

Ces sites fournissent à l'internaute des informations mais ne proposent pas d'achat. Ce sont souvent des sociétés qui veulent être présentes sur le Net afin de promouvoir leur image, donc sans intérêt.
La plupart des Châteaux possèdent ce genre de sites afin de fournir à travers les différentes pages une visite guidée de leurs domaines, des commentaires de dégustation de leurs vins et parler de leurs techniques de vinification… purement documentaires.
Pour faciliter les démarches des professionnels ou assouvir la curiosité des amateurs, les organismes rattachés aux vins ont tous créé des sites (conseils interprofessionnels, syndicats de négociants, etc.).

Les sites commerciaux

Au contraire des précédents, ces sites permettent cette fois d'acheter *via* le Net (achat en ligne).
Le procédé est simple. Une fois sur le site, il suffit de choisir les bouteilles comme chez un caviste et de remplir un panier virtuel. Ces opérations sont faciles à exécuter car on est guidé tout le long. De plus, des commentaires de dégustation et des photos vous aident à finaliser votre choix. Certains sites sont maintenant faits en collaboration avec des sommeliers, pour conforter la confiance des internautes. On peut même s'abonner à ces sites afin de recevoir par e-mail des offres, en remplissant une fiche permettant de sélectionner certains critères en matière de vins, de budget, etc., et ceci en quelques clics!
Une fois la sélection faite, il reste à penser au mode de règlement. Il faut considérer qu'il existe deux types de sites, mais dans tous les cas, être assuré de la fiabilité de la société proposant les produits :

- il y a les sites proposant un paiement en ligne avec carte bancaire. Très pratique, mais il faut que le système de paiement soit sécurisé;
- viennent ensuite les sites ne permettant pas ce genre de paiement. Il faut alors imprimer le bon de commande ou commander par e-mail en joignant le chèque à la commande ou faire un virement bancaire. Cette pratique est beaucoup plus lourde pour l'internaute.

En pleine progression sur le Web : les sites de ventes aux enchères. Ils mettent en relation les internautes. Ceux-ci enchérissent à tour de rôle en ligne. L'avantage

est qu'ils permettent de mettre en rapport un nombre impressionnant d'acheteurs mais aussi d'avoir des listes de vins importantes à proposer. De plus, les commissions perçues par le site sur les frais de vente restent assez faibles, ce qui permet ainsi d'attirer vendeurs et acheteurs sans avoir de frais d'achat en sus.
Il existe depuis peu des sites permettant de faire des recherches sur un vin en particulier. Il suffit d'entrer les références du produit recherché pour que l'on obtienne tous les fournisseurs possibles avec leurs lieux géographiques et leurs conditions de ventes. Ces sites sont mis à disposition des amateurs de vins et des professionnels leur permettant de trouver la bouteille souhaitée, aux meilleures conditions, et la possibilité d'être livré facilement.

Conclusion

Internet est un outil fantastique, mais n'oublions quand même pas que les sites mis à disposition des amateurs ne sont que la complémentarité et ne dispensent pas des conseils d'un professionnel...

PATIENCE ET RECHERCHE : LES DEUX CLÉS D'UNE SPÉCULATION PROBLÉMATIQUE

Pendant plus d'un demi-siècle, les grands vins de France ont suscité la convoitise des riches amateurs du monde entier. Ceci dans un but louable et désintéressé, reposant essentiellement sur l'espérance du plaisir gustatif futur. Acquis peu après leur mise en bouteilles et même plus souvent en primeur dans les meilleurs millésimes, ces appellations prestigieuses connaissaient ensuite en cave fraîche un processus de maturation* de plusieurs années, les amenant à leur apogée. Elles étaient alors ouvertes avec émotion à l'occasion de grands repas ou lors de mémorables dégustations entre esthètes.
Aujourd'hui, dans un monde en plein bouleversement, où l'échelle des valeurs n'est pas toujours respectée, le vin est entré dans une spirale inflationniste. Il a suffi que quelques grandes bouteilles, très anciennes (la plupart étant déjà fortement sur le déclin), fassent l'objet de prix record lors de ventes aux enchères, pour réveiller la fibre spéculatrice qui sommeille au cœur de chaque individu. La répercussion a été immédiate : tout un monde ne s'étant jamais intéressé au vin auparavant a cru découvrir là une nouvelle valeur refuge et s'est engagé dans des achats à tour de bras, en stockant dans n'importe quelles conditions, dans le seul but de thésauriser. Conscients de ce phénomène, les propriétaires des grands Châteaux du Bordelais ont largement réactualisé leurs prix, d'où depuis quelques années une envolée du cours des primeurs sur la place de Bordeaux, sans toujours tenir compte de la valeur des millésimes. Bien sûr, les autres régions viticoles leur ont

emboîté le pas et comme si cela ne suffisait pas, pour arranger le tout, sur cette manne sont venus se greffer les vins de garage et les fameuses cuvées spéciales. Résultat de ce vent de folie : les journaux regorgent de petites annonces proposant différents crus émanant de particuliers à la recherche d'une bonne plus-value. Quant aux cavistes, il ne se passe guère de semaine sans qu'ils ne soient contactés pour étudier des offres provenant du même circuit.

L'âge d'or semble passé dans les ventes aux enchères, hormis quelques raretés ou des millésimes de valeur quasi introuvables. Les cours sont en chute libre avec à peu près 30 % de baisse. À la propriété, on assiste également à un tassement spectaculaire, même pour certains domaines ayant connu un engouement excessif durant l'époque glorieuse.

Il semble pourtant que l'achat de quelques caisses de grands vins représente toujours un mode de placement plus rémunérateur que les ridicules taux d'intérêt proposés par les filières habituelles. Seulement voilà, pour ne pas y laisser de plumes, il faut parfaitement connaître les rouages du système et avoir, si possible, au moins un très bon informateur intègre connaissant depuis longtemps toutes les ficelles du monde du vin. Ce qui n'exclut pas de respecter scrupuleusement six règles impératives :

- n'achetez que les vins issus d'un grand millésime en écartant (sauf pour les huit premiers crus de la Gironde) les années de très grosse production pour éviter les produits dilués par une récolte trop importante;
- se tenir parfaitement au courant des conditions météorologiques ayant précédé ou accompagné les vendanges (mois d'août et septembre) pour connaître avec précision l'ensoleillement, la pluviométrie et les éventuels orages accompagnés de grêle. Les services de la météo et les comités interprofessionnels en vins des régions concernées sont en mesure de fournir ces renseignements;
- choisir avec discernement la ou les régions viticoles possédant dans leur palette d'AOC un ou plusieurs vins susceptibles dans le futur d'engendrer une bonne transaction;
- faire preuve d'une certaine patience avant de remettre les vins sur le marché. Cela amènera une plus grande rentabilité : au fil des ans les vins d'un millésime ancien créent un phénomène de rareté propice à une meilleure plus-value;
- éliminer systématiquement le Languedoc et le Roussillon, toutes les cuvées de prestige et surtout les vins de garage (mis à part Le Pin et La Mondotte). Ce type de produit – les dernières enchères le prouvent – ne cesse de chuter. Leurs réputations reviennent essentiellement à leurs propriétaires, qui ont un peu joué sur la crédulité des acheteurs;
- ne faire confiance qu'à des négociants ou des propriétaires reconnus pour leur compétence et leur intégrité. Quatre noms de négociants spécialistes des primeurs méritent la confiance en Bordelais :

- *Maison Duclot*, 3 à 21, rue de Macau, BP 79, 33027 Bordeaux Cedex, tél. : 05 56 50 25 62.
- *Maison Descaves*, 21 à 23, cours du Médoc, BP 29, 33026 Bordeaux Cedex, tél. : 05 56 39 46 87.
- *Dubecq*, 167, cours de l'Yser, 33000 Bordeaux, tél. : 05 56 92 09 16.
- Et surtout le véritable spécialiste de la vente en primeur aux particuliers : *Les Établissements Millesima*, BP 14, 33810 Ambès, tél. : 05 57 80 88 08. Dirigés par un grand connaisseur, Patrick Bernard, appartenant à une famille propriétaire de plusieurs Châteaux en Gironde, dont l'exceptionnel Domaine de Chevalier, un des fleurons des Graves de Pessac-Léognan. Quelques chiffres éloquents le concernant :
  - 90 % du chiffre d'affaires réalisé avec des particuliers ;
  - présent dans onze pays d'Europe ;
  - stock de 2 500 000 bouteilles ;
  - achats exclusivement réalisés à la propriété ;
  - choix exceptionnel de plus de trois mille références.

Seules quatre grandes régions viticoles, Bordelais en priorité, présentent un intérêt spéculatif.

BORDELAIS

C'est de loin la meilleure région pour tenter l'aventure avec succès. Les huit premiers grands crus ou assimilés en rouge remplissent toutes les conditions. Ce qui s'explique aisément, la demande mondiale excédant toujours la production. Mais attention, il faut impérativement acheter en primeurs en profitant de la première tranche :

- Château Latour ;
- Château Margaux ;
- Château Cheval Blanc ;
- Château Lafite Rothschild ;
- Château Haut-Brion ;
- Pétrus ;
- Château Mouton Rothschild ;
- Château Ausone.

Viennent ensuite huit autres crus sans risque :

- Château Léoville Las-Cases ;
- Château Montrose ;
- Château L'Église Clinet ;
- Château Palmer ;
- Le Pin ;
- Château La Mission Haut-Brion ;

– Château Lynch Bages ;
– La Mondotte.

En blanc, le Château d'Yquem reste encore un placement, mais néanmoins en perte de vitesse depuis quelques années.

BOURGOGNE

Hormis trois vins du Domaine de la Romanée-Conti – Romanée-Conti, La Tâche et Le Montrachet –, le reste demeure hasardeux, tout tient essentiellement au nom du domaine et aussi à l'appellation. Et n'oublions jamais qu'il y a les buveurs d'étiquettes favorisant la spéculation. Semblent jouir d'un préjugé favorable les vins suivants :

– montrachet : Domaine Ramonet et des Comtes Lafon ;
– corton-charlemagne et Meursault-Perrières : Domaine Coche Dury ;
– griotte-chambertin : Domaine Claude Dugat ;
– musigny (vieilles vignes) : Domaine Comte de Voguë ;
– et surtout s'il en ressort de derrière les fagots…, les vins du remarquable Henri Jayer.

Par expérience, je sais que ces domaines connaissent une gloire que leurs propriétaires n'apprécient guère. Bien qu'ils soient paradoxalement assez fiers de cette popularité qui ne les laisse pas insensibles !

CHAMPAGNE

Seuls les magnums anciens de deux très grandes marques remplissent les conditions nécessaires : Dom Pérignon et Cristal Roederer, voire quelques bouteilles des mêmes vins dans des millésimes identiques.

CÔTES DU RHÔNE

Hormis les trois crus fétiches de Marcel Guigal – Côte-rôtie La Mouline, La Landonne et La Turque –, pourtant en légère baisse de prix, l'hermitage cuvée Cathelin du Domaine Jean-Louis Chave reste la valeur la plus sûre, mais les autres hermitage rouges de ce même domaine ne sont pas à négliger.

CONCLUSION

En résumé, la spéculation, toutes régions confondues, reste possible mais elle ne concerne que trente-trois vins dont près de la moitié est très difficile à se procurer. Après tout, la recherche est sans doute une manière de donner du piment à l'opération ! Si l'on se contente d'un petit bénéfice. On peut aussi spéculer sur une quinzaine d'autres crus classés du Bordelais en dehors des premiers, à condition de savoir bien acheter.

Je rappelle toutefois que le vin n'a qu'un débouché, « celui d'être débouché pour le boire ». À ce sujet, je voudrais citer une anecdote très pertinente. Il y a quelques années aux États-Unis, le propriétaire d'un second cru classé était invité chez un particulier extrêmement riche. Celui-ci lui fit visiter sa splendide cave, en insistant lourdement sur sa valeur marchande, arguant que son investissement lui avait permis de réaliser une importante plus value. Le Bordelais avait l'impression de se trouver à Wall Street. À la sortie de la cave, il eut cette merveilleuse réplique : « Je vous conseille aussi d'investir dans un tire-bouchon. »

L'ARRIVÉE DES VINS DU NOUVEAU MONDE[1] : UNE MENACE DÉJÀ PRÉSENTE

C'est un domaine où, en matière de rivalité commerciale, la France devrait reprendre à son compte les paroles prononcées lors de la guerre de Cent Ans par Philippe le Hardi à son père Jean II le Bon : « Père gardez-vous à droite, père gardez-vous à gauche. » Au grand dam de nos vignerons, la production mondiale, tel un rouleau compresseur, ne cesse de progresser. Plus grave, lorsqu'on parle qualité et surtout positionnement sur les différents marchés, on commence à assister à une sorte de course contre la montre où l'équipe de France a du mal à lutter pour parer aux attaques plus vindicatives les unes que les autres venant de toutes parts. Même la vieille Europe de tradition viticole regroupant la France, l'Italie, l'Espagne, le Portugal et l'Autriche, quinté qualitatif paraissant quasi inébranlable, n'y échappe pas. Elle subit aujourd'hui de plein fouet l'intrusion concurrentielle des nations du Nouveau Monde disposant de six atouts imparables :

- le droit de commercialiser une bouteille portant l'indication d'un cépage alors qu'en réalité celle-ci contient 20 % d'un autre jugé améliorateur ;
- abondance de soleil ;
- main-d'œuvre et charges moins pénalisantes ;
- expérience en matière d'agronomie et d'œnologie acquise grâce aux conseils judicieux dispensés peut-être imprudemment par bon nombre de nos meilleurs professionnels (Bruno Prats, les frères Lurton, etc.) ;
- législation et réglementation moins drastiques que la nôtre, permettant de multiples fantaisies, notamment des plantations à outrance, une irrigation seulement freinée accessoirement par la mise en chantier de nouveaux forages et, pour certaines nations, apport d'extraits de chêne en solution, (ce qui est plus astucieux que les copeaux car cela permet de doser) et ajout de sucre[2].

[1] Curieusement, lorsqu'il s'agit de vins, cette expression, qui normalement concerne les États-Unis et l'Amérique latine, englobe dans la plupart des écrits, les miens y compris, trois autres pays de vieille tradition viticole : l'Afrique du Sud, l'Australie et la Nouvelle-Zélande.

[2] Cette pratique a pour but de rendre les vins plus ronds et plus aimables, dans le seul but de séduire une très large palette de consommateurs inexpérimentés. En revanche, elle est l'antithèse du goût raffiné et cultivé des amateurs avertis.

Ces deux opérations se font simultanément lors de la mise en bouteilles, sur des vins ayant au préalable subi une filtration* stérile sur membrane supprimant toute trace de levures* ;
- enfin et c'est primordial, une entente sans faille entre les trois grandes familles composant le monde du vin : récoltants, maisons de commerce et organismes professionnels. Ces nations, compte tenu d'une réglementation permissive, ont joué sur une stratégie à la fois audacieuse et astucieuse. Elles avaient le choix entre deux options : pratiquer des « petits prix » ou faire des marges plus confortables, afin de réinvestir conjointement dans d'importantes campagnes de marketing en séduisant les nouveaux acheteurs. Il semble que c'est la seconde alternative qui a été retenue : gageons qu'à long terme elle finira par être payante.

En restant objectif, disons que les plus grands terroirs* français : bordelais, bourguignon, alsacien ou Côtes du Rhône n'ont plus grand-chose à révéler. Dans le Nouveau Monde, tout reste à faire d'autant que la législation et surtout la fiscalité sont moins écrasantes, d'où l'attrait de beaucoup de domaines français pour ces pays de cocagne. Pour un vigneron aventureux, le jeu en vaut sans doute la chandelle ; de grandes fortunes comme les différentes branches de la famille Rothschild semblent avoir partagé ce point de vue.
Autant de facteurs faisant que l'on s'achemine, et plus rapidement que certains le pensent, vers de très graves problèmes de commercialisation, dus à des excédents de vins à l'échelle mondiale. Seule une élite très restrictive de vignerons pourra tirer son épingle du jeu. Les autres, représentant la majorité, devront pour continuer à subsister, faire beaucoup d'efforts qualitatifs mais surtout revoir leurs prix, c'est la condition de leur survie.

En conclusion, pour la première fois de notre histoire en matière de vin, réfléchissons avant de faire cocorico ! Ces nations ont pris conscience qu'avec leurs richesses viticoles, elles tenaient un atout capital susceptible d'augmenter considérablement les rentrées en devises. Ayant développé avec succès des vignobles et accompli de spectaculaires progrès en œnologie, elles sont maintenant parfaitement capables de rivaliser avec la plupart de nos productions (champagne mis à part). Sachant qu'en l'absence de marché intérieur notoire, elles n'avaient d'autre alternative que de jouer à fond la carte des exportations. Le rythme de progression de ces nouveaux producteurs est ahurissant : sur les dix dernières années, plus 586 % pour l'Australie, 1 500 % pour l'Afrique du Sud et 250 % concernant la Nouvelle-Zélande, ce qui laisse rêveur. Jusque-là, ces pays ne sont pas encore parvenus à tailler des croupières dans les bonnes vieilles habitudes de consommation de nos concitoyens. Mais le ver est déjà dans le fruit ! En revanche,

ils ont réussi à occuper la place de la France sur plusieurs marchés. N'oublions pas que ceux-ci revêtent une importance capitale pour notre économie, rappelons que près de 70 % de notre production viticole part pour l'étranger, suppléant la consommation nationale en baisse continue.
Si la notion de terroir tel que nous la connaissons en France est une réalité, l'homme doit nécessairement en révéler les aptitudes pour qu'elles s'expriment à travers le vin. Il est à peu près certain qu'il en existe à vocation viticole indéniable près ou loin de nous, n'attendant que la venue d'hommes, dotés de capacités et disposant de moyens appropriés, pour être un jour capables de produire des grands vins. La réussite obtenue à l'étranger prouve que des géologues s'y emploient déjà activement depuis longtemps.
Tout le monde veut nous copier. Qu'à cela ne tienne ! Montons le niveau qualitatif encore plus haut. Il n'y a pas d'autre moyen pour barrer la route à la concurrence étrangère. Soyons plus intelligents en refusant d'entrer dans une compétition où nous aurions tout à perdre.
Passons maintenant en revue les principaux protagonistes des cinq continents.

TOUR DU MONDE DES VIGNOBLES ET DES VINS

L'EUROPE

L'Espagne

Avec pratiquement 1 230 000 ha en production, ce pays est en superficie le numéro un mondial. En se modernisant, les récoltants ont fait de gros progrès dans le domaine œnologique, sans pour autant encore bien maîtriser la productivité qui reste faible.
C'est heureux pour la France car les potentialités qualitatives sont impressionnantes, grâce à l'introduction très réussie d'excellents cépages universels, notamment le chardonnay dans la région de Penedés et surtout le cabernet-sauvignon sur la zone de la Ribera Del Duero[1], certainement la meilleure d'Espagne. Ce pays à grande vocation de vins rouges commence aussi avec succès à se préoccuper de la minéralité des vins blancs.
En blanc, deux noms :

- Somontano – Vinas Del Vero – gewurztraminer ;
- Navarra – Castello De Mon Jardin – chardonnay.

En rouge, trois vins à base de grenache :

- Priorat – Cims De Porrera ;

[1] On y trouve aussi malheureusement un vin de garage frôlant les 200 dollars la bouteille.

– Priorat – Clos Mogador ;

– Ribera Del Duero – Valbuena (second vin de Vega Sicilia).

J'aurais garde d'oublier deux produits de haut niveau : le xérès et le malaga. Le vin le plus rare d'Espagne est le Vega Sicilia Unico produit en Castille, appartenant à la famille Alvarez Diaz. Il est uniquement réservé à des souscripteurs, faisant partie d'un cercle très privilégié formant le club le plus fermé d'Espagne. Le Vega Sicilia a été décrété patrimoine national par le général Franco, qui le faisait figurer lors de tous les grands dîners officiels. Il est le pôle d'attraction viticole de la remarquable région de Ribera del Duero.

Les dernières réussites :

– 1996, grande année dans le Ribera del Duero ;

– 2001, beau millésime.

L'Italie

Le secteur viticole des vins de qualité avoisine les 898 000 ha. Bien qu'encore un peu lentement pour l'ensemble, ce pays s'achemine vers un niveau en nette progression. Il ne semble en retard que pour la mécanisation des vendanges, ce qui est loin d'être un handicap.

Les vins blancs progressent, mais beaucoup sont encore trop marqués par le bois :

– Frioul – Ca'Ronesca – pinot grigio ;

– Vénétie – Gini – Soave la frosca ;

– Vénétie-Julienne – Jermann – Vintage tunina.

Les rouges issus de nobles terroirs dans un grand millésime ont un potentiel de garde unique au monde :

– Piemond – Schiavenza – Barolo prapo ;

– Piemond – Cassinelli – Brico fiore – Barbera d'Asti riserva ;

– Toscane – Fuligni – Brunello di Montalcino riserva.

Il est amusant de penser que le Sassicala, vin le plus cher et le meilleur d'Italie, n'a longtemps été qu'un simple *vino del tavola* (« vin de table ») en raison d'un encépagement en cabernet-sauvignon peu conforme à celui imposé en Toscane. Dans un millésime d'anthologie comme 1985, il n'a pas de complexe à avoir vis-à-vis des quatre gloires du Haut-Médoc. J'en ai d'ailleurs fait l'expérience avec de grands restaurateurs, en le mettant en dégustation à l'aveugle avec les Châteaux Latour et Lafite Rothschild, d'où il est sorti avec la meilleure note.

La dernière réussite :

– 1998, très grand surtout pour le Barolo et le Barbaresco.

L'Autriche

Superficie du vignoble : 50 000 ha, avec une région phare, la Wachau, déjà très connue pour ses blancs. Il faut aussi découvrir impérativement les vins rouges issus de cépages locaux. Même très concentrés, ils savent être suaves et sphériques. Il est bon de rappeler que, très antérieurement au Sauternais, l'Autriche produisait déjà de splendides liquoreux à base de riesling, capables de surclasser tous les vins du même type produits en France.

Sept très bons vinificateurs.

En blanc :

- Kamptal – Bründlmayer – grüner vetliner ;
- Wachau – Tement – sauvignon zieregg ;
- Bürgenland – Kracher – n° 10 et n° 13 trockenbeerenauslese (nouvelle vague chardonnay) ;
- Wachau – Franz Xaver Pinchler – riesling.

En rouge :

- Bürgenland – Feiler-Artinger – cabernet-sauvignon et merlot ;
- Bürgenland – Ernst Triebaumer – blaufränkisch marienthal ;
- Bürgenland – Kollwentz Römerhof – blaufränkisch, cabernet-sauvignon.

Les dernières réussites :

- 1999, un des plus grands millésimes des quinze dernières années ;
- 2001, à retenir : les blancs.

Le Portugal

Environ 262 000 ha avec une tradition de cépages locaux. Il est avec la Grèce, une espèce de marathonien de la viticulture dont les progrès en vins rouges sont fulgurants, surtout pour les syrahs. Plusieurs régions dignes d'intérêt, le Dao, la Bairrada, le Douro, l'Alentejo et l'Estremadura.

Deux rouges remarquables :

- Estremadura – Quinta Do Monte D'oiro – syrah reserva ;
- Douro – Quinta Da Gaivosa, rouges très concentrés issus des cépages de porto.

Ce serait un sacrilège d'oublier cette dernière et splendide région où l'on récolte les merveilleux raisins du cépage touriga national, base des plus vénérables portos des deux catégories bien distinctes.

Les vintages concernent les meilleurs vins de millésimes exceptionnels restés deux ans en fûts avant d'être mis en bouteilles, où ils subiront un phénomène de réduction* assurant leur plein épanouissement. Ils peuvent accompagner avec bonheur tout un repas, ne craignant pas les accords avec les viandes rouges et même le gibier. Les tawnys vieillissant pendant des périodes allant de vingt à quarante ans en fûts par oxydation* jusqu'à ce qu'ils acquièrent une jolie robe fauve. Ils sont le compagnon idéal des fromages, des desserts et surtout le meilleur allié de l'amateur de havane.

Deux maisons de commerce me semblent dominer l'ensemble des producteurs : Taylor's, le Château Latour du Douro, et Fonseca, tant pour les vintages que les tawnys. La première commercialise également un superbe LBV (late-bottled-

vintage), porto d'une seule récolte conservé deux fois plus de temps en fûts qu'un vintage. Il est donc plus léger à la mise en bouteilles et ce qui est loin d'être négligeable, aussi pour les finances…
Au chapitre des bons faiseurs, on ne peut écarter la Quinta (propriété en Portugais) Do Noval appartenant maintenant à la compagnie d'assurance française AXA.
Les dernières réussites : 1997 et 2000, millésimes exceptionnels en Porto.

L'Allemagne

Viticulture assez stable avec un peu plus de 104000 ha. Ces vins devraient connaître logiquement plus de popularité en raison de plusieurs facteurs : étiquetage moins complexe, prix raisonnable, succession de bons millésimes et degré alcoolique faible. Hélas ! La confusion règne encore en maître dans ce pays, en freinant le développement de la commercialisation : trop de styles différents pour des vins pouvant être à la fois secs, doux ou entre les deux. Quant aux appellations, le consommateur a du mal à s'y retrouver ; elles recouvrent soit un vignoble bien précis, soit une commune et parfois même la totalité d'une région. Certains vins blancs issus d'un noble domaine sont d'un équilibre exceptionnel. C'est le cas de :

- Moselle – Fritz Haag – brauneberg juffer sonnenhur auslese ;
- Moselle saar ruwer – Weingut Doctor Loosen – riesling.

Ce pays produit, à base du cépage riesling, les inimitables Trockenbeerenauslese, vins rares et très chers dont la création, par le Domaine Doktor Thanish Weingut à Bernkastel en Moselle moyenne, remonte à 1921. Ce type de vin, obtenu par tries* successives de raisins atteints de pourriture noble*, ne craint aucunement la comparaison avec les meilleures sélections de grains nobles* alsaciennes. Une dizaine de propriétés, bien qu'avec des productions extrêmement restreintes, sont mondialement connues. Pour l'anecdote, c'est dans l'une d'entre elles qu'est élaboré le vin le plus cher au monde (à peine 300 bouteilles) le Domaine Egon Muller à Willingen en Sarre (12 ha pour l'ensemble des cuvées). Il serait impardonnable d'oublier les superbes riesling de Johann-Josef Prüm. Pour avoir visité une grande partie des vignobles allemands, j'ai pu constater qu'ils n'étaient pas tous très bien tenus, en voyant notamment de nombreuses vignes atteintes de chlorose* ou d'autres carences provoquées par le manque de certains minéraux dans le sol.
Les dernières réussites : 1999 et 2001, années harmonieuses et sans doute de garde.

La Suisse

Vignoble d'environ 15000 ha. État très protectionniste avec des vins chers, consommés pratiquement en totalité par la population locale. Les vins blancs peuvent être d'une précision d'orfèvre. Les rouges sont goûteux et suaves, mais dans les deux couleurs, l'amateur est parfois désorienté par les expressions aromatiques des cépages autochtones. Cinq bons domaines.

En blancs :

- – Valais – Marie-Thérèse Chappaz et Rouvinez/Caves Orsat – petite arvine ;
- – Canton de Genève et Vaud – Nicolas Bonnet Domaine Bovard (sauvignon).

En rouges :

- – Valais – Benoît Dorsaz ;
- – Valais – Marie Thérèse Chappaz – assemblage* merlot, cabernet-sauvignon et cabernet franc ;
- – Valais – Denis Mercier – syrah.

Les dernières réussites :

- – 1998, superbe millésime de garde ;
- – 2000, *idem* surtout en rouge.

La Grèce

Vignoble couvrant pratiquement 130 000 ha, dont moins de 15 % en appellation. Vins rouges et blancs sans grand intérêt, mais un excellent muscat, capable d'inquiéter notre production de vins doux naturels* : le samos.

Le Luxembourg

À peine 1 500 ha, répartis sur 42 km de coteaux bordant la Moselle, exposés plein sud, les blancs majoritaires s'apparentant aux Alsace du Bas-Rhin. Le remembrement viticole imposé par l'État, il y a une dizaine d'années, a permis la restructuration avec de bons cépages produisant, entre autres, un excellent crémant.

Trois adresses à ne pas manquer :

- – Krier frères : superbe riesling ;
- – Domaine Thill frères : excellent pinot gris ;
- – Domaine du Clos des Rochers : l'un des meilleurs crémant.

L'Angleterre et le pays de Galles

Un très grand nombre de petits îlots viticoles, pour à peine 1 000 ha. Les blancs sont pour la plupart issus d'hybrides* allemands.

Deux adresses (dans le Sussex) :

- – Davenport – vinificateur dynamique ;
- – Denbies (Surrey) – le plus grand vignoble du Royaume-Uni (plus de 100 ha).

Autres vignobles d'Europe sans grand intérêt actuellement, les pays de l'Est : Yougoslavie, Slovénie, Croatie, Serbie, Bosnie-Herzégovine, Macédoine, Monténégro, République Tchèque et Slovaquie, Roumanie et ancien Empire russe comprenant : Russie, Moldavie, Crimée et Georgie. Jusqu'alors, en raison d'un manque de personnel qualifié, de l'absence d'équipement et de produits phytosanitaires*, ces treize nations n'étaient pas dangereuses, mais cela ne saurait durer indéfiniment. Il est à prévoir que dans la décennie à venir, elles vont devenir des concurrentes non négligeables pour les vins de cépages. Il faut voir les choses en face, disposant de surfaces très importantes et d'une main-d'œuvre peu rétribuée, elles ne tarderont pas à envahir le marché, avec de bons vins de masse à des prix défiant tous les stratèges en marketing. La Hongrie est dans le même cas, sauf pour ses superbes et inimitables vins liquoreux de tokay, dont le classement des crus date de 1772. Ce vin exceptionnel était présent sur toutes les tables royales d'Europe. Tombé en disgrâce pendant le régime communiste, il est aujourd'hui en pleine renaissance.

L'appellation tokay couvre environ 5 000 ha. La plupart des vignes sont sur des coteaux exposés au sud-est et au sud-ouest, à une altitude oscillant entre 150 et 250 m. Deux rivières, Bodrog et Tisza, favorisent au début de l'automne les brouillards matinaux, permettant le développement du champignon *Botrytis cinerea**. Ce vin est issu majoritairement du cépage furmint associé aux harslevelu, muskotaly (muscat ottonel alsacien) et zeta donnant le tokay aszu, ce qui signifie « raisin confit ». À titre indicatif, dans les grands sauternes, tel qu'Yquem, le degré d'alcool total atteint parfois 25°. Certains vins allemands et surtout autrichiens frisent régulièrement de 25 à 30° mais avec le tokay, toutes les normes connues par ces pays sont pulvérisées. Il n'est pas rare de voir des vins comptant de 30 à 35° (alcool acquis et alcool en puissance additionnés). Les raisins sont tellement recroquevillés, qu'il est impossible de les presser tels quels. Il faut les faire macérer dans un jus de raisin fermenté, pour en extraire toute la richesse. Pendant les vendanges, les grains sont versés et mesurés au moyen de hottes en bois, appelées *puttonyos*, d'une contenance de 25 kg. Ils sont ensuite foulés, pour obtenir une pâte sucrée, mis aussitôt en macération dans un vin de base sec contenu dans des petits fûts de 136 l appelés *gönc*. Le nombre de *puttonyos* détermine la teneur en sucre résiduel* naturel du tokay qui varie de 3 à 6 *puttonyos* ; elle est de 120 à 150 g pour 5 *puttonyos* et entre 150 et 180 g pour 6 *puttonyos*. Cette zone bénéficie de l'aide matérielle et des capitaux de puissants groupes institutionnels comme AXA, GMF ou Le GAN, sans oublier les Espagnols de Vega Sicilia. Pour les derniers millésimes, cinq réussites :

– Oremus – 1999 tokay aszu – vendanges tardives* ;
– Degenfield – 1998 tokay aszu – 5 *puttonyos* ;
– Disznoko – 1999 tokay aszu – 6 *puttonyos* ;
– Dobogo – 1997 tokay aszu – 6 *puttonyos* ;
– Janos Arvay – 1997 tokay aszu – 6 *puttonyos*.

Une bonne adresse pour se procurer de grands tokay :

• SARL Dionis, 32, place de l'Église, 69530 Orlienas, tel. : 04 72 31 02 06.
Et aussi toute une gamme de certains vins étrangers insolites.

L'AMÉRIQUE

Deuxième partie de la viticulture mondiale, l'Amérique est partagée entre des zones bien distinctes : l'Amérique du Nord et l'Amérique latine, cette dernière comprenant cinq pays viticoles.

L'AMÉRIQUE DU NORD

Les États-Unis

Vingt-six États possèdent un territoire plus ou moins viticole. Les six plus importants sont dans l'ordre : la Californie avec ses deux principaux secteurs Napa Valley et Sonoma Valley. Viennent ensuite : les États de Washington et de New York, le Michigan, la Pennsylvanie et l'Oregon (propice au pinot noir). L'ensemble des vignobles américains recouvre au dernier pointage environ 412 000 ha, dont près de 220 000 pour la seule Californie.

Actuellement juste derrière l'Italie, la France et l'Espagne, les États-Unis sont les plus gros producteurs de vin. Historiquement, on pense que c'est dans l'Ohio que fut élaboré pour la première fois un vin commercialisable. Il s'agissait d'un pétillant* mis au point par Nicolas Longworth. Le véritable départ de la viticulture américaine date de 1769 où le père franciscain Janipero Serra est présumé avoir planté en Californie, un véritable vignoble digne de ce nom. Une fois de plus dans l'histoire du vin, on retrouve les religieux. Avec le développement des missions catholiques, la vigne remonta le long de la côte, en parvenant jusqu'à Sonoma Valley. La petite histoire nous dit qu'un Français au nom prédestiné de Jean-Louis Vignes, apporta d'Europe à Los Angeles des plants encore meilleurs que ceux des missionnaires, provoquant une émigration importante vers le nord de la Californie aux environs des années 1850.

Cet État connut alors l'âge d'or grâce à la vigne, mais ce fut de courte durée, car trois fléaux s'abattirent sur elle (les deux premiers comme en Europe) : mildiou et phylloxéra, encore plus terrible la proclamation de la prohibition, qui dura de 1919 à 1933, amenant la ruine et la disparition de la plupart des domaines.

L'importance de la Californie dans le monde du vin est un facteur qui doit inquiéter les trois principales nations viticoles d'Europe. N'oublions jamais qu'elle produit 80 % des vins américains de qualité, heureusement pour la France, consommés en grande partie sur le territoire national. Enfin, autre avantage non négligeable pour notre commerce : dans tous les domaines, le système américain s'appuie sur un seul précepte qui leur est propre : « Pour prouver qu'on est le meilleur, il faut vendre très cher. »

La baie de San Francisco joue un rôle capital, agissant comme une sorte de régulateur sur la Californie du Nord, en permettant aux vignobles l'avoisinant comme ceux de Carneros de bénéficier d'un climat plus frais. La San Joaquim Valley produisant une très grosse partie des vins de l'État est une des régions viticoles les plus ensoleillées du monde. Comme pour le reste des zones, une irrigation régulière et très coûteuse s'impose.

De nombreux domaines ont cherché à mieux adapter le cépage au terroir*. D'où souvent la suprématie du cabernet-sauvignon dans la partie centrale, du zinfandel à Creek Valley, du chardonnay et du pinot noir plus à l'intérieur des terres où il ne donne pourtant pas des résultats bien probants.

Depuis une vingtaine d'années, certains vinificateurs à la recherche d'une qualité absolue, faisant même parfois abstraction de l'irrigation, ont réussi à force de ténacité de très petites sélections parcellaires en réalisant des micro-cuvées très coûteuses, sorte de vins de garage mais d'une très haute qualité, n'ayant rien de comparable avec les nouvelles vedettes de Saint-Émilion. Il faut dire que les Américains, lorsqu'ils veulent arriver à un résultat, sont des perfectionnistes que nous ne pouvons égaler. D'où des bouteilles d'anthologie comme Grace Family Vineyards ou Diamond Creek Volcanic Hill auxquelles il convient d'associer Dominus, un pur merlot appartenant à Christian Moueix, vinifié par le talentueux Jean-Claude Berrouet et Opus One, copropriété des Rothschild de Mouton.

Premier État producteur des États-Unis, la Californie avec ses deux prestigieuses vallées occupe non seulement le devant de la scène dans son pays, mais commence

Frontière dÉtat

• Phoenix Capitales d'État

410 Superficie du vignoble en acres par État (en 1999)

10 Nombre de caves par État

États producteurs de vin

Principaux États producteurs de vin

Vignobles

aussi sérieusement à tracasser les gloires médocaines vivant sur un passé qu'elles considèrent toujours comme inébranlable.
Bien que d'une superficie plus restreinte que Sonoma, la Nappa Valley l'emporte aisément en réputation. Ses terroirs avoisinent les 16000 ha correspondant à 13 % du vignoble girondin ou un peu plus du double des plantations de la Côte-d'Or, avec laquelle on trouve une similitude relative à la diversité des sols. On en recense plus de cent soixante tous différents géologiquement. Ce véritable patchwork a amené les producteurs, adeptes d'une qualité exceptionnelle, à faire des sélections parcellaires très rigoureuses. La Valley tient son nom d'une petite rivière, la Napa, sorte de filet d'eau tranquille serpentant entre les vignobles. Cette zone viticole fait à peine 5 km de large sur 48 km de long et regroupe un peu plus de 1 100 producteurs. C'est le seul endroit du monde où le cabernet-sauvignon est le meilleur avec celui des grands Châteaux des quatre communes phares du Haut-Médoc. Rappelons 1976 où un vin de 1973 du Domaine Stags Leap Winery pulvérisa à Paris les plus grands médoc lors d'une dégustation mémorable. La Nappa Valley compte de très grands vins, tels le Château Woltner (ancien propriétaire de La Mission Haut-Brion), les Domaines Dalla Valle, Harlan Estate, Caymus, Dominus, Opus One et le Château Montelena pour n'en citer qu'une infime partie.
Outre le cépage précédent, ce secteur regroupe de nombreuses autres variétés : malbec, cabernet franc, petit verdot, syrah, zinfandel, chardonnay, sauvignon, chenin, grenache, etc.
La deuxième *valley* importante se nomme Sonoma. Elle est plus grosse productrice de raisins, donc de vin, mais est moins célèbre que sa voisine. Elle compte pourtant, elle aussi, des domaines n'ayant plus rien à prouver sur le plan qualitatif.
Parmi les vingt-quatre régions viticoles composant la Californie, il existe une grande diversité tant pour les expositions que dans les terroirs, si l'on excepte les deux cités précédemment. On peut avoir une préférence pour Santa Barbara, Mendicino et Santa Cruz Mountains. La Californie compte une multitude de domaines exceptionnels, entre autres, à Bel Air, le Domaine Moraga (moins de 4 ha), produisant un vin culte provenant du cabernet-sauvignon ; c'est le vin le plus rare et le plus cher des États-Unis.
Vient ensuite, en ordre d'importance, l'État de Washington qui ne représente pourtant qu'une infime fraction de la production californienne. On y trouve de bons chardonnay, riesling, merlot, syrah et sangiovesse.
Bien que ne se classant pour les superficies qu'au sixième rang, l'Oregon mérite un petit exposé à part, car il n'a rien à voir avec la Californie et encore moins avec l'État de Washington. Cet État est intimement lié au cépage pinot noir. Sa luxuriante vallée de Willamette convient admirablement au grand cépage bourguignon et aussi au pinot gris qui a supplanté le chardonnay. Afin de mettre tous les

atouts dans leur jeu, les producteurs américains de l'État ont adopté les meilleurs clones de la Côte-d'Or. Enfin, autre point positif : la venue d'un nouveau récoltant beaunois de talent, Robert Drouhin, assisté de sa fille Véronique, va être profitable à l'ensemble des domaines.

J'ajoute que, soucieux de mettre tous les atouts de leur côté, les vignerons tendent à écarter les plantations de cabernet-sauvignon et de sauvignon jugées trop tardives pour les conditions climatiques régnant en Oregon.

Un petit mot sur l'État de New York propice aux riesling proches de ceux de la Sarre. Le lecteur doit aussi savoir que la législation viticole américaine permet aux wineries (domaine viticole) de pouvoir acheter autant de raisins qu'elles le veulent et de vendre les vins sous un même nom ou assemblés avec ceux de leurs domaines. En résumé, tant en blancs qu'en rouges, on se trouve devant un vaste choix où il est très délicat de tenter une sélection, d'autant que la finesse est aujourd'hui devenue, pour les vinificateurs américains, l'objectif prioritaire. Je ne peux que les en féliciter car la concentration telle qu'elle est pratiquée chez nous, pour la plupart des cuvées spéciales ou pour les vins de garage de la rive droite, conduit ses adeptes droit dans le mur.

Trois blancs dignes d'intérêt :

- Napa Valley – Miura – chardonnay ;
- Napa Valley – Gainey – sauvignon ;
- Santa Barbara – Jaffurs – viognier.

Également trois bons rouges :

- Napa Valley – Kemiji et Portay – cabernet-sauvignon ;
- Santa Barbara – Ojai California ranch – syrah ;
- Santa Maria – Lane Taner Julia Vineard – pinot noir.

Les dernières réussites :

- 1997, très belle récolte d'un haut niveau ;
- 1999, note optimale, surtout pour les cabernet-sauvignon.

Le Canada

En raison d'un climat particulièrement froid, ce pays est bien le dernier endroit où l'on puisse cultiver la vigne et pourtant on y fait quand même du vin dans quatre provinces. Longtemps paralysée par une législation très protectionniste, cette nation, outre son climat, n'a pas encore pu entrer dans la compétition mondiale. La plus grosse partie est produite dans les provinces de l'Ontario et de la Colombie-Britannique, sur la splendide vallée de l'Okanagan.

Un nom de récoltant me vient à l'esprit :

- Ontario – Vineland Estates – chardonnay et cabernet-sauvignon.

L'AMÉRIQUE LATINE

Le Mexique

C'est sans doute le plus vieux pays de tradition viticole du continent américain, subissant actuellement l'influence de la célèbre université de Davis en Californie. Rappelons qu'en 1699 le roi d'Espagne, pour ne pas nuire à l'économie de son pays, interdit la production de vin sauf pour les besoins religieux. Cela dura jusqu'à l'indépendance du Mexique en 1821. Ce pays compte 42 000 ha plantés de cabernet-sauvignon, nebbiolo, tempranillo, syrah et chardonnay, les meilleurs vins proviennent de la Basse-Californie, au sud de la frontière américaine, principalement dans la vallée de la Guadalupe. Trois bons producteurs :

- Monte Xanic – délicieux cabernet-sauvignon et grand chardonnay;
- Château Camou – El Gran Vino Tinto – assemblage à la bordelaise à base de cabernet-sauvignon, cabernet franc et merlot;
- L. A. Cetto – remarquable vin issu du durif cépage local.

Une bonne adresse pour se procurer une belle sélection de vins d'Amérique latine :

• Société Transandine – 17, rue de Fontainebleau, 77930 Saint-Germain-L'École.

Le Chili

Environ 180 000 ha. Ce pays donne immédiatement à l'arrivant une impression d'isolement. À l'est la chaîne de la cordillère des Andes assez inhospitalière, à l'ouest l'océan Pacifique, au nord les immenses étendues de sable du désert d'Atacama et enfin, au sud les landes arides et désolées de l'Antarctique. Cette situation bizarre constitue un avantage inégalable pour les vignobles. Préservés du phylloxéra, ils peuvent se développer sans l'aide d'un porte-greffe.

J'ajoute que les conditions climatiques y sont encore plus favorables qu'en Argentine. Il y fait moins chaud, ce qui permet de vendanger à la nuit tombante ou à l'aube. Ce pays est un paradis viticole, outre l'absence de phylloxéra, pas de mildiou, de vers de la grappe, de botrytis* ni de gelées, très occasionnellement un peu d'oïdium. En somme, toutes les conditions requises pour faire de la culture et des vins biologiques.

Le Chili produit d'excellents vins rouges issus du cabernet-sauvignon, merlot ou carmenère. Également des vins blancs méritant d'être dégustés à base de chardonnay, de sémillon et de sauvignon.

Seul inconvénient, pour les producteurs, les disponibilités en terrains irrigués (tous les vignobles bénéficient du goutte-à-goutte) grâce à l'eau provenant de petites rivières courtes et vives, dont les sources se trouvent au cœur des Andes, se réduisent, d'où le creusement d'une multitude de puits et de forages. En raison de leur forte teneur en alcool et d'une faible acidité, les vins chiliens évoluent plus vite que beaucoup de leurs homologues français.

L'arrivée de nombreux investisseurs étrangers démontre qu'il s'agit d'un pays d'avenir. On y recense successivement la baronne Philippine de Rothschild (Mouton Rothschild) le groupe Marnier Lapostolle, Paul Pontallier (Château Margaux), Bruno Prats (ancien propriétaire du Château Clos d'Estournel), les Rothschild de Lafite, l'Américain Mondavi et l'Espagnol Miguel Torrès.

Producteurs auxquels on peut faire confiance :

- La Casa Lapostolle, avec le superbe Clos Apalta (merlot très cher) ;
- Maipo – La Bodéga Cousino Macul – cabernet-sauvignon – bons semillon et chardonnay vinifiés à l'ancienne, mais surtout le Finis Terrae, vin exceptionnel qui fait l'objet de toutes les attentions (vendange manuelle, pas de levurage, etc.). Une des plus belles caves du Chili : plus de 300 m de long pour 6 m de profondeur;
- Société Paul Bruno – cabernet-sauvignon – Uno Friera d'un bon rapport qualité prix fait par deux anciens Bordelais talentueux;
- Aconcagua Valley – Villard – sauvignon;
- Bodéga Santa Carolina Vina – très bonne syrah et excellent assemblage* de cabernet-sauvignon, merlot et syrah à des prix angéliques;
- Colchagua Valley – Apaltagua – carmenère et cabernet-sauvignon;
- Central Valley – Valdiviesso – incroyable palette de cépages. Maison appartenant à un milliardaire chilien, où l'on pratique une vinification à la française.

Les dernières réussites :

- 1997, vins très concentrés et sans doute de longue garde;
- 2001, vendange harmonieuse en quantité et en qualité.

L'Argentine

Comptant il y a une quinzaine d'années plus de 201 000 ha avec en majorité des cépages locaux médiocres, elle a depuis reconstitué en grande partie ses surfaces plantées avec des variétés de qualité, entre autres, le malbec, très bien adapté à ces terroirs. On trouve également en rouge, le tempranillo venu d'Espagne, le sangiovèse d'Italie et de France les cabernet-sauvignon, merlot, syrah et assez peu de pinot noir, ainsi que les locaux barbera et bonarda. Les blancs laissent la part belle au chardonnay largement majoritaire sans oublier le sémillon, le chenin et l'ugni blanc.

Les vignobles sont, pour la plupart, situés à des altitudes qui sembleraient impensables en Europe, entre 700 m et 1 400 m, voire beaucoup plus pour certaines zones du nord : à cette hauteur les températures des nuits sont suffisamment basses pour donner des vins aromatiques. Il y a cependant un petit désavantage : les hivers très froids ne permettent pas toujours à la vigne de bien hiverner.

La capitale viticole regroupant environ les trois quarts des superficies est Mendoza. Actuellement, l'Argentine est le cinquième producteur mondial.

On y produit d'excellents vins rouges car les températures élevées se traduisent par une certaine douceur des tanins*. En revanche, les blancs ont souvent une teneur alcoolique assez forte.
N'oublions pas que le vin est la première richesse agricole de ce pays, où je vous recommande deux domaines de Mendoza en rouge :

- Vista Flores – malbec ;
- Terrazas – malbec reserva.

Les dernières réussites :

- 1995, grande année avec des vins ayant beaucoup de profondeur.
- 2001, excellents rouges, blancs décevants.

L'Uruguay

Petit vignoble avoisinant les 1 100 ha, malgré un encépagement composé majoritairement de bons plants universels, ne constitue pas une menace pour la France.

Le Brésil

Environ 65 000 ha, dont la plus grosse partie se trouve dans le sud du pays. Certaines zones peuvent donner deux récoltes par an, voire parfois cinq en deux ans. Malgré de gros investisseurs, rien à craindre. Sols en très fortes pentes et pluies abondantes sont deux sérieux handicaps pour la qualité.

La Bolivie

À peine 1 000 ha plantés dans un climat très chaud et humide. Les vignobles de cabernet-sauvignon et de merlot, à près de 900 km de La Paz, sont situés à l'altitude ahurissante de 2 800 m, faisant d'eux les ceps les plus élevés au monde. Nation dont on parle à titre anecdotique.

Le Pérou

Vila Tacama, près d'Ica, est la meilleure région viticole. Sur quelques centaines d'hectares, il est produit un peu de cabernet et un vin mousseux avec des cépages pas toujours bien définis.

L'AFRIQUE

Divisée en deux zones bien distinctes, ce continent possède ses meilleurs vignobles dans le sud.

L'Afrique du Sud

D'une superficie plantée inférieure à celle de l'Australie (environ 117 000 ha), ce pays dans ses meilleurs secteurs bénéficie d'un climat identique au climat méditerranéen plus frais que sa latitude le laisserait penser, à cause du courant du Benguela en provenance de l'Antarctique, offrant beaucoup de possibilités à la viticulture.

Cette nation a longtemps été freinée dans son extension. Ce fut d'abord le phylloxéra, puis la guerre des Boers, suivis de l'effondrement du marché britannique. De plus, son mode de production, qui a longtemps reposé sur le système coopératif, ne lui a pas toujours permis de pouvoir s'exprimer commercialement. Aujourd'hui, les choses semblent avoir énormément changé. Depuis la fin du régime de l'apartheid, il a été beaucoup replanté en restructurant les vignobles avec de bons cépages universels, venant renforcer le chenin qui a longtemps été la panacée. On trouve maintenant le colombard, le sauvignon, le chardonnay, le merlot, le cabernet-sauvignon et la syrah ainsi que le pinotage (assemblage* par greffe du cinsaut et du pinot noir).

Les meilleurs vins proviennent des propriétés se trouvant autour de la ville de Stellenbosch. Terroirs bénéficiant de l'influence des brises océaniques méridionales. Jusqu'à l'année 1990, beaucoup de récoltants avaient tendance à confondre quantité et qualité ; depuis les choses ont bien évolué. C'est actuellement un vignoble neuf et d'avenir, capable de proposer sur de nombreux cépages des vins d'une haute expression de terroir et de minéralité. Trois blancs et trois rouges le démontrent amplement, cinq étant de Stellenbosch.

Blancs :

- Ken Forrester – chenin ;
- Meerlust – chardonnay ;
- Fairview (à Paarl) – viognier.

Rouges :

- Beyerskloof – cabernet-sauvignon ;
- Cordoba – merlot ;
- Vergelegen – cabernet-sauvignon.

Dans l'avenir, la France devra compter avec ce pays. Les dernières réussites :

- 2000, les vins rouges de Stellenbosh sont superbes ;
- 2001, petit rendement, mais beaux vins rouges.

L'AFRIQUE DU NORD

Elle regroupe trois nations.

L'Algérie

Assez bon vignoble du temps de la colonisation mais pratiquement disparu depuis l'indépendance, ne présente aujourd'hui plus guère d'intérêt.

La Tunisie

Commence à retrouver une certaine identité viticole, en confiant à des Européens les nouvelles plantations. Je rappelle que l'on produit un excellent muscat aux alentours de Carthage.

Le Maroc

Actuellement près de 12 000 ha destinés à produire du vin pour la consommation locale due au tourisme et dans la perspective de futures exportations. Les AOG (appellation d'origine garantie) des celliers, Guerrouane et Beni M'tir, dans la zone de Meknès, la plus vaste du pays, ont un encépagement plus diversifié. Aux grenache, carignan et cinsaut se sont ajoutés d'autres plants nobles : cabernet-sauvignon, merlot, bourboulenc, syrah, tempranillo, chardonnay et sauvignon. Ce vignoble palissé à une altitude de 600 m sur les contreforts de l'Atlas évite les gelées d'hiver.

À l'origine du renouveau très actif, les Bordelais ont déjà remis en valeur de nombreuses parcelles. Le Maroc, dans les années cinquante-cinq, comptait près de 60 000 ha produisant d'excellents vins de soleil, dont une grande partie était destinée à remonter et même à guérir certains bourgognes très anémiés !

Dans un avenir assez proche, il faudra à nouveau compter avec ce concurrent remis sur les rails de la qualité grâce à des investisseurs français réputés pour bien placer leurs capitaux.

L'OCÉANIE

Elle regroupe deux nations viticoles à ne pas négliger : l'Australie et la Nouvelle-Zélande.

L'Australie

Elle a actuellement plus de 159 000 ha en production, chiffre en constante progression, car les nouvelles plantations avoisinent chaque année presque 10 % des surfaces déjà existantes. Ce pays a déjà pris la place de la France sur plusieurs marchés, notamment dans de nombreux secteurs du Royaume-Uni. Les exploitants largement aidés par des transfuges européens et américains se montrent d'habiles techniciens en viticulture et en œnologie. Autre facteur d'application, l'ensemble des récoltants australiens parcourent inlassablement tous les vignobles du monde pour y apprendre les dernières découvertes en agronomie et en vinification. Ce pays semble avoir une ambition démesurée, rêvant de dominer commercialement le monde du vin aux alentours de 2030. Je pense que c'est un peu présomptueux, mais peut-être pas si irréaliste que cela. N'oublions pas qu'ils ont une réglementation et une œnologie très permissives, faisant abstraction de toutes les traditions séculaires des vieilles nations d'Europe, viticoles depuis l'Antiquité.

L'ensemble des vignobles est entièrement mécanisé, les installations de réception de la vendange équipées d'un matériel de pointe, quant à l'élevage, il n'a rien à nous envier. J'ajoute que, sur le plan marketing, ils ne craignent personne et surtout pas l'Europe. Les domaines australiens, dans l'ensemble des régions viticoles, selon les climats et les terroirs, ont tous adopté d'excellents cépages universels : cabernet-sauvignon, merlot, riesling, sémillon, sauvignon, pinot noir, viognier, grenache, chardonnay et surtout syrah (appelé ici : shiraz). Cette dernière qualitativement est presque l'égale de celle produite dans les Côtes du Rhône septentrionales. Un des vins les plus chers du monde, Penfolds Grange, en est d'ailleurs issu. Un dernier mot sur Victoria qui, à bien des égards, est l'une des régions viticoles la plus intéressante, notamment Yarra Valley, réputée pour son pinot noir.
Un seul frein au développement intensif du vignoble, parfois un petit manque d'eau pour l'irrigation mise en pratique dans toutes les zones, mais les puisatiers et les forages ne sont-ils pas là pour y parer. L'acheteur devra surtout éviter de se laisser impressionner par des vins trop puissants, souvent au détriment de la finesse.
Un grand blanc :

- Margaret River – Moss Wood – chardonnay de classe.

Cinq rouges intéressants :

- Mc Laren Vale – Genders Mc Laren Park Wines – cabernet-sauvignon ;
- Langhorne Creek – Killibinbin – shiraz ;
- Barossa Valley – Rusden – grenache ;
- Margaret River – Moss Wood – cabernet-sauvignon légendaire ;
- Wairarapa – Dry River – gamme exceptionnelle quel que soit le cépage.

Les dernières réussites :

- 1998, à retenir ce millésime pour les rouges ;
- 2001, excellents blancs provenant du sémillon.

La Nouvelle-Zélande

Dix-huit mille deux cent quarante-sept hectares dont actuellement 13 787 en production, sur deux îles. La pointe septentrionale de l'île du sud, fraîche, ensoleillée et bien ventée est un vrai paradis pour le cépage sauvignon blanc développant sur cette partie du monde des arômes intenses et inégalables, au point que le vin obtenu par ce plant dans la région de Marlborough laisse parfois le consommateur perplexe. Le chardonnay s'étendant sur 1 689 ha est aussi très prometteur.
Je rappelle qu'au dernier VINEXPO de Bordeaux, on a appris qu'à Londres c'était encore un sauvignon de cette nation qui avait décroché la palme avec le trophée Siverado, il s'agit d'un vin du Domaine Saint Clair à Marlborough. En raison de la fraîcheur du climat néo-zélandais, le pinot noir semble aussi avoir trouvé un sol de prédilection. L'île du nord, bien qu'ayant un climat un peu différent avec des automnes plus secs, est aussi plantée en pinot noir et en chardonnay. Dans la baie

d'Auckland, l'île de Waiheker, jouissant d'un terroir de rêve et d'un climat comparable à celui du Bordelais, compte une propriété de dimension modeste Stonyridge, produisant le Larose, vin de cabernet-sauvignon le plus cher du pays. Retenons aussi Neil Mc Callum qui, sur 10 ha d'un terroir climatiquement béni des dieux, fait des merveilles.
Autres cépages : merlot, cabernet-sauvignon, malbec, sémillon et riesling.
Quatre domaines sont dignes d'intérêts.
Blancs :

- Hawkes Bay – Trinity Hill – sauvignon ;
- Hawkes Bay – ClearView – chardonnay ;
- Martinborough – Dry River – superbe pinot gris.

Rouges :

- Martinborough – Isabel Estate – pinot noir impressionnant.

Les dernières réussites :

- 1997, les sauvignon de Malborough sont parmi les meilleurs du monde ;
- 2000, grande réussite dans les deux couleurs.

L'ASIE

Ce continent regroupe huit pays ayant un ou plusieurs vignobles dont la qualité demeure pour la plupart incertaine.

La Chine

Dans cette immensité territoriale, on trouve 170 000 ha de vignes divisées en deux parties. La première orientée vers le nord subit des hivers très froids, obligeant à couvrir le pied des ceps par beaucoup de terre pendant l'époque difficile (buttage). L'autre, regardant vers le sud, connaît la période de la mousson (pluies abondantes) en été, amenant un développement important de champignons parasites. Dans les deux cas, la maturité des raisins traverse souvent des problèmes.
Ce pays compte étendre sa culture viticole avec l'objectif d'atteindre rapidement 300 000 ha. Les dirigeants trouvent que les greffés-soudés sont relativement chers, raison pour laquelle ils envisagent de planter de la vigne directe (sans porte-greffe), avec les risques d'attaque phylloxérique.
Conscients du problème, les ampélographes chinois travaillant sur le sujet à l'université du Vin proche de Yan Tai, font des recherches très avancées sur les OGM, en s'orientant vers des ceps de vignes exempts de maladies.
Cette nation, commençant à s'intéresser aux vins, se rend compte que même dans l'espérance d'éventuelles récoltes plus abondantes, la production ne sera jamais suffisante en volume pour ses besoins.
Je n'ai goûté que deux fois du vin chinois, dont je n'ai pas gardé un souvenir impérissable, mais c'était il y a environ cinq ans. Depuis, j'ai appris que des progrès

notables ont eu lieu grâce au groupe Dinasty, produisant déjà 30 millions de bouteilles à base de chardonnay, cabernet-sauvignon et merlot assez représentatifs des cépages dont ils sont issus.

Anecdote amusante, les Chinois des deux sexes commencent à prendre goût au vin lors de copieux repas. Ils trinquent à plusieurs reprises, en vidant leur verre d'un seul trait qu'ils retournent ensuite, afin de prouver qu'il n'en reste pas une goutte. Cette pratique me laisse à penser que l'alcootest n'y a pas encore fait son apparition.

Le Japon

Les meilleurs cépages de vinifera couvrent à peine 1 000 ha sur les 22 000 de plantations. Il semble que l'île de Hokkaido et deux petits secteurs de Kobé et Yamagata possèdent les parcelles les plus intéressantes.

L'Inde

Ce pays, en perpétuelle recherche pour développer son industrie et son agriculture, a aussi joué sur les plantations de vignes. Je pense qu'en raison de son climat et de ses sols, il n'a pas misé sur le bon cheval mais comme il m'est sympathique, je souhaite vivement me tromper.

Le Liban

Vignoble couvrant un peu plus de 3 000 ha, ayant beaucoup souffert lors des guerres qui ont secoué le pays. Les vignes se trouvent à l'est de Beyrouth dans la vallée de la Bekaa durement touchée pendant les combats. Un domaine de réputation internationale domine l'ensemble de la production :

- Château Musar appartenant à la famille Hochar père et fils (vin à base de cabernet-sauvignon et de cinsaut) ;
- il serait injuste d'oublier le Kefraya, autre vin issu du mourvèdre et de la syrah.

Chypre

Quelques nouvelles petites entreprises, venant épauler les grosses structures existantes. Des vins amusants et sans défaut, à base d'une dizaine de cépages dont deux locaux.

La Turquie

En dehors des raisins de table, une quinzaine de milliers d'hectares sont réservés aux vins avec de nombreux cépages locaux auxquels on a adjoint : sémillon, pinot noir, grenache, carignan et gamay. Il semble que Buzbag, produit en Anatolie, soit le meilleur des vins turcs.

Israël

Environ 4 000 ha plantés essentiellement dans les régions fraîches à des altitudes élevées de haute Galilée et sur les hauteurs du Golan (entre 1 100 m et 1 300 m). Grâce à des gros investissements, de la technologie et avec l'aide de vinificateurs formés dans les grandes nations viticoles comme les États-Unis, la France, l'Australie et l'Italie, des progrès existent mais il faut parfois vaincre l'hostilité de certains rabbins envers des pratiques nécessaires à la bonne qualité, mais paraissant peu compatibles avec la religion. Deux noms :

- Yarden – leader incontesté du renouveau viticole : merlot complexe, pinot noir non dénué d'intérêt et chardonnay élevé sous bois, peut être à tort;
- Flam – nouvelle exploitation prometteuse : cabernet-sauvignon et merlot.

Nous voyons déjà aujourd'hui que les vins étrangers, notamment ceux du Nouveau Monde : États-Unis, Australie, Chili, Afrique du Sud, Argentine et Nouvelle-Zélande viennent renforcer leurs homologues espagnols, italiens, autrichiens et portugais sur les linéaires des grandes surfaces (ce n'est guère le lieu idéal pour y faire des découvertes). Ce qui démontre qu'il n'y a pas de fumée sans feu. Mis en alerte par ce phénomène attractif, de nombreux restaurateurs et des cavistes leur ont emboîté le pas, incitant le consommateur français, perpétuellement à la recherche de sensations nouvelles, à se familiariser avec ces bouteilles dont beaucoup n'ont pas de complexe à avoir envers une grande partie de nos appellations.

Cet ouvrage ne pratiquant pas la politique de l'autruche, il m'a paru indispensable, outre une description assez sommaire des principaux vignobles étrangers, d'indiquer pour chacun d'eux une liste assez restreinte de quelques domaines dignes d'intérêt. Je précise que la plupart sont commercialisés à des prix n'excédant pas 25 €, voire souvent moins, exception faite pour les quatre ou cinq vedettes, style Larose, dont il est d'ailleurs très difficile de se procurer une bouteille.

Conscient d'avoir quelques lacunes sur les vins produits à l'étranger, mais n'ayant pas voulu léser les lecteurs de cet ouvrage sur un sujet brûlant d'actualité, j'ai fait appel à un homme les connaissant bien, pour lequel j'ai une profonde admiration : Gérard Margeon (bras droit d'Alain Ducasse). Perpétuellement en voyage dans tous les vignobles du monde, il est pratiquement incollable sur ce propos. Ayant fait de nombreuses dégustations avec lui, j'ai pu juger qu'il est un véritable puits de science, doté d'une mémoire sensorielle peu commune, doublée d'une intégrité sans faille. Je voudrais également associer à cet ouvrage mon vieil ami Philippe Bourguignon, complice de tant de dégustations communes, de m'avoir consacré un long entretien sur tous les sujets touchant actuellement au vin. Sachant combien le temps dont disposent ces deux hommes est compté, je les remercie chaleureusement pour leur collaboration amicale.

L'ACHEMINEMENT, LA MISE EN BOUTEILLE ET LA GARDE

TRANSPORT : PRÉCAUTIONS À PRENDRE ET FORMALITÉS

Dans le passé, beaucoup de petits vins avaient la réputation de ne pas pouvoir voyager ; ce qui était en partie vrai, pour ceux dont le degré alcoolique était faible. Le meilleur exemple est le beaujolais primeur, vendu aujourd'hui dans le monde entier à partir du troisième jeudi de novembre, alors qu'avant la dernière guerre sa renommée ne dépassait guère la région lyonnaise. La rapidité des transports, les techniques de vinification et de conditionnement ayant beaucoup évolué, le transport du vin à notre époque ne pose plus aucun problème. Tous sont maintenant aptes à voyager sans que leur qualité soit altérée.

Le transport des vins est lié aux conditions climatiques. Il ne faut jamais faire voyager des vins par temps trop froid ou trop chaud. Dans le premier cas, il risque de se produire une précipitation tartrique* – qui est un des composants naturels du vin. Elle s'insolubilise en formant des cristaux de bitartrate de potassium, pris à tort pour du sucre par le consommateur non averti. À l'inverse, les fortes chaleurs affectent surtout les vins blancs, mais ont aussi une incidence sur les rouges au point de détruire complètement leur potentialité aromatique. En plein été, il n'est pas rare que la température à l'intérieur des camions bâchés ou tôlés – souvent stationnés en plein soleil pendant leurs différents chargements – monte parfois très haut. Cette véritable étuve dilate le vin, au point de faire considérablement remonter le bouchon. Cela peut même aller dans les cas extrêmes jusqu'à l'expulser. On en a eu la preuve avec le dernier salon VINEXPO à Bordeaux, où la climatisation s'est montrée défaillante. Pour les grands volumes (magnums, doubles magnums, etc.), les détériorations sont toujours plus importantes. Comme la capsule est aussi endommagée, la bouteille peut devenir couleuse* et le vin s'oxyder plus rapidement, allant jusqu'à perdre toute valeur marchande.

Les transports SNCF ne sont pas meilleurs, car les colis séjournent parfois plusieurs jours – notamment pendant les week-ends et jours fériés – dans des hangars ouverts à tous les vents, devenant alors, selon les saisons, de véritables chambres froides ou des hammams. Pour les longs transports, il faudrait prendre la précaution de faire voyager les bouteilles le col en bas, pour éviter les dilatations. Mais encore faut-il avoir la possibilité de surveiller le chargement.

En ce qui concerne le transport des vieux vins, il demande certaines précautions supplémentaires. Comme les vieillards, ils supportent assez mal les voyages et ont beaucoup de difficultés à récupérer. J'ai pour ma part transporté à deux reprises, à l'occasion d'un anniversaire, des bouteilles ayant soixante-quinze ans, que j'ai bues quelques heures plus tard sans dommages. Il faut éviter de les confier à des transporteurs impétueux, qui risqueraient de les brusquer, mais plutôt les véhiculer soi-même par temps clair, avec une pression atmosphérique élevée, à l'abri de la lumière si possible et en ayant la prévoyance de faire voyager les bouteilles debout et bien calées. Cela évitera que le dépôt occasionné par le vieillissement ne se trouve trop agité dans son habitat. La fragilité des arômes et leur instabilité sont notoires. Les moindres modifications de l'équilibre physico-chimique du vin entraînent des variations. Il n'est donc pas étonnant que le transport les affecte momentanément. Lorsqu'on déguste un vin peu de temps après son transport, il arrive très souvent que l'on soit déçu ; il ne semble pas répondre aux qualités initiales qu'on lui avait attribué, ce qui amène à se poser des questions :

- l'ambiance de la cave a-t-elle favorisé un engouement excessif de l'acheteur ?
- le vigneron aurait-il fourni un autre vin que celui dégusté sur place (cela s'est déjà vu) ?
- les trépidations du voyage ont-elles fatigué le vin au point de le rendre méconnaissable ?

La troisième hypothèse est en général la plus fondée. Il est impératif – lorsqu'on reçoit un vin – de le laisser reposer (sauf dans le cas de primeurs stabilisés lors de la vinification) une bonne quinzaine de jours ; plusieurs semaines, voire quelques mois sont nécessaires lorsqu'il s'agit d'un vieux vin.

LA CAPSULE CRD

En 1972, les pièces de régie ont été en grande partie remplacées par la capsule CRD (Capsule Représentative des Droits) verte pour les AOC et les VDQS, bleue pour les vins de pays et les vins de table. Elle facilite les déplacements en évitant d'avoir à respecter scrupuleusement les itinéraires et les horaires.

Depuis pratiquement une année, elle est obligatoire pour tout le monde. Ce qui déplaît à l'élite, entre autres les crus célèbres du Bordelais, qui avaient longtemps fait de la résistance en lui reprochant son aspect inesthétique et surtout sa standardisation au niveau des appellations ; l'administration y est restée sourde. Comme on pouvait s'y attendre, c'est elle qui a eu le dernier mot.

PRÉCAUTIONS À PRENDRE LORS DES LIVRAISONS

Lors d'une livraison de vins par un transporteur routier ou par la Sernam, il faut contrôler que le nombre de cartons correspond bien au bordereau d'expédition et vérifier soigneusement leur état, pour s'assurer qu'ils n'ont pas été ouverts en cours de route et recollés ensuite avec une autre bande. Dans le cas de bouteilles manquantes ou cassées, faire les réserves d'usage sur le bon de livraison avant de le signer, puis écrire dans les 48 heures en demandant le remboursement des bouteilles manquantes à la direction de l'organisme transporteur, en joignant une photocopie du bon de livraison et une autre de la facture du fournisseur. Il existe une réglementation administrative de l'indemnisation pour les marchandises transportées, fixant la limite légale de responsabilité en cas de perte ou d'avarie, qui prévoit actuellement un remboursement maximum forfaitaire sur présentation de facture de 22,90 € la bouteille avec un maximum de 690 € par carton.
L'acheteur ne doit pas ignorer, bien que cela ne soit jamais stipulé, qu'en acquérant des bouteilles de vin, qui seront confiées ensuite à un transporteur, il souscrit en quelque sorte souvent deux contrats : le premier avec le fournisseur concernant l'achat d'une marchandise, le second avec un transporteur pour un service.
C'est pourquoi en cas de litige, il vaut mieux qu'il n'ait affaire qu'à une seule personne, plutôt qu'à deux interlocuteurs. Lors d'un achat, il est recommandé d'exiger du marchand qu'il pratique, à défaut du « franco », au moins le port avancé. En cas de détériorations ou de manques, le meilleur recours consiste malheureusement à refuser purement et simplement la marchandise, en n'omettant pas de mentionner le motif sur le bon de livraison qui accompagne les cartons. C'est le seul moyen, pour le consommateur, de rentrer en possession plus tard de l'intégralité de la commande en bon état.
La loi devrait obliger les transporteurs à faire figurer sur les bordereaux d'enlèvement une clause mettant en garde les expéditeurs sur les risques qu'ils courent, en signalant qu'au-delà d'un certain prix, les bouteilles ne sont plus garanties pour leur valeur, sauf en prenant une assurance complémentaire, dont le coût de revient est pourtant minime : 0,6 %. Pour les vins de grande valeur, cette précaution est indispensable.
Dernier conseil : dans la mesure du possible, éviter de se faire expédier des vins pendant la période des fêtes de fin d'année. Les transporteurs, surchargés d'envois,

n'ont pas toujours la possibilité d'exercer leur surveillance avec vigilance. Ce qui multiplie les risques de vol ou de casse, surtout lorsqu'il s'agit de bouteilles rares. C'est curieux mais un grand cru classé attire plus qu'une caisse de petit vin!
Ajoutons un mot sur les tarifs des transporteurs. Beaucoup de consommateurs se plaignent parfois, à juste titre, du coût élevé des transports qui sont, il est vrai, véritablement prohibitifs pour les petites quantités et regrettent que la viticulture ne pratique plus le « franco ». Il faut savoir que les viticulteurs vendent du vin, mais pas des kilomètres... À chacun son métier!

LA MISE EN BOUTEILLE PAR LE CONSOMMATEUR, JE N'EN SUIS PAS PARTISAN

Le développement de la mise en bouteilles à la propriété et dans les caves coopératives a largement contribué à la disparition progressive de la vente de vins en vrac, dans la plupart des régions viticoles, d'autant que l'ensemble des producteurs de grandes AOC avaient, depuis longtemps déjà, donné l'exemple, en cessant ce mode de commercialisation, qui leur causait plus de désagréments que d'avantages financiers.
La mise en bouteilles par les consommateurs – je suis tenté d'écrire archaïque – est heureusement une pratique en voie d'extinction dans les milieux urbains. Elle suscite pourtant encore un certain engouement en zone rurale, où elle compte toujours de chauds partisans, arguant qu'elle leur permet de bénéficier d'un prix d'achat plus attractif.
Ce qui est partiellement vrai, car ce qui coûte le plus cher au producteur, c'est la conservation du vin, et évidemment ni la bouteille ni le bouchon qu'il achète bien entendu dans des conditions plus avantageuses que le particulier, vu l'importance de ses commandes. Dans la plupart des cas, les novices ne tirent presque jamais le meilleur parti du produit qu'ils embouteillent, en raison d'un manque d'expérience et surtout en ne respectant pas, la plupart du temps, les règles élémentaires d'hygiène. L'amateur qui achète en vrac doit savoir, lorsqu'il s'agit d'un fût, qu'après l'avoir laissé reposer une dizaine de jours, il faut le tirer en une seule fois. En ce qui concerne le cubitainer ou tout autre récipient du même genre, il doit être tiré en bouteilles rapidement, voire le lendemain de son arrivée et, également, en une seule opération, l'air étant l'ennemi le plus redoutable du vin. Un contenant en vidange constitue une proie idéale pour la piqûre acétique*, qui transforme en moins de quelques heures le meilleur vin en vinaigre.
Les ventes étant devenues très difficiles, si l'on excepte la Champagne, l'Alsace et les grandes appellations, la plupart des régions viticoles n'hésitent pas à vendre du vin en vrac. Depuis quelques années, elles bénéficient d'un nouveau mode de

conditionnement facilitant grandement la conservation : le bag-in-box (contenance de 5, 10, 15 ou 20 litres). Ce récipient en plastique est rempli sous vide d'air à la propriété, permettant à l'utilisateur de tirer son vin quotidiennement pendant au moins deux mois sans dommages. J'attire tout particulièrement l'attention du consommateur qui doit faire preuve de beaucoup de prudence en les acquérant, car beaucoup de détaillants ne sont pas équipés d'un système assurant parfaitement le sous-vide.

Pour la petite histoire, j'ai été témoin à plusieurs reprises de pratiques aberrantes de la part de consommateurs, qui achetaient à la propriété des cubitainers de trente-deux litres qu'ils s'apprêtaient ensuite à répartir entre les relations demeurant à des adresses différentes. Je n'ose penser aux conditions déplorables dans lesquelles se sont effectuées par la suite les mises en bouteilles de ce produit, que je n'hésiterai pas à qualifier de « vinaigravin ». Je sais, par expérience, que chez certains vignerons du Val de Loire ou d'autres régions, le commerce n'est pas toujours florissant, raison pour laquelle devoir refuser une vente est souvent un cruel dilemme, mais il y a cependant des cas où le récoltant devrait rester ferme, en refusant ce type de transaction. C'est la seule façon pour lui de ne pas ternir sa réputation ; ce qui ne saurait manquer avec de tels procédés.

Néanmoins, pour les incorrigibles de cette pratique, certains conseils s'imposent, afin de leur permettre de limiter les dégâts :

- Ne jamais se servir plusieurs fois d'un cubitainer. Même après l'avoir bien lavé, il faut impérativement le considérer comme un emballage perdu.
- S'arranger pour faire coïncider les achats avec les bonnes périodes de mise en bouteilles, c'est-à-dire pendant le décours (période de décroissement de la lune), surtout par temps clair et sans vent. Ce qui est compréhensible ; on constate bien l'influence de la lune sur la sédimentation du sang, nul doute qu'elle agisse aussi sur celle du vin, donc aide à sa clarification*. Jamais un bon vigneron ne prendra le risque de manipuler son vin par temps instable.
- Laver soigneusement les bouteilles à l'aide d'un goupillon, dans un bain basique de soude à 1 ou 2 % ou, à la rigueur, avec un autre détersif inodore, à une température d'environ 50 °C. Ensuite, rincer soigneusement les bouteilles à l'eau claire et les égoutter sur un hérisson ou un égouttoir mural. Toutes ces précautions ont pour but d'éviter les mauvais goûts dus à des bouteilles mal rincées. Dans le cas de bouteilles neuves, il faut, tant qu'elles ne servent pas, les obturer avec une capsule de plastique, ce qui ne dispensera pas du lavage.
- Choisir un fournisseur de bouchons très sérieux et surtout ne jamais vouloir « tirer les prix ». Un beau bouchon a peu de piqûres, son coloris est de

nuance blonde, son contact doux, son extrémité est sans défaut; si elle est parfaite (ce qui est exceptionnel), on la qualifie de miroir. À chaque style de vin correspond une qualité de bouchon. Il ne faut surtout pas confondre choix et qualité. Le choix correspond seulement à un aspect dans une qualité donnée.

- Les bouchons sont livrés soit en sacs de jute (ce qui malheureusement devient de plus en plus rare), soit en sacs plastiques perforés. On trouve aussi, en petite quantité, des bouchons emballés sous vide « stérilisés avec addition de SO_2 ». Pour les conserver dans de bonnes conditions, il faut les placer dans un local aéré à faible taux d'hygrométrie, à l'abri des écarts de température, surtout pas à même le sol, en évitant les lieux trop froids qui les durcissent provisoirement.
- Avant l'utilisation, laver les bouchons à l'eau froide (sauf s'ils sont paraffinés), pour éliminer les poussières, mais surtout jamais de trempage dans l'eau bouillante, pour éviter la dissolution de certains constituants à l'origine de l'élasticité du liège.
- Le meilleur traitement pour les bouchons, avant utilisation, consiste à leur faire subir pendant une dizaine de minutes un passage à la vapeur, en les plaçant dans une sorte d'égouttoir surmontant un récipient (couscoussier), où l'on maintient de l'eau à ébullition, pour leur donner l'élasticité nécessaire à la future compression.
- Lorsque la bouteille a reçu son bouchon, il ne faut surtout pas la coucher, mais, au contraire, la laisser debout pendant une vingtaine de minutes; l'idéal serait deux à trois heures, car il ne faut pas oublier que la décompression n'est pas immédiate; un bouchon reprend 85 % de ses dimensions initiales immédiatement, 92 % en 15 minutes, 99 % en 48 heures. Faute de prendre cette précaution, on risque d'avoir plus tard des bouteilles couleuses*.

Il ne reste plus qu'à capsuler la bouteille. Pour cela, il existe dans les magasins spécialisés des petites capsuleuses peu encombrantes et surtout peu onéreuses. Pour ma part, je préconiserais plus volontiers de cacheter les goulots avec de la cire (mélange de colophane, provenant de la distillation de la gemme, suc résineux qui coule des pins maritimes, et de carbonate de chaux). Il en existe de plusieurs couleurs; les deux plus usitées sont la rouge et la jaune. L'utilisation en est fort simple : dans une boîte en fer ou encore une vieille casserole réformée en aluminium, faire fondre un pavé de cire, auquel on ajoutera un peu de matière grasse (paraffine) pour l'empêcher plus tard d'être trop friable. Quand le mélange sera bien fondu, tremper le haut du goulot dedans, en le tournant doucement jusqu'à ce qu'il soit entièrement recouvert.

– Dernier conseil : ne pas hésiter à récupérer des bouteilles bordelaises, bourguignonnes ou de Loire (avec l'écusson) chez un restaurateur qui sera ravi ; cela lui évitera de les détruire. Il existe dans chaque région, même non viticole, au moins un magasin vendant tous les articles de cave. Néanmoins, je n'hésite pas à vous communiquer une très bonne adresse : Lescene & Dura, 63, rue de la Verrerie, 75004 Paris, tél. : 01 42 72 08 74 (ouvert du mardi au samedi de 9 h 30 à 13 heures et de 14 heures à 19 heures, parking de l'Hôtel de Ville). Cette maison – j'allais dire presque antique – remonte à 1875. Pendant près d'un tiers de siècle, elle a fourni aux amateurs qui achetaient leurs vins en vrac à Bercy, d'excellents bouchons. Aujourd'hui – nécessité fait loi – elle vend plus d'armoires climatisées pour la conservation des « vins bouchés » en appartement que de bouchons. Accueil charmant, qui a su conserver les traditions commerciales du début de siècle, dans une sorte de capharnaüm vinique bien sympathique, qui fait heureusement oublier les grandes surfaces si impersonnelles.

LA CAVE

Le Petit Larousse la définit ainsi : « Partie souterraine d'une maison, généralement au niveau des fondations, lieu souterrain où l'on conserve le vin. » Georges Duhamel écrivait, voici plus de quarante ans : « L'avenir du vin est entre les mains des architectes. » Dieu qu'il avait raison ! C'est à croire que cette profession ne l'aime pas car elle néglige assez souvent cette partie de l'habitation ou ne l'isole pas ; en raison du vin, elle contribue pourtant à la qualité de la vie. Pour l'anecdote, la cave la plus haute du monde est la cave de Casapalca, qui se trouve au Pérou à 4 155 km d'altitude.

COMMENT L'AMÉNAGER ?

Dans son *Art de faire le vin*, paru en 1807, le grand chimiste Chaptal (ancien ministre de Napoléon Ier) avait déjà défini la cave idéale. Son analyse est encore tout à fait d'actualité aujourd'hui, mais compte tenu d'éléments nouveaux comme l'électricité, il faut la compléter :

– Une bonne cave doit être suffisamment enterrée, à l'abri des trop grandes variations de température ; pour cela, il faut qu'elle bénéficie d'une bonne ventilation statique. L'idéal est une prise d'air sur la partie basse du local exposée au nord et une autre dans la partie haute du mur côté sud. Pour une bonne cave, la meilleure exposition se situe au nord ou à l'est.

– Le sol doit être en terre battue ou en petits gravillons, pour permettre les mouvements par capillarité d'eau du sous-sol.

– La température idéale doit être comprise entre 10 °C et 14 °C. Jusqu'à 16 °C, c'est encore acceptable, mais dans ce cas, les vins évolueront un peu plus vite et leur longévité s'en trouvera raccourcie. Si des canalisations de chauffage passent à l'intérieur, il faut les isoler, en pratiquant un calorifugeage parfaitement étanche. Les gros écarts de température sont redoutables ; il faut y remédier, en bouchant éventuellement les soupiraux en hiver ou en posant tout simplement, sur certaines parties des cloisons, des panneaux isolants en polystyrène ou laine de verre. Dans le cas de cave mal exposée et par conséquent trop chaude, on peut aisément faire installer par un frigoriste un système de climatisation, dont le prix oscille entre 23 000 et 30 000 € selon les volumes des pièces : ce qui est un investissement nécessaire si l'on a de grands vins à conserver.
– Les trépidations, causées par la proximité d'une rue à grande circulation, du métro, d'une ligne ferroviaire ou d'un parc de stationnement occasionnent des vibrations qui rendent très aléatoire la conservation du vin, car elles ont pour principal effet de remettre quelquefois en activité les bactéries toujours présentes dans certains vins instables, risquant de provoquer une piqûre lactique*. Sans envisager de telles catastrophes, il faut quand même savoir que certains éléments du vin, tels les matières colorantes ou les tanins*, n'y sont pas véritablement dissous, mais seulement en état de suspension colloïdale ; sur le plan des équilibres chimiques, ils sont très fragiles et peuvent être provisoirement rompus par les ultrasons. Afin de pallier les vibrations, il est conseillé de mettre sous et derrière les casiers un système antisismique, constitué de patins en caoutchouc antivibratoires *silent block*.
– Une véritable cave ne doit pas être trop sèche, pour éviter que les bouchons se dessèchent et se chevillent avec le risque de voir certaines bouteilles devenir couleuses*. Pour garder une certaine humidité, placer dans un coin un tonneau ou un grand récipient rempli de sable, que l'on mouille à intervalles réguliers, ou bien encore un bac à eau avec du charbon de bois, pour éviter qu'elle croupisse.
– Une certaine hygrométrie est nécessaire. L'idéal se situe entre 70 et 85 % ; au-dessus, il n'y a aucun risque pour le vin (même jusqu'à 100 %), au contraire, mais les étiquettes se décollent. Il est indispensable d'avoir non seulement un thermomètre, mais également un hygromètre pour effectuer des contrôles réguliers ; certains appareils remplissent ces deux fonctions. Si la cave est trop humide, on peut y remédier, en y plaçant un récipient en grès ou en verre rempli de chaux vive, qui absorbe l'humidité ; il suffit de la changer régulièrement dès qu'elle est chargée d'eau. Il est quelquefois aussi utile de drainer des eaux d'infiltration vers un petit puisard ou, tout bonnement, à l'égout. Il est conseillé, dans ce cas, d'enduire les étiquettes d'un vernis alimentaire avant

leur entrée en cave ; il existe aussi un appareillage plus compliqué et assez onéreux pour régulariser l'hygrométrie.

- L'obscurité est de rigueur. Une lumière trop vive peut, à la longue, avoir des répercussions sur le vin. Il existe des lampes bleues adaptées pour cette utilisation. Le tube au néon est à prohiber ! Le summum demeure les lampes au sodium à basse pression, dites à « lumière froide », qui équipent déjà beaucoup de caves champenoises. Elles dégagent très peu de chaleur ; en revanche, elles déforment totalement la couleur, ce qui n'est pas un handicap, si l'on ne déguste pas sur le lieu de vieillissement. Elles sont commercialisées par les établissements Philips.
- Chauler les murs une fois par an, pour absorber l'humidité. La chaux empêche aussi l'implantation d'araignées et d'insectes. Le chaulage, c'est-à-dire le badigeonnage au lait de chaux, se prépare en versant de l'eau sur des morceaux de chaux vive, les transformant en poudre de chaux éteinte, qui se dilue dans l'eau ; c'est un travail rapide, qui se fait à l'aide d'un gros pinceau ou d'une brosse à badigeon. Autre avantage de cette opération : le blanc est mauvais conducteur de la chaleur. Dans les caves se multiplient parfois des coléoptères et surtout des microlépidoptères qui pondent sur les bouchons et dont les larves creusent des galeries dans ceux-ci. Les teignes sont les plus abondantes avec, notamment, la mite commune du liège, la mite du vin et la mite de la colle. Il se développe une ou deux générations par an, entre avril et octobre, qui durant cette période d'activités causent d'importants dommages. Les papillons vont pondre sur les bouchons, les larves issues des œufs s'incrustent dans les bouchons et perforent des galeries au tracé irrégulier, comportant des ramifications ; celles-ci s'enfoncent de la surface vers l'intérieur du bouchon, de telle façon qu'à un moment donné le vin arrive à s'écouler. La surface des bouchons se couvre d'un résidu friable, significatif d'une attaque. De manière à éviter une telle infestation, il est impératif d'éliminer tous les supports susceptibles d'abriter ces parasites, tels que les vieux bois… Le plus souvent c'est lorsqu'on constate des résidus de sciure farineuse sur les bouchons que l'on se décide à intervenir. Il est alors bien trop tard ; il faut avant tout s'attacher à détruire les papillons à l'aide de pièges (petits appareils avec des tubes lumineux) ou en brûlant du soufre, mais les larves ne sont pas atteintes à l'intérieur du liège. Il faut donc remplacer les bouchons contaminés, en prenant grand soin de les brûler. Il est également nécessaire, lorsque les bouteilles ne sont pas capsulées, de protéger les bouchons avant toute attaque par une petite capsule en polyéthylène réutilisable. Dans une cave contaminée, la fréquence des bouchons atteints varie sensiblement, mais il semble que les bouteilles de vin rouge soient plus touchées.

La pittoresque commune viticole de Riquewihr, l'une des plus visitées du vignoble alsacien.

Le Vieux Château Certan à Pomerol, une valeur sûre de l'appellation.

La regrettée Jane Descaves, personnalité féminine du vin de Bordeaux la plus marquante du siècle dernier.

Un couple de vieux vignerons sympathiques de Vosne-Romanée, aujourd'hui disparus, André et Jeanne Mugneret, avec lesquels j'ai pendant longtemps entretenu des relations plus qu'amicales.

À mes regrettés amis, Joseph et Vincent Leflaive, copropriétaires du célèbre Domaine Leflaive à Puligny-Montrachet, dont j'ai été pendant presque trente ans l'agent commercial pour la grande restauration française. Ici, en dégustation avec leur importateur américain.

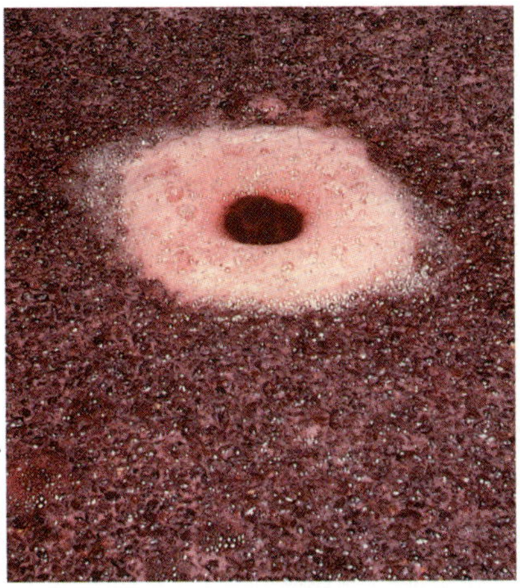

Cuve contenant du moût en pleine fermentation, avec apparition du chapeau émergeant poussé par la force de dégagement du gaz carbonique.

Opération du démasclage des plaques de liège dans une subéraie au Portugal.

Opération du pressurage en Champagne, chez Moët & Chandon, avec un type d'appareil horizontal propre à cette appellation.

Dominant le vignoble de Néac, le Château Tournefeuille, un des meilleurs crus de l'appellation lalande-de-pomerol.

Toujours propriété de la Congrégation des religieuses de la Sainte-Famille, ce cru de la Solitude est maintenant placé sous la direction des Bernard du Domaine de Chevalier.

Vignoble d'Aloxe-Corton, au lieu-dit La Croix de Pierre, cœur des meilleures parcelles de corton-charlemagne ; en bas à gauche le meilleur premier cru de Pernand Vergelesses, l'Île de Vergelesses.

L'extraordinaire vignoble de la Côte-Rôtie, vu du Château d'Ampuis, monopole des établissements Guigal.

© Yvette Renvoisé.

Château-Grillet, une perle des Côtes du Rhône septentrionales, détenteur de la totalité de son AOC.

© Yvette Renvoisé.

© Yvette Renvoisé.

Le Clos de la Poussie à Bué, terroir privilégié du Sancerrois.

Vignoble de Savoie : le Coteau du Bergeron, sous le Roc de Thormery, au hameau du même nom, dépendant de la commune de Chignin.

Les fameux cailloux roulés de Châteauneuf-du-Pape.

La fameuse effeuilleuse thermique conçue dans le Médoc.

Vignobles très escarpés dominant la ville de Banyuls.

© Yvette Renvoisé.

Un fleuron des méthodes soustractives : appareil d'osmose inverse dans un cru du Haut-Médoc.

© Photos Bligny à Beaune.

La vigne : la royat, mode de taille adaptée aux raisins rouges. Elle semble moins usitée (sauf en Côte-d'Or chez quelques sages) et pour cause : elle demande plus d'expérience de la part de l'homme en permettant une récolte moins abondante.

© Yvette Renvoisé.

Vignes effeuillées manuellement pour sacrifier à la mode.

Douloureux spectacle d'une vigne aux feuilles brûlées par l'effeuilleuse à gaz dans le vignoble de Pomerol.

Exemple de vendange en vert qui illustre mon propos (voir p. 41).

© Yvette Renvoisé.

Jury de dégustation statuant pour l'attribution des médailles au Concours agricole de Paris.

© Yvette Renvoisé.

Opération délicate : le décantage, ici par Emmanuel Ackerer, au De Bricourt à Cancale.

© Maison Bouvet-Ladubay.

Une splendide cave dans le Saumurois appartenant à la maison Bouvet-Ladubay.

L'un des meilleurs cavistes de France, la cave Taillevent à Paris.

Machine à vendanger se délestant de son chargement de raisins, mais aussi de quelques corps étrangers. Malgré d'immenses progrès, elle entraîne encore des éclats de bois provenant des piquets, des agrafes métalliques ou plastiques, des pétioles (partie rétrécie de la feuille unissant le limbe à la tige) et même parfois des escargots.

Privilégiant les techniques culturales traditionnelles à la Coulée de Serrant, pour Nicolas Joly, le cheval demeure toujours un précieux auxiliaire.

Malheureusement, de plus en plus de vignerons anticipant les 35 heures font aujourd'hui appel au camion embouteilleur de prestataires de services pour procéder à la mise en bouteilles non pas à la propriété mais « devant la propriété ». Ici en Côte de Beaune.

Vignoble de Navarre, planté en chardonnay, produisant l'excellent vin Castello de mon jardin.

Magnifique vignoble mexicain planté en durif dans la vallée de Guadalupe.

© Photo Marc Chevalier.

Le superbe Salon des vins de Loire qui se tient chaque année en février à Angers. Pour les diabétiques, prudence dans les stands de viticulteurs proposant une dégustation de vins issus d'une sélection de grains nobles, car c'est la course au sucre résiduel.

© Sotheby's.

Vente aux enchères organisée à Londres par la célèbre maison Sotheby's.

Une palette des grands vins de millésimes d'anthologie du siècle dernier appartenant à mon ami le collectionneur Michel Bonnefond. Jugez plutôt : Château d'Yquem 1921, Château Mouton Rothschild 1945, Château Cheval Blanc 1947, Château Haut-Brion 1949, Château Lafite Rothschild 1959, Châteaux Palmer et Petrus 1961, enfin Musigny Vieilles Vignes Domaine de Voguë 1961 en magnum. De quoi rêver toute une nuit !

Les quatre catégories de vins :
– VDQS : l'excellent tursan de Michel Guérard ;
– AOC : Vieux Château Saint-André du talentueux Jean-Claude Berrouet ;
– vins de marque : l'incontournable Mouton Cadet ;
– vins de pays : Moulin de Daumas Gassac l'un des plus grands blancs du Languedoc.

Qui aurait pu prédire, en lisant cette étiquette en 1934, que ce vin du Médoc allait, grâce au génie du baron de Rothschild, devenir soixante-dix ans plus tard le vin de marque français le plus vendu au monde. C'est d'autant plus ahurissant qu'au fil des années, victime de son succès, il est en fait devenu aujourd'hui un simple bordeaux générique.

– La cave est un lieu où il doit régner une très grande propreté. Il ne faut jamais y entreposer de produits odorants (mazout, etc.), de matière susceptible de fermenter (légumes, fruits, fromages) et encore moins du vinaigre toujours susceptible d'amener de l'acescence*.
– Les casiers de rangement peuvent être de différentes matières : en lave volcanique, en ciment armé, en métal ou encore en bois ou en aggloméré. Ces derniers sont plus pratiques et très fonctionnels pour qui ne dispose pas de quantités importantes par appellation, en utilisant les dimensions 36 x 25 avec une profondeur de 32. Chaque alvéole permet de ranger avec précision, sans risque de casse, 12 bouteilles, 6 magnums ou 30 demies. Prévoir aussi des étiquettes métalliques à fixer aux casiers. Le meilleur matériau est le contreplaqué marine, assez onéreux mais d'une solidité à toute épreuve.

Il ne faut jamais utiliser dans une cave des casiers ou des étagères en bois qui auraient été traités avec un pesticide à base de chlorophénol, si l'on veut éviter la mésaventure qui est arrivée, il y a une vingtaine d'années, à une grande maison de commerce champenoise pour sa cuvée de prestige, dont les bouteilles avaient été placées pour le remuage* sur des pupitres préalablement traités. Elles ont pratiquement toutes été atteintes par ce que les spécialistes nomment le « nouveau goût de bouchon », qui est en réalité un goût de moisi.

Il est bien rare que, dans une cave, il n'y ait pas quelques petits foyers de moisissure sur le bas des murs ou sur des bouteilles. Des études scientifiques ont démontré qu'ils sont capables de méthyler les chlorophénols, volatils et peu odorants, utilisés dans le traitement des bois, pour donner des chloroanisoles ou des tétrachloroanisoles. Le produit chimique lui-même a un seuil de perception très bas ; en revanche, une fois transformé par les micro-organismes, il a une sorte d'odeur de moisi et de renfermé. Mais, au bout de très peu de temps, le nez se sature et l'on ne perçoit plus rien. Ce n'est que, quelques instants après être sorti de la cave et s'être aéré les muqueuses olfactives que l'on ressent à nouveau l'odeur, qui réapparaît sur les vêtements.

En 1975, Wurdig fut le premier à faire la relation entre l'odeur de moisi que dégagent certaines caves et l'utilisation de produits à base de pentachlorophénol pour traiter le bois. Déjà en 1966, travaillant dans un tout autre domaine, Engel avait mis en évidence le rôle d'un tétrachloroanisole dans l'odeur des œufs et des carcasses de poulets élevés à l'époque sur des litières de copeaux de bois traités. Jusqu'en 1980, personne n'avait fait le rapprochement entre ces deux axes de recherche. Ce n'est qu'en 1981 que Tanner et Zannier démontrent la présence et le rôle du trichloroanisole (il s'agit d'une autre voie d'approche exposée au chapitre consacré aux bouchons) dans un vin à goût de bouchon. Peu de temps après, Dubois et Rigaud piègent les composés, responsables de l'odeur de moisi de certaines caves et identifient le tétrachloroanisole et le pentachloroanisole dans celles où le bois avait été traité ave un pesticide à base de chlorophénol.

- Les bouteilles de vin doivent toujours être conservées couchées, pour que le bouchon reste en contact permanent avec le vin. En revanche, les bouteilles d'eau-de-vie doivent rester debout, afin d'éviter que l'alcool ronge la subérine qui est une matière imperméable du liège, provenant d'une transformation de la cellulose. Ne pas empiler de vin sous un soupirail.
- Prévoir un coin dégustation à la luminosité adaptée avec une table ou tout simplement un vieux fût aménagé, un crachoir rempli de sable ou de sciure non traitée et surtout quelques sièges indispensables pour la concentration.
- Un débarras non chauffé, protégé des rigueurs de l'hiver, sans trépidations et légèrement aéré convient souvent mieux à la conservation du vin qu'une cave cimentée attenante à la chaufferie.

SOLUTION DE SUBSTITUTION

Les caves d'appartement sont assez coûteuses et pas toujours logeables. De plus, ce type de meuble, en raison du volume d'air important entrant dans l'appareil à chaque ouverture de porte, représente une inertie un peu faible pour être véritablement fiable. Mais actuellement, qui possède une véritable cave et surtout bien protégée contre les effractions? Alors, entre deux solutions si on aime le vin, il faut choisir la plus adaptée à notre époque.

COMMENT L'ASSURER?

Il faut prendre toutes les précautions nécessaires en cas d'infraction :

- porte blindée avec trois points d'ancrage et serrure à pompe;
- souscrire un contrat d'assurance, prévoyant une réévaluation chaque année, garantissant, en cas de vol, d'incendie, de dégâts des eaux ou de toute autre déprédation sans aucune réserve, le remboursement des vins au cours du jour;
- conserver tous les documents pour les fournir à l'assurance en cas de sinistre : photocopie des factures d'achat et photographie très détaillée de la cave.

Pour obtenir un tel contrat (tout à fait possible), il faut engager de nombreux pourparlers avec le courtier en assurances. Généralement, il exige, avec juste raison, que les lieux soient protégés par un système d'alarme et même, si la garantie est importante, que celui-ci se double d'une télésurveillance. Il demande aussi la visite d'un expert et un inventaire annuel. Sur ces deux derniers points, on doit s'assurer que l'expert sera bien un agent de la compagnie d'assurances. Quant à l'inventaire, il peut être confié sous pli cacheté par les soins de l'assuré chez un notaire; ce qui limite les indiscrétions. Cela oblige aussi à le refaire chaque année en tenant compte des entrées et des sorties.

La meilleure protection demeure l'anonymat. Une cave ne se visite pas ; ce n'est pas un lieu de pèlerinage.

COMMENT LA GÉRER ?

Il faut tenir un livre de cave dans lequel figurera, pour chaque vin, l'appellation, le millésime, la date d'entrée en cave, le nombre de bouteilles acquises, le prix d'achat compte tenu de la TVA et des frais de transport, le nom du fournisseur et de l'intermédiaire ainsi que son adresse et son téléphone, les sorties journalières, le stock restant et des notes de dégustations.

Il faut aussi disposer d'un classeur où seront soigneusement répertoriés les factures, les pièces de régie, les bordereaux de transport et éventuellement des fiches de dégustation vierges.

Il permet de contrôler l'évolution des vins pour être en mesure de renforcer les bons achats lorsqu'il reste encore des disponibilités chez le fournisseur.

COMMENT LA RENTABILISER ?

Dans les très grands millésimes, acheter quelques caisses de Châteaux les plus spéculatifs du Bordelais, en essayant de ne pas trop diversifier les acquisitions. Il va de soi que plusieurs d'une grande année, provenant d'une seule propriété, se vendront toujours mieux que le même nombre divisé en trois ou quatre crus. Les vins achetés dans un but spéculatif peuvent sans aucun risque se conserver dans leurs caisses de bois d'origine, qui apporteront toujours un petit plus lors de la revente. Le stockage est aussi plus aisé. Il suffit de les placer au-dessus des casiers. Pour réaliser une bonne opération financière, il ne faut surtout pas se presser de négocier. La grande année gagne à vieillir et plus le temps passe, plus le nombre de bouteilles disponibles sur le marché se raréfie. À la longue, elles constituent presque des pièces de collection. Chaque année, il faut consulter avec attention les cours du négoce bordelais pour réévaluer son stock et se tenir au courant des prix réalisés dans les salles des ventes. Ces petites opérations sont passionnantes et, à la longue, aussi rentables que le boursicotage. Au bout de quelques années, un système bien rodé permet d'acquérir régulièrement, avec les substantiels bénéfices obtenus, une bonne partie des vins moins nobles mais néanmoins excellents, réservés à la consommation familiale et qui composent l'ossature de la cave.

Les vieux vins doivent en principe être rebouchés environ tous les vingt-cinq ans. C'est une opération très délicate, qui demande une certaine expérience pour éviter l'apport d'oxygène nuisible à leur bonne conservation. Elle doit être effectuée dans un temps très court. Même en tenant compte de la fatigue occasionnée par un transport (après un certain temps de repos, le vin récupère), il est préférable que cette manœuvre ait lieu à la propriété. Elle y est souvent pratiquée sous gaz neutre, pour éviter toute oxydation*, mais, dans la plupart des cas, le viticulteur ou le maître de chai (dans les grandes propriétés bordelaises) se contente d'ajouter – avant le rebouchage – quelques gouttes de solution à 5 % (SO_2). Il assure ainsi une protection au vin sans nuire à sa qualité future, surtout si le niveau de la bouteille un peu bas nécessite un remplissage avec le vin de la même année (en sacrifiant une bouteille) ou avec un vin jeune d'un très bon millésime, qui ne peut que lui donner un coup de fouet.

À TABLE

LES BONS MARIAGES À TABLE : SURPRENANT, CLASSIQUE OU TÉMÉRAIRE

L'association des mets et des vins – hormis quelques grands classiques éprouvés – demeure dans son ensemble un problème insoluble. Elle relève d'un domaine où il vaut mieux faire preuve d'éclectisme que de rigorisme.
Lorsqu'il m'arrive de parcourir certaines revues dites « spécialisées » et d'y trouver les commentaires d'un aréopage de dégustateurs, qui ont passé plusieurs heures à philosopher devant une préparation culinaire et quelques bouteilles pour définir le mariage idéal, je me prends à sourire voyant qu'ils ne sont même pas arrivés à se mettre d'accord entre eux. Il est vrai que, dans ce genre de confrontation, chacun des protagonistes ne cherche qu'à se démarquer des autres participants, en émettant toujours un avis diamétralement opposé pour démontrer des connaissances supérieures. Cela m'amène à une réflexion : doit-on s'incliner devant la prétendue science de ces étonnants experts vétilleux ?
C'est devenu une mode aujourd'hui ! On veut par tous les moyens diriger le goût du consommateur, en fonction de critères bien définis ou de simples jugements personnels ; ce qui est tout bonnement irritant. Plutôt que d'établir des règles détaillées et complexes sur ce qu'il convient d'adapter à tel ou tel plat, mieux vaut laisser à chacun le plaisir de découvrir certaines alliances étonnantes. Aucune règle n'est à même de garantir une harmonie entre les mets et les vins, vu le nombre de paramètres entrant en ligne de compte :

– le goût personnel, qui est un sentiment très vif, instable, parfois arbitraire et, n'oublions pas, versatile comme la mode ;
– l'état d'âme du moment présent, selon la région où l'on se trouve et les conditions de vie. On ne peut en effet avoir la même vision des choses si l'on est accaparé par une activité débordante qui vous stresse ou, à l'inverse, en vacances ;
– la saison joue aussi un rôle capital, amenant à choisir de préférence en hiver un vin corsé alors qu'en été on opte plus facilement pour un vin léger et gouleyant ;
– les produits identiques n'ont pas forcément les mêmes saveurs ; celles-ci sont conditionnées par les époques et les lieux de provenance. Ainsi, un turbot de petite pêche ou un bar de ligne n'aura pas le même goût qu'un poisson de chalut qui aura séjourné plusieurs jours dans la glace avant d'arriver sur l'étal du poissonnier ou encore mieux un vulgaire poisson d'élevage nourri aux granulés : de même qu'un vrai faisan sauvage a obligatoirement une viande plus ferme et aromatique que celle d'un ex-prisonnier d'élevage lâché dans la nature la veille de la chasse pour le simple plaisir de chasseurs endimanchés. Un veau de lait de Corrèze élevé sous la mère ne peut se comparer à un animal engraissé en batterie avec une nourriture étudiée en laboratoire. Peut-on établir un parallèle entre un bon légume cultivé avec un amendement organique et cueilli à parfaite maturité en pleine saison avec un vulgaire produit poussé à outrance à l'aide d'engrais chimiques, ramassé avant terme et conservé en fonction d'impératifs économiques dans des chambres à atmosphère contrôlée ? Ces quelques exemples illustrent malheureusement bien notre alimentation actuelle. À eux seuls, ils réduisent à néant tous les prétendus accords gourmands de spécialistes en dégustation ;
– enfin, dans la grande cuisine française, n'oublions pas que pour une même préparation beaucoup de produits sont cuits séparément et par conséquent gardent leurs propres saveurs. Il arrive donc qu'un vin s'accorde très bien avec certains composants d'un plat, mais pas obligatoirement avec les autres. Quant à la cuisine actuelle, dite « nouvelle », elle est composée de nombreuses herbes et d'épices encore inconnues des chefs il y a une vingtaine d'années. Cela donne des associations parfois étranges, mettant à mal les connaissances des sommeliers les plus chevronnés.

Pour imager mon propos, je dirai que, dans un repas, le vin est aux mets ce que la décoration est au mobilier dans un salon :
– une grande bouteille demande à être mise en valeur au même titre qu'on ne place pas une belle œuvre dans un coin sombre ;
– il est aussi dommageable d'accrocher un mauvais tableau dans un salon élégant, que d'associer à une bonne cuisine un vin de qualité médiocre ;

– c'est un non-sens de suspendre une aquarelle aux nuances délicates près d'un double rideau aux couleurs vives qui l'écrase. Le principe est le même pour le vin : ainsi une bouillabaisse demande un simple vin blanc de Cassis, mais surtout pas un grand bourgogne blanc. Les huîtres n'auront pas de meilleur compagnon qu'un muscadet sur lie* ou un entre-deux-mers.

Pour les mariages gourmands comme pour la décoration, deux principes peuvent être mis en application : si l'on n'est pas conformiste, pourquoi ne pas jouer sur les contrastes, en intégrant par exemple une ou deux belles pièces anciennes dans un mobilier moderne ou une peinture abstraite dans un ensemble classique ? Avec le vin, on peut procéder de même et obtenir des associations surprenantes et cependant heureuses, comme un grand bourgogne blanc sur un bœuf mode cuisiné avec le même vin ou bien, au contraire, rechercher une grande unité. À table, les exemples ne manquent pas, même avec des vins réputés difficiles, à condition de servir plusieurs millésimes dans le même repas :

– château-chalon : écrevisses à la nage, poulet aux morilles, fromage de Comté, gâteau aux noix ;
– sauternes : foie gras d'oie non truffé, volaille de Bresse à la crème, roquefort, pâtisserie en excluant le chocolat ;
– chinon : matelote d'anguilles, cul de veau aux petits oignons, fromage de Sainte-Maure, fouace.

Quelques règles sont néanmoins impératives dans les accords mets et vins, auxquelles il ne faut pas déroger :

– Le blanc sec* doit être servi avant les rouges et les liquoreux.
– Pour accompagner un plat en sauce, réalisé avec le vin, il est essentiel de boire une AOC de la même région, sans pour autant s'en tenir strictement à l'équivalence. On peut aussi se faire plaisir et monter la gamme, en dégustant une vénérable bouteille d'une appellation prestigieuse. Son sacrifice, inutile en cuisine, n'apporterait d'ailleurs rien de plus aux mets, si ce n'est de lui nuire, en raison de la modification de certains éléments de sa composition due au vieillissement. Le coq au chambertin ou le lièvre à la royale au même vin n'existent plus que dans les vieux livres de recettes ou dans de vagues souvenirs que nos aïeux enjolivent avec le temps.
– Sur certaines préparations, il faut impérativement proscrire le vin : les potages, les salades, les asperges et les œufs (sauf s'ils sont cuisinés au vin rouge).
– Dans un repas familial, deux vins, un blanc et un rouge, suffisent. En revanche, lors d'un grand événement, on peut aller jusqu'à quatre appellations, mais jamais au-delà si l'on veut que chacune puisse être mise en valeur.
– La grande cuisine française demande, certes, des vins de haute lignée, mais il ne faut pas oublier qu'il existe aussi une autre cuisine non moins estimable,

celle des plats « canailles » qui, elle, réclame des petits vins « crapuleux » comme le bourgogne-aligoté (escargots), le bourgogne générique* (œufs en meurette) ou un jasnières (friture du Loir).

– Il est aussi possible de faire tout un repas arrosé au champagne brut, en ayant soin d'aller crescendo, en choisissant par exemple un blanc de blancs* pour l'apéritif et les entrées, puis une grande cuvée vineuse de la Montagne de Reims sur les viandes et les fromages.

– Il faut impérativement suivre une progression, en terminant toujours par la plus grande bouteille, sans distinction régionale ni de millésime, et surtout ne pas oublier que le vin que l'on boit ne doit jamais vous faire regretter celui qui vous a été servi précédemment.

– Éviter de suivre le phénomène de mode actuel, qui consiste au restaurant à ne pas vouloir changer de vin pendant tout le repas, sous le fallacieux prétexte d'éviter à tout prix les mélanges ou, encore mieux, d'accompagner les poissons, les préparations au caviar, les crustacés et surtout les coquillages (avec ces derniers, le vin rouge prend une âcreté rebutante et devient presque méconnaissable) d'un rouge léger ; ce qui est une faute de goût, car le tanin* et l'iode se marient vraiment très mal. Bien sûr, on peut tout faire, même boire du thé, de la bière ou de la vodka sur tous les plats comme le font les Asiatiques et les habitants de l'Europe du Nord. À ce sujet, je rappelle une citation de Brillat-Savarin : « Prétendre qu'il ne faut pas changer de vin ou de millésime dans un repas est une hérésie. La langue se sature et après le troisième verre, le meilleur n'éveille plus qu'une sensation obtuse. »

– Éviter dans un même repas de servir deux grands seigneurs, qui se nuiraient mutuellement.

– Il faut au cours d'un repas servir les vins avant l'arrivée du plat correspondant et non après, comme cela se fait malheureusement trop souvent.

– Enfin, contrairement à une fausse idée reçue qui persiste dans l'esprit du consommateur, le fromage (surtout lorsqu'il est affiné) est plutôt l'ennemi que l'ami des grands vins rouges. Un bon camembert au lait cru demande simplement d'être escorté d'un cidre fermier, le munster fera merveille avec un gewurztraminer, le chèvre s'accommodera d'un sancerre, le reblochon appréciera un chignin bergeron, le roquefort et le sauternes forment une bonne alliance, le cabecou du Quercy recherche un cahors vineux, et la fourme d'Ambert ou mieux encore le stilton ne voudront d'autre compagnon qu'un extraordinaire porto tawny. Quand je pense que dans un restaurant deux fois étoilé au *Guide Michelin* j'ai vu le maître d'hôtel conseiller, avec la puante boulette d'Avesnes, un deuxième cru classé du Médoc ! En réalité, pour terminer un repas sur un grand vin rouge, qu'importe qu'il soit de Bordeaux, de Bourgogne ou des Côtes du Rhône ! Rien ne les mettra plus en valeur qu'un bon comté ou l'un de ces remarquables vieux gruyères suisses. Pour accompagner les fromages plus forts en goût, il faut des vins puissants, susceptibles d'affirmer leur caractère, tels qu'un gigondas, un châteauneuf-du-pape ou un barolo. On dit que le fromage, le vin et le pain ont des affinités particulières, parce que tous trois sont des produits fermentés. Cette interprétation relève plus de la poésie que de la réalité. Dernière remarque, dans 75 % des cas, le vin blanc s'accorde mieux avec le fromage que le vin rouge.

– Avec les desserts, surtout ne jamais servir un champagne brut, mais plutôt un sec* ou mieux encore un demi-sec (comme le font les Anglo-Saxons). Il y a en effet incompatibilité entre le sucre et le brut, la siccité de celui-ci s'opposant à la douceur de celui-là. Il est regrettable de le voir absent de la carte des vins de la plupart des restaurants et, comble de paradoxe, des étalages de toutes les pâtisseries, vendant en revanche du brut ! À défaut, on peut aussi servir un vin liquoreux du Bordelais, un moelleux d'Anjou, un gewurztraminer vendanges tardives* ou un merveilleux vin doux naturel* de type muscat ou rivesaltes. Un vieux banyuls pourra dominer les préparations au chocolat mais un grand porto tawny ou un malaga de bonne lignée feront également un excellent mariage.

CHOIX DU VERRE ET SON ENTRETIEN

CHOIX

Le verre à déguster a une très grande importance. Il avait d'ailleurs, il y a une quarantaine d'années, été l'objet d'une étude très sérieuse réalisée par les établissements *Nicolas*. Depuis, les organismes officiels, avec l'aide de quelques-uns des plus grands dégustateurs français, ont reconnu, sur le plan technique, la nécessité de déguster dans un verre aux formes bien définies, afin que les analyses sensorielles deviennent comparatives, car on sait, par expérience, que le fait de goûter le même vin dans des verres de formes différentes procure des nuances dans les perceptions olfacto-gustatives ; d'où la création d'un modèle type, répondant à peu près à toutes les normes exigées, qui a été baptisé « Verre INAO ».
Hormis ce modèle, les verres servant à une dégustation doivent être très fins (s'ils sont en cristal, c'est encore mieux) et translucides pour ne pas constituer le moindre écran entre l'œil et le vin. Il faut absolument bannir tous les verres à facettes en cristal taillé, conçus par des stylistes qui ne devaient pas avoir l'amour et le respect du vin. Ces verres, même blancs (il en existe aussi en couleurs), sont faits uniquement pour dresser une belle table, pour le plaisir de l'œil mais surtout pas pour une dégustation.

RANGEMENT

Il ne faut jamais ranger les verres sens dessus dessous dans un meuble. Bien sûr, on évite ainsi l'admission de poussières. En revanche, presque invariablement, on communique au verre des odeurs étrangères, qui restent à l'intérieur. Un dégustateur, digne de ce nom, ne goûte jamais un vin sans avoir au préalable senti son verre vide. J'ai bien connu certains grands connaisseurs, comme Jules Chauvet, qui n'hésitaient pas, lorsqu'ils goûtaient en cave, à se déplacer avec un petit panier contenant leurs verres personnels. Le meilleur rangement consiste à aménager (à très peu de frais) une partie de meuble devant recevoir les verres avec de petites étagères perforées pour les conserver la tête en bas, sans qu'ils aient à subir un contact avec une matière quelconque.

ENTRETIEN

Les verres doivent être lavés à l'eau très chaude, mais toujours sans aucun produit et ne jamais passer à la machine. L'entretien des carafes à décanter est le même. Toutefois, si elles restent tachées par la matière colorante de certains vins taniques*, et lorsqu'elles sont légèrement entartrées, on peut les rincer en ajoutant à l'eau une poignée de gros sel ; mais, dans ces hypothèses, il faut ensuite procéder à quatre ou cinq rinçages à l'eau claire jusqu'au ras du goulot, seul moyen d'éliminer les traces des matières étrangères, mais également l'air contenu, puis bien les égoutter. Si le tartre persiste, les mettre à tremper pendant une heure avec un ou deux comprimés de Stéradent. Pour l'essuyage, qu'il s'agisse de verres ou de carafes, il faut utiliser uniquement des essuie-verres très fins de bonne qualité, qui ne doivent absolument pas pelucher. Dernier conseil : les essuie-verres doivent être réservés uniquement à cet usage et lavés à l'eau claire bouillante, sans aucun produit et surtout ne jamais passer à la machine à laver. Les flûtes à champagne demandent encore plus de soins au lavage et à l'essuyage, faute de quoi les bulles ne grifferaient pas en s'accrochant aux parois, raison pour laquelle on ne doit jamais servir deux champagnes successifs dans les mêmes verres.
Certains utilisent, pour servir le vin après l'avoir décanté, des pichets. Leur entretien est le même que pour les carafes. Ces pichets ont uniquement l'intérêt d'aérer un beaujolais ou tout autre vin jeune où subsistent encore des traces de gaz carbonique*.

POUR BIEN APPRÉCIER UN VIN

Pour bien apprécier un vin, il est impératif de le boire à la bonne température. Généralement, les blancs sont bus trop froids, bloquant tous les arômes. Quant aux rouges, c'est le contraire, aujourd'hui le terme « chambrer » fait partie du passé. Il faut savoir, pour ces derniers, que l'élévation de température accentue les défauts et fait ressortir les imperfections de la nature pour des millésimes bien particuliers. Dans les années difficiles, style 1997, c'est l'excès d'acidité qui dominera ; à l'inverse, pour les 2003 servis trop chauds, ils seront écrasés par l'alcool, détruisant la stabilité des arômes. La bonne température, pour les grands vins blancs secs, se situe entre 8 °C et 12 °C exception faite pour les liquoreux qui doivent être bus entre 6 °C et 8 °C, toujours selon la même hiérarchie. En contrepartie, pour les vins rouges, toujours en tenant compte de la classification, la température idéale oscille entre 15 °C et 20 °C, ce qui ne concerne pas les vins primeurs type beaujolais (12 °C à 14 °C). Pour obtenir rapidement de la fraîcheur dans un seau à glaces, ne pas omettre d'y ajouter une poignée de gros sel. Ne jamais oublier qu'un vin servi un peu trop frais prendra très vite les degrés manquants, mais évidemment le contraire n'est pas possible. À titre d'anecdote, dans le passé j'ai eu l'occasion de déjeuner avec le redoutable critique gastronomique, Robert Courtine, plus connu sous le pseudonyme de la Reynière. Lorsque le sommelier lui a servi le vin rouge, Courtine lui a demandé du sucre et de la cannelle pour finir son vin chaud !

En outre, les vins sont dans la même situation qu'un enfant qui serait enfermé dans un appartement ; il a besoin d'espace pour s'ébattre. Mettez-les en carafe. L'aération leur sera profitable, blancs comme rouges. Une seule exception, les bourgognes rouges sont fragiles. Pour un très vieux vin, prudence, la décantation trop longtemps à l'avance risque de le détruire.

OUI ! SANS ABUS, LE VIN EST BON POUR LA SANTÉ

Le vin est trop fréquemment et injustement attaqué par les pouvoirs publics ou les ligues bien pensantes. Ils ont toujours tendance à faire un amalgame entre une consommation raisonnable et l'alcoolisme. Raison qui mérite bien, au nom des producteurs, sa réhabilitation en quelques pages.

Dès l'Antiquité, les mérites du vin étaient déjà reconnus. Hippocrate, que l'on peut considérer comme l'initiateur de l'observation clinique, le premier, classa les vins en quatre groupes : vin rouge : antidiarrhéique ; vin blanc : diurétique ; vin généreux : nutritif ; vin jeune : dépuratif.

Sur la porte d'entrée de l'école de Salerne – très réputée au Moyen Âge – on pouvait lire, dans le relief, cette inscription (traduite en français) : « Bois un peu de vin. » Or ce fut, ne l'oublions pas, la première école de médecine. Il est vraisemblable que si les maîtres de l'époque avaient fait graver cette citation dans le bois, c'est qu'ils attribuaient au vin des propriétés médicinales non négligeables. Comme l'a si joliment dit, plusieurs siècles plus tard, le docteur Edmond Panier : « Si le vin avait été un poison, l'homme n'aurait sans doute pas mis 4000 ans pour s'en apercevoir. »

De très nombreuses sommités de la médecine ont successivement démontré tout le bien-fondé de la consommation du bon vin, en lui reconnaissant de nombreux points positifs sur la santé de l'homme : entre autres, les professeurs Masquelier, Portmann, Jacquot, Joyeux, Mirouze, Laparra, Creys et Halpern, ce dernier occupant un poste important à la célèbre université de Davis aux États-Unis et Trémollières, fondateur du nutritionnisme en France. On peut aussi citer comme fervents défenseurs de cette noble cause les docteurs Brioult, du Conseil supérieur de l'hygiène, et Mironeau. Je me garderais d'oublier d'éminents scientifiques, tel le célèbre œnologue Pascal Ribereau-Gayon. Toutefois, bien qu'ils soient tous unanimes sur deux points, en considérant le vin non seulement comme un aliment nécessaire à l'organisme mais aussi comme une thérapeutique auxiliaire, ils donnent des conseils de prudence sur son utilisation et surtout prônent fort justement la modération quant à sa consommation.

En ce qui concerne les apports bénéfiques, on savait déjà que le vin a :

- une action antiseptique sur l'ensemble du monde microbien, notamment dans le domaine de la pollution biologique de certains aliments où cette propriété trouve tout son intérêt ;
- l'aptitude à favoriser la digestion des protéines et des matières grasses, grâce à son acidité, qui se rapproche beaucoup de celle du suc gastrique (qui a un pH très bas) ;
- de nombreuses composantes en dehors de l'alcool et éventuellement des sucres résiduels* importants (vins liquoreux ou moelleux) jouent un rôle non négligeable dans le métabolisme : l'acide tartrique*, qui donne l'acide dioxymalique, la vitamine C, l'acide citrique, un constituant du sang, l'acide lactique, excellent aliment des tissus, l'acide succinique, catalyseur dans la respiration des muscles ;
- la faculté d'être léger pour l'estomac, grâce à la pression osmotique qu'il exerce sur cet organe, qui est inférieure à celle du sang, propriété lui donnant un réel avantage sur les jus de fruits et tous les liquides sucrés ;
- le pouvoir de réaliser un parfait équilibre entre les saveurs salées, sucrées, amères et astringentes ; ce qui lui permet de faire figurer dans notre alimentation des substances complémentaires, qui en sont habituellement proscrites. Aujourd'hui, où l'on n'a jamais autant parlé du goût, il démontre qu'il demeure un auxiliaire indispensable pour l'accompagnement de la cuisine parfois débridée pratiquée par certains chefs ;
- une action anticholestérol, observation démontrée en laboratoire sur des animaux à qui l'on avait fait consommer régulièrement et modérément du vin.

Le vin rouge, notamment en raison de plusieurs de ses composants, se révèle être particulièrement intéressant pour la santé. Sa consommation semble présenter en effet bien des points positifs :

- action anticancéreuse, grâce au leucocyanidol ;
- vertus contre le bacille d'Eberth (typhoïde) : c'est pourquoi il est recommandé d'en boire avec les huîtres ou tout autre mollusque cru, bien que gastronomiquement parlant, cela soit un peu une antinomie ;
- pouvoir de maintenir l'organisme à l'abri de toute carence en vitamine PP ;
- en raison de la nature des tanins* et des polyphénols* de la matière colorante (surtout le bordeaux), une action de consolidation sur les vaisseaux sanguins, tout en se montrant un excellent remontant pour les personnes anémiées.

Quant au vin blanc, considéré comme un excitant, sans qu'aucun scientifique n'ait été en mesure d'en expliquer le mécanisme, il sait aussi se montrer bénéfique dans quelques cas précis :

- certains en raison de leur teneur en potassium facilitent l'activité diurétique, ce qui semble être le cas du gros-plant du pays nantais ;
- des recherches faites à l'université de Davis sur sa consommation par des personnes asthmatiques ont permis de conclure à des effets positifs à long terme sur la maladie.

En 1978, une enquête de l'Organisation mondiale de la santé sur les causes de mortalité dans vingt-trois pays européens démontre que l'infarctus du myocarde est l'une des plus redoutables maladies, frappant surtout les hommes entre 55 et 64 ans. Cette étude a divisé les pays en trois groupes : les pays viticoles, les pays d'Europe centrale, les pays d'Europe du Nord. Le premier groupe était le moins touché. Les résultats de l'étude MONICA, lancée à partir de 1982 par l'Office mondial de la santé, font apparaître que la France – pourtant deuxième producteur mondial de vins – est l'un des pays où l'on meurt le moins de maladies cardiovasculaires. C'était déjà un pas de fait en faveur du vin. À ce sujet, il est bon de rappeler que les régions non productrices de vin, comme la Bretagne, la Normandie et le Nord-Pas-de-Calais, sont celles où l'alcoolisme sévit largement. À mon avis, les ravages viennent sans doute plus particulièrement de l'excès de consommation d'alcool et de vin de table de qualité parfois douteuse.
Une autre étude très sérieuse, réalisée par le professeur Masquelier, démontre que les procyanidols, composés phénoliques dont la grappe de raisin et le vin rouge de certains cépages sont fortement pourvus, comparativement aux autres fruits et aliments, présentent une action protectrice vis-à-vis de l'athérome artériel, maladie chronique des artères et principal responsable des infarctus et des accidents vasculaires cérébraux.

Tout récemment, aux États-Unis, le Dr Arthur Klatsky de l'hôpital d'Oakland en Californie a estimé à 40 % la réduction du risque d'accidents coronariens chez les personnes buvant un ou deux verres de vin rouge chaque jour. Les chercheurs américains s'interrogent notamment sur le rôle très bénéfique d'un produit anti-agrégeant-plaquettaire, trouvé récemment dans la composition de la grappe de raisin, qui préserverait aussi de l'infarctus.

Des constatations très intéressantes, concernant l'action des tanins sur les radicaux libres, ont permis d'établir que l'individu est équipé pour se défendre contre eux, lorsqu'ils apparaissent dans l'organisme. Avec l'âge, les défenses naturelles diminuent et les radicaux libres deviennent de plus en plus destructeurs. Ce sont eux qui déterminent en partie le vieillissement. L'apport externe de substances capables de les contrer se révèle donc très utile. Entre autres, il apparaît que certains vins très taniques* comme le bordeaux peuvent être des auxiliaires précieux pour les piéger.

Je regrette toutefois que l'on n'ait pas poussé plus avant les recherches sur les multiples composants du vin. Y a-t-il par exemple des conditions de culture, des techniques de vinification et d'élevage, voire des modes de ramassage du raisin qui accroissent ou annihilent certains effets bénéfiques du produit final ? Pour le dernier point, je pense que la cueillette mécanique dilacère la pulpe des grumes, en augmentant le taux de méthanol, produit toxique pour la santé. Les vins qui en contiennent le moins sont le beaujolais et le champagne, dont les raisins sont pressés entiers.

Durant l'année qui vient de s'écouler, une nouvelle peu rassurante a été annoncée. On a appris que, suivant le triste exemple des Américains, près d'un Français sur trois, traumatisé par les difficultés de tout ordre rencontrées chaque jour, notamment dans la vie professionnelle, usait régulièrement de tranquillisants ou d'antidépresseurs pour calmer ses angoisses. Or ces innombrables produits que la chimie offre à la thérapeutique échappent totalement à la réprobation des ligues et des associations bien pensantes, tout en permettant de calmer artificiellement une foule d'individus atteints par les frustrations de la vie quotidienne, alors que leurs ennuis deviendraient sans doute acceptables s'ils buvaient un peu de bon vin avec discernement. Ils n'auraient plus à redouter les effets secondaires déplaisants et dangereux qui caractérisent la plupart des médicaments anxiolytiques.

Le bon vin est également profitable aux personnes d'un certain âge, reléguées dans des maisons dites « de retraite », qui ont l'impression d'être complètement coupées de tous les agréments de la vie. Ce ne sont pas les mornes régimes alimentaires imposés qui peuvent leur remonter le moral. Il est fréquent qu'un patient en gériatrie perde très vite son appétit et se plaigne de digestions difficiles. C'est là où le bon vin peut jouer un rôle bienfaisant.

Un petit verre de bordeaux à chaque repas apportera une note de gaieté, facilitera la stimulation du processus digestif et augmentera l'appétit ; ce qui ne manquera pas d'avoir une incidence favorable sur la sociabilité du retraité. Pour ces personnes, il est quand même plus agréable de boire un peu de vin que d'absorber un comprimé de plus, qui n'aura guère de chance « d'augmenter l'appétit ». Dans ce cas, le vin possède à la fois des propriétés physiologiques et psychiques.

Le bon vin médicament… J'en accepte volontiers l'augure, en formulant toutefois une remarque. Toute médication porte sur sa boîte une mention bien connue : « Ne pas dépasser la dose prescrite. » Faisons de même avec lui ; usons-en avec parcimonie, pour mieux en apprécier les vertus bienfaisantes et rappelons-nous ce précepte : il doit exister des journées sans vin, tout comme il y a des jours sans soleil. Il en est d'ailleurs de même avec les autres boissons ; lorsque leur consommation devient excessive, elles deviennent souvent toxiques, même celles jugées inoffensives. Ainsi, les grands buveurs de lait anglo-saxons connaissent-ils des problèmes d'artères et de reins occasionnés par le durcissement et les incrustations (syndrome lait alcalin).

Je serais tenté de finir par une boutade. Lorsque je rencontre un ami qui me demande banalement : « Comment allez-vous ? », je lui réponds : « Très bien, comme un buveur de vin. »

POURQUOI VOULOIR TOUJOURS METTRE LE VIN AU BANC DES ACCUSÉS ?

Un buveur de lait, Pierre Mendès-France, a supprimé le privilège des bouilleurs de cru, mesure impopulaire dans nos campagnes, sans pour autant véritablement réduire l'alcoolisme. À intervalles réguliers, les gouvernements en place, de droite ou de gauche, se trouvent toujours face à une administration qui rend l'alcool responsable de tous les maux. Il est vrai que c'est facile et que cela frappe l'imagination !

Dans les collisions graves, il ne faut surtout pas nier qu'il existe encore trop de corrélation entre le taux d'alcoolémie des conducteurs et les accidents provoqués. Une majorité d'entre eux n'est pas obligatoirement due au vin mais plutôt à l'alcool (apéritifs anisés ou bière), mais l'éthylotest ne fait malheureusement pas la différence !

De nombreuses autres causes interviennent sur lesquelles les pouvoirs publics restent discrets : personnes ayant une mauvaise vision, drogués, anxieux sous tranquillisants ou euphorisants, imprudents ne respectant pas les priorités, impétueux se croyant au volant d'une formule 1, inconscients ou tout simplement chauffeurs inexpérimentés du week-end.

Les grands départs produisent souvent des hécatombes : routes surchargées, inadaptées aux excès de trafic, conditions de circulation parfois encore aggravées par la pluie ou le brouillard rendant la visibilité nulle. Un père de famille qui emmène les siens en vacances, on ne le souligne pas assez, est généralement sobre, agacé par les enfants et les encombrements, il n'est pas pour autant attentif ni surtout bon pilote.

On aimerait que les pouvoirs publics nous informent avec des statistiques plus détaillées sur les causes de tous les télescopages, y compris ceux dus à l'état des pneus des véhicules et à certaines portions de routes dangereuses, pourtant répertoriées par les services officiels sous le vocable « point noir ». C'est sans doute demander l'impossible, car trop de bulletins de vote sont en suspens et les hommes politiques ne tiennent pas à mettre leur fauteuil en péril ! S'en prendre uniquement à l'alcool est une tâche plus facile.

Bien sûr, si l'on veut à tout prix défendre la santé de l'homme, il faut supprimer non seulement le vin, mais aussi la bière, le cidre et tous les autres excitants : café, thé, tabac, cola, etc. Ce qui amène à se poser la question : l'homme peut-il s'en passer totalement ? Je crois qu'un bon verre de vin, pris sans excès, vaut mieux que la dose de drogue qui envahit chaque jour un peu plus le monde.

La publicité anti-alcool n'est rien d'autre qu'une attaque à peine dissimulée contre le vin et les récoltants. Elle est consternante : les sommes énormes qui sont investies au seul bénéfice de publicitaires, à l'affût d'une campagne bien juteuse, ont tout juste réussi à faire cesser de boire ceux qui ne consommaient qu'un ou deux verres de vin par jour. Elle n'a eu aucun effet dissuasif sur les buveurs impénitents qui continuent imperturbablement leur chemin suicidaire pour eux et surtout pour les autres.

Depuis la nuit des temps, l'être humain a consommé des boissons fermentées. Les progrès de la médecine ont permis d'allonger considérablement la vie, grâce à une alimentation mieux appropriée, au développement de l'hygiène et à de meilleures conditions de travail ; ce n'est pas pour la rendre ennuyeuse, en se privant d'un verre de bon vin chaque jour.

Dans plusieurs professions très surveillées pour la consommation des boissons alcoolisées, certains ont parfois recours aux tranquillisants ou aux euphorisants, est-ce mieux ? Pour une vaste qualité de vie, il faut revenir aux sources, en retrouvant le bon vin, qui doit être associé à la convivialité et dégusté entouré de ceux que l'on aime, mais surtout ne pas le considérer comme un produit dangereux à proscrire.

Je ne peux conclure ce chapitre sur l'alcoolisme, sans citer une réflexion d'un ancien président des États-Unis, Thomas Jefferson (qui visita longuement les vignobles français) : « Une nation où le vin est vendu à un prix modique ne devient pas alcoolique. Si le prix du vin y est élevé, elle se reportera sur les alcools forts. » Pour éviter ce malheur, pratiquez des prix plus étudiés messieurs les producteurs.

AU RESTAURANT

LES SOMMELIERS : FAUT-IL TOUJOURS LES ÉCOUTER ?

Le sommelier ou la sommelière est la personne chargée du service des vins dans un restaurant auréolé d'un certain prestige.
Depuis une dizaine d'années, les demoiselles ont fait leur entrée dans cette profession qui, jusqu'alors, était chasse gardée du sexe dit fort...
Il y a une vingtaine d'années, cette profession très ingrate et dure était l'apanage de personnes d'âge mûr, choisies pour leur talent de vendeur, leur faconde et parfois leur teint rougeaud. Il faut dire que souvent les anciens n'avaient d'autre plaisir dans une vie laborieuse et pas toujours bien rétribuée, que d'user de la dive bouteille. Ce qui leur était facile avec les retours de table, qualifiés familièrement de « prise de guerre », qui n'allaient jamais beaucoup plus loin que l'office...
À ce sujet, je voudrais citer une anecdote : aux environs des années soixante-dix, il y avait, dans un établissement parisien gratifié de plusieurs étoiles, un sommelier respecté que certaines revues citent encore aujourd'hui pour ses compétences dans l'association mets/vin. La réalité était toute autre. Le restaurant disposant d'une cave très peu accessible, notre homme, commençant à prendre de l'âge, avait trouvé la parade en garnissant abondamment la fameuse « cave du jour » avec trois vins maintenus un peu frais, grâce à l'apport de bacs à glace : un grand champagne et deux crus classés du Haut-Médoc. Lors de la prise de commande, il donnait au client l'impression d'avoir spécialement choisi la bouteille qui allait mettre son repas en valeur. J'ajoute qu'il avait beaucoup d'assurance et qu'il décantait tous les bordeaux, et aussi le champagne... Chaque client se sentait

privilégié, se prenant pour un VIP, pourtant presque tous avaient bu le même vin. Il n'y a que la foi qui sauve !

Aujourd'hui, ce métier a bien changé. Les jeunes passionnés par le vin se déplacent beaucoup dans les vignobles et participent à de nombreuses dégustations, parfois trop, ce qui peut fausser leur jugement et favoriser les vins concentrés. En contrepartie, ils ne boivent plus, mais dégustent, il y a là une nuance importante. Une élite restreinte, dont certains éléments se sont même illustrés à plusieurs reprises dans des concours internationaux, a permis de contribuer à faire reconnaître cette profession qui en avait besoin.

À ce titre, j'admire tout particulièrement deux hommes :

– Jean-Claude Jambon (Meilleur Sommelier du monde ayant opéré pendant de nombreuses années à Paris chez Henri Faugeron dont nous regrettons le départ à la retraite). Sa modestie et son amabilité devraient être mises en exergue par beaucoup de jeunes professionnels ne possédant pas un dixième de ses connaissances. Ils ont parfois tendance à confondre la grappe dorée avec la barrette de Chevalier de la Légion d'honneur ! Heureusement, ce n'est qu'une faible minorité ;
– Philippe Bourguignon, ancien Meilleur Sommelier de France, est maintenant directeur d'un des plus prestigieux restaurants parisiens, le *Laurent*, avenue Gabriel, 75008 Paris. Je persiste à croire que s'il s'était à l'époque présenté au Mondial, vu ses immenses connaissances ajoutées à ses dons de dégustateur, il n'aurait eu aucun mal à conquérir ce titre si envié.

Actuellement, un bon nombre de sommeliers très qualifiés, pour lesquels les concours n'ont jamais constitué un pôle d'attraction, opèrent dans des restaurants de prestige. Parmi eux, je pense qu'il est difficile d'égaler Gérard Margeon (chef sommelier mais plus exactement sorte de bras droit du célèbre chef, responsable des cartes des vins de tous les établissements au monde supervisés par Alain Ducasse), véritable puits de science sur l'ensemble des vignobles de la planète pour les avoir parcourus. Il a informé ses collaborateurs, avec des mots justes, pour leur permettre de conseiller la bouteille adaptée à un menu.

Je n'ai pas la prétention de connaître l'ensemble de la profession pour la France, mais au hasard de mes nombreuses pérégrinations, j'ai pu apprécier chez certains les qualités que j'aime chez un homme du vin : modestie, gentillesse, connaissance des terroirs* sans affabulation, se souvenir de la bouteille servie au cours d'un repas précédent et surtout le bon sens caractérisant les valeurs terriennes (terme cher au regretté Alain Chapel).

Sont dans ce cas : Emmanuel Ackerer (*De Bricourt* à Cancale), Patrick Lair (*Laurent* à Paris), Jean-Paul Martin (*L'Auberge des Templiers* aux Bézards), François Piat (*La Côte Saint-Jacques* à Joigny), Hervé Millet (*Apicius* à Paris), Christian Lembert (*Castel Marie-Louise* à La Baule) et Stéphane Ferrand opérant au *Carré des Feuillants.*

J'ai conscience d'en avoir oublié beaucoup par méconnaissance. Qu'ils me pardonnent, en pensant que, comme aux courses, tous les partants ne rentrent pas aux balances.
Avant de conclure cette partie, je ne voudrais pas passer sous silence quelques personnages, dont la notoriété leur est montée à la tête. Il me suffit de les voir lorsqu'ils arrivent en salle, à la façon qu'ils ont de toiser le client avec condescendance, encore accentuée lorsque celui-ci ne prend qu'une petite appellation. Je les soupçonne, dès le matin, de se regarder dans un miroir pour s'assurer de leur meilleur profil. Heureusement, ils ne constituent que quelques cas d'espèce. Il est seulement dommage que la presse contribue à tort à les encenser, les confortant dans un état d'esprit qui fait tort à la profession. À titre d'exemple je citerai l'émission *Des Racines et des Ailes*, où, en novembre dernier, on a vu le chef sommelier d'un célèbre palace parisien, ne manquant pas d'aplomb, faire un numéro d'olfaction sur plusieurs verres d'eaux de vie. Pouvoir les reconnaître seulement au nez, d'accord c'est tout à fait possible à un professionnel, mais de là à annoncer aussi les millésimes cela relève du miracle !

COMMENT MIEUX PROFITER DES OPPORTUNITÉS QU'OFFRE UN LIVRE DE CAVE ?

Dans un passé pourtant pas si lointain, seule une minorité de bonnes tables était en mesure de présenter une carte digne de ce nom. Depuis, les choses ont évolué favorablement.
Contrairement à leurs aînés s'attachant à maintenir un esprit de caste, les chefs de la génération actuelle sont beaucoup plus ouverts et ne considèrent plus leurs collègues comme des concurrents, mais plutôt comme des confrères ; d'où la naissance de petits clans professionnels, leur permettant de se rencontrer pour échanger des idées et se communiquer les adresses des bons producteurs.
L'élévation du niveau de vie n'est sans doute pas étrangère à ces améliorations. Elle permet à une nouvelle clientèle, généralement jeune, de pouvoir voyager et fréquenter les bonnes tables, l'amenant à rechercher sur les cartes les bons récoltants qu'elle a elle-même découverts, devenant du même coup une sorte de catalyseur bénéfique à tout le monde.
Il faut aussi noter que l'audiovisuel et la presse écrite ont largement contribué à faire découvrir tout un éventail de nouveaux vins.
Je regrette que le seul guide gastronomique faisant autorité, Michelin, n'ait toujours pas jugé bon de rétablir le sigle signalant à ses lecteurs les établisssements avec de très belles caves, complément pourtant indispensable des bonnes tables.
Quelques indices permettent de reconnaître une carte bien tenue :

– Elle n'a nul besoin d'être luxueuse pour épater le client.

– Le terme « livre de cave » commence heureusement à remplacer celui de « carte des vins ». Il faut féliciter les professionnels ayant eu cette initiative.
– Elle exige d'être claire et sans ambiguïté. Les AOC doivent impérativement être séparées par un blanc des VDQS, des vins doux naturels*, des vins de pays, des vins de marque et des vins étrangers, chacune de ces catégories étant bien distincte, pour être en règle avec la législation.
– Les régions et sous-régions doivent être indiquées avec précision sans équivoque pour le consommateur. Il n'est encore pas rare de trouver des vins provenant des satellites de saint-émilion dans cette dernière appellation ou bien encore des bandol dans les côtes-de-provence. Cette liste des erreurs est loin d'être exhaustive.
– Hormis le Bordelais où les noms des châteaux se suffisent à eux-mêmes pour désigner l'exploitation, dans toutes les autres régions sans exception, les fournisseurs – qu'il s'agisse de récoltants négociants ou caves coopératives – doivent figurer ; ils sont un renseignement indispensable permettant au consommateur de fixer son choix.
– Ne pas se perdre dans des superlatifs n'apportant rien au client si ce n'est de l'embrouiller inutilement tel que : cru bourgeois supérieur ou cuvée Tartempion.

J'ai tellement vu et aussi contribué à la rédaction de très beaux livres de cave, que j'avoue mon embarras pour en mentionner, à titre d'exemples, quelques-uns inventoriés au cours de mes visites.

Sans ordre de préférence :

– *L'Amphytrion* (Lorient) ;
– *L'Auberge de L'Ill* (Illhaeusern) ;
– *Laurent* (Paris 8e) ;
– *La Mère Blanc* (Vonnas) ;
– *Jean Bardet* (Tours) ;
– *Le Pot d'Étain* (L'Isle-sur-Serein) ;
– *Michel Rostang* (Paris 17e) ;
– *Le Carré des Feuillants* (Paris 1er) ;
– *Le Cinq* (Paris 1er) ;
– *La Côte Saint-Jacques* (Joigny) ;
– *Taillevent* (Paris 8e) ;
– *Les Templiers* (Les Bézards) ;
– *De Bricourt* (Cancale) ;
– *La Tour d'Argent* (Paris 5e) ;
– *La Grande Cascade* (Paris 16e) ;
– *Michel Guerard* (Eugénie-les-Bains) ;
– *Troisgros* (Roanne) ;
– *La Verniaz et Ses Chalets* (Évian).

Parmi les grands hommes du vin ayant contribué à la rédaction de superbes livres de cave, il convient de mentionner :

– Éric Baumard ;
– Philippe Bourguignon ;
– Serge Dubs ;
– Alain Dutournier ;
– Philippe Faure Brac.
– Jean-Claude Jambon ;
– Gérard Margeon ;
– Olivier Poussier ;
– Jean-Claude Vrinat ;

En présence d'un livre de cave contenant parfois plusieurs centaines de références, on comprend que le client, s'il n'est pas un amateur éclairé, soit souvent désorienté.

Vous allez me dire : mais alors à quoi sert le sommelier ?
Toutes proportions gardées, je répondrai que le choix d'un vin pose parfois un problème identique à celui concernant la décoration d'un appartement. L'architecte d'intérieur, à l'instar du sommelier, veut quelquefois imposer son goût personnel, qui n'est pas obligatoirement celui du client. J'ajoute que, dans les deux cas, la somme à dépenser est aussi un facteur primordial dont doit tenir compte celui qui paye. Ces considérations mises à part, il est nécessaire qu'il y ait un dialogue constructif entre les deux interlocuteurs, pour arriver à trouver la bouteille capable de réaliser le bon accord gourmand pour un prix décent.
Je donne ci-après quelques conseils qui doivent permettre au consommateur non spécialiste de boire bien pour un prix raisonnable.

ALSACE

Le bon choix

Large palette d'excellents vins blancs, relativement abordables et mésestimés par la plupart des sommeliers.

À éviter

Les vendanges tardives* et les sélections grains nobles*, outre qu'elles ne sont pas plaçables dans un repas (sauf en apéritif ou au dessert, en excluant le chocolat), leur prix est dissuasif. Enfin, qualitativement à de rares exceptions près, le pinot noir n'est guère attractif.

BORDELAIS

Le bon choix

Doit se porter sur des appellations sous cotées telles que : fronsadais, côtes-de-castillon, premières-côtes-de-bordeaux, lalande-de-pomerol et les côtes-de-bourg. À millésime égal, entre un second vin et un cru bourgeois, il faut choisir le second.

À éviter

Pomerol et saint-émilion, pour le premier, les meilleurs coûtent trop cher et les autres sont surestimés, enfin pour le second, trop de diversité due à des terroirs* très inégaux et surfaits.

BOURGOGNE

Le bon choix

En blancs : saint-romain, saint-véran, chablis et pouilly-fuissé sont encore d'un prix abordable. Rouges : savigny-les-beaune, monthélie et fixin peuvent réserver des surprises agréables pour le porte-monnaie. Beaujolais, deux crus offrent généralement un bon rapport, fleurie et chénas.

À éviter

Les grandes AOC des côtes-de-beaune et des côtes-de-nuits car les vins de certains villages sont carrément surcotés.

VALLÉE DU RHÔNE

Le bon choix

Région septentrionale : saint-joseph et crozes-hermitage. Région méridionale : côtes-du-rhône-villages provenant de Cairanne et Rasteau, vacqueyras, lirac, gigondas, côtes-du-ventoux et lubéron, pour les inconditionnels du rosé, tavel, un des seuls vins nobles de cette couleur.

À éviter

Les grandes AOC des deux zones, dont les prix constituent un handicap pour beaucoup.

JURA – SAVOIE

Le bon choix

Pour le premier : côtes-du-jura ou arbois, en ne manquant pas d'interroger le sommelier pour connaître le type d'élevage (à la bourguignonne ou non ouillé*). En Savoie : hormis le bergeron et la mondeuse (pour cette dernière, bannissez l'élevage en fûts neufs). Prudence sur les autres crus, sauf si vous les connaissez bien.

À éviter

Le vin jaune très particulier est souvent d'un mauvais rapport qualité/prix.

LANGUEDOC-ROUSSILLON

Le bon choix

Beaucoup de découvertes à faire dans ce vignoble en pleine expansion. C'est là qu'un bon sommelier peut démontrer ses connaissances. Surprises agréables en corbières, cabardès et côtes-du-roussillon.

À éviter

Toutes les cuvées spéciales, élevage en fûts de chêne ou vieilles vignes, aux prix aberrants pour piéger le gogo et prudence sur les vins blancs reposant uniquement sur la technologie.

SUD-EST

Le bon choix

En dehors du sempiternel rosé (75 % de la production), on trouve maintenant d'excellents côtes-de-provence rouges (mais attention au prix) et surtout de très bons coteaux d'Aix ainsi que les rosés de Bellet et Bandol.

À éviter

Les domaines jonglant avec les prix en faisant l'impasse sur les bouteilles excédant 60 €.

SUD-OUEST

Le bon choix

Cahors, madiran, côtes-de-buzet et pécharmant forment un quarté qualitatif intéressant pour les vins rouges.

À éviter

Tout au moins faire preuve de prudence sur le reste du Bergeracois où les différentes appellations et surtout les terroirs offrent une trop grande diversité pour s'aventurer sans connaissances approfondies.

VAL DE LOIRE

Le bon choix

En blancs : reuilly, pouilly-fumé, touraine, sancerre et coteaux-de-l'aubance. Rouges : quatre appellations sont qualitativement inséparables, saumur-champigny, bourgueil, chinon et anjou-villages-brissac.

À éviter

En blancs : savennières, vouvray autres que les moelleux. Enfin en rouges : sancerre démontrant que le pinot noir n'a pas toujours sa place dans ce secteur.

Il est évident que ces conseils ne s'adressent pas aux œnophiles éclairés.

Les conditions de vie actuelles imposent, en matière de vins, de respecter trois facteurs :

- peur du gendarme ;
- respect d'une hygiène de vie ;
- limitation du budget.

Autant de raisons ayant amené beaucoup de restaurateurs (même parmi les plus grands) à conseiller des vins au verre, choix répondant en plus au désir du guide Michelin. J'avoue que cette nouvelle formule m'agrée, car elle me permet sans mettre mes finances en péril de faire des découvertes.

Toujours soucieux de respecter le vin, je soupçonne quelques établissements pratiquant ce nouveau mode de commercialisation, de n'être pas parfaitement équipés pour le mettre en pratique. Il est impératif d'avoir des systèmes de tirage sous azote, évitant de servir des vins oxydés. Pour être tout à fait rôdé à ce type de vente, je recommande une visite à *L'Atelier de Joël Robuchon*, 5, rue Montalembert, 75007 Paris, tél. : 01 42 22 56 56, avec en plus les conseils et la gentillesse de son associé et complice Antoine Hernandez, d'autant que la cuisine vaut le détour.

Ayant dans mes relations, plusieurs amis possédant une bonne cave personnelle, j'ai pu constater que, lors de sorties au restaurant, ils ne boivent pratiquement jamais de bouteilles de renom, en raison des prix élevés auxquels elles sont proposées. Pour entretenir des rapports privilégiés avec de nombreux chefs, je n'ignore pas les coefficients pratiqués, pensant quand même que pour certains grands vins, ils pourraient être allégés car aussi paradoxal que cela puisse paraître, les produits nobles, pour être mis en valeur, demandent à être accompagnés d'un vin du même type. Il serait temps de revoir les prix, faute de quoi comme pour le caviar, les grands vins ne pourront plus être bus qu'à la maison.

Enfin conseil d'amis, lorsque l'on consulte un livre de cave, pour bien boire sans engager de dépenses déraisonnables, il est recommandé, après avoir fait son choix sur la région ou l'appellation, de parcourir la colonne de droite (celle des prix). C'est seulement après, parmi les deux ou trois vins retenus, que l'on prend la décision. Cette façon d'opérer permet de repérer les bons achats récents du responsable de cave.

LES DIX RÉGIONS DU VIGNOBLE FRANÇAIS

Le vignoble français, dont la superficie est de 856 890 ha répartis sur 73 départements, est fractionné en dix grandes régions viticoles, chacune englobant un certain nombre d'appellations d'origine contrôlée. Il m'a paru intéressant de les parcourir, pour en connaître la physionomie actuelle, sans m'attarder outre mesure sur leurs découpages ou la nature de leurs sols, sujets maintes fois traités avec minutie par une multitude d'ouvrages. Actuellement, bien qu'elles s'en défendent, certaines rencontrent des problèmes économiques liés aux facteurs que j'ai exposés auparavant.

L'ALSACE

(Voir carte p. 189.)

En dépit de rendements, que je qualifierais de pléthoriques, 88 hectolitres/hectare pour les vins blancs et 82,50 hectolitres concernant les rouges issus du pinot noir, cette région pour l'instant ne semble pas encore avoir trop de difficultés commerciales pour écouler sa production.

Il est vrai qu'elle a pour elle plusieurs atouts : l'attachement viscéral de ses habitants à leur province, allant parfois jusqu'à friser le chauvinisme, auquel il faut ajouter une discipline manquant dans les autres régions. Ces deux facteurs favorisant une large consommation locale arrangent bien les choses. D'autant qu'il existe une sorte de consumérisme pratiqué par l'ensemble de la restauration alsacienne, formidable pourvoyeur des cépages et des crus locaux. J'ajoute qu'en fin d'année les multiples marchés de Noël sont dans ce domaine des alliés inestimables. Enfin, n'oublions pas que l'Allemagne voisine importe un gros volume de bouteilles du Haut et du Bas-Rhin.

Aimant particulièrement cette magnifique province, je n'en suis que plus à l'aise pour émettre quelques critiques.

Passons d'abord aux louanges :

– le charme de ses villes typiques et abondamment fleuries ;
– la gentillesse et la disponibilité des récoltants ;
– enfin, sa gastronomie, car c'est avec les Landes, le Pays basque et l'Auvergne profonde, l'une des quatre et seules régions françaises où l'on puisse encore se restaurer d'une cuisine locale pour un prix décent.

Une bonne adresse pour justifier mes affirmations :

• *La Winstub du Sommelier* à Bergheim, tél. : 03 89 73 69 99. (Fermé mardi soir et mercredi.) Très bonne cuisine de Patrick Schneider assisté de son épouse Antje.

Les griefs :

– Le reproche le plus significatif que l'on puisse faire aux récoltants alsaciens tient en une courte phrase : « Ne soyez plus obnubilés par le sucre résiduel*. » Les grands vins d'Alsace (même les modestes sylvaner ou pinot blanc) sont des vins naturellement secs, n'ayant pas besoin d'artifice pour séduire. L'originalité et la typicité de leurs terroirs suffisent amplement pour les faire apprécier. Au lieu de cela, la plupart sont actuellement devenus des vins lourds, fatigants et sans charme. À la rigueur, dans un grand millésime, on peut encore supporter jusqu'à 10 g de résiduel pour un tokay pinot gris ou un gewurztraminer, mais surtout pas pour un riesling.
– Planté il y a déjà plusieurs siècles, le pinot noir permettait aux vignerons de vinifier un petit vin agréable à boire, jeune et frais, peu coloré, assez court en bouche, mais avec des arômes de cerises kirschées surprenants. Au lieu de cela, la plupart des récoltants s'efforcent maintenant, grâce à un élevage en fûts de chêne souvent neufs, de produire des faux bourgogne, ce qui est une aberration.
  Le pinot noir est un cépage très délicat, ne supportant pas les excès de rendement et même de sortir de sa zone de prédilection, la Côte-d'Or. On en a d'ailleurs la preuve avec les maigres vins de Bouzy et encore plus lorsqu'on déguste la plupart des rouges de Sancerre. Qu'on ne vienne surtout pas me faire croire qu'en produisant avec ce cépage pratiquement 83 hectolitres, on arrive à faire un produit coloré et digne d'intérêt. Pour en finir avec les rouges alsaciens, en 1989, j'ai eu l'occasion de déguster un vin noir comme de la syrah. Il avait été tellement bricolé (le mot n'est pas trop grand) par un vigneron, sans cesse en recherche de techniques nouvelles, qu'après dix minutes dans le verre, il a fait une casse oxydasique. Pour la petite histoire, je rappelle son prix : 29,10 € !
– Je regrette la multiplication des vendanges tardives* et des sélections de grains nobles*, vendues la plupart du temps (souvent même en demi-bouteilles) à des prix exorbitants, jouant en leur défaveur. J'ajoute que certains

domaines, adeptes du superlatif, n'hésitent pas à ajouter « quintessence de grains nobles ». Pourquoi pas « quintessence de la quintessence » ? En parlant de ces vins parfois sublimes, je suis triste que les Alsaciens qui en furent, à l'initiative de Jean Hugel, les créateurs, n'aient pas su en protéger le monopole.

Il faut quand même remarquer que treize des cinquante grands crus, peut-être délimités un peu généreusement à leur époque, ne donnent pas toujours l'image qualitative qu'ils devraient véhiculer. C'est le cas de :

- Bruderthal à Molsheim ;
- Florimont à Ingersheim et Katzenthal ;
- Frankstein à Dambach-la-Ville ;
- Marckrain à Bennwihr et Sigolsheim ;
- Winzinberg à Blienschwiller ;
- Osterberg à Ribeauvillé ;
- Ollwiller à Wuenheim ;
- Saering à Guebwiller ;
- Pfingstberg à Orschwihr ;
- Steingrubler à Wettolsheim ;
- Steinklotz à Marlenheim ;
- Mambourg à Sigolsheim ;
- Gloeckelberg à Rodern et Saint-Hippolyte.

En contrepartie, parmi les trente-sept restants, dix semblent qualitativement exemplaires :

- Altenberg de Bergheim ;
- Hengst à Wintzenheim ;
- Geisberg à Ribeauvillé ;
- Goldert à Gueberschwihr ;
- Vorbourg à Rouffach et Westhalten ;
- Schlossberg à Kientzheim ;
- Kitterlé à Guebwiller ;
- Brand à Turckheim ;
- Rangen à Thann et Vieux Thann ;
- Schoenenbourg à Riquewihr et Zellenberg.

La production autorisée pour les grands crus oscille entre 55 et 66 hectolitres selon que les syndicats du cru optent ou non pour le PLC de 10 % (Plafond Limite de Classement), ce qui à mon sens paraît trop généreux.
En conclusion, il reste peu de récoltants vinifiant le type de vins secs que j'aime et surtout vendangeant encore manuellement :

– André Kientzler à Ribeauvillé
Superbe riesling grand cru geisberg et excellent gewurztraminer.
– Maison Trimbach à Ribeauvillé
Un riesling d'anthologie, le Clos Sainte Hune, et également la cuvée Frédéric Émile.
– Josmeyer et Fils à Wintzenheim
Toute une gamme de grande qualité.
– Rémy Gresser à Andlau
Riesling Kastelberg, Wiebelsberg et Moenchberg, trois grands crus de qualité.
– Albert Seltz à Mittelbergheim
Sans doute le meilleur Sylvaner provenant du Coteau du Zotzenberg et un grand pinot blanc.
– Domaine Koehly à Rodern
Une gamme et des millésimes valant une visite sérieuse.
– Domaine Pierre Frick à Pfaffenheim
Adepte de la biodynamie depuis de nombreuses années. Superbes pinot blanc et sylvaner, mais aussi excellent riesling.

L'ALSACE

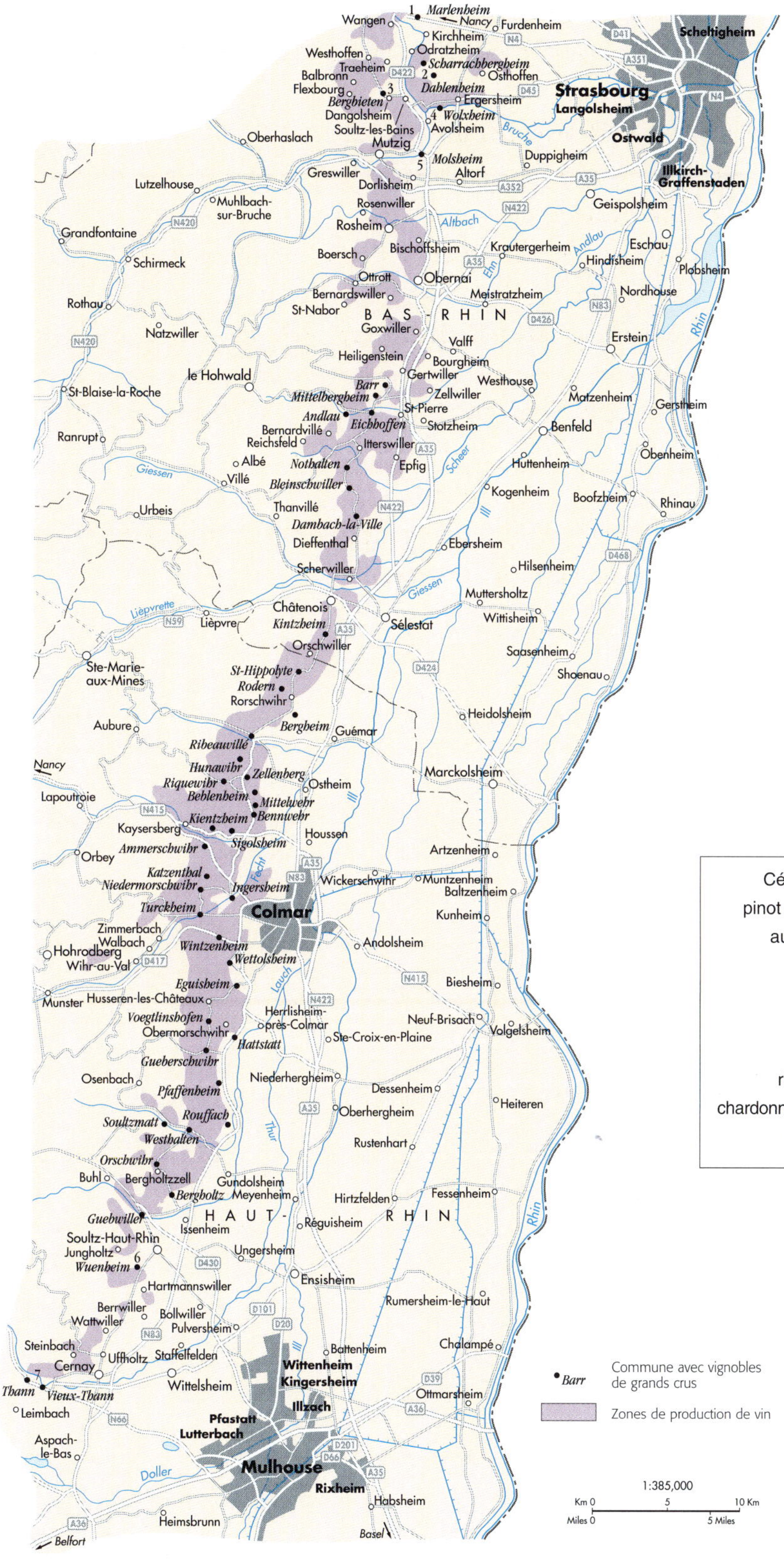

Cépages autorisés : pinot blanc, chasselas, auxerrois, sylvaner, muscat d'alsace, muscat ottonel, tokay pinot gris, gewurztraminer, riesling, pinot noir, chardonnay (exclusivement pour le crémant).

LE BORDELAIS

Ce très grand vignoble, de pratiquement 120 000 ha, soit 83,4 % de l'agriculture du département, a la particularité d'être entièrement inclus dans un seul département : la Gironde (voir carte p. 192).

Grâce à la notoriété d'une centaine de châteaux illustres, il a, au fil des siècles, réussi l'exploit d'imposer son nom au monde. Aujourd'hui, le mot Bordeaux est devenu synonyme de grands vins, alors qu'en réalité il n'est que la transposition d'une imposante appellation générique*, embellie par le temps au point d'être devenue le porte-drapeau de toute une gamme de vins blancs, rosés et rouges, allant du plus modeste au plus grand.

Le vignoble girondin se présente comme une sorte de pyramide. Le sommet est constitué par la pointe nord du Médoc et la fin des Côtes de Blaye, que sépare l'estuaire de la Gironde. Au sud, sa base proche du département du Lot-et-Garonne, s'appuie sur une zone aux sols très hétérogènes et même médiocres, regroupant uniquement des bordeaux génériques* ou supérieurs, de qualités inégales (seul un rendement légèrement inférieur et un degré minimal plus élevé les différencient).

Ces deux appellations – bordeaux et bordeaux supérieur – couvrent 56 084 ha plantés en rouges et 6 939 en blancs, soit plus de 52 % de l'ensemble du vignoble bordelais.

Chaque année, un volume non négligeable de génériques* encombre un peu plus le marché. C'est si vrai qu'à l'occasion du millésime 2000, afin d'être en mesure

de pouvoir rentrer la nouvelle vendange, un grand nombre de Domaines produisant des bordeaux et des bordeaux supérieurs, pour débarrasser les chais, ont dû se résoudre à vendre, je dirais plutôt brader, les stocks au négoce, toujours prêt à jouer les sauveteurs pour assurer la survie de ses vins de marque.
De nombreuses tractations se sont faites sur la base de 1 000 € le tonneau[1] soit 0,83 € la bouteille, somme n'ayant même pas couvert les frais de culture et de vendange pourtant faite à la machine. Il s'agissait pourtant d'un bon millésime. Et objectivement, certaines cuvées valaient un peu mieux.
Ces chiffres sont suffisamment éloquents pour alerter l'opinion. Nul n'est besoin d'être un spécialiste en économie viticole pour entrevoir les prémices des problèmes touchant non seulement les deux appellations du bas du tableau, mais commençant progressivement à s'étendre à d'autres AOC, pourtant mieux loties.

BORDEAUX ET BORDEAUX SUPÉRIEUR

La zone recouvrant l'appellation bordeaux est beaucoup trop vaste pour me permettre d'avoir inventorié l'ensemble des agglomérations et surtout les sols la composant. Je me suis contenté, à titre d'informations, de mentionner quelques communes susceptibles, en fonction du talent du vinificateur, de produire, grâce à la qualité de leurs terroirs, des vins pouvant apporter une double satisfaction : un bon rapport qualité/prix et des possibilités de vieillissement.
Ces localités sont :

- Mouillac et Lugon proches du Fronsadais;
- Créon et Targon à l'arrière des premières Côtes de Bordeaux;
- Montussan, Beychac, Lugasson, Génissac et Gardegan ce dernier voisin des Côtes de Castillon.

Bien qu'il s'agisse d'appellations mineures, quelques marques n'ont pas été insensibles au vent de folie agitant le microcosme viticole, en proie à l'espérance d'une découverte par Robert Parker. Malheureusement, pour s'attirer les bonnes grâces du critique, il est nécessaire de faire un type de vin demandant de gros investissements : production plus restreinte, vendange en vert, effeuillage, récolte manuelle, vinification exigeant un matériel sophistiqué, élevage en fûts de chêne neufs et tout l'arsenal susceptible d'amener la concentration. Bref, c'est possible mais très onéreux, d'où l'obligation de pratiquer des prix en conséquence, sans pour autant entrer dans le déraisonnable. Il n'est pas rare de voir des bordeaux supérieurs tarifés de 25 à 30 € la bouteille, mais avec des notes frisant les 92/100, les mettant sur un pied d'égalité avec des valeurs confirmées. On croit rêver!

[1] Unité fictive représentant 4 barriques soit 1 200 bouteilles.

LE BORDELAIS

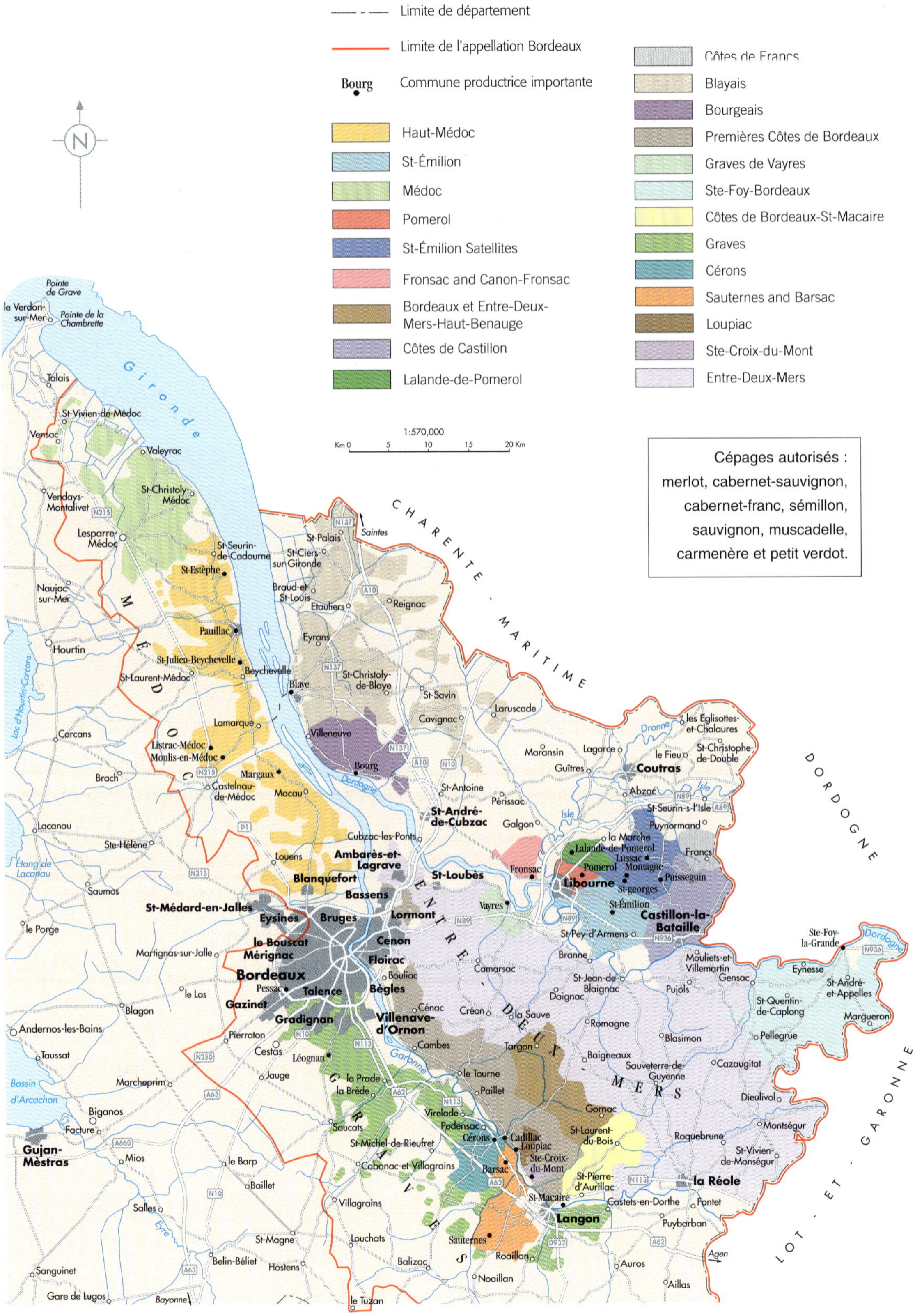

On ne peut raisonnablement s'étendre sur deux AOC aussi hétéroclites, dispersées sur plusieurs centaines de communes des deux rives regroupant plus d'un millier de récoltants. J'ai donc joué la facilité en n'indiquant qu'un domaine :

– Château Virac à Taillecavat.

Il n'est certainement pas le meilleur, mais le connaissant depuis plus d'un quart de siècle, je puis assurer qu'il est méritant de pratiquer des prix aussi sages.
Je précise qu'en dehors de lui (excusable vu l'appellation et le prix), des propriétés de l'entre-deux-mers et du Château Maison Blanche, aucun des autres domaines ne vendange mécaniquement.

Pour rester dans le cadre de cet ouvrage, il m'a semblé qu'une quinzaine d'appellations bordelaises situées sur les deux rives n'avaient pas une réputation suffisamment établie pour faire l'objet d'un exposé sur leur terroir : médoc et graves pour la rive gauche, côtes-de-bourg, côtes-de-blaye, lalande-de-pomerol, montagne et saint-georges-saint-émilion, premières-côtes-de-bordeaux, loupiac, sainte-croix-du-mont, lussac-saint-émilion, entre-deux-mers, le Fronsadais et les Côtes-de-francs pour la rive droite. En contrepartie, chacune d'entre elles recèle un ou plusieurs domaines méritant d'être signalés pour leur qualité et surtout en tenant compte de la sagesse de leurs prix.

RIVE GAUCHE

Médoc

5188 ha. Meilleures communes : Bégadan, Blaignan, Ordonnac, Saint-Christoly et Couquèques. Pratiquement 95 % des domaines vendangent à la machine, ce qui n'est pas le cas de quatre châteaux suivants, réputés pour leurs qualités :

– Château Les Ormes Sorbet à Couquèques ;
– Château Fontis à Ordonnac ;
– Château Tour Haut-Caussan à Blaignan ;
– Château Potensac à Ordonnac.

Graves

Ce vignoble de 3395 ha produit des vins rouges et blancs sur vingt-quatre communes, dont la plus importante est Portets. Qualitativement, il semble que les meilleures parcelles sont sur Pujols-sur-Ciron. Là encore, beaucoup de vendanges à la machine et un certain nombre de terroirs moyens. Trois domaines sans surprise :

– Château Du Tourte à Toulenne ;
– Château Cantegril à Pujols-sur-Ciron ;
– Clos Floridène à Pujols-sur-Ciron.

Huit appellations, dont quatre prestigieuses, composent ensuite un groupe où les prix de vente sont loin d'être étudiés – si ce n'est à la hausse. N'oublions pas que l'on joue dans la cour des grands!

Haut-médoc

On se demande pourquoi « haut » puisque le point culminant n'excède pas 43 m. Avec 4512 ha, il comprend vingt-cinq communes, dont six peuvent éventuellement prendre la double appellation : les crus Moulis, Poujeaux, les cinq représentant l'appellation Margaux, Saint-Julien, Pauillac et Saint-Estèphe. Les meilleurs terroirs se trouvent à Saint-Seurin-de-Cadourne (fief du leader : le Château Sociando-Mallet), Cussac et Saint-Laurent-Médoc. Jouit d'une bonne réputation le Château Maucamps.

Listrac

On entre dans les six appellations vedettes. Pour l'ensemble de la presse viticole, celui qui s'impose, sur les 670 ha, est le Château Clarke. C'est aussi mon avis; on peut retenir également Mayne Lalande de Bernard Lartigue.

Moulis

Compte tenu de la diversité de ses sols, dont une partie est constituée de très belles croupes de graves, ce vignoble regroupant 592 ha donne des vins ayant à la fois la finesse de certains margaux et une complexité proche des saint-julien. Un nom s'impose : le Château Poujeaux, dont la plus grande partie se trouve sur les meilleurs terroirs.

Margaux

Tandis que le Haut-Médoc, Saint-Julien, Pauillac et Saint-Estèphe avaient obtenu l'appellation contrôlée depuis 1936, pour de sombres et interminables querelles de clocher, Margaux a dû attendre le décret du 10 août 1954 pour entrer dans le cénacle très fermé des AOC médocaines.
La commune de Margaux s'enorgueillit d'avoir un château portant le nom de l'appellation. C'est un cas d'espèce, si l'on excepte en Côtes du Rhône Château-Grillet, mais là s'arrête la comparaison car celui-ci est le seul domaine de son appellation (donc pas de confusion possible). À Margaux, pour certains consommateurs peu familiarisés avec les rouages complexes de notre législation viticole, il arrive qu'un doute s'instaure entre la propriété vedette et le reste de l'AOC.
C'est l'appellation communale la plus importante du Haut-Médoc, avec 1409 ha, englobant cinq municipalités diversifiées tant par les microclimats*, la géologie que le régime hydrique, autant de facteurs conduisant à des vins de structures et de qualités extrêmement variées.

Margaux peut revendiquer les terroirs les plus maigres de tout le vignoble bordelais. La grave y est parfois très abondante, mais avec, en sous-sol, une très grande pauvreté en terre végétale.
Dans les cinq communes, celles comptant les meilleures parcelles sont Margaux et Cantenac. Viennent ensuite dans cet ordre qualitatif : Soussans (très gélive), Labarde et Arsac, qui possèdent des terroirs de valeur moins affirmée.
J'aime particulièrement les vins produits par la famille Château (on ne peut rêver plus beau nom), l'excellent Larruau. Il faut tirer son chapeau à ces petits viticulteurs, pour avoir réussi, dans des périodes difficiles, à résister en produisant un tel vin au rapport qualité/prix peu courant dans une appellation aussi recherchée.
Mention plus que bien pour les Trois Chardons, appartenant à une famille de grands vinificateurs, ayant largement contribué à la réussite du Château Palmer dont ils ont été pendant de longues années les maîtres de chai. Retenons aussi le remarquable Château Labégorce-Zédé et l'intéressant Château Deyrem Valentin.

Saint-julien

910 ha. Sans doute l'appellation ayant la meilleure homogénéité qualitative. Elle regroupe onze crus classés, représentant pratiquement 73 % de la production.
Pour le sérieux de son travail, où sont exclues la machine à vendanger, l'osmose inverse* et la vendange en vert auxquelles il faut ajouter la sagesse dont il a fait preuve durant le vent de folie du millésime 2000, Anthony Barton avec son château du même nom, Léoville-Barton, mérite la considération des acheteurs. À retenir aussi le très bon vin de Guy Delon, le Château Moulin De La Rose.
À titre d'information, une quinzaine d'hectares, situés sur la commune de Saint-Laurent-Médoc et quarante-cinq autres sur Cussac-Fort-Médoc, peuvent également bénéficier de l'appellation saint-julien. Encore un mystère des délimitations.

Pauillac

Grosse bourgade, comptant dix-huit crus classés dont trois premiers sur 1 183 ha. Ces vins sont parmi les plus célèbres du Haut-Médoc. J'ai toujours aimé (même du temps de son ancien propriétaire Raymond Dupin) le Château Grand Puy-Lacoste que les vieux Médocains avaient coutume d'appeler familièrement « Le Petit Latour ».
Parmi les crus non classés, je recommande les Châteaux La Bécasse et Fonbadet, actuellement en progrès.
Là encore, des délimitations élastiques empiétant sur les communes de Cissac, Saint-Sauveur et Saint-Estèphe (où le Château Lafite Rothschild possède des vignes).

Saint-estèphe

Commune du nord du Haut-Médoc, limitrophe de Saint-Seurin-de-Cadourne, produisant des vins plus taniques*, aptes à un très long vieillissement sur 1 250 ha. Trois grands types de sols : la croupe du Château Cos d'Estournel (favorable au cabernet-sauvignon) et le plateau du hameau de Marbuzet (propice au merlot), sans oublier les terroirs graveleux faisant face à la rivière où s'épanouit le Château Montrose, particulièrement apte à traverser les décennies sans dommages. Ajoutons que de nombreuses parcelles reposant sur un sous-sol argileux gardant la fraîcheur sont particulièrement propices les années sèches où la vigne ne souffre pas du stress hydrique. Il faudra s'en rappeler pour le millésime 2003 en achetant en confiance le superbe Chateau Haut-Marbuzet, ainsi que les Châteaux Phelan Ségur et le minuscule mais très bon Ségur de Cabanac.

* * *

Hormis l'architecture de quelques beaux châteaux et une vue magnifique sur l'estuaire de la Gironde, le Haut-Médoc se présente comme un paysage sans aucun attrait. Il est fait d'immenses vignobles entrecoupés de forêts, zones marécageuses ou prairies. Même ses communes sont tristounettes.

- Après être passé devant autant de crus classés, sans avoir eu la chance de déguster, quoi de mieux pour se remonter le moral qu'une petite auberge sympathique [1], avec une cuisine sans chichis, un médoc plein de fruit et surtout l'accueil du chef Jean-Paul Barbier. Tout cela et même plus, existe à Arcins. Vous partagerez un instant de convivialité, attablé aux côtés des châtelains du voisinage dont c'est la cantine (chacun d'eux a un casier à bouteilles à son nom). *Le Lion d'Or*, 33460 Arcins, tél. : 05 56 58 96 79.
  (Fermé dimanche et lundi.)
- J'apprécie également, dans un registre différent, avec une cuisine plus élaborée : *Le Saint-Julien*, 33250 Saint-Julien-Beychevelle, tél. : 05 56 59 63 87.

[1] Cet ouvrage étant essentiellement consacré aux vins, loin de moi l'idée d'avoir voulu en faire un ersatz de guide gastronomique. Accoutumé aux dégustations en cave, longues et parfois épuisantes où l'on refait le monde du vin en dissertant autour d'un fût, j'ai souvent senti les affres d'un estomac criant famine. Cette situation est d'autant plus compréhensible, que les invitations dans les domaines sont généralement inaccoutumées. Cela m'a amené à rechercher la petite table proche des vignobles, acceptant encore de servir parfois même au-delà des horaires pour me restaurer d'une bonne cuisine simple pour un prix décent. D'où une très petite sélection comprenant trente-huit établissements qui m'ont semblé répondre à ce critère. Trois sont étoilés Michelin et cinq autres le mériteraient sans doute : *La Beaugravière*, *Le Bayonnais*, *Le Moulin des quatre saisons*, *Le Saint-Julien* et *Le Charlemagne*. J'ose espérer que vous les apprécierez autant que moi.

Graves de pessac-léognan

Depuis le décret du 23 septembre 1987, les Graves sont scindées en deux régions, séparées par un minuscule ruisseau, le Saucats, traversant le village de la Brède, à l'issue d'une espèce de guerre de sécession partie du nord, à la suite de graves désaccords entre les grands châteaux de ce secteur et les petits domaines du sud. Bien que beaucoup moins nombreux, les nordistes, forts de leur antériorité, de leur prestige et surtout de leur puissance financière ont imposé leur volonté, en obtenant ce qu'ils voulaient sous la forme d'une appellation graves de pessac-léognan.

Il faut dire que les meilleures croupes de graves et les crus les plus réputés sont intégralement dans ce secteur, regroupant dix communes dont deux à vocation viticole incontestable : Léognan et Martillac.

Cette belle appellation regroupant 2311 ha compte soixante-douze domaines, la plupart produisant simultanément des vins rouges et des blancs.

Dans une gamme de prix encore accessible, le Domaine de la Solitude, tant en rouge qu'en blanc, mérite une visite. J'avoue apprécier Haut Bailly et la Mission Haut-Brion, dont les prix sont malheureusement très élevés.

Les liquoreux : sauternes et barsac

Avec 2236 ha, le Sauternais comprend cinq communes dont Barsac, ayant la possibilité de vendre sous sa propre appellation (pour 596 ha). Le moins bon terroir semble être à Fargues.

Les vignobles du Sauternais bénéficient généralement à partir de juillet, pendant la nuit et le début de journée, de brouillards occasionnés par la proximité d'un ruisseau bienfaiteur, le Ciron. Associés à ceux de la Garonne toute proche, ils provoquent, avec l'aide du soleil de la fin de matinée et de l'après-midi, le développement d'un champignon ascomycète, le botrytis cinerea*, agent de la pourriture noble*, permettant un enrichissement* du raisin en sucre et en glycérine, tandis que son acidité baisse. C'est ce qu'on appelle la surmaturation*, sans laquelle nous n'aurions pas ces merveilleux vins liquoreux vendangés grain par grain, à l'issue de plusieurs passages dans les vignes.

Les vins de Sauternes ont toujours connu, en fonction de la conjoncture économique et des goûts du moment, des périodes fastes ou très difficiles. Actuellement, il semble qu'ils soient dans une situation intermédiaire.

J'aime particulièrement ces magnifiques bouteilles inégalables, entre autres les Châteaux Doisy Daëne, de Malle, Lamothe Guignard et Haut Bergeron où, une fois n'est pas coutume, je n'ai pas tenu compte des prix.

Trois châteaux ont une superficie avoisinant ou dépassant les 100 ha : Yquem, Guiraud et Suduiraut. À l'inverse, un grand nombre de petits récoltants ne possèdent même pas un hectare.

RIVE DROITE

Côtes-de-bourg

Vaste vignoble de 3 939 ha. Meilleures communes : Bourg-sur-Gironde, Saint-Seurin-de-Bourg et Tauriac. Côté reproches, la multiplication des vendanges mécaniques et une masse de cuvées spéciales pour tromper le consommateur. Un leader incontesté : Roc de Cambes, mais plus abordable, deux domaines sérieux ne faisant pas de cuvée spéciale :

- Château Brulesécaille à Tauriac ;
- Château Guerry à Tauriac.

Côtes-de-blaye

5 983 ha. Il semble que les terroirs offrant le plus de possibilités qualitatives soient sur les communes de Cars et Plassac, un nom à retenir :

- Château Mondesir-Gazin.

Lalande-de-pomerol et Néac

1 126 ha. Question griefs, ce sont les mêmes : la machine et les super-cuvées. Trois noms à retenir, dont un prioritaire :

- Château Tournefeuille à Néac, deux fois remarquables : pour la qualité de ses trois derniers millésimes et surtout son prix. J'ajoute que son terroir fait face à cinq très grands pomerol : les Châteaux Gazin, l'Évangile, Vieux Certan, Lafleur et Pétrus. Seul, un minuscule ruisseau, la Barbanne, crée la différence d'appellation.

Les deux autres domaines méritant d'être retenus :

- Château Siaurac à Néac ;
- Clos de L'Église à Lalande-de-Pomerol.

Ces trois propriétés vendangent manuellement.

Montagne-saint-émilion et saint-georges-saint-émilion

Secteur comprenant de très beaux coteaux, d'une superficie de 1 564 ha pour montagne-saint-émilion et de 192 ha pour saint-georges-saint-émilion :

- Château Maison Blanche[1] à Montagne ;
- Vieux Château Saint-André à Montagne ;
- Château Tour du Pas Saint-Georges à Montagne.

[1] Vendangé mécaniquement.

Premières-côtes-de-bordeaux

Vignoble de 4 108 ha en très forte extension, d'où encore une majorité de vendanges mécaniques et les sempiternelles cuvées de prestige. Incontestablement, une propriété surclasse l'ensemble. Ce qui ne peut étonner lorsqu'on sait qu'elle appartient à Denis Dubourdieu, dont les connaissances en matière de vinification font autorité dans le monde :

- Château Reynon à Béguet (les trois appellations suivantes) :
  - premières-côtes-de-bordeaux : rouge exceptionnel;
  - bordeaux blanc : d'un rapport qualité/prix imbattable;
  - cadillac : liquoreux capable de s'aligner avec sauternes, sans trop de complexes.

Loupiac et sainte-croix-du-mont

Appellations voisines, respectivement de 408 et 424 ha, qui produisent de bons liquoreux. Il semble qu'elles soient dominées par trois domaines :

- Château La Rame à Sainte-Croix-du-Mont;
- Château Loubens à Sainte-Croix-du-Mont;
- Domaine Du Noble à Loupiac.

Lussac-saint-émilion

1 418 ha. Les meilleures parcelles sont sur le rocher calcaire, où se trouve un vin digne d'intérêt issu à 95 % du merlot :

- Château De Bellevue à Lussac-Saint-Émilion.

Entre-deux-mers

Vaste vignoble de 1 651 ha avec des sols très hétérogènes, compris entre la Garonne et la Dordogne. Il comprend cent quatorze communes pouvant prétendre à l'appellation, dont une grande partie n'est guère viticole. Je suis loin de toutes les connaître, d'où l'impossibilité de faire une véritable sélection. Je n'indique que quatre domaines dont je suis sûr à 100 % :

- Château Thieuley[1] à La Sauve;
- Château Fontenille[1] à La Sauve;
- Château Turcaud[1] à La Sauve;
- Château Sainte-Marie[1] à Targon.

Le Fronsadais

1 154 ha et deux très bonnes appellations : canon-fronsac et fronsac. Vignobles de qualité, proches de Libourne, sur de magnifiques coteaux, généralement

[1] Vendangé mécaniquement.

bien exposés, dominant la Dordogne. Les vins de ces deux AOC sont très supérieurs aux saint-émilion de la plaine, aux pomerol de la zone sableuse, aux graves du sud, voire à certains médoc. Cinq noms incontournables qualitativement :

- Canon-Fronsac
  - Château Moulin Pey-Labrie à Fronsac ;
  - Château La Grave à Fronsac.
- Fronsac
  - Château Villars à Saillans ;
  - Château Moulin Haut Laroque à Saillans ;
  - Château Les Trois Croix à Saillans.

J'ai volontairement éliminé un vin, qui est la coqueluche des restaurateurs parisiens, car faire une cuvée de prestige avec 2 000 à 3 000 bouteilles ne m'impressionne pas !

Côtes-de-Francs

Terroir intéressant sur 517 ha, soit 150 de plus qu'en 1993. Une fois de plus, je réprouve la vendange mécanique. On peut retenir :

- Château La Claverie à Saint-Cibard.

Saint-émilion

Sur cette rive, avec 5 511 ha, Saint-Émilion demeure en superficie l'appellation la plus importante après les bordeaux, bordeaux supérieurs et les côtes-de-provence. Elle s'étend sur neuf communes.

Libourne a eu l'autorisation par le décret du 24 décembre 1993 de passer en appellation saint-émilion, abandonnant ainsi le nom de sables-saint-émilion. Ce qui est beaucoup plus prestigieux. À l'époque, certains ont parlé d'appui politique survenu inopinément. Il s'agissait, pour une grande part, de parcelles aux sols très légers, ce qui ne semble pas étonnant vu l'ancien nom très évocateur. Je doute que la nouvelle identité les ait améliorées.

Avec Saint-Émilion, Saint-Laurent-des-Combes et Saint-Christophe-des-Bardes semblent être en mesure de produire les meilleures bouteilles, en raison de leurs terroirs faits de très beaux coteaux bien exposés et très ensoleillés, avec une valeur sûre, le Château Larcis Ducasse. À son propos, on annonce un changement de vinificateur, qui devrait lui être favorable. Dans le passé, il s'agissait d'un excellent vin. Les nouvelles techniques, parfois novatrices, lui permettent de se hisser au hit-parade des vins dont on parle. Petit conseil : investissez pendant que son prix est encore accessible et je pense que vous ferez un bon placement.

Il existe quantité de valeurs sûres dans cette vaste appellation. Difficile de faire un choix, d'autant que la plupart des prix sont dissuasifs.

Dans les crus classés, j'aime pourtant particulièrement les Châteaux Beauséjour Duffau-Lagarosse, Belair, Troplong Mondot, Pavie Macquin et Soutard.

Dans les cinq autres communes (Saint-Hippolyte, Saint-Étienne-de-Lisse, Saint-Pey-d'Armens, Vignonet, Saint-Sulpice-de-Faleyrens), on ne peut nier qu'il existe quelques très beaux îlots de graves disséminés çà et là, tout en reconnaissant qu'un assez fort pourcentage de sols très sableux domine. J'irais même jusqu'à penser que quelques parcelles seraient plus aptes à la culture des asperges qu'à produire des saint-émilion grands crus.
Les sols de graves de Saint-Émilion sont le fief des Châteaux Cheval Blanc et Figeac, où l'on entre dans une autre petite zone très recherchée.

Pomerol

Limitée en superficie avec 795 ha, elle offre pourtant une grande variété de sols, allant des graves anciennes au sablo-argileux, en passant par des terres plus légères, presque sableuses. Le meilleur vin, Pétrus, repose sur une boutonnière argileuse qui en fait un cas unique dans l'ensemble des appellations françaises.
Aimant particulièrement les vins les plus représentatifs des grands terroirs dont ils sont issus, je pense, tout en sachant que l'on va m'accuser d'être trop restrictif, qu'à Pomerol seule une quinzaine de propriétés remplissent totalement cette condition, même si, en raison de facteurs que j'ignore, certaines d'entre elles ont parfois eu des déficiences dans de bons millésimes.
Il est en conséquence délicat de faire des recommandations dans une telle AOC où il existe un nombre important de châteaux ayant des sols très hétérogènes, produisant des vins dont les prix reposent plus sur le prestige de la zone que sur leurs mérites qualitatifs.
Pour ne pas être taxé de sectarisme, j'en retiendrai quand même quatre, par ordre de préférence : les Châteaux Bourgneuf Vayron, Gombaude-Guillot, La Grave et Bellegrave, en précisant toutefois que leur prix oscille autour des 30 €.

Côtes-de-castillon

Pour la petite histoire, c'est à Castillon-la-Bataille qu'eut lieu, après la mort de Talbot, chef de l'armée anglaise en 1453, la fin de la guerre de Cent Ans et le rattachement de l'Aquitaine au Royaume de France.
Vaste appellation comprenant 3027 ha en production, répartis sur neuf communes.
Le droit à l'appellation contrôlée a été fractionné en deux décrets. Le premier date du 9 février 1989 concernant uniquement les communes de Castillon-la-Bataille, Saint-Magne-de-Castillon et Belvès-de-Castillon. Les six autres, Sainte-Colombe, Saint-Genès-de-Castillon, Saint-Philippe-d'Aiguilhe, Gardegan et Tourtirac, les

Salles-et-Monbadon, ont dû attendre un autre décret du 11 juillet de la même année.

Avec pratiquement un tiers des surfaces plantées, la commune de Saint-Magne-de-Castillon est la plus importante. Il semble que les meilleurs terroirs, majoritairement en coteaux, se trouvent à Belvès-de-Castillon, Saint-Magne-de-Castillon, Saint-Philippe-d'Aiguilhe et Sainte-Colombe. En contrepartie, les plus modestes sont à Castillon-la-Bataille (en partie basse), les Salles-et-Monbadon. Cette dernière, depuis janvier 1989, a fusionné avec Puisseguin, tout en gardant uniquement l'AOC côtes-de-castillon.

Encore une appellation où la vendange mécanique reste dominante. Beaucoup de récoltants sont aussi coopérateurs et une partie des parcelles ne peut revendiquer que les appellations bordeaux et bordeaux supérieurs. Une trentaine de domaines ne possèdent qu'une superficie égale ou inférieure à 3 ha.

Bien que disposant de deux atouts majeurs, cette noble appellation de la rive droite était, il y a tout juste une dizaine d'années, quasiment inconnue du grand public.

Elle disposait pourtant d'une majorité de parcelles d'un potentiel qualitatif incontestable et surtout ses beaux vignobles manquant encore de notoriété étaient proposés à des prix très attractifs.

Comme il fallait s'y attendre, certains proches voisins de la zone de Saint-Émilion, déjà mis en vedettes par Robert Parker et toujours aux aguets d'une affaire juteuse, n'ont pas manqué l'occasion qui se présentait. Ils ont acquis ces beaux domaines bien en deçà de leur valeur réelle. N'allez pas croire naïvement que les nouveaux propriétaires ont aligné le prix de leurs bouteilles sur celui des terrains, bien au contraire. Aujourd'hui, certains Châteaux en vue, appartenant aux arrivants, pratiquent des prix s'apparentant aux grands crus classés du Libournais.

Six châteaux ou domaines semblent s'imposer qualitativement, quatre à des prix intéressants :

- Château La Croix Lartigue à Belvès-de-Castillon ;
- Château Robin à Belvès-de-Castillon ;
- Château Cote Montpezat à Belvès-de-Castillon ;
- Château Lacoste[1] à Saint-Magne-de-Castillon.

Et aussi, dans une gamme de prix supérieurs :

- Domaine de l'A à Sainte-Colombe ;
- Clos Puy Arnaud à Belvès-de-Castillon.

* * *

[1] Vendangé mécaniquement.

Côté restauration, la rive droite est un désert gastronomique, avec deux exceptions :

- *Le Bord d'Eau*, route de Libourne à Fronsac, tél. : 0557519991.
  (Fermé dimanche soir, lundi et mercredi soir.)
  Vue sur la rivière, bonne cuisine appréciée par les vignerons de la rive droite.
- *L'Envers du Décor*, 11, rue du Clocher à Saint-Émilion, tél. : 0557744831.
  (Fermé samedi et dimanche.)
  Terrasse ombragée et salle sympathique. Bonne cuisine et très beau livre de cave.

QUELLE BELLE VIE D'ÊTRE PROPRIÉTAIRE D'UN CRU CLASSÉ OU ASSIMILÉ !

Le consommateur doit savoir qu'en Bordelais, le château, si célèbre soit-il, n'est pas une appellation d'origine contrôlée. Il est tout bonnement une marque commerciale, semblable à celle d'un fabricant de produits cosmétiques où n'entre aucunement en ligne de compte la référence à une superficie donnée. Ce qui permet à chaque propriétaire de pouvoir, en fonction d'opportunités, agrandir son domaine en achetant d'autres vignes, même si celles-ci n'ont pas d'antériorité qualitative. Tout cela grâce au fameux classement de 1855 créé par les courtiers* girondins, à l'occasion de l'Exposition universelle de Paris, mise sur pied à l'initiative de l'empereur Napoléon III. Le processus est identique dans les Graves de Pessac-Léognan, à Pomerol et dans l'ensemble du vignoble de la Gironde. À l'exception du classement de Saint-Émilion remontant au 7 octobre 1954, périodiquement remis à jour.
Au fil des années, cet incontournable classement de 1855 (il n'a depuis sa création subi qu'une seule modification en 1973 avec l'accession au rang de premier cru du Château Mouton Rothschild) crée une rente de situation pour une élite de privilégiés médocains et pour un graves de pessac-léognan, le Château Haut-Brion, également classé en 1855.
Bien que non classée, à force de ténacité et d'efforts qualitatifs, une infime minorité d'excellents crus bourgeois a réussi à intégrer le noyau d'élite. Pourtant très antérieur au Médoc, le vignoble des meilleurs graves (devenu Pessac-Léognan) a permis à une dizaine de domaines de bénéficier d'une réputation identique. Ils ont aussi, depuis 1954, leur classement. Beaucoup plus tardivement que le classement de 1855, les propriétés les plus en vue de la rive droite, Saint-Émilion et Pomerol (cette appellation n'ayant pas de classement), ont pu prendre ce train de la fortune en marche. Enfin, servie par la médiatisation d'une presse plus avide de sensationnel que de réputation qualitative, une dizaine de vins de garage appartenant à des hommes d'affaires, par un astucieux battage médiatique et la cupidité des spéculateurs, se trouve aujourd'hui admise au sein de la nomenklatura.

En raison d'un système de commercialisation inégalable propre à Bordeaux, consistant à vendre, en choisissant son client, à chaque millésime, la quasi-totalité de leur production en primeurs, les grandes propriétés girondines bénéficient d'un avantage commercial comparable à nul autre, offrant en plus une sécurité de paiement sans faille. Dans aucun autre domaine, il n'existe d'affaire aussi juteuse. Jugez plutôt :

- Vendent leur production, presque intégralement (le reliquat servant plus tard après avoir été largement réactualisé, à alimenter le négoce de place, en fonction de ses demandes) par e-mail, fax ou téléphone, en une ou deux journées, selon le nombre de tranches que le propriétaire fixe pour le déblocage de ses primeurs (la deuxième et la troisième bien entendu revues à la hausse).
- Fixent le prix sans aucun moyen de le discuter, en tenant compte d'où souffle le vent, généralement bien au-delà de la valeur marchande du produit.
- La demande dépassant souvent l'offre, aucun risque d'invendus.
- Les Châteaux étant les seuls maîtres à bord, les allocations sont attribuées à qui bon leur semble (contrat purement moral entre le vendeur et l'acheteur). Les propriétaires peuvent à chaque millésime, sans aucun préalable, rompre ou modifier les habitudes de transaction. Il faut savoir qu'à l'occasion d'une année moyenne, le souscripteur qui fait l'impasse voit à coup sûr son allocation supprimée pour les millésimes à venir. Même processus en cas de cession d'une affaire de négoce, le nouvel acquéreur, s'il n'est pas *persona grata* sur la place de Bordeaux, risque fort de perdre définitivement son allocation.
- Aucun risque d'impayés, les vins restant au château jusqu'à la mise en bouteilles. Tout achat non réglé dans les temps (paiement intégral à six mois) est considéré comme nul et non avenu.
- Enfin, dernier avantage et non des moindres : la fiscalité directe n'intervient pour les marques que lors de la livraison des vins en caisses, soit dix-huit ou vingt-quatre mois après la récolte.

L'administration fiscale ayant admis le principe qu'avant leur mise en bouteilles, les vins sont considérés comme non identifiés.

On comprend mieux maintenant pourquoi il est si difficile, surtout dans un grand millésime, d'acquérir en primeur et avec de bonnes conditions, les crus les plus recherchés. Une grande partie devenant des objets de spéculation, au même titre que des actions boursières.

Une centaine de marques semblent composer ce noyau de nantis. Si l'on tient compte essentiellement des cours et de la demande, il semble bien qu'aucune n'ait de problème de vente, mais seulement la moitié d'entre elles font l'objet d'un enthousiasme plus évident au démarrage.

Ce sont (voir tableau ci-contre) :

HAUT-MÉDOC
Château Sociando-Mallet

MARGAUX
Château Margaux
Château Palmer
Château Labégorce-Zédé

SAINT-JULIEN
Château Léoville Las-Cases
Château Ducru-Beaucaillou
Château Léoville-Barton
Château Léoville Poyferré
Château Lagrange

PAUILLAC
Château Lafite Rothschild
Château Latour
Château Mouton Rothschild
Château Pichon Baron
Château Pichon Comtesse
Château Grand-Puy-Lacoste
Château Lynch-Bages

SAINT-ESTÈPHE
Château Montrose
Château Cos d'Estournel
Château Haut-Marbuzet[1]

GRAVES DE PESSAC-LÉOGNAN
Château Haut-Brion
Château La Mission Haut-Brion
Château Laville Haut-Brion
Château Pape Clément
Château Haut-Bailly

SAINT-ÉMILION
Château Cheval Blanc
Château Ausone
Château Beauséjour Bécot
Château Beauséjour Dupho Lagarosse
Château L'Angélus
Château Troplong Mondot
Château Belair
Château Tertre Roteboeuf
Château Pavie Macquin
Château de Valandraud
Château Canon-La-Gaffelière
Château Quinault
Château La Gomerie
La Mondotte

POMEROL
Pétrus
Château L'Église Clinet
Vieux Château Certan
Château Lafleur
Le Pin
Château L'Évangile
Château La Conseillante
Château Trotanoy
Château Hosanna
Château La Fleur de Gay

CÔTES-DE-BOURG
Château Roc de Cambes

[1] Sa réputation qualitative remontant à une trentaine d'années lui a permis de se constituer une superbe clientèle de particuliers, d'une fidélité sans faille.

Sur les dégustations que j'ai faites concernant les quatre derniers millésimes, il m'a semblé qu'une poignée de propriétés en très net progrès était susceptible, dans un avenir assez proche, de s'intégrer à cette élite : Brane-Cantenac, Rauzan-Ségla, Pontet-Canet, Haut Bages Libéral, Calon Ségur, Phélan Ségur, Larcis Ducasse et le Clos Fourtet.

AU FAIT ! SAVEZ-VOUS À COMBIEN REVIENT UNE BOUTEILLE D'UN CRU EN RENOM ?

Dans un passé ne remontant qu'à une quinzaine d'années, la viticulture avait une règle immuable.
Grand millésime, prix en conséquence; année moyenne, cours stables souvent revus à la baisse... Tout en ne mettant pas les exploitations en péril, cette politique commerciale sage permettait aux consommateurs de déguster sans se ruiner les petits millésimes souvent pleins de charme. Elle permettait aux autres d'acquérir la maturité nécessaire à leur plein épanouissement. Aujourd'hui, cette notion est tombée aux oubliettes! À chaque nouvelle récolte, synonyme de rentrée d'argent, quel que soit le volume récolté ou le niveau qualitatif, les viticulteurs s'empressent le plus souvent de mettre un sérieux coup de pouce à leurs tarifs.

Des exemples.
Pour le millésime 1999, la Côte-d'Or fut particulièrement gâtée. En raison d'une récolte pléthorique de qualité, les vignerons obtinrent de l'INAO une dérogation accordant un PLC (Plafond Limite de Classement) leur permettant de commercialiser une vendange supérieure de 40 % au volume initial. On aurait pu croire que les cours auraient baissé. Ce ne fut pas le cas, bien au contraire, dans la majorité des domaines.
C'est également ce qui s'était passé à Bordeaux avec le très petit millésime 1997.
Imaginons, parallèlement, le prix d'une automobile de cylindre et de marque identiques au modèle précédent ayant donné toute satisfaction. Le concessionnaire annonçant au futur client : « La tenue de route pèche un peu, le confort a été réduit et la consommation est supérieure, mais le prix a subi une hausse. » Il n'y a que les vignerons pour faire avaler une telle pilule!

C'est arrivée lors de l'année 2000, avec le double zéro providentiel qui a poussé l'ensemble des crus ayant de la notoriété (et même les autres) à jongler avec les augmentations. Certaines marques ont carrément doublé, voire triplé. Pour avoir dégusté un grand nombre de ces crus, je suis en mesure d'affirmer qu'il s'agit d'une bonne année, mais certainement pas du millésime d'anthologie annoncé, ne justifiant aucunement le prix prohibitif des primeurs. Pour moi, il s'agit d'un numéro d'illusionniste.

Comme le chantait Jean Gabin : « Je sais, je sais », on va me rétorquer que, depuis 1990, tout a beaucoup augmenté : les charges de toutes sortes, un matériel de plus en plus sophistiqué pour demeurer à la pointe du progrès et limiter la main-d'œuvre, les produits de traitement, la futaille, les bouteilles, les bouchons, etc. Ce dont je suis parfaitement conscient, sans pour autant cautionner une telle ascension des prix. Depuis déjà une bonne dizaine d'années, les gouvernements en place (toutes tendances politiques confondues) ont pratiqué une stratégie limitant l'inflation. Je ne connais aucun autre produit ayant subi des hausses comparables à celles appliquées aux vins ayant une notoriété.

Les grands vins rouges français sont uniquement produits dans trois régions aux conditions climatiques très hétérogènes : Bordelais, Bourgogne et Vallée du Rhône, cette dernière scindée en deux zones bien différentes (septentrionale et méridionale). Curieusement, pour fixer la valeur qualitative de l'année en cours, afin de déterminer la tendance des mercuriales, les médias ont toujours eu la fâcheuse habitude de prendre comme mètre étalon le vignoble girondin, se basant essentiellement sur des crus ayant une notoriété inaliénable. Cette façon de procéder fausse complètement l'idée que l'on se fait d'un millésime bien particulier à chacun, en induisant le consommateur dans l'erreur tant elle est illogique.

Cet ouvrage n'étant pas un traité de gestion viticole, je m'abstiendrai d'en faire un cours d'économie, en indiquant pour chaque grande région aux conditions de production différentes, un prix de revient pour une bouteille de vin, tant il y a de paramètres propres à chacune d'elles entrant en ligne de compte.

Hormis ces considérations, puisque nous sommes en Bordelais, il est temps d'alerter le consommateur sur le prix de revient d'une bouteille d'un cru classé ou assimilé, en partant de la plantation jusqu'au stade final (lorsqu'elle est en caisse dans les chais du château), entre 6,86 € et 8,38 € pour être large, selon le pourcentage plus ou moins important de barriques neuves employées. N'ergotons pas comme les propriétaires de ces crus anoblis, soyons seigneurs! Allons jusqu'à 9,15 € en tenant compte des réceptions, des parcs admirablement entretenus et des voyages Paris-New York ou Paris-Tokyo, pour faire déguster deux ou trois magnums. À Bordeaux, particulièrement dans le Médoc, la poudre aux yeux est un élément primordial vis-à-vis du voisin. Mais les autres régions, Bourgogne en tête, n'ont rien à envier aux Girondins.

Le prix de revient, fiscalité mise à part – un cru classé ou assimilé n'a pas la même imposition qu'un générique* –, comprend : la main-d'œuvre et les charges, l'amortissement du matériel, les frais de culture et d'entretien des sols, les replantations, le coût supplémentaire généré par l'absence de désherbage chimique et d'autres techniques pouvant aller à l'encontre de la qualité, des vendanges

manuelles, un élevage parfait pendant une période allant de dix-huit à vingt-quatre mois, enfin une mise en bouteilles lourde avec un bouchon de 24 lignes (étiquette, capsule et caisse en bois comprise).
Il faut aussi tenir compte du foncier, mais avec des nuances. Les vignobles de la plupart des crus en renom appartiennent depuis fort longtemps aux mêmes familles, laissant à supposer qu'elles ont eu largement le temps de les amortir. Depuis une quinzaine d'années, la prospérité régnant en Haut-Médoc, dans les Graves de pessac-léognan et dans les deux appellations phares de la rive droite, a incité certains propriétaires – en partie grâce aux achats de droits de plantations – à procéder à des extensions de leurs domaines et aussi à la rénovation de bâtiments, cuveries et chais, sans oublier d'importants travaux de drainage rendus obligatoires par l'acquisition de nouvelles parcelles souvent médiocres. Tous ces investissements ont bien sûr exigé des emprunts en partie déductibles, mais dont il faut quand même tenir compte, bien qu'une grande part fasse déjà partie du passé.
La majorité des propriétaires de châteaux ont aujourd'hui, pour protéger leur patrimoine, adopté différentes formes de sociétés (on les comprend) permettant de parer au mieux à des frais de succession, totalement inadaptés à la continuité de l'outil de travail.
À la lecture de ces lignes, on va me rétorquer qu'actuellement les deuxièmes étiquettes, voire les troisièmes, occupent une place prépondérante dans la production d'un cru, en modifiant sa rentabilité.
Remettons les choses à leur vraie place : jadis, les seconds vins étaient vendus à un prix décent. Aujourd'hui, ils ont pris la voie royale, approchant ceux pratiqués il y a à peine une décennie par les premiers. Exemples : pour le millésime 2000, le Petit Cheval est sorti à 35 € alors qu'en 1995, Cheval Blanc n'a coûté que 36,60 €. Même cas pour Les Forts de Latour qui coûtaient 26 € alors qu'en 1995, le Château Latour sortait à 35 €. La liste est loin d'être exhaustive.

Il est bon de savoir que les huit premières marques concernant les vins rouges, les Châteaux :

- Margaux ;
- Haut-Brion ;
- Lafite Rothschild ;
- Cheval Blanc ;
- Latour ;
- Ausone ;
- Mouton Rothschild ;
- Pétrus,

ne totalisent que 422 ha produisant bon an mal an 2 500 000 bouteilles dont à peine les deux tiers en premier vin, soit de 1 600 000 à 1 800 000 pour l'ensemble de la planète. On comprend mieux les prix, vu la rareté, sans pour autant excuser les hausses abusives du millésime 2000.

À titre indicatif, quelques prix de sortie dans les châteaux (réservés aux négociants) pour la première tranche (généralement pas la plus importante), servant surtout à prendre la température des acheteurs. Pour six des derniers millésimes :

1RE TRANCHE (RÉSERVÉE EXCLUSIVEMENT AUX MAISONS DE COMMERCE AGRÉÉES)

	1995	1996	1997	1998	1999	2000
Château Lynch-Bages	105[1]	165	200	140	140	230
Château Montrose	115	210	230	185	145	216
Château Cos d'Estournel	116	230	280	210	180	315
Château Ducru-Beaucaillou	115	245	250	210	195	315
Château Léoville-Barton	95	150	150	150	150	164
Château Léoville Las Cases	170	425	450	360	320	498
Château Pavie[2]	95	135	150	320	450	861
Château Ausone	320	550	650	634	690	1 228
Château Cheval Blanc	240	378	500	550	623	1 050
Château Margaux	255	420	532	480	509	787
Château Latour	230	300	500	430	460	787
Château Haut-Brion	230	300	500	430	460	787
Château Mouton Rothschild	230	300	500	430	460	787
Château Lafite Rothschild	230	300	500	430	460	787

LES DEUX TRANCHES SUIVANTES POUR SEPT DES PREMIERS CRUS EN 2000

	Deuxième tranche	Troisième tranche
Château Margaux	984	1 312
Château Latour	984	1 312
Château Haut-Brion	984	1 312
Château Mouton Rothschild	984	1 312
Château Lafite Rothschild	984	1 312
Château Ausone	1 410	Pas de 3e tranche
Château Cheval Blanc	Ventes au coup par coup ayant pour les plus chères atteint 2 300 francs	

[1] Indication en francs.

[2] Cette propriété, pour les trois premières années, n'avait pas encore changé de propriétaire.

Autre exemple avec un deuxième cru : le Château Léoville Las-Cases pour le « petit millésime 1997 » :

– première tranche : 450 ;

– deuxième tranche : 500 (quelques heures après la sortie de la première).

Les grandes propriétés ne vendant jamais en direct, l'acheteur, qu'il soit importateur, restaurateur, caviste, grande surface ou particulier doit obligatoirement passer ses ordres d'achats par l'intermédiaire d'une maison de commerce agréée des places de Bordeaux, Libourne ou autre commune de la Gironde, d'où encore des prix revus à la hausse.

Généralement, le commerce pratique des marges oscillant entre 10 et 20 % (certaines vont au-delà), ce uniquement pour la première tranche, les suivantes sont largement réactualisées.

Pour qu'un acheteur puisse bénéficier d'une allocation en première tranche, il est presque obligatoire d'entretenir des rapports privilégiés remontant à plusieurs années avec le négoce...

APRÈS LA MULTIPLICATION DES PAINS, VOICI CELLE DES SECONDS VINS !

Aussi loin que l'on remonte depuis le début du siècle, il y a toujours eu en Gironde des secondes marques ou des seconds vins, appelons-les comme on veut. Très marginaux en 1936, lors de la création du Comité national des vins de France, ils sont aujourd'hui, à quelques exceptions près, pratiquement aussi nombreux que les marques dont ils assurent la complémentarité commerciale. À noter que, sur la rive droite, ils ne font pas l'unanimité. Semblent en effet hostiles à cette pratique : Pétrus, Trotanoy, La Conseillante, La Fleur Pétrus, Latour à Pomerol, Hosanna, Bourgneuf-Vayron, Tertre Roteboeuf, etc. Mais sans risquer de commettre une erreur de jugement, on peut affirmer que près de 95 % des Châteaux, Clos ou Domaines vendent un pourcentage plus ou moins important de leur production sous une seconde, voire parfois une troisième étiquette. La plupart des seconds vins portent généralement un nom faisant référence au Château dont ils sont issus, manière habile de brouiller les cartes, en créant la confusion chez bon nombre de consommateurs non initiés aux subtilités de l'étiquetage.

Principale raison à la base de cette technique commerciale : les extensions successives qui se sont produites entre 1975 et 2000, en grande partie grâce aux plantations nouvelles émanant d'achats de droits, provenant des transferts acquis aux producteurs de vins de consommation courante, devenus invendables situés dans des zones économiquement faibles.

À titre documentaire, je rappelle qu'en 1975, le département de la Gironde comptait 69 028 ha de vignes pouvant prétendre à l'appellation d'origine contrôlée et 33 100 ne produisant que des vins de consommation courante. Vingt-sept ans plus tard, retournement de situation. Le même département présentait le bilan suivant : 119 817 ha pour la première catégorie, contre 813 pour la seconde. Entre-temps, le principe des vases communicants avait fait passer 50 789 ha dans le giron des AOC. Pour être objectif, il faut préciser que les transferts ne sont pas les seuls responsables de l'ensemble des extensions. Il y a toujours des récoltants ayant en portefeuille des droits de remplacement dus à des arrachages précédents. Enfin, n'oublions pas que l'instance dirigeante accorde pratiquement chaque année à toutes les régions viticoles un petit quota de droits de plantations nouvelles.

Il paraît intéressant de savoir sur quel type de sols ont eu lieu beaucoup des nouvelles plantations. En majorité trois variétés de terrains, tous aussi mauvais les uns que les autres :

- sols de graves pyrénéennes, acquis après déboisement de forêts de pins ;
- sols sableux du type des Landes ;
- terrains argilo-calcaires n'étant que d'anciennes prairies d'élevages bovins ou ovins.

Aucun de ces terrains ne semblait réunir les conditions requises pour être plantés en vignes aptes à produire des vins porteurs d'une grande appellation comme saint-julien, pauillac ou margaux. Paradoxalement, toutes les parcelles incriminées avaient pourtant été incluses dans ces AOC lors des premières délimitations. Pour comprendre comment de telles choses ont pu arriver, il est nécessaire d'effectuer un petit retour en arrière.

Lors de la création des AOC en 1936, dans une période très troublée, agitée par des mouvements sociaux, il a fallu faire très vite pour fixer les limites des zones englobant chaque appellation déjà en voie d'être reconnues, afin que tous puissent bénéficier, dans les délais les plus brefs, de l'opportunité qui s'offrait à eux. On allait enfin faire reconnaître au monde nos grands terroirs* et surtout sauver les vins de France de l'anarchie régnant à l'époque sur l'ensemble de la viticulture française.

Il n'est nullement dans mes intentions, même avec le recul, de mettre en doute l'intégrité des experts qui ont réalisé ce fastidieux découpage, véritable travail de titan. Il semble que ces hommes, soucieux de ne pas commettre d'injustices, aient vu un peu large dans leurs délimitations, d'où encore maintenant des parcelles sans doute incluses inconsidérément, ceci pour l'ensemble du vignoble national. Enfin, n'oublions pas que deux autres facteurs ne leur ont guère facilité la tâche :

- le Comité national des vins de France n'en était qu'au balbutiement. Rappelons qu'en sous-location dans les locaux d'une société d'eaux minérales, il n'avait pour tout personnel qu'un directeur, deux ingénieurs agronomes, trois dactylos et un garçon de bureau ;

– les premières délimitations ne se sont pas toujours déroulées sans quelques passe-droits. Certains viticulteurs puissants, proches des instances dirigeantes de la viticulture ou d'hommes politiques en vue, ont parfois bénéficié d'un indéniable favoritisme pour les attributions de certaines parcelles, voire d'une AOC.

Tout ceci explique qu'aujourd'hui pratiquement tous les crus classés ou bourgeois qui se sont considérablement étendus sont de fait en possession de parcelles d'une qualité très discutable. Même en tenant compte des importants travaux de drainage, celles-ci ne sont pas en mesure de produire des raisins dignes d'entrer dans la composition d'un grand vin. Seule solution pour assurer leur rentabilité, la commercialisation sous une autre étiquette, anoblie par le prestige du grand frère!

J'ai consulté le juge de paix, en l'occurrence les rendements autorisés par l'INAO pour le millésime 2000. Cette vérification m'a permis de constater que, pour les appellations margaux, moulis, saint-julien, pauillac, saint-estèphe et graves de pessac-léognan, ils ont été de 58 hectolitres/hectare, soit 7 000 bouteilles environ, et pour Pomerol et saint-émilion grand cru, seulement 51 hectolitres/hectare, soit 6 500 bouteilles.

Sans doute quelques marques ont-elles récolté un peu moins, mais sûrement pas la majorité (les déclarations de récoltes consultables en mairie sont à même de le démontrer). Certaines d'entre elles, notamment pauillac, mettent parfois de la mauvaise volonté pour les communiquer, mais avec un peu d'insistance on y arrive, et pour cause, elles n'ont pas le droit d'opposer un refus.

Les superficies en production des crus classés du Haut-Médoc et d'une élite de grands bourgeois sont suffisamment importantes pour permettre de vendre sous deux ou trois étiquettes, sans trop nuire à la renommée du grand vin. Soixante-dix châteaux entrent dans cette catégorie. Leurs superficies parlent d'elles-mêmes :

– 12 Châteaux comptent de 25 à 34 ha (représentant une production d'environ 180 000 bouteilles) ;
– 8 totalisent entre 35 et 49 ha (220 000 bouteilles) ;
– 14 ont une superficie comprise entre 50 et 59 ha (320 000 bouteilles) ;
– 9 s'étendent entre 60 et 70 ha (400 000 bouteilles) ;
– 7 comprennent de 75 à 84 ha (500 000 bouteilles) ;
– 5 possèdent un patrimoine viticole allant de 85 à 95 ha (580 000 bouteilles) ;
– enfin quatre frôlent ou dépassent les 100 ha (650 000 bouteilles).

Parmi les onze restants, possédant une superficie inférieure à 25 ha, il n'y a que trois marques susceptibles d'atteindre des cours honorables à la sortie des primeurs :

– Langoa Barton;
– Saint-Pierre;
– Monbrison.

Les huit autres n'offrent qu'un intérêt restreint :

- Malescot Saint-Exupéry ;
- Marquis d'Alesme Becker ;
- Haut-Batailley ;
- Pédesclaux ;
- Boyd-Cantenac ;
- Pouget et Ferrières ;
- Cos Labory.

Rien de très excitant dans ce peloton de queue où la spéculation est pour le moins hasardeuse.

On peut classer les seconds vins en plusieurs groupes :

- ceux pouvant être considérés comme inclus dans les premiers, par la nature des parcelles dont ils sont issus, et tant leurs conditions de production et d'élevage sont draconiennes. Entrent dans cette catégorie :
  - Le Pavillon Rouge du Château Margaux ;
  - Les Forts de Latour ;
  - Le Clos du Marquis ;
- viennent ensuite mais un ton en dessous :
  - Bahans de Haut-Brion ;
  - Le Petit Mouton de Mouton Rothschild ;
  - Le Petit Cheval de Cheval Blanc ;
  - Les Carruades de Lafite Rothschild ;
  - La Dame de Montrose ;
  - La Chapelle de La Mission Haut-Brion ;
  - Les Fiefs de Lagrange.

Notons qu'un nom bien choisi est souvent un atout commercial. On pourrait citer La Demoiselle de Sociando, antérieurement Lartigue de Brochon (très commercial comme on s'en doute), La Réserve de La Comtesse ou Les Pensées de Lafleur.

L'élaboration d'un second vin après dégustation de l'ensemble des cuves du Château par le propriétaire, le maître de chai ou l'œnologue, peut être issue des cuves les moins réussies. C'est la meilleure façon d'obtenir une bouteille digne de porter son étiquette. Mais le plus souvent, il provient du vin produit par les moins bonnes parcelles, les jeunes vignes ou encore des raisins dont la maturité n'a pu être atteinte (cas des cabernet-sauvignon dans les années tardives).

C'est pourquoi je vous conseille de ne jamais acheter un second vin dans un petit millésime et, dans la plupart des cas, de préférer un excellent cru bourgeois à une marque secondaire. Une récente dégustation a démontré la justesse de ce conseil.

LES COURS DU VIN BORDELAIS OU LE TROMPE-L'ŒIL

Hormis les catastrophes naturelles ayant très durement endommagé l'ensemble des appellations des Côtes du Rhône et du Languedoc-Roussillon pour le millésime 2002, la quasi-totalité du vignoble français a connu pour les cinq dernières récoltes une situation que l'on peut qualifier de favorable tant quantitativement (sauf pour certaines AOC en 2003) que qualitativement. Effet particulièrement ressenti sur les trois régions phares : Bordelais avec des points forts en 1999, 2000 et 2002, Bourgogne où l'on distingue les années 1999 et 2002 et enfin la Champagne où émergent nettement les années 1999 et 2002.
En dépit de ces conditions de production très bénéfiques aux viticulteurs, il est apparu aux consommateurs que les prix, loin d'être stables ont, au contraire, subi des paliers de hausse importants, excepté pour quelques génériques* difficilement négociables.
Lorsqu'on se penche sur cette commercialisation propre au Bordelais, on constate que la plupart des Châteaux vedettes, lors de la mise sur le marché des deux premières tranches de primeurs, ont parfois tendance à réduire comme une peau de chagrin les quantités proposées au commerce, d'où l'étonnement des acheteurs.
Ce changement tient à deux facteurs :

- Les Châteaux en renom de la rive gauche (Haut-Médoc et Graves de Pessac-Léognan), dans l'objectif d'une très bonne note par Robert Parker et le *Wine Spectator*, avec des vins plus concentrés, ont modifié une des plus vieilles conceptions commerciales girondines. Leur technique consiste à considérablement augmenter le pourcentage des seconds vins au détriment des premiers, créant un phénomène de rareté propre à faire monter les prix en engendrant une espèce de déséquilibre dans l'échelle des valeurs. N'allez surtout pas croire qu'en agissant ainsi, ils ont réduit leur marge bénéficiaire. À Bordeaux, « comme les chats, on retombe toujours sur ses pattes »! Dans cette spirale inflationniste, les seconds et les troisièmes vins ont allègrement suivi cette ascension. J'attends toujours de lire sur l'étiquette des premiers et des seconds, le nombre de flacons concernés (jéroboam*, double magnum, magnum, bouteille et demi-bouteille), mais comme sœur Anne, je ne vois rien venir! Ce phénomène est moins remarqué sur la rive droite (Saint-Émilion et Pomerol) où les propriétés plus réduites ne permettent guère un fractionnement de la récolte.
- La diminution des volumes est aussi due, pour une large part, à la fameuse vendange en vert qui ampute la récolte d'environ 20 %. Avec la sagesse paysanne qui caractérise les gens de bon sens, un vieux vigneron bourguignon, en parlant des raisins, m'a dit : « On ne peut pas les y enlever et les y avoir encore! »

En retirant les 2 % de crus ne pratiquant pas la vendange en vert, la rive gauche avec les AOC haut-médoc, margaux, moulis, saint-julien, pauillac, saint-estèphe et graves de pessac-léognan, ne compte qu'une soixantaine de Châteaux bénéficiant de la plus haute notoriété parmi lesquels – outre les crus classés – on recense huit bourgeois, un vin de garage et six secondes étiquettes.
Ces marques commerciales, dont le nombre de pieds à l'hectare varie entre 6 000 et 10 000 (la majorité) avec six paliers intermédiaires, s'étendent sur 2 802 ha en comprenant 24 910 500 ceps de vignes.
Rive droite : j'ai vainement cherché les domaines hostiles à la vendange en vert. (Pour se donner bonne conscience, certains prétendent ne pas la faire systématiquement!) Elle regroupe une petite cinquantaine de raisons sociales à Saint-Émilion et Pomerol, en y incluant la star des côtes-de-bourg, Roc de Cambes, ayant un nombre de pieds à l'hectare variant entre 5 000 (deux châteaux) et 6 500 avec une majorité à 5 500 et surtout 6 000 (vingt-six). Elle couvre 658 ha regroupant 3 871 000 pieds de vignes.
Pour les deux rives, on arrive à un total de 28 781 500 ceps de vignes sur lesquels les domaines pratiquent la vendange en vert, en les amputant des 1/5 de la future récolte à chaque millésime (c'est à peu près le pourcentage si l'on tient compte de la réaction de la vigne, due au phénomène de compensation).
Les concepteurs d'un nouveau style de vin ont oublié que ce n'est pas la concentration à outrance, mais la finesse qui a fait la réputation mondiale des grands vins de Bordeaux. J'ai souvent l'occasion de boire de très vieux crus classés, provenant même d'années réputées généreuses, notamment le Château Ducru-Beaucaillou 1970, époque où M. Jean-Eugène Borie ne pratiquait pas la vendange en vert, ni l'osmose inverse* et pourtant, ce vin est encore remarquable. Cela démontre que les anciens, bien que vinifiant parfois avec les moyens du bord, n'étaient pas aussi stupides que l'on voudrait nous le faire croire aujourd'hui.
À la lecture de ces lignes, je m'attends à une levée de boucliers. On va bien sûr me rétorquer qu'en 2001 – voire en 2002 – pour certains crus, les primeurs ont bien baissé. Entièrement d'accord. Je répondrai que, lorsqu'un produit, sans raison apparente, augmente d'un seul coup de près de 200 %, seulement en fonction d'un calendrier providentiel où les deux zéros sont arrivés à point nommé, il est facile ensuite, sans mettre son entreprise en péril, d'annoncer 30 à 40 % de baisse.

J'ACHÈTERAIS BIEN LE CHÂTEAU, MAIS Y A-T-IL UN GARAGE ?

Tout a commencé un peu avant les années quatre-vingt, avec un astucieux Belge, Jacques Thienpont, dont la famille était déjà présente dans le vignoble bordelais depuis plusieurs générations. Elle possède, entre autres, l'une des meilleures propriétés de Pomerol : le Vieux Château Certan. M. Jacques Thienpont eut l'idée d'acheter un petit vignoble pas trop mal placé, qui avait vécu dans l'anonymat le plus complet durant le temps où il était la propriété de Mme Laubie, qui le détenait pourtant depuis 1924. Il le baptisa tout bonnement « Le Pin », sans doute en raison d'un arbre masquant un très modeste pavillon aux allures de ceux construits dans la région parisienne en 1928, grâce aux avantages de la loi Loucheur, disposant néanmoins d'une petite cave (j'ignore si elle existait déjà à l'acquisition). Il fut considéré comme le premier vin de garage, bien que le terme ne fût pas encore utilisé à l'époque.

Lors de son achat, le domaine ne faisait qu'un hectare. Aujourd'hui, en raison de trois acquisitions successives, il en compte 2,04. Comme l'a si bien écrit Bernard Ginestet dans *Le Grand Bernard des vins de France* : « Cette conquête fait penser aux mètres carrés que les Grimaldi parviennent à arracher chaque année à la mer depuis leur Rocher de Monaco. »

En raison d'une vinification astucieuse, de techniques nouvelles et pendant longtemps avec l'aide de fûts neufs, bénéficiant d'une chauffe forte (brûlage des douelles*), ce vin particulier aux arômes de fruits exotiques et de notes toastées, a occupé une place à part dans l'appellation pomerol.

Il n'en fallut pas plus pour séduire Robert Parker. Les notes et le snobisme aidant, Le Pin a réussi à détrôner Pétrus, non qualitativement, mais dans le cœur d'une poignée de milliardaires américains et asiatiques, allant jusqu'à occuper dans les mercuriales, la place enviée de vin le plus cher du Bordelais. Il allait perdre ce rôle avec l'arrivée, plus tard sur le marché, du Château de Valandraud, dont le propriétaire fut le créateur incontesté des « vins de garage ».

Le terme de vins de garage, dérivé d'un concept américain, qualifiant d'infimes productions en vins de boutique, a donné des idées nouvelles à Jean-Luc Thuvenin, petit négociant à Saint-Émilion, qui n'en manquait pas. Ne possédant pas de cuverie, à ses débuts il vinifiait et entreposait ses barriques dans ce local où avaient également lieu les dégustations, d'où la vulgarisation de ce vocable. À défaut d'être œnologue, agronome ou géologue, ce dernier qui avait le sens du commerce en lui s'est dit qu'il avait peut-être là une merveilleuse manne à exploiter pour engranger rapidement d'importants bénéfices et, du même coup, devenir la star médiatique du vin. Possédant un peu plus de 2 ha de vignes très quelconques, il a vu se dessiner à l'horizon l'espérance d'une gloire naissante.

Pour réaliser son rêve, il lui fallait dans un premier temps avoir plusieurs cordes à son arc : mettre la presse, la télévision et Robert Parker dans sa poche. Puis, aménager une minuscule cuverie dans son garage pour créer une innovation originale et tenter d'agrandir son patrimoine viticole par quelques achats de terrains supplémentaires.

Très rapidement, son sens des relations publiques fit merveille. La presse et surtout la télévision, avides de sensationnel, tombèrent immédiatement dans le panneau. Robert Parker mit un peu plus de temps, mais arriva quand même suffisamment tôt pour ne pas rater le bateau !

Quant à la cuverie dans le garage, elle se révéla si géniale qu'elle vulgarisa le terme au-delà des espérances de son concepteur, au point de devenir un phénomène de société, non seulement sur la rive droite mais gagnant aussi le Médoc.

Il ne restait plus qu'à acquérir quelques hectares supplémentaires pour rendre l'opération bien juteuse. Thuvenin, très habile, évita tous les obstacles et réussit à agrandir son domaine de plusieurs hectares[1].

Sont-ils, comme l'ont écrit plusieurs journalistes – dont la connaissance des sols reste discutable –, d'un haut niveau qualitatif! Qu'il me soit permis d'en douter. Dans une AOC aussi célèbre que saint-émilion, les vignes très bien placées ne courent pas les rues. Lorsqu'une occasion d'en acquérir une se présente, il y a pléthore d'acheteurs. Forts de leur puissance financière, les Châteaux en renom sont aux premières loges pour postuler, quel qu'en soit le prix. Leurs propriétaires respectifs savent bien qu'ils en tireront toujours un bénéfice substantiel, même en ne les commercialisant qu'en second vin, en raison d'un classement n'autorisant pas toujours les extensions.

Mais le résultat est là. Le Château de Valandraud, grâce aux médias, à l'intelligence de son créateur et surtout avec l'aide de ceux qui croient encore au père Noël, est bien devenu actuellement le vin le plus rare et le plus cher de la Gironde, atteignant l'objectif fixé par son propriétaire.

Pour faire un athlète complet d'un vin de garage, rien de tel que le culturisme, en utilisant toutes les ficelles de la viticulture et de la vinification permettant aujourd'hui la concentration, pour se démarquer des autres et les écraser par sa profondeur et sa couleur, lors de la dégustation des primeurs en mars. Pour cela, rien de plus facile, le système bien connu a largement fait ses preuves avant Thuvenin :

- Commencer par retirer le maximum de raisins lors des vendanges en vert ! (Il prétend ne laisser au maximum que six grappes par cep, voire moins.)
- Puis procéder à l'effeuillage bien avant les vendanges pour provoquer un premier phénomène de concentration sur souche, privant le raisin de ses meilleurs composants qualitatifs, sorte de passerillage* (d'ailleurs récemment une émission de télévision sur France 5 avec Valandraud est venue conforter mes écrits), puis vendanger manuellement avec d'infinies précautions, pour éliminer (s'il en reste encore...) grume par grume celles qui ne sont pas tout à fait arrivées à maturité ou atteintes de pourriture.
- Procéder éventuellement à une seconde concentration du moût* par une méthode soustractive* telle que l'osmose inverse* ou la saignée*.

[1] Comme l'a si bien écrit un confrère : « Ce n'est plus un garage mais une concession. »

– Entonner les vins encore chauds (35 °C) pour faire la malolactique en barriques neuves ayant subi une chauffe forte lors de leur fabrication. Phénomène provoquant entre le bois et le vin, la réaction de Maillard[1]. Celle-ci crée la différence qui existe entre une viande bouillie et une viande rôtie, où il se produit une dégradation thermique des protéines amenant un goût caramélisé. Pour schématiser, elle fabrique des substances aromatiques, que l'on ne trouve pas dans une fermentation classique.
– Pour parfaire ce système, remettre le vin dans un deuxième fût neuf en utilisant le bâtonnage* ou le micro-bullage*.

Il ne reste plus qu'à attendre sereinement la dégustation de mars, pour juger ces vins plus aptes à être crachés que bus.

Quand une occasion de prendre de l'argent ou de se démarquer se présente, on assiste à la curée. Après Le Pin et Valandraud, on a vu arriver La Mondotte et La Gomerie. Ces deux vins créés de toutes pièces par deux crus mondialement connus : Canon-La-Gaffelière et Beauséjour Bécot, qui atteignent aujourd'hui sur le marché, des cours faramineux, très supérieurs à ceux des deux crus classés dont ils dépendent. Leurs propriétaires respectifs doivent se poser des questions, lorsqu'on évoque en leur présence l'échelle des valeurs. Ils oublient très vite ce raisonnement, en constatant le succès dû à deux catégories d'acheteurs : les ignares et les spéculateurs.

Aujourd'hui, les « vins de garage » sont tellement nombreux que je suis presque certain d'en oublier. Rien qu'à Saint-Émilion (outre les trois déjà cités), j'en ai compté trente-deux. Il y a encore plus fort avec le Château La Croix de Labrie. Son propriétaire qui n'avait pas de garage a poussé le bouchon un peu loin, en n'hésitant pas à faire photographier ses trois barriques dans son salon. Heureusement que le ridicule ne tue plus!

Dans les satellites, ce type de vin n'est pas en reste : deux à puysseguin-saint-émilion, un à saint-georges-saint-émilion. On en recense aussi en lalande-de-pomerol, et dans les côtes-de-castillon…

PETITE INFORMATION SUPPLÉMENTAIRE

À propos du Château de Valandraud, une publicité parue dans *L'Express* du 4 septembre 2003 a attiré mon attention. On y lit que son propriétaire, Jean-Luc Thuvenin, vient de vinifier un premier millésime en cuvée casher. D'après lui, ce vin est impressionnant, c'est le meilleur, le plus rare et le plus cher (je veux bien le croire). Il annonce 3 000 bouteilles dont seulement 300 pour le marché français. Le reste sera partagé entre les États-Unis, Israël et la Suisse, ce qui me paraît très bien ciblé. Reste le prix : 420 € la bouteille, soit la bagatelle de 1 260 000 €, c'est ce qui

[1] Chimiste du début du siècle.

s'appelle avoir le sens des affaires. Le prix de revient, même en faisant preuve de générosité, tourne autour de 32000 € hors impôt. Je crois que je vais acheter quelques rangs de vignes à Saint-Émilion et surtout un garage!
Et j'allais oublier qu'il y en a également à Pomerol.
Après avoir envahi la rive droite, ce procédé commence à conquérir aussi les gens du Médoc avec Haut Condissas et surtout Marojallia à Margaux.
L'ensemble de ces mini-crus représente à peine 200 ha. Certains sont si mystérieux que même le CIVB et les Comités régionaux par appellation que j'ai consultés avouent ne pas les connaître tous. Je plains le consommateur.
J'ai lu aussi que pour produire des vins s'apparentant à la haute couture, le terroir* était secondaire vis-à-vis de la technique de vinification. Après de telles réflexions on ne peut plus s'étonner de rien.
Il faut quand même reconnaître que les acheteurs ont une large part de responsabilité dans ce développement, voulant à n'importe quel prix se procurer ces raretés. Il faut seulement que la note accordée par l'avocat américain frise les 100. Comme quoi, de nos jours, le pouvoir des médias semble avoir plus de valeur qu'un diplôme d'œnologue ou un titre d'ingénieur agronome, voire de géologue. C'est sans doute vrai pour brûler les étapes, mais comme on dit à Marseille : « Cela ressemble bigrement à une galéjade! »
Dans le passé, assistaient aux dégustations des primeurs, uniquement les négociants agréés et des courtiers* confirmés pour se positionner sur leurs achats. Ces professionnels connaissaient parfaitement chaque propriété. Il leur arrivait même de goûter les vins en cours d'élevage pour en apprécier les qualités et en détecter les éventuels défauts.
Aujourd'hui, les choses ont bien changé. Le rendez-vous de mars – grande dégustation à laquelle la presse française et étrangère est conviée – est devenu un moment incontournable. C'est de lui que dépendra l'avenir financier de l'exploitation. L'obtention d'une bonne note videra le chai, mais le contraire peut aussi arriver… Participent aussi les acheteurs étrangers.
Ce qui m'amène à me poser une question : beaucoup de négociants étrangers sont-ils capables en quelques journées marathons (sauf exception) d'avoir une appréciation judicieuse identique à celle des hommes de terrain qu'étaient les anciens? On se croirait à Lourdes : c'est le miracle des bouteilles sélectionnées habilement par certains, instant fatidique où, à l'instar d'un prestidigitateur, les micro-cuvées sortent comme des lapins d'un chapeau. Les petits malins (suivez mon raisonnement) l'ont bien compris.
Il faut savoir qu'un échantillon bien choisi n'est pas représentatif de l'ensemble de la production d'un Château. C'est un peu comme un père qui aurait plusieurs filles à marier. En présence d'un riche prétendant, il cherchera toujours à placer la plus belle ou la plus intelligente.

Deux voies existent pour faire du vin : la traditionnelle consistant à traduire un sol et un climat collant le plus possible à la nature et à l'originalité sans pour autant faire fi de la technique ; la seconde, dont la vocation est de séduire à tout prix. Le drame c'est que les médias jugent parfois en quelques secondes plusieurs années de travail.

Le verdict de ces dégustations est toujours le même. C'est la méthode qu'il faut mettre en cause. Goûter une centaine de vins dans un temps limité – en général une petite matinée –, parfois plus pour Robert Parker, fait toujours ressortir le même type de produit (quel que soit le palais des dégustateurs) : volumineux, noir, tanique*, surmûri, très évolué avec des notes de goudron, de café torréfié et de pain d'épices, mais aucune liée aux fruits.

On doit constater que la tendance actuelle de l'appréciation de la qualité des vins n'est reflétée que par les multiples dégustations comparatives horizontales ou verticales, où les vins riches, surmaturés avec un boisé agressif, bénéficient d'un jugement plus favorable que les vins fins et élégants. On égalise par la technique, en gommant l'effet terroir. C'est d'autant plus facile que la plupart des « vins de garage » n'en ont pas ou guère. En terme d'affairisme, cela s'appelle « mélanger les cartes ».

LA BOURGOGNE

Depuis le jugement du 19 avril 1930, prononcé par le tribunal de Dijon, délimitant la Bourgogne légale, celle-ci s'étend sur quatre départements comprenant 49 446 ha d'AOC et 589 ha de vignes sans appellation (voir carte p. 257) :

- l'Yonne ;
- la Saône-et-Loire ;
- la Côte-d'Or ;
- le Rhône.

Elle part de Chablis pour se terminer aux portes de la périphérie de Lyon.
Le vignoble bourguignon couvre cinq grandes zones d'appellations :

- l'Yonne, comptant plusieurs petits îlots annexes : Irancy, Sauvignon-de-Saint-Bris, Côtes d'Auxerre, Bourgogne-Coulanges-la-Vineuse et son appellation vedette chablis ;
- la Côte-d'Or, avec les Côtes de Beaune et de Nuits, sans oublier les Hautes-Côtes de Beaune et de Nuits ;
- la Côte chalonnaise comptant six appellations : mercurey, montagny, rully, bouzeron, givry et les bourgognes du même nom ;
- le Mâconnais avec l'appellation vedette pouilly-fuissé et quatre mineures : pouilly-loché, viré-clessé, pouilly-vinzelles, saint-véran (sans omettre toute la série des mâcon-villages) ;
- enfin le Beaujolais, vaste secteur comptant pratiquement 23 000 ha en production, avec treize appellations, dont dix en crus : saint-amour, chiroubles, juliénas, morgon, chénas, brouilly, moulin-à-vent, reigné, côte de brouilly et fleurie.

L'YONNE

Au sommet de la hiérarchie chablisienne avec 5 209 ha, viennent tout naturellement les sept grands crus dont un ne mérite pas cette classification : Les Bougros. Je pense que le trio de tête tient dans les trois climats suivants : les Clos, les Vaudésirs (l'Adroit[1]), les Blanchots très très légèrement devant les Preuses, les Valmurs et les Grenouilles, avec une petite réserve sur la partie basse de ces dernières où, comme le nom le laisse entendre, les derniers rangs de vignes proches du Serein ont presque les pieds dans l'eau !

Une petite remarque, La Moutonne (marque déposée), bien qu'étant constituée de deux parcelles issues des Vaudésirs et des Preuses, n'est pas un grand cru.

Depuis le dernier regroupement fantaisiste, il existe quarante premiers crus dont au moins un tiers est totalement injustifié. Je les laisse de côté pour mentionner, parmi les valeurs sûres, les plus représentatives qualitativement, sans ordre de préférence, ce qui ne veut pas dire pour autant qu'une bonne douzaine d'autres ne mérite pas la considération.

- rive droite du Serein : Montée de Tonnerre, Chapelots, Mont de Milieu, Côte de Fontenay et (seulement en partie depuis les extensions) Fourchaume où l'une des parcelles de l'Homme Mort est remarquablement vinifiée par Adhémar Boudin ;
- rive gauche du Serein : Côte de Léchet, Vaillon (notamment ceux de Vincent Dauvissat) Forêts, Montmains, Seché et Les Butteaux (belle bouteille du Domaine Raveneau).

Lorsqu'on parle éthique et qualité, on retrouve toujours ces trois viticulteurs auxquels on peut ajouter, bien qu'un ton en dessous, Billot-Simon qui récolte en partie à la machine mais en contrepartie ne pratique pas la vendange en vert.

Dans mon dernier ouvrage, je me suis déjà très étendu sur les nouvelles délimitations, extensions et octrois de promotions, dont Chablis a fait l'objet dans le passé, avec la bénédiction de l'organisme garant des AOC qui ne doit pas être fier de son œuvre. Avec aujourd'hui plus de 4 500 ha en production, il semblait que la limite était atteinte… Eh bien, non, cela continue…

C'est l'un des vignobles les plus mécanisés pour le ramassage du raisin, au point que l'on peut pratiquement compter sur nos dix doigts les vignerons effectuant encore la cueillette manuellement.

On ne peut parler de chablis en oubliant le petit-chablis, vin de soif sans prétention, agréable pour accompagner des plats simples comme les escargots ou les cochonnailles. Communes de prédilection : Lignorelles, Villy, La Chapelle Vaupelteigne et Maligny où résident deux bons producteurs, Laventureux et Jean Durup.

[1] Lors de la création des AOC, pour certains climats la meilleure partie était signalée par ce terme concernant six lieux-dits.

Toujours dans l'Yonne, le sauvignon de Saint-Bris vient d'obtenir son AOC. J'aime celui de Jean-Hugues Goisot. Proche de ce secteur, il serait injuste de passer sous silence les vins d'Irancy au parfum de griottes. Deux bonnes caves, Jean Podor ainsi qu'Anita et Jean-Pierre Colinot.

LA CÔTE-D'OR

Au cours des siècles, le vignoble français a été très riche en histoire, mais dans ce domaine la Côte-d'Or occupe une situation particulièrement privilégiée.

La véritable Bourgogne est située uniquement sur le département de la Côte-d'Or. Une date importante a marqué l'histoire des vins de Bourgogne. En 1861, le comité d'agriculture de Beaune a procédé à l'établissement d'un plan statistique des vignobles produisant les grands vins de la région. Ce premier classement définissait avec précision la hiérarchie de tous les vins des Côtes de Beaune et de Nuits. Il suscita longtemps l'hostilité des vignerons mais, en raison de sa remarquable précision, il a servi de base à l'INAO pour fixer les délimitations actuelles des différentes appellations que nous connaissons aujourd'hui.

Sur les conseils inconscients d'André Vedel, haut fonctionnaire de la viticulture aux environs des années soixante-dix, les vignerons bourguignons, cédant au chant des sirènes, eurent recours aux apports intensifs de potasse. Il avait préconisé 2 400 kg/hectare de cet engrais dévastateur, quantité effarante qui allait quasiment détruire les potentialités aromatiques de ces parcelles exceptionnelles. Jusqu'au millésime 1990, la plupart des vins de la Côte-d'Or étaient devenus exagérément alcooleux. Il fallait les réacidifier à outrance en les tartricant* pour leur permettre de donner l'illusion qu'ils supporteraient un semblant de vieillissement.

L'arrivée d'une nouvelle génération de jeunes vignerons clairvoyants prenant les commandes des domaines familiaux et les conseils avisés d'un homme providentiel, amoureux des sols : Claude Bourguignon, mirent fin à ces erreurs, au point qu'aujourd'hui la Côte-d'Or a retrouvé son lustre d'antan, démontrant que le pinot noir et le chardonnay, associés à ces terroirs* d'exception, peuvent à nouveaux produire des bouteilles d'anthologie capables de traverser le temps sans dommages.

Les vignobles de la Côte-d'Or (hormis les génériques*), d'une superficie de 9 392 ha, sont aujourd'hui parmi les meilleurs du monde, d'autant plus que, contrairement à ceux du Bordelais, ils n'ont qualitativement pas de rivaux à l'étranger. Ce ne sont pas les ersatz produits en Australie, ni même, si bons soient-ils, ceux provenant de l'Oregon ou de Nouvelle-Zélande, qui pourront mettre en péril leur suprématie, pouvant tout juste être parfois du niveau d'une AOC villages peu cotée.

Dans cette région bénie des dieux pour les nouvelles générations de récoltants, la recherche de la qualité semble aujourd'hui être devenue le facteur primordial et je les en félicite. C'est pourquoi j'insiste sur les quelques points de détails à parfaire pour friser la perfection :

– J'aimerais voir disparaître les plants droits (pardon le pinot à port érigé!) subsistants, encore trop nombreux dans des climats réputés de la Côte de Nuits.
– À une époque où l'on trouve sur le marché une multitude d'excellents groupes d'embouteillage, je m'explique assez mal de rencontrer fréquemment dans la plupart des communes, des camions appartenant à des prestataires de services, équipés pour la mise en bouteilles industrielle. Ils travaillent, à la vue de tous, devant la porte des domaines. Dans de tels cas, les termes « mis en bouteilles devant la propriété » ou mieux encore « mis en bouteilles dans la rue » me sembleraient plus appropriés que « mis en bouteilles à la propriété ».
– Cela me fait mal au cœur de voir évoluer pendant la cueillette des machines à vendanger, même dans des grands crus (j'en ai été témoin à Puligny-Montrachet), et que l'on ne vienne pas me dire le contraire. Pour le millésime 2000, près de 2 100 ha sur les 9 100 composant le vignoble, soit 23 %, ont été récoltés mécaniquement, alors qu'en 1998, seulement 14 % l'avaient été de cette manière.
– Sous la poussée de plusieurs domaines de la Côte de Nuits, vivant dans l'aisance et soucieux d'avoir toujours de belles vignes bien vertes, on assiste à nouveau depuis quelques années à des dérapages, sous forme d'excès d'amendement à l'aide d'engrais organiques. Ces utilisateurs rétorquent avec juste raison, qu'il s'agit de produits 100 % naturels. C'est vrai, mais n'oublions pas que l'abus en toute chose peut devenir un défaut. Il va de soi que les partisans de la biodynamie (actuellement plus de trente en Côte-d'Or) ne sont pas concernés.
– Le subtil cépage pinot noir, lorsqu'il est implanté dans les Côtes de Nuits et de Beaune – seul vignoble au monde où il trouve en plus du climat ses superbes terroirs de prédilection – doit engendrer des raisins capables de produire des vins d'exception. Selon l'excellente définition d'un vigneron qui savait de quoi il parlait, Henri Jayer : « Les grands vins de Bourgogne, possédant à la fois finesse et élégance, ont toujours une jolie robe couleur rubis. » Au lieu de cela, on trouve aujourd'hui dans certains domaines de la Côte de Nuits, encensés par les médias à la recherche du mouton à cinq pattes, de grandes appellations concentrées à outrance, d'où des vins fatigants, tout juste bons, dans une dégustation, à être crachés. Ils ont une robe presque noire, s'apparentant plus à celle de la syrah qu'à celle du pinot noir. Sous l'égide d'un œnologue étranger, sont apparues de nouvelles techniques favorisant la concentration, tel l'apport de neige carbonique, permettant de

baisser considérablement la température des cuves en cours de fermentation. Cette pratique est censée apporter au vin une couleur intense, plus de gras et également des précurseurs aromatiques, capables de révéler toute une palette de petits fruits rouges. On oublie de dire qu'elle standardise les vins en gommant l'effet terroir* au bénéfice de la technologie.

Je remarque que les adeptes de ces techniques restent très discrets sur les possibilités de vieillissement du produit et, pour cause, ils n'ont aucun recul! Dans tous les domaines, œnologie comprise, il arrive que les chercheurs, avant d'obtenir la parfaite fiabilité d'un procédé, tâtonnent longtemps, ce qui semble être le cas.

– Enfin, messieurs les récoltants, mettez une pédale douce sur l'acide tartrique*. Je sais que maintenant une autorisation donne le double droit de procéder simultanément à la chaptalisation* et à la réacidification, mais pour cette dernière opération, pensez au terme « parcimonie ». On boit encore aujourd'hui trop de belles appellations (rouges et blanches) où le fruit est dominé par une acidité excessive. J'irai jusqu'à dire que, dans certains domaines, les estomacs fragiles en gardent parfois des traces.

Le vignoble des Côtes de Nuits et de Beaune se présente comme un véritable patchwork comprenant cent trente-deux appellations d'origine contrôlée, réparties sur trente-deux communes, en regroupant 1 498 lieux-dits appelés en Côte-d'Or climats[1], dont cinq cent vingt-deux en premiers crus et vingt-neuf en grands crus.

Pour tout simplifier, certains climats ont des parcelles classées en premier cru et d'autres simplement en villages. C'est notamment le cas à Vosne-Romanée avec les Réas ou les Damodes à Nuits-Saint-Georges : la liste n'est pas exhaustive. J'ajoute qu'un nombre assez important de lieux-dits et non des moindres, pourtant situés dans des communes différentes, portent le même nom sans pour autant toujours occuper la même classification. Les exemples ne manquent pas :

– Les Perrières sont simultanément grand cru à Aloxe-Corton, premier cru à Puligny-Montrachet, Nuits-Saint-Georges et Saint-Aubin, tout en n'étant que villages à Pommard;

[1] Le climat est le nom que l'usage collectif ou privé a donné à un morceau de terrain, de préférence producteur de premiers ou de grands crus, mais les lieux-dits n'ayant pas cette notoriété bénéficient du même privilège. Leurs noms ont des origines très diverses. Ils proviennent principalement de faits reposant sur certains éléments du passé :

– du type de végétation : les Charmes, les Blanches Fleurs, le Clos des Chênes, le Clos des Ormes;
– de la constitution des sols : les Perrières, les Lavières, le Clos de la Roche, les Grèves;
– de la configuration du terrain : la Grande Rue, la Pièce sous le Bois, l'Île des Vergelesses;
– de l'identité d'un ancien propriétaire : le Clos du Roi, le Chambertin (le Champ de Bertin), Derrière chez Édouard, etc.

- Les Bressandes sont respectivement grand cru à Aloxe-Corton et premier cru à Beaune. Même situation pour les Grèves ;
- Les Caillerets, curieusement, bien qu'en étant sur trois villages – Chassagne-Montrachet, Puligny-Montrachet et Volnay –, sont tous en premiers crus ;
- La Romanée, grand cru à Vosne-Romanée, va en dégradant puisqu'elle n'est que premier cru à Chassagne-Montrachet et à Gevrey-Chambertin, où elle peut également être commercialisée sous le nom de Poissenot ;
- On pourrait encore en citer beaucoup, mais dans ce domaine, la palme revient incontestablement aux Charmes : grand cru à Gevrey-Chambertin, premier cru à Morey-Saint-Denis, Chambolle-Musigny et Meursault, tout en n'étant modestement que villages à Puligny-Montrachet et Santenay.

On comprend mieux le désarroi du consommateur, lorsqu'il est placé devant un tarif ou une carte des vins. Il lui est pratiquement impossible de faire même un semblant de sélection. En revanche, il m'est apparu plus facile, pour aider le lecteur à naviguer dans les méandres du vignoble de la Côte-d'Or, de disséquer, pour la majorité des communes, les particularités de certains climats. Il faut cependant préciser qu'un grand vinificateur arrive très souvent à suppléer les petites déficiences d'un terroir* par un apport de connaissances agronomiques et œnologiques supérieures à certains de ses collègues pourtant mieux lotis parcellairement.

CÔTE-DE-BEAUNE

Dezize-lès-Maranges, Sampigny-lès-Maranges, Cheilly-lès-Maranges

Ces trois villages du sud de la Côte de Beaune, frontaliers de la Côte chalonnaise, signent l'arrêt de la Côte-d'Or. Ils comptent quatre premiers crus dont un à cheval sur les trois communes Lès Maranges avec une superficie de 52,41 ha. Il semble que ce cru bien exposé soit le meilleur, notamment les parcelles situées sur Dezize, bien exploitées par le Domaine Edmond Monnot.

Santenay

Parmi les douze premiers crus (dix-huit avec l'ensemble des dénominations pouvant être revendiquées sur la déclaration de récolte), quatre semblent offrir plus d'homogénéité :

- les Gravières ;
- le Clos de Tavannes ;
- le Passe-temps ;
- le Clos Faubard.

En appellation villages, les Hates produisent parfois des vins proches de la catégorie supérieure, notamment ceux du Domaine Muzard Frères.

Chassagne-montrachet

Chassagne avec Puligny ont été autorisés à adjoindre le nom de Montrachet par décret républicain du 27 novembre 1879. Cette importante commune viticole produit simultanément des vins rouges et des vins blancs. Elle a le privilège de compter l'intégralité d'un grand cru – les Criots Batard Montrachet (1,57 ha et une bonne note pour celui de Fontaine Gagnard) – et quasiment la moitié de deux autres mondialement connus, qu'elle partage avec le village voisin Puligny-Montrachet, en l'occurrence le Montrachet et le Batard Montrachet (11,86 ha, dont pratiquement la moitié sur chaque commune).

Dans cette municipalité, il y a pratiquement autant de premiers crus que de climats ne pouvant prétendre qu'à l'appellation villages. Parmi les premiers crus produisant des vins blancs, j'avoue avoir une préférence pour les Ruchottes, la Romanée et les Caillerets. Pour ce dernier, surtout ceux produits par le Domaine Fontaine-Gagnard. En rouge, incontestablement les deux meilleurs lieux-dits sont le Clos Saint-Jean et la Boudriotte, entre autres la partie vinifiée par les petits-fils du grand ancien Pierre Ramonet.

On sera peut-être étonné de constater que j'ai omis de citer le climat des Morgeots qui, selon l'emplacement des parcelles, peut prétendre, lors des déclarations de récoltes, à vingt et une dénominations, la plus importante étant Les Brussonnes. Assez étendu, ce lieu-dit descendant bien bas regroupe des terroirs* très hétérogènes, certains valant tout juste mieux qu'un générique*. En revanche, la partie nommée l'Abbaye de Morgeots mérite d'être incluse dans les valeurs sûres (vignes appartenant presque en totalité au duc de Magenta et maintenant commercialisées par l'excellente maison Louis Jadot). Dans ce climat, plus qu'ailleurs, pour certaines unités cadastrales, le talent du vinificateur peut prévaloir sur l'état des sols.

Puligny-montrachet

Cette petite commune, véritable berceau des illustres vins issus du chardonnay, a l'insigne honneur de produire un large pourcentage des plus grands vins blancs secs* et aromatiques du monde. Seuls, l'hermitage, quelques superbes riesling et deux ou trois graves exceptionnels de Pessac-Léognan peuvent, lors de millésimes d'anthologie, leur tenir la dragée haute. Je pense à Haut-Brion, Laville Haut-Brion et Pape Clément.

Elle compte deux grands crus en intégralité :

- le Chevalier Montrachet (6,31 ha), vin d'une incomparable finesse. J'aime particulièrement ceux du Domaine Leflaive et aussi les bouteilles de Michel Niellon et de la Maison Bouchard Père et Fils, et Chevalier Montrachet Les Demoiselles (1,02 ha), avec une très belle bouteille des Domaines Latour ;
- le Bienvenues Batard Montrachet (3,68 ha), sans doute un ton en dessous de trois autres grands crus, mais cependant digne d'intérêt lorsqu'il provient des trois domaines suivants : Leflaive, Ramonet et Carillon.

Puligny-Montrachet possède aussi un peu plus de la moitié de deux autres grands crus, à cheval sur deux villages.

Le montrachet repose sur une superficie de 7,99 ha et 80 centiares, dont les connaisseurs du monde entier doivent malheureusement se satisfaire. On comprend maintenant pourquoi seuls très peu de privilégiés ont eu la chance d'en boire un jour. À titre indicatif, entre 1990 et 2002, la moyenne annuelle des rendements a atteint 36427 bouteilles, toutes propriétés confondues. Pour avoir dégusté à plusieurs reprises les vins des domaines les plus en vue, je suis en mesure de penser que quatre récoltants forment un quarté qualitatif : la Romanée-Conti, les Comtes Lafon, Bouchard et Ramonet. À noter que huit des seize propriétaires en possèdent à eux seuls 7,42 ha et 42 centiares. Ce sont respectivement : le Marquis de Laguiche (2 ha 0,6 a 25 ca) commercialisé par la maison Drouhin, le Domaine du Baron Thénard (1 ha 83 a 31 ca), le Comte René-Marc Régnault de Beaucaron (79 a 98 ca) distribué par la maison Louis Latour – qui par contrat en rétrocède à trois autres maisons de commerce –, la Maison Bouchard (88 a 94 ca), le Domaine de la Romanée-Conti (67 a 59 ca), le Domaine Jacques Prieur (58 a 63 ca), le Domaine des Comtes Lafon (31 a 82 ca) et le Domaine Ramonet (25 a 90 ca), et ce en quinze parcelles. Décidément, la Bourgogne n'est pas très simple.

Parmi les quinze premiers crus, le mieux placé qualitativement (même veine de terrain que le Montrachet) est les Caillerets, une partie (1 ha) est en grand cru Chevalier, suivi sans ordre de préférence par les Pucelles (sauf le Clos du même nom, seulement en troisième catégorie en 1861), les Combettes, les Folatières, le Clos de la Mouchère et les Perrières.

Selon moi, les cinq meilleures bouteilles de premiers crus de cette commune, sont :

- les Caillerets (Domaine de Montille) ;
- les Pucelles (Domaine Leflaive) ;
- les Combettes (Domaine E. Sauzet) ;
- les Perrières (Domaine Carillon) ;
- le Clos de la Mouchère (Domaine Henri Boillot).

La situation géographique des appellations communales n'est guère brillante. Elles occupent des parcelles situées dans la plaine, bien en dessous des coteaux. Les noms attribués dans le passé à plusieurs d'entre elles semblent me donner raison. Ils paraissent plus en phase avec l'agriculture qu'en rapport avec la viticulture. Je laisse le lecteur seul juge : les « Grands Champs », la « Rue aux Vaches », les « Petits Champs ». Seuls deux climats méritent de la considération : les Enseignères et les Charmes (voisin direct des Meursault Charmes).

Il faut aussi dire un mot sur un lieu-dit ne pouvant prétendre qu'à l'appellation bourgogne, les Houillères. Une révision en autorisant la partie haute à accéder à l'AOC supérieure pourrait se faire sans être taxée de favoritisme.

Quatre climats du hameau de Blagny peuvent prétendre à l'appellation puligny. L'un d'eux, classé premier cru, présente un certain intérêt, la Garenne ou sous la Garenne.

Meursault

Vaste commune englobant, elle aussi, une partie intéressante du même hameau de Blagny avec deux premiers crus à ne pas négliger : Sous le Dos d'Âne et la Pièce sous le Bois. Ce vignoble recouvre un grand nombre de climats. Vingt et un sont classés en premier cru, tous ne sont pas du mêmc niveau.

Meilleurs climats en blancs :

- les Perrières du dessous ;
- les Charmes du dessus ;
- la totalité des Genevrières ;
- les Bouchères ;
- le Poruzot du dessus ;
- le Clos des Perrières (il touche les Genevrières ; malheureusement de qualité très discutable).

Premiers crus blancs, dont une bonne partie semble attribuée généreusement :

- les Charmes du dessous (anciennement les Gruaches) ;
- les Perrières du dessus ;
- le Poruzot du dessous ;
- les Gouttes d'Or.

Dans cette dernière catégorie, pour faire un achat, il est indispensable de bien connaître l'emplacement des vignes et surtout de choisir avec discernement son vigneron, en sachant, que même dans ces parcelles, il peut y avoir de grands vins, si l'homme a du talent.

C'est une commune où pratiquement la moitié des lieux-dits classés en villages sont en coteaux et souvent particulièrement bien placés. C'est pourquoi beaucoup de domaines sur leur déclaration de récolte, par conséquent sur l'étiquette, font référence au climat.

C'est le cas des récoltants suivants :

- les Narvaux (Bernard Michelot) ;
- le Clos de la Barre (Comtes Lafon) ;
- les Rougeots (Coche Dury) ;
- les Tessons Clos Monplaisir (Jean-Marc Roulot) ;
- les Tillets (Patrick Javillier).

Meursault rouges : la majorité se trouve dans les climats les Santenots, qui, curieusement, ont droit à l'appellation volnay, premier cru. Dans ce secteur, j'aime le Volnay Santenots du Milieu du Domaine des Comtes Lafon.

Parmi les autres très bons lieux-dits, produisant aussi des vins rouges, je recommande les Cras d'André Brunet et la Pièce sous le Bois de la propriété Matrot.
Climats intermédiaires qualitativement :

- le Limozin ;
- les Meix Chavaux ;
- les Tillets ;
- les Luchets ;
- les Cromins ;
- le Clos Saint-Félix ;
- les Chevalières.

Nettement inférieurs :

- les Grands Charrons ;
- sous la Velle ;
- au Moulin Landin ;
- les Millérands.

Ne connaissant pas assez les autres lieux-dits, je m'abstiendrai d'émettre un jugement.

Auxey-duresses

Dans ce village, je regrette les vignes hautes, peu faites pour amener de la qualité. Deux premiers crus valables : les Duresses et le Clos du Val, et un autre plus discutable : les Écusseaux.

Monthélie

Quarante et un climats dont onze en premiers crus. Il semble que le meilleur soit les Champs Fulliot, mais il serait préjudiciable d'écarter Sur la Vesle, entre autres celui produit à dose homéopathique par le Domaine de Suremain et le Clos Gauthey où œuvre un bon vigneron, Paul Garaudet. Depuis une petite quinzaine d'années, ce village produit environ 10 % de vins blancs généralement d'un bon rapport qualité/prix.

Saint-romain

À une certaine époque, cette commune a bénéficié de l'appui de Roland Thevenin, personnage important dans les instances viticoles du département. Il avait aussi un négoce solidement implanté sur les lieux. Sans ce coup de pouce providentiel, elle serait sans doute encore aujourd'hui dans la zone des Hautes-Côtes de Beaune. Il n'y a toujours pas de premiers crus, pourtant les climats Sous le Château et Sous la Vesle situés à Saint-Romain-le-Haut pour les vins blancs me semblent assez proches de cette promotion. En disant cela, je pense en particulier à ceux vinifiés par Alain Gras. Les rouges sont sans aucun intérêt sur ce finage*.

Saint-aubin

Commune orientée différemment d'une large part de la Côte de Beaune, difficile à juger, ce qui ne semble pas avoir gêné l'INAO car bizarrement elle compte plus de premiers crus que d'AOC communales. Premiers crus émergeant sans être vraiment dominants :

- le Charmois ;
- les Combes ;
- les Murgers des Dents de Chien ;
- en Remilly ;
- les Pitangerets.

En appellation communale : les Pucelles du Domaine Roux.

Volnay

Là encore, plus de premiers crus que d'appellations communales. Une partie semble d'un niveau supérieur : les Caillerets, le bas du Clos des Chênes, notamment ceux appartenant au Domaine Lafarge, les Taillepieds dont deux grands vinificateurs donnent une belle image : le Domaine du regretté marquis d'Angerville et Hubert de Montille ; quant au Clos des Ducs, son vin est peut-être un peu tanique*.

Un petit ton en dessous, viennent les Champans, En Chevret et la Bousse d'Or. Enfin, pour leur élégance et surtout leur côté petits fruits, on pourra retenir les vins issus des Brouillards et des Mitans. La partie haute du Clos des Chênes, classée en premier cru, ne le mérite pas. Elle est tout juste au niveau des meilleurs villages, tels les Échards ou les Robardelles. Dans ce finage*, comme d'ailleurs pour la quasi-totalité de la Côte de Beaune, une dizaine de lieux-dits touchant en partie la route nationale 74, sont simplement de la qualité d'un bourgogne générique*. C'est le cas des parties inférieures des climats suivants :

- Grands Poisots ;
- les Petits Gamets ;
- Petits Poisots ;
- le Cros Martin ;
- les Famines ;
- les Lurets ;
- les Pasquiers.

Ainsi que pour trois climats du haut de la commune touchant une sorte de bois : Paux Bois, la Bouchère et en Vaux.

Ces petites imperfections mises à part, on peut considérer que le finage* de Volnay avec ceux de Meursault, Monthélie et surtout Chambolle-Musigny constituent incontestablement le meilleur quarté qualitatif pour acheter des AOC villages. En choisissant quand même avec minutie le climat de production, mais surtout le vinificateur capable de réussir là où la majorité échouera.

Pommard

Pour un étranger, phonétiquement ce nom passe bien et pourtant c'est l'un des villages de la Côte-d'Or où les ventes sont les plus difficiles et encore je ne parle pas de la grande restauration. Un sommelier en renom m'a dit : « C'est à peu près aussi facile à placer qu'un cercueil à deux places. » Je lui laisse la paternité de cette affirmation.

Au fait, quels sont les meilleurs climats de cette commune? Indéniablement les Rugiens, mais seulement les bas car les hauts sont du niveau d'un villages. À ce propos, bien que je l'aie déjà écrit, je ne résiste pas à citer à nouveau la réflexion que m'a faite un grand vigneron de Chassagne-Montrachet, Edmond Delagrange, un jour où je lui posais une question sur ses vignes de Rugiens. Il me fournit alors plusieurs réponses évasives : « Elles sont bien placées, ce sont de bons Rugiens, ça fait de beaux vins. » Comme il voyait que manifestement je ne me satisfaisais pas de ces explications, il se décida enfin, ce qui me valut une vraie repartie de Normand : « Elles sont dans le bas des hauts! »

En dehors de ces lieux-dits, il y a aussi les Épenots, dont la meilleure zone, paradoxalement, ne se trouve pas dans les Grands Épenots, mais dans les Petits, ce terme n'est pas péjoratif, il n'a nullement trait à une qualité de terroir* inférieure, mais plus simplement à des rangs de vignes plus courts. À noter que le même cas existe à Chambolle-Musigny ou les Petits Musigny sont du même niveau que les Grands. Décidément, en Côte-d'Or, pour le profane, rien n'est facile.

Après ce petit aparté, voyons les autres premiers crus méritant ce titre :

- Le Clos des Épeneaux (oui l'orthographe est bonne!) appartenant en monopole* au Comte Armand et vinifié avec talent par Benjamin Leroux, digne successeur du sympathique Canadien, Pascal Marchand.
- Dans ce secteur, retenons aussi la très belle cuvée Dames de la Charité des Hospices de Beaune.
- Également d'un bon niveau, les lieux-dits les Arvelets et une partie des Pézerolles, celle ne tournant pas au nord où Hubert et Étienne de Montille font de belles bouteilles.
- Les climats de premiers crus touchant Volnay comme les Frémiers, les Jarolières, les Chanlins bas et les Combes ont un caractère androgyne, ils ne sont pas Pommard et pas plus Volnay.

Les appellations communales représentées par deux zones englobant respectivement vingt climats (au-dessus du village) et quatorze dont six touchant la route nationale 74, surtout les Perrières, les Levrières, les Chaffaud, la Rue au Porc (quel nom admirable à mettre sur une étiquette, il est vrai que plus haut un autre lieu-dit se nomme : la Vache!), la Croix Planet et le Poisot n'ont (sauf cas particulier dû au vinificateur) aucun intérêt. La plupart ne sont que des puits à vin. Bref, vous l'aurez compris, le Pommard n'est pas ma tasse de thé!

Beaune

Charité bien ordonnée commence par soi-même. En établissant en 1861 un classement par mérite des parcelles formant le vignoble des Côtes de Beaune et de Nuits, le comité d'agriculture de Beaune a mis ce précepte en exergue. On le constate aujourd'hui, la ville compte en effet plus de quarante premiers crus pour trente-deux appellations communales. Combien d'entre eux sont justifiés ? Certainement pas plus d'un tiers. Appartiennent à cette catégorie : les Grèves, le Clos des Mouches, les Bressandes, les Toussaints, les Teurons, les Cent Vignes (en partie) et aussi sans doute quelques autres que je connais moins bien.

Trois climats, les Épenottes, les Boucherottes et les Chouacheux n'ont rien à voir avec un premier cru, et pourtant ils le sont. Pour ce qui est des appellations communales, celles ayant résisté à l'invasion urbaine ne représentent aucun intérêt, notamment le Petit Îlot de Plaine bordant la route nationale 74, encastré entre un garage, des hôtels et des constructions. La ville, très ancienne place forte, est devenue au fil des ans une forteresse du négoce et ne recèle aucun domaine de qualité, ayant résisté à la puissance du commerce local.

Chorey-lès-beaune

Une vingtaine de climats communaux forme l'ensemble de ce petit village à droite de la route nationale 74, après la sortie de Beaune. Aucun premier cru, mais quelques vins rouges attrayants par leur bon rapport qualité/prix. En disant cela, je pense au monopole* d'un des meilleurs domaines de la Côte de Beaune : Tollot Beaut avec La Pièce du Chapitre (1,76 ha). Retenons aussi Aux Beaumonts, Les Champs Longs et Les Crais.

Savigny-lès-beaune

J'ai toujours eu un faible pour les vins de Savigny. Cette charmante bourgade faisant face à l'autoroute du soleil compte vingt premiers crus que je classe en trois groupes ; les deux meilleurs étant à mon avis La Dominode (surtout ceux de Jean-Marc Pavelot et Bruno Clair) et les Lavières pour lesquelles j'ai un faible lorsqu'elles proviennent du domaine Tollot Beaut.

Derrière, plusieurs climats retiennent l'attention :

- les Jarrons ;
- les Serpentières ;
- Champ Chevrey ;
- les Gravains ;
- les Guettes ;
- les Peuillets.

(Les trois derniers donnant des vins plus sur le fruit.)

En appellations communales, il paraît évident que les lieux-dits les plus appréciés sont dans la prolongation de premiers crus (même climat), cas des Peuillets, aux Fournaux, les Rouvrettes et les Petits Godeaux.

Moins bons secteurs :

- aux Petits et aux Grands Liards;
- Ez Connardises;
- Les bas Liards et encore en dessous la partie du vignoble bordant la route de Bouilland (secteur plus froid) comprenant le climat des Vermots, les Gollardes et les Goudelettes.

Depuis une quinzaine d'années, ce village a connu des extensions de plantations en chardonnay. Malheureusement, elles n'ont pas toujours été faites dans les parcelles bien adaptées à ce cépage, c'est-à-dire dans les Planchots de la Champagne, les Planchots du Nord ou les Bourgeots, où elles auraient eu mieux leur place que dans les Hauts Jarrons.

Pernand-vergelesses

Commune proche du secteur des Hautes Côtes de Beaune. Elle compte une partie du corton-charlemagne, grand cru dont ce n'est pas ici le meilleur emplacement. Depuis l'accession récente du Clos Berthet en premier cru, le village en compte six avec un leader incontesté, l'Île des Vergelesses, qui comme son nom l'indique, forme une île au milieu du climat des Vergelesses. Autre premier cru intéressant : les Fichots. Dans la vingtaine de lieux-dits ne bénéficiant que d'une appellation communale, il y a du choix. Allant du moyen au très bon, en passant par les stades intermédiaires.

Dans un passé remontant à une vingtaine d'années, Pernand-Vergelesses était aussi réputé que Bouzeron pour ses magnifiques aligotés, remplacés presque en totalité aujourd'hui par le chardonnay plus rentable. Il faut vivre avec son temps. J'ai un petit faible pour les vins blancs de ce charmant village (entre autres ceux du Domaine Rapet) qui fut longtemps administré par un de mes vieux amis, l'humoristique et talentueux Pierre Dubreuil.

Aloxe-corton

De même que Puligny ou Chassagne, Aloxe a lui aussi pu s'adjoindre le nom de son grand cru le 23 mars 1862. Commune assez prestigieuse, comptant près de 80 % des grands crus corton (142,93 ha) et corton-charlemagne (17,26 ha), dont le meilleur emplacement au lieu-dit la Croix de Pierre est occupé en partie par les vignobles de la maison Latour et moindrement – 8 ouvrées, soit un tiers d'hectare – par Coche Dury (deux très bons vinificateurs de cette AOC). Les climats bien représentatifs du corton sont les Bressandes et le Clos du Roi (28,14 ha) me semblant d'un niveau supérieur, puis viennent les Renardes (en partie) et le Clos des Cortons (monopole* Faiveley). Quinze climats en premiers crus dont trois ressortent nettement les Valozières, les Fournières et les Vercots (appartenant en grande partie à l'excellent Domaine Tollot Beaut). Les lieux-dits communaux bordant en majorité la route de Beaune-Dijon n'ont d'intérêt que sur la valeur du vinificateur.

Ladoix-Serrigny

Dernier village de la Côte de Beaune, il compte quelques parcelles des grands crus corton et corton-charlemagne (pas les meilleurs) :

- les Vergennes ;
- les grandes Lolières ;
- le Rognet de Corton ;
- une partie des Mourottes et des Hauts Mourottes.

Le reste étant en premier cru, catégorie comprenant cinq autres lieux-dits. On recense également une cinquantaine d'appellations villages très hétéroclites qualitativement.

LES HAUTES-CÔTES DE BEAUNE ET DE NUITS

Ces deux zones s'étendent respectivement sur vingt et seize communes, dont la plus réputée à cheval sur les deux appellations, Magny-lès-Villers où se trouve le meilleur Domaine Jayer-Gilles. Dans la zone des Hautes-Côtes de Beaune, le village de Nantoux, proche de Pommard, compte aussi un bon vinificateur : le Domaine Germain. En ce qui concerne la qualité des terroirs*, on peut aussi retenir la bourgade de Chaux, voisine de Nuits-Saint-Georges.
Une majorité de vins bien moyens et pour cause, plus de 90 % de ces deux appellations sont en vignes hautes et sont vendangées à la machine, deux facteurs allant à l'encontre de la qualité.

Côte de Nuits

Le Clos des Langres, sur la commune de Corgoloin, délimite la frontière avec la Côte de Beaune. Rien de spécial à dire sur les municipalités de Corgoloin, comprenant vingt-quatre climats et Comblanchien, patrie de la pierre du même nom aux innombrables carrières d'extraction. Ce village compte cependant vingt-sept climats, l'ensemble, c'est-à-dire cinquante et un lieux-dits, ne pouvant prétendre qu'à l'appellation côte-de-nuits-villages.

Premeaux-Prissey

Hormis trois climats classés en côte-de-nuits-villages, les autres lieux-dits bénéficient de l'appellation nuits-saint-georges, onze sont en premiers crus dont quatre dignes d'intérêt : le remarquable Clos de la Maréchale (longtemps monopole*

Faiveley), le Clos de l'Arlot (ce dernier possède une parcelle plantée en chardonnay), les Argillières et Aux Corvées. Quatre lieux-dits ne peuvent prétendre qu'à l'appellation communale. Les meilleurs semblent être la Plante au Baron et les Grandes Vignes, dont la partie la plus importante est en premier cru.

Nuits-saint-georges

Avant le décret républicain du 10 mai 1892, cette commune s'appelait Nuits-sous-Beaune. Jolie petite ville, comprenant deux secteurs bien distincts, avec des vins aux caractères diamétralement opposés. On peut vraiment dire qu'il y a deux Nuits-Saint-Georges :

– Le premier au sud est situé à cheval entre les habitations et le village voisin de Prémeaux. Il compte treize premiers crus, dont les plus en vue sont respectivement les Saint-Georges, les Cailles, les Vaucrains, les Porrets (avec son superbe clos qui n'en est plus tout à fait un car les murs ont disparu) et les Pruliers.
  Il serait injuste d'omettre les autres, les Chaboeufs, les Perrières (où sur 38 ares, le Domaine Gouges produit un excellent blanc issu du pinot[1]), la Roncière et le Procès. En appellations communales, je pense que les Hauts Pruliers, les Hauts Porrets et les Crots sont les plus représentatifs. Soulignons toutefois que la majorité des domaines assemblent les vins provenant de plusieurs climats villages pour homogénéiser leurs cuvées communales. Cette technique fait obligatoirement perdre la personnalité d'un climat, mais en revanche, elle permet d'obtenir de jolies bouteilles grâce à la complémentarité de chacune des parcelles concernées. Les vins de cette zone sont d'une garde étonnante grâce à la qualité de leurs tanins*, apportant la puissance en raison des particularités du sol et des sous-sols de ces terroirs*.
– Le second, au nord, est enclavé entre la ville et la commune de Vosne-Romanée, dont une partie du vignoble se trouve dominante du climat des Réas, sur lequel je reviendrai. Il compte douze premiers crus et treize appellations communales. Dans la première catégorie, incontestablement cinq lieux-dits surclassent les sept autres.

Ce sont avec de bons récoltants :

– la Richemone (surtout celle des domaines Alain Michelot et Perrot Minot) ;
– les Chaignots (domaines Alain Michelot et Mugneret-Gibourg) ;

[1] En 1937, Henri Gouges trouva dans son Clos des Porrets un cep de pinot noir garni de raisins blancs : phénomène comparable aux facteurs génétiques provoquant chez les humains l'albinisme. Ayant hérité de la passion des premiers hybrideurs et lui-même féru d'ampélographie, il se mit à prélever des greffons (certains ont été confiés à des stations d'expérimentation) qu'il replanta en pépinière, avant de les adapter définitivement dans ses vignes des Perrières, où ils trouvèrent un sol adéquat, d'où, aujourd'hui un superbe nuits-saint-georges blanc, descendant en direct d'un pied de pinot noir.

– les Boudots ;
– Aux Murgers ;
– les Damodes (domaine Jayer-Gilles).

En communales, les Champs Perdrix, les Perrières Noblet et la partie des Damodes encore villages représentent le meilleur.

Les vins de cette zone, s'apparentant à leurs voisins de Vosne-Romanée, ont une très grande finesse et beaucoup de fruit.

Il faut souligner qu'en 1936, lors de la création des appellations contrôlées, bien qu'il fasse partie des instances dirigeantes, le grand vigneron Henri Gouges, surnommé « le gendarme de la Bourgogne » en raison de son intégrité et de sa droiture, alors qu'il possédait les meilleures vignes du climat les Saint-Georges, avait refusé que ce lieu-dit soit concrétisé par l'octroi d'un grand cru. Cette preuve d'honnêteté, aujourd'hui oubliée, aurait mérité sinon un buste, du moins une plaque commémorative dans la ville.

Vosne-romanée

Elle a pu aussi adjoindre le nom de Romanée à compter du 11 avril 1866. En comptant six grands crus, dont la mythique Romanée-Conti, cette commune, avec Gevrey-Chambertin, est la plus représentative de la côte-de-nuits.

– Romanée-Conti (1,80 ha) : tout a déjà été dit sur ce vin de légende.
– La Tâche, englobant l'ancien lieu-dit les Gaudichots (6,06 ha). Certaines années, j'ai préféré ce cru à sa prestigieuse voisine.
– Le Richebourg (8,03 ha) : ce cru est l'un des meilleurs des six.
– La Romanée-Saint-Vivant (9,43 ha) : l'ensemble ne me paraît pas tout à fait homogène qualitativement, notamment les parties touchant le climat de la Croix Rameau et surtout celle jouxtant le lieu-dit Derrière le Four.
– La Romanée (0,84 ha) : c'est un monopole* que je n'ai eu l'occasion de déguster qu'à deux reprises.
– Dernier à avoir accédé à cette classification : la Grande Rue (1,42 ha) encastrée entre la Tâche et les trois lieux-dits suivants : Romanée, Romanée-Conti et Romanée-Saint-Vivant. Elle méritait cette révision du classement. Notons quand même que, durant une certaine période, ces vins ne furent pas toujours à la hauteur. Il paraît que tout est rentré dans l'ordre. J'en suis heureux pour le souvenir d'Henri Lamarche avec lequel j'ai passé de nombreux moments agréables, tant dans son petit caveau de dégustation, qu'autour de la table familiale, en devisant sur de très vieux millésimes de cette Grande Rue, si agréable à fréquenter à l'époque…

Onze premiers crus avec deux leaders incontestés : Les Malconsorts, surtout ceux de Sylvain Cathiard et le Cros Parantoux (pratiquement un Richebourg), climat révélé et mis en valeur par le grand Henri Jayer, et maintenu au meilleur niveau par son neveu Emmanuel Rouget. J'aime aussi, lorsqu'ils proviennent d'un bon vinificateur, les vins des Suchots du Haut et des Brûlées. Un premier cru très discutable, les Chaumes, et des réserves sur les Suchots du bas où l'eau stagne souvent durant certaines périodes de l'année.

Les appellations villages mises à part, en excluant Aux Réas et les Hautes Maizières, n'ont guère d'intérêt, notamment la quinzaine de climats bordant la route nationale 74 ou légèrement en retrait, qui ont pour noms :

- la Croix Blanche ;
- les Champs Goudins ;
- au-dessus de la Rivière ;
- la Colombière ;
- les Genavrières ;
- aux Jachées ;
- aux Communes ;
- Vigneux ;
- le Pré de la Folie ;
- aux Ormes ;
- aux Saules ;
- aux Bossières ;
- les Chalandins ;

Flagey-Échézeaux

Seule commune viticole située de l'autre côté de la route nationale avec deux grands crus (de triste mémoire, rappelons que les sinistres pinots droits, sur l'initiative d'un vigneron de la commune, sont partis de là) :

- Les Grands Échézeaux (9,14 ha) qui finissent encastrés dans les murs du Clos de Vougeot ;
- Les Échézeaux (on pourrait plutôt dire les « trop étendus » : 38 ha), ce grand cru recouvre, depuis son extension, onze lieux-dits. Les Treux et les Quartiers de Nuits sont d'un niveau nettement inférieur mais, avec l'aide d'un grand vinificateur du type d'Henri Jayer, ils sont capables de produire des bouteilles étonnantes. Je recommande tout particulièrement ceux des Domaines Jayer-Gilles, Philippe Engel, Méo Camuzet et Emmanuel Rouget.

Premiers crus et appellations villages sont commercialisés en Vosne-Romanée. Pour les appellations communales, je trouve bien moyen les Portefeuilles et les Violettes.

Vougeot

Un grand cru, et pas n'importe lequel, le célèbre Clos de Vougeot recouvre 50,59 ha, soit plus de trois fois la superficie des quatre autres climats classés en premiers crus et des deux appellations communales.

Les meilleures parcelles du Clos de Vougeot se trouvent à proximité du château, siège de la célèbre Confrérie des Chevaliers du Tastevin. Où les domaines suivants possèdent de bonnes parcelles :

– Méo Camuzet ;
– Étienne Grivot ;
– Philippe Engel ;
– Faiveley ;
– Georges Mugneret.

La partie basse donnant sur la route nationale donne des vins moins fins, bien que le niveau de la route ait été surélevé, sauf lors d'années très sèches du type de 1996 où la vigne n'avait pas souffert du manque d'eau.

En dehors de l'enceinte du Clos, j'aime les vins blancs produits sur le climat du Clos Blanc, qui, avec le Nuits Perrières de Gouges, représente les deux meilleurs blancs de la Côte de Nuits.

Chambolle-musigny

Encore une modification intervenue le 25 avril 1878 permettant d'accoler le mot Musigny. Remarquable village comptant deux grands crus :

– Les Petits et Grands Musigny (10,70 ha) dont plus des deux tiers appartiennent au même domaine, avec une minuscule parcelle produisant du vin blanc, pour moi sans intérêt mais commercialisé un prix fou en raison de sa rareté. Pour ne pas encourir de déception, faites confiance aux Domaines Georges Roumier et Jacques-Frédéric Mugnier.
– Les Bonnes Mares, climat à cheval sur deux communes : Chambolle-Musigny (13,54 ha) et Morey-Saint-Denis (1,51 ha). Ce cru magnifique est en partie séparé par un petit chemin délimitant deux sortes de sols. La partie haute repose sur des marnes blanches, tandis que la partie basse, la plus importante, se trouve sur des argilo-calcaires rouges. L'idéal pour des domaines ayant la chance de posséder des parcelles dans les deux consiste à les assembler. Deux domaines me paraissent réunir toutes les conditions : Georges Roumier et Robert Groffier.

Une vingtaine de climats sont classés en premiers crus avec un fleuron, surclassant l'ensemble :

– Les Amoureuses notamment celles de Robert Groffier.

Viennent ensuite sans ordre de préférence :

– les Charmes ;
– les Hauts Doix ;
– les Fuées ;
– les Beaux Bruns ;
– les Cras ;

– les Feusselottes (Georges Mugneret) ;
– les Baudes.

En appellations communales, plusieurs lieux-dits des bas situés sur des sous-sols de colluvion présentent un bon profil qualitatif. Quitte à me répéter, je considère qu'il s'agit du meilleur village pour une qualité homogène, quel que soit le niveau de classification. Enfin, surtout ne pas oublier la cave de Ghislaine Barthod.

Morey-saint-denis

Dernier en date, toujours par décret républicain, Morey est devenu Morey-Saint-Denis le 9 janvier 1927. Commune possédant des terroirs* de qualité avec entre autres (outre la partie des Bonnes Mares) quatre grands crus :

– le Clos Saint-Denis (7 ha) recensant deux récoltants de qualité : Domaines Dujac et Hubert Lignier ;
– le Clos de Tart (7,25 ha), monopole* de la maison Mommessin avec ses deux étages de cave. Il est revenu aujourd'hui à son meilleur niveau.
– le Clos de la Roche (17 ha) réparti sur huit lieux-dits qui a subi une grande extension. À l'origine, il ne faisait que 4,56 ha. Par une sorte d'opération miraculeuse, lors de la publication du décret d'AOC du 18 décembre 1936, les vignerons, devant le fait accompli, ont appris qu'il était généreusement passé d'un coup de baguette magique à 15,34 ha et ce grâce à l'intégration de climats mitoyens, faite sous la pression de récoltants voisins, soucieux d'accrocher leur wagon à ce bon convoi. En novembre, nouvelle extension avec l'incorporation de parcelles des climats Genaivrières et Chaffots, d'où sa superficie actuelle ;
– le Clos de la Roche (le vrai, 4,56 ha) compte une grande cave où malheureusement subsistent parfois quelques irrégularités, dans certains millésimes, le Domaine Jean-Marie Ponsot, mais le bonhomme est tellement direct et attachant qu'on lui pardonne volontiers quelques petites erreurs de parcours. Pour les autres parcelles, je recommande le Domaine Dujac ;
– le Clos des Lambrays (pratiquement 9 ha) regroupe trois climats. Pour accorder ce classement en grand cru, discutable pour l'ensemble, la commission de délimitation de l'INAO semble s'être appuyée sur la notion d'entité chère aux Bordelais. Contrairement à ce que la plupart pensent, ce n'est pas un monopole*, un petit domaine en possède toujours une très petite parcelle. Avec nostalgie, je pense encore aux bouteilles d'anthologie d'Albert Rodier et de Mme Cosson, en particulier à celles de 1921 et de 1947.

Dans les climats classés en premiers crus, bonne note pour les Monts Luisants, les Clos des Ormes et Bussières. D'autres méritent sans doute aussi d'être retenus. En appellations communales, les vins manquent un peu de caractère. Ils sont assez fermes et longs à s'épanouir, mais on a souvent tort de les juger comparativement à leurs voisins directs qui leur font beaucoup d'ombre ! Il est vrai qu'il s'agit de deux noms illustres : chambolle-musigny et gevrey-chambertin.

Gevrey-chambertin

Dans le passé, la commune s'appelait simplement Gevrey. Ce n'est qu'en vertu d'une ordonnance royale du 17 octobre 1847 qu'elle a été autorisée à accoler le nom de son grand cru Chambertin devenant à partir de cette date Gevrey-Chambertin. C'est l'une des villes les plus connues du vignoble bourguignon, qui a l'insigne privilège de compter neuf appellations en grands crus :

- chambertin-clos-de-bèze (15,38 ha) : avec une grande parcelle (environ 5 ha) appartenant au Domaine Damoy, dont il faut souligner la qualité actuelle ;
- chambertin : cru mitoyen, au sud du précédent (12,90 ha) comptant les excellentes propriétés Trapet, Rousseau, Dugat-Py et Denis Mortet ;
- latricières-chambertin (7,30 ha) : j'aime particulièrement ceux produits par Jean-Louis Trapet ;
- ruchottes-chambertin (3,30 ha) : avec son superbe Clos, monopole* du Domaine Armand Rousseau et des bonnes parcelles appartenant aux descendants de Georges Mugneret et à Michel Bonnefond (collectionneur de grands vins) vinifié par Christophe Roumier ;
- mazis-chambertin (9 ha), partagé en deux zones : les hauts d'un excellent niveau et les bas, touchant le modeste climat des Corbeaux, d'une qualité plus discutable. C'est l'emplacement de la cuvée Madeleine Collignon des Hospices de Beaune.

Sur le côté gauche de la route, remontant vers Morey Saint Denis, on trouve les quatre autres :

- chapelle-chambertin (5,48 ha), comprenant le lieu-dit les Gémeaux. Là encore, on retrouve Jean-Louis Trapet ;
- griotte-chambertin (2,69 ha) : vins d'une extrême finesse, justifiant bien leur nom, entre autres ceux de Claude Dugat et Jean-Claude Fourier, héritier d'un bon vinificateur, le père Fernand Pernot, appelé familièrement par ses amis vignerons « Le Popène » ;
- charmes-chambertin (12,29 ha) et mazoyères-chambertin (18,58 ha) : les vins produits dans ces deux climats peuvent, selon la déclaration de récolte, porter l'une ou l'autre de ces appellations. Depuis leur extension, ils sont pour une large partie indignes d'un grand cru. Je rappelle qu'au début du siècle, ces deux climats ne faisaient respectivement que 12,29 et 14,71 ha soit 27 ha, encore que ces lieux-dits ne fussent pour une large part qu'en deuxième et troisième cuvées et même non classés.

Aujourd'hui, l'ensemble fait 31 ha et descend jusqu'au bord de la route nationale 74. Cet agrandissement que rien ne justifiait, si ce n'est l'appât du gain, s'est fait en englobant des parcelles indignes d'un grand cru. C'est le cas des climats Champs Chenys et Aux Échézeaux (ne pas confondre avec ceux de Vosne-Romanée), tout juste bons à produire des vins, dont la seule qualité tient essentiellement au fait qu'ils sont dans une commune ayant eu un bon président de syndicat.
Gevrey compte également vingt-huit premiers crus, dominés par le remarquable Clos Saint-Jacques, plus digne d'être grand cru que les deux précédemment cités. Ses 6,70 ha appartiennent à cinq propriétaires aussi bons les uns que les autres : Rousseau, Esmonin, Jean-Claude Fourier, Bruno Clair et Jadot. Derrière viennent les Cazetiers, où je note plus particulièrement ceux du Domaine Faiveley, la Combe aux Moines, les Lavaux Saint-Jacques et les Combottes, où je relève la parcelle appartenant au Domaine Dujac. Un petit ton en dessous, les Verroilles, les Étournelles, la Petite Chapelle, le Fonteny et le Clos Prieur.
Les appellations communales sont représentées par soixante-sept climats dont trente et un au-delà de l'ancienne route impériale. Sans le providentiel passage de la ligne de chemin de fer Paris-Lyon, on se demande ce qui aurait pu contenir l'ardeur des vignerons du cru ! Dans cette dernière catégorie, il semble que les meilleurs climats se trouvent sur la commune voisine, Brochon (bénéficiant de la même AOC), ou en limite de celle-ci. Cela semble logique, car, avant l'extension de la commune ils étaient partie intégrante sur la même veine de terre que les grands crus dont ils sont, bien que d'un niveau inférieur, les voisins en continuité. Je pense aux lieux-dits suivants :

- les Jeunes Rois ;
- le Créot ;
- les Meix Bas ;
- les Champs Perriers.

Pour l'importante zone, au-delà de la route nationale, trois climats situés sur les sous-sols de colluvion émergent :

- les Justices ;
- le Creux Brouillard ;
- les Crais,

mais pour l'ensemble, seule la qualité du vigneron peut prévaloir.

Fixin

Avant-dernière commune de la Côte de Nuits avant Dijon, cette agglomération compte soixante-sept climats dont une dizaine en premiers crus avec, semble-t-il, quatre dominants :

- le Clos du Chapitre ;
- les Arvelets ;

– le Clos Napoléon ;
– les Hervelets (où l'un des bons vinificateurs possède une parcelle : le Domaine Berthaut).

Marsannay-la-Côte

Jadis réputée pour ses vins rosés, cette municipalité produit maintenant des rouges intéressants, entre autres ceux de Bruno Clair et également un marsannay blanc bien vinifié par un spécialiste des grands vins rouges : Jean-Louis Trapet. Cette commune englobe aussi les vignes du village de Couchey et ce qui subsiste de vignes à Chenove, petit à petit grignoté par l'urbanisation de Dijon.

Dernière recommandation : négliger les appellations génériques* bourgogne et bourgogne passetoutgrains. Ces vins récoltés à 90 % au-delà de la route nationale 74, sauf de très rares exceptions dues au talent du récoltant, représentent le plus mauvais rapport qualité/prix de toutes les AOC.

IL FAUT AUSSI PENSER À SE RESTAURER...

Toutes les dégustations donnent faim. Une bonne raison pour indiquer quelques tables méritant une halte.

Côte de Beaune

- *Ma Cuisine* : passage Sainte-Hélène à Beaune, tél. : 03 80 22 30 22.
  (Fermé mercredi, samedi et dimanche.)
  Beau choix de vins et cuisine du marché au tableau noir. Seule petite réserve, le patron a parfois beaucoup de caractère...
- *Le Charlemagne* : route des Vergelesses, 21420 Pernand-Vergelesses, tél. : 03 80 21 51 45.
  (Fermé mardi et mercredi.)
  Deux anciens du trois étoiles *Lameloise* réalisent une cuisine sortant un peu des sentiers battus dans un cadre contemporain au pied des vignes du corton-charlemagne.
- *La Régalade* : 164 bis, route de Dijon (aux portes de la première sortie de l'autoroute en venant de Paris), tél. : 03 80 22 45 95.
  (Fermé dimanche et lundi midi.)
  Très bons produits frais abondamment servis en compagnie des vignerons du cru.

Côte de Nuits

- *Lasset* : place de l'Église à Flagey-Échézeaux, tél. : 03 80 62 88 10.
  (Fermé dimanche soir et mercredi.)

Dans ce village viticole placé du mauvais côté de la route nationale 74, cet ancien chef d'une grande compagnie transatlantique réalise une bonne cuisine classique très appréciée de la clientèle étrangère.

• *La Toute Petite Auberge* : route nationale 74 à Vosne-Romanée, tél. : 03 80 61 02 03. (Fermé mardi soir et mercredi.)
Toute une série de menus très intéressants et une très belle gamme de vins de propriétés bien choisis par Franck Boyer.

MIEUX CONNAÎTRE LE VIGNERON

Cet ouvrage ne veut surtout pas entrer dans des détails à n'en plus finir sur la personnalité et les mœurs des viticulteurs de toutes les régions viticoles. Mais il m'a paru indispensable de décrire le vigneron de la Côte-d'Or. Son comportement échappe à toutes les règles : il est à la fois intéressé, rusé, méfiant, mais commerçant dans l'âme et paradoxalement accueillant, disert, généreux et plein d'humour, avec un bon sens parfois déroutant.

Le Bourguignon est farouchement individualiste. C'est une région au libéralisme si fortement ancré qu'il a toujours été impossible – bien qu'elles soient embarquées sur le même bateau – aux deux grandes familles professionnelles, négoce et propriété, de pouvoir s'entendre. À ce sujet, rappelons ce que disait autrefois un vieux curé de la Côte à son évêque : « Si vous croyez que c'est facile de mettre les vignerons et le commerce dans une même bouteille. Quant à envisager de poser un bouchon dessus, vaut mieux pas y penser… » Les premiers rendez-vous ne sont jamais faciles à obtenir. Attendez-vous souvent à ces réponses : « Ça va pas être facile, j'attends mon importateur américain, demain j'ai des Belges, vendredi les journalistes japonais et samedi un autre journaliste… » Dites-vous bien que le vigneron va quand même trouver un moment pour vous recevoir. Il aime bien se faire prier. Cela fait partie de son folklore.

Les producteurs ont un caractère extrêmement méfiant qui les rend parfois déconcertants pour qui ne les connaît pas très bien. Lors d'une dégustation avec un étranger, il leur faut un certain temps avant de se détendre. On sent très bien qu'il reste sur ses gardes, que chacun de ses gestes et de ses mots est étudié. En général, cela commence à peu près toujours comme cela : après avoir donné un verre, en descendant l'escalier de la cave, on a droit aux recommandations d'usage : « Attention à la tête, fermez la porte… » Une fois dans la place, silence total ; il vous observe et ses premières paroles sont presque toujours les mêmes : « J'ai plus rien à vendre, vous êtes restaurateur, journaliste ou particulier ?… » Puis, on arrive aux banalités. À défaut des verres, il faut bien remplir le temps. Suivent les jérémiades, du style : « La fleur est mal passée, on a eu des attaques de vers de la grappe, avec le temps qu'il fait, ça va encore être une année difficile. » Enfin, vient le moment tant attendu, celui où l'on suit le vigneron, en allant de fût en fût. N'oubliez jamais de sentir votre verre vide pour y détecter d'éventuelles odeurs suspectes et n'hésitez pas à l'aviner, avant de déguster (vous marquerez des points précieux). Ensuite, pour peu que vos commentaires soient pertinents, si, surtout, vous savez faire preuve d'humilité et si vous savez cracher, la glace se rompt et le récoltant devient plus disert. Il faut en général une bonne heure pour faire connaissance. Bien que très pris par son labeur, le vigneron, dans ce cas, prend son temps. Avec un peu de chance, si vous avez su vous faire apprécier, suivra la vieille bouteille et, si vous en avez trouvé le millésime, le vigneron vous regardera déjà d'un autre œil. Toutes proportions gardées, se faire en Côte-d'Or des amis vignerons demande autant de patience et d'intuition qu'à un dompteur pour se faire admettre de ses fauves.

En revanche, lorsque les vignerons vous connaissent bien et vous apprécient, cela vaut des séances de dégustations mémorables. Aucune autre région viticole française ne sait recevoir avec une telle chaleur et une aussi grande libéralité que les récoltants de cette région. Depuis quelques années, le comportement des jeunes viticulteurs a beaucoup évolué. Ils se rendent maintenant les uns chez les autres et n'hésitent pas à confronter leurs vins dans des dégustations, en parlant de nouvelles techniques. Cette émulation ne peut être que profitable à la Côte-d'Or (voir tableau p. 248-251).

LE NÉGOCE DE LA CÔTE-D'OR COMPTE CINQ AMBASSADEURS DE CHOIX

Environ 80 maisons de commerce en vins ont pignon sur rue en Côte-d'Or, dont près de 50 à Beaune et Nuits-Saint-Georges. À ces chiffres, il faut ajouter un assez fort pourcentage de récoltants ayant adjoint à leur domaine, une activité annexe de négoce, chiffre difficile à contrôler, car la plupart se montrent très discrets sur ce commerce auxiliaire.

Je pense avec objectivité qu'il n'y a pas d'un côté les mauvais négociants et de l'autre les bons vignerons, mais plus simplement dans chacune de ces deux activités des gens honnêtes et compétents, s'efforçant de faire au mieux leur métier, en respectant le consommateur, mais bien entendu aussi, quelques brebis galeuses.

Dans le passé, les choses étaient différentes : le vigneron soignait sa vigne, en essayant de faire son vin le mieux possible et le négociant accomplissait l'élevage, en corrigeant les erreurs avant de procéder à la mise en bouteilles et la commercialisation. Tout aurait pu continuer un peu plus longtemps, si certains n'avaient pas abusé des récoltants, jouant sur leur suprématie financière et surtout pensant être invulnérables en raison de leur implantation commerciale. Ils ont alors imposé aux viticulteurs des conditions inacceptables : cours parfois très en deçà de la valeur du vin et règlement dans la nuit des temps.

À partir de 1934, en Bourgogne, quelques vignerons plus clairvoyants avaient commencé à surmonter des obstacles paraissant pourtant à l'époque infranchissables : ostracisme de la place, quasi-ignorance des techniques d'élevage et méconnaissance totale des circuits de distribution. Ces hommes s'appelaient : Pierre Ramonet, Henri Gouges, Charles Noellat, Albert Noirot, le marquis Sem d'Angerville, Joseph Matrot, Armand Rousseau et Henri Gaunoux.

Je prie les descendants de ceux que j'ai oubliés de bien vouloir m'excuser. Pris au départ pour des illuminés, cette poignée de vignerons d'élite, il est vrai aidée par le grand Raymond Baudoin, allait pourtant être le catalyseur des premières exportations de la propriété vers les États-Unis sortant tout juste de la prohibition.

Devant la tournure que prenaient les événements, les ascendants des propriétaires actuels des principales maisons de commerce (bien que déjà possesseurs de bonnes parcelles) agissant sans doute par prémonition, se dirent que « prévenir vaut mieux que guérir ». Ils se mirent à acquérir bon nombre d'ouvrées[1] dans les meilleurs climats, assurant ainsi la pérennité d'une partie de leur approvisionnement futur.

Bien leur en a pris, car les valeureux pionniers avaient fait des émules, en entraînant dans leur sillage de nombreux domaines, soucieux de ne plus être totalement tributaires du négoce. La vente à la propriété venait de littéralement exploser. Aujourd'hui, elle connaît un engouement parfois excessif. Elle est favorisée par cinq facteurs :

- élévation du niveau de vie ;
- développement du tourisme ;
- multiplication du réseau routier ;
- appui inconditionnel des médias ;
- et surtout le fait que le consommateur actuel, pris dans l'engrenage de la mondialisation, cherche à retrouver ce qu'il pense être une certaine authenticité du produit.

Après avoir donné quelques noms de récoltants réputés pour leur savoir-faire et leur probité, je tiens à leur associer cinq maisons de commerce bourguignonnes me paraissant les plus fiables qualitativement. J'ajoute que chacune d'elles possède en propriété un important domaine viticole situé dans les climats les plus réputés, lui permettant de s'auto-approvisionner pour un large pourcentage.

BOUCHARD PÈRE ET FILS

Il est fort probable que, avant son rachat par le Champenois Henriot, ce négoce n'aurait pas fait partie de ma sélection. Aujourd'hui, les choses ont complètement changé. J'en suis heureux car, fervent défenseur de la qualité, je ne peux qu'ap-

[1] Mesure bourguignonne équivalente à 4,28 ares, il y a 24 ouvrées par hectare.

plaudir en constatant que la Côte-d'Or retrouve un de ses grands fleurons. Les Domaines Bouchard Père et Fils possèdent 130 ha, dont 74 en premiers crus et 12 en grands crus, avec des points forts en corton-charlemagne, chevalier-montrachet et montrachet. Tandis qu'en premier cru, ils tiennent le haut du pavé avec le Beaune Grèves Vignes de l'Enfant Jésus (monopole*), le Volnay Caillerets, le Meursault Genevrières et le Savigny-les-Lavières.

JOSEPH DROUHIN

Jouissant d'une vieille réputation à Beaune, elle est propriétaire de pratiquement 68 ha de vignobles, dont 38 à Chablis. Elle occupe une situation particulièrement privilégiée en Beaune premier cru : le Clos des Mouches, où elle produit l'un des grands vins blancs de la Côte de Beaune.

FAIVELEY

Voilà une propriété que j'apprécie beaucoup pour le sérieux de son travail dans les vignes et surtout pour le perfectionnisme dont elle fait preuve en vinification et dans l'élevage, allant jusqu'à mettre ses premiers et ses grands crus en bouteilles avec le système préconisé par les anciens, dont le grand Henri Jayer, à savoir, fût par fût avec le robinet à deux becs* (familièrement appelé la chèvre), seul mode de tirage ne fatigant pas les vins. Cette maison que je suis tenté d'appeler « domaine » possède un vignoble de 127 ha, incluant des parcelles dans huit grands crus et douze parties de climats en premiers crus avec un monopole* : le Clos des Corton. J'ajoute qu'elle détient également un grand vignoble à Mercurey, dont le climat de la Framboisière (11 ha) au vin délicatement parfumé.

LOUIS JADOT

Véritable institution avec ses 56 ha en propriété dans la Côte-d'Or, auxquels il faut ajouter 17 ha dont elle assure en exclusivité la distribution, elle constitue une place forte dans le secteur, d'autant qu'elle en a aussi 71 ha en Beaujolais pour la plupart en morgon et moulin-à-vent. L'ensemble des propriétés regroupe des parcelles dans onze grands crus.

LOUIS LATOUR

Très vieille maison beaunoise, qui possède également un domaine à faire des envieux. Jugez plutôt, 47 ha dont 27 en grands crus sur la commune d'Aloxe-Corton avec – ce qui laisse rêveur – près de 10 ha en corton-charlemagne situés à la Croix de Pierre, meilleur emplacement de ce superbe climat.

Bien que cet ouvrage ne soit pas un panégyrique à la gloire du négoce, il m'a paru utile de rendre justice à cette profession parfois injustement traitée.

DOMAINES BOURGUIGNONS D'UN HAUT NIVEAU QUALITATIF

PERSONNALITÉS AYANT CONTRIBUÉ AU RENOUVEAU DE LA QUALITÉ	DOMAINES DIRIGÉS PAR UNE FEMME	AUTRES TRÈS BONS RÉCOLTANTS
YONNE		
CHABLISIEN		
Vincent Dauvissat Jean-Marie Raveneau		Billaud Simon Adhemar Boudin
IRANCY		
		Anita et Jean-Pierre Colinot
CÔTES D'AUXERRE		
Jean-Hugues Goisot		
CÔTE-D'OR (CÔTE DE NUITS)		
NUITS-SAINT-GEORGES		
Christian Gouges		Alain Michelot
VOSNE-ROMANÉE		
Étienne Grivot	Anne Gros Lalou Bize Christine et Marie-Andrée Mugneret	Emmanuel Rouget Bruno Clavelier Sylvain Cathiard Philippe Engel Régis Forey Jean Nicolas Meo Jean-Yves Bizot Domaine de la Romanée Conti
CHAMBOLLE-MUSIGNY		
Christophe Roumier	Ghislaine Barthod	Jacques-Frédéric Mugnier
MOREY-SAINT-DENIS		
Christophe Perrot Minot		Domaine Dujac Robert Groffier Hubert Lignier Jean-Marie Ponsot Domaine Damoy
GEVREY-CHAMBERTIN		
Jean-Louis Trapet	Sylvie Esmonin Chantal Tortochot (M. Michel)	Claude Dugat Bernard Dugat Vincent Geantet Éric Rousseau Denis Mortet Philippe Charlopin Jean Raphet

PERSONNALITÉS AYANT CONTRIBUÉ AU RENOUVEAU DE LA QUALITÉ	DOMAINES DIRIGÉS PAR UNE FEMME	AUTRES TRÈS BONS RÉCOLTANTS
FIXIN		
		Vincent et Denis Berthaut
MARSANNAY		
		Bruno Clair

CÔTE-D'OR (CÔTE DE BEAUNE)

SANTENAY		
		Claude et Hervé Muzard
CHASSAGNE-MONTRACHET		
Vincent et Thomas Morey		Alexandre et Benoît Moreau Michel Niellon Jean-Claude Ramonet Richard Fontaine Jean-Marc Pillot Laurent Pillot
PULIGNY-MONTRACHET		
Jacques et François Carillon	Anne-Claude Leflaive	Domaine E. Sauzet
MEURSAULT		
Comte Dominique Lafon		Jean-Marc Roulot François Jobard Bernard Michelot Vincent Bouzereau Jean-François Coche Jean-Philippe Fichet André Brunet Patrick Javillier Vincent Dancer Arnault Ente
AUXEY-DURESSES		
		Michel Prunier Jean-Pierre Diconne
MONTHÉLIE		
Éric de Suremain		Paul Garaudet
SAINT-ROMAIN		
Alain Gras		
SAINT-AUBIN		
		Hubert Lamy

PERSONNALITÉS AYANT CONTRIBUÉ AU RENOUVEAU DE LA QUALITÉ	DOMAINES DIRIGÉS PAR UNE FEMME	AUTRES TRÈS BONS RÉCOLTANTS
POMMARD		
		Le Clos des Épeneaux
VOLNAY		
Frédéric Lafarge		Domaine du marquis d'Angerville Étienne de Montille Henri Boillot
CHOREY-LÈS-BEAUNE		
		Benoît Germain Famille Tollot Beaut
SAVIGNY-LÈS-BEAUNE		
	Claude de Nicolay (Domaine Chandon de Briailles)	Jean-Marc Pavelot
PERNAND-VERGELESSES		
Vincent Rapet		
	LES HAUTES CÔTES	
DE BEAUNE		
		Gilbert Germain
DE NUITS		
Gilles Jayer-Gilles		
	CÔTE CHALONNAISE	
RULLY		
Paul Jacqueson		Vincent Dureuil Olivier Leflaive
BOUZERON		
		Aubert et Pamela de Villaine
MERCUREY		
		Domaine Lorenzon
GIVRY		
Vincent et Jean-Marc Joblot	Mme Dugardin	Xavier Besson
MONTAGNY		
		Stephan Aladan

PERSONNALITÉS AYANT CONTRIBUÉ AU RENOUVEAU DE LA QUALITÉ	DOMAINES DIRIGÉS PAR UNE FEMME	AUTRES TRÈS BONS RÉCOLTANTS
MÂCONNAIS		
MÂCON-VILLAGES		
		Jean-Jacques Perusset Didier Eloy Patrick Corsin Domaine des Comtes Lafon Marc Jambon
MÂCON ROUGES		
		Jean-Michel Combier
VIRÉ-CLESSÉ		
André Bonhomme		
SAINT-VÉRAN		
Roger Lassarat		Dominique Cornin Gérard Martin Olivier Merlin
POUILLY-FUISSÉ		
	Colette Ferret	
BEAUJOLAIS		
FLEURIE		
		Michel Chignard Coudert Père et Fils
MORGON		
		Louis-Claude Desvignes
CHÉNAS		
		Fernand Charvet
MOULIN-À-VENT		
		Paul Janin et fils
CÔTE DE BROUILLY		
		Château Thivin
JULIÉNAS		
		Michel Tete

LA CÔTE CHALONNAISE

Il y a actuellement, tant en France qu'à l'étranger, à de rares exceptions, une conjoncture guère favorable pour le commerce du vin. L'ensemble des appellations semble touché. Certaines beaucoup plus que d'autres, en raison de deux facteurs : notoriété peu affirmée et surtout production trop importante due à des plantations anarchiques. C'est en plein le cas de la Côte chalonnaise, connaissant actuellement une crise qui, je le crains, va aller en s'amplifiant.
On peut évidemment regretter qu'une grande partie de cette côte ait été replantée à outrance et sans discernement, entre autres dans la nouvelle appellation bourgogne-côte-chalonnaise. Il semble même que, dans la ville phare, Mercurey, de trop nombreuses parcelles ont bénéficié de droits de plantation accordés pour le moins généreusement. Voyons ensemble les cinq appellations se partageant une notoriété toute relative...

Bouzeron

Réputée depuis fort longtemps pour ses bourgognes-aligotés, cette commune a réussi à obtenir sa propre appellation. Ce qui, à mon humble avis, est loin d'être un avantage commercial, car enfin qui connaît Bouzeron ! En plus, elle n'intéresse pas le négoce, vu le volume réduit de sa production. Pour terminer sur une note d'optimisme, je conseille d'acheter les excellents aligotés d'Aubert et Pamela de Villaine.

Rully

Meilleurs climats en blancs, les Rabourcés et le Clos Saint-Jacques, tandis qu'en rouges j'aime les vins assez précoces mais pleins de fruit du lieu-dit Les Clous du Domaine Jacqueson Père et Fils, alors qu'en blanc, la bouteille de Rabourcés d'Olivier Leflaive l'emporte haut la main.

Mercurey

Anciennement, avant le regroupement communal, l'appellation s'étendait sur trois municipalités : Mercurey, Bourgneuf-Val-d'Or et Saint-Martin-sous-Montaigu.
Il y a actuellement de gros problèmes de commercialisation, ce qui est facilement compréhensible avec les extensions abusives qui ont eu lieu à plusieurs reprises depuis une quarantaine d'années. La superficie actuelle compte pratiquement 300 ha de vignes indignes de produire des vins se réclamant de l'AOC, entre autres sur les climats aux Cheneaux, aux Creux de l'Enfer et aux Bois de Lalier déboisés pour la circonstance. Ces lieux-dits ont fait à l'époque l'objet d'importants apports de terres allogènes, provenant en grande partie de déblais émanant de la construction d'une importante usine photographique à Chalon-sur-Saône. C'était en quelque sorte ce qu'on pourrait appeler une espèce de contribution

posthume de Nicéphore Niepce à la vigne voisine. J'ajoute que près de la moitié des premiers crus semble avoir été attribuée un peu généreusement. Résultat : on trouve à Mercurey un vaste choix allant du bon au plus mauvais, en passant par toute une série de paliers intermédiaires, difficiles à vendre même en grande surface, pourtant pas trop regardante sur la qualité pourvu que le prix soit attractif. En revanche, les vins provenant de ces climats ne sont pas sans intérêt, lorsqu'ils proviennent d'un bon vinificateur :

- Clos du Roi ;
- Clos l'Évêque ;
- Clos des Barraults ;
- les Naugues.
- Clos Voyens.

Il y en a certainement plus que cela. J'ai cité ceux qui à mon avis ont les terroirs les plus appropriés pour produire des vins de qualité.

Givry

Meilleurs climats :

- les Bois Chevaux ;
- les parcelles du Cellier aux Moines des frères Joblot ;
- et surtout le remarquable Clos Salomon.

Outre les vins rouges agréablement parfumés, cette commune produit aussi des vins blancs méritant d'être mieux connus. Les prix ont parfois, dans certains domaines, tendance à être surestimés. Attention au retour de bâton !

Montagny

Appellation produisant uniquement des vins blancs. Plusieurs parcelles se trouvent sur les communes voisines de Buxy, Saint-Vallerin et Jully-les-Buxy. J'apprécie les vins du climat les Coères, pour les autres lieux-dits, je ne me prononcerai pas, ne les connaissant qu'insuffisamment, mais j'aime les vins de Stephan Aladan et ceux du Domaine Michel Andreotti.

LE MÂCONNAIS

C'est un vignoble où la coopération occupe une place de choix avec une trentaine de caves. Les appellations mâcon et mâcon-villages sont pour les deux tiers plantées en chardonnay, produisant des vins blancs. Le reste concerne des mâcon rouges, sur lesquels il y a beaucoup à dire. Seules trois communes au sol granitique, plus proches du Beaujolais, ont un terroir* où s'exprime bien le cépage gamay : Serrières, Bussières et Pierreclos. Un bon vigneron : Jean-Michel Combier. Dans la zone nord, les rouges ont peu d'intérêt, surtout lorsqu'ils sont issus du cépage pinot noir planté à une certaine époque sur l'initiative peu heureuse d'un fonctionnaire de l'INAO.

Les deux meilleurs villages de blancs, au sol argilo-calcaire, sont incontestablement Chardonnay et Charnay. Les autres communes au sous-sol d'argile à silex donnent des vins plus nerveux avec moins de gras.
Depuis quelques années, les deux municipalités phares, Viré et Clessé, ont très justement obtenu une appellation commune, les distinguant du reste du vignoble. On y trouve trois très bons vinificateurs : André Bonhomme, Jean Thevenet et le Domaine Michel avec des réserves pour certaines des cuvées botrytisées ou au degré alcoolique trop élevé des deux derniers. C'est sans doute amusant de se distinguer de temps à autre de ses confrères, mais faut-il encore le faire en respectant la typicité du cru. Car, que je sache, aussi loin que l'on puisse remonter dans le passé, les vins du Mâconnais n'ont jamais eu ces particularités.
Un ancien secteur, longtemps réputé pour son beaujolais blanc, a très logiquement, grâce à l'appui inconditionnel du commerce, obtenu il y a plus de trente ans sa propre appellation : saint-véran. Cette AOC est divisée en deux secteurs, partagés par le cru pouilly-fuissé, au nord Davayé et Prissé (assez bon terroir*), au sud Chânes, Saint-Véran, Saint-Amour, Leynes, Chasselas et certaines parcelles de Solutré. On y recense quelques bons domaines récoltant encore manuellement. C'est le cas de Roger Lassarat, Gérard Martin, Dominique Cornin et Olivier Merlin. Restent deux appellations auxquelles je ne me suis guère intéressé, vu l'exiguïté de leurs terroirs, pouilly-loché et pouilly-vinzelles. À noter cependant une adresse valant une visite : le Domaine de la Soufrandière tenu par Jean-Guillaume et Jean-Philippe Bert, la majorité des autres vins étant vinifiés par une cave coopérative.
Vedette incontestée du Mâconnais, le cru pouilly-fuissé est situé dans un haut lieu de la préhistoire. Ce grand vin blanc, parfois capable de s'aligner avec des premiers crus de la Côte de Beaune, a la particularité de bien supporter le vieillissement. Il connaît beaucoup de succès chez les Anglo-Saxons et les Japonais, en raison d'une certaine analogie avec un autre cru du Val de Loire, le pouilly-fumé ; il crée une certaine confusion dans l'esprit du consommateur non averti, surtout sur les cartes des vins, mais l'on trouvera cependant une grande différence entre les prix.
Il est regrettable qu'à une certaine époque, en raison d'un individualisme trop poussé des viticulteurs, il n'ait pas été permis d'obtenir des premiers crus pour des climats particulièrement bien situés, comme les Ménétrières, les Clos ou le Tournant de Pouilly. Le Domaine Ferret Lorton possédant une partie de ces très bonnes parcelles reste qualitativement dominant.

LE BEAUJOLAIS

Très vaste vignoble, reposant sur un sol granitique qu'affectionne le gamay, il s'étire sur plus de 55 km avec une largeur oscillant entre 12 et 15 km. La plupart des vignes occupent des coteaux à une altitude moyenne de 300 m. En raison d'extensions, il y a une quinzaine d'années à Chiroubles, elles grimpent allégrement au-dessus du clocher du village jusqu'à 500 m. Pas étonnant que lors d'années difficiles au plan climatique (trois à quatre fois sur cinq), les raisins n'arrivent pas à maturité complète.

Le Beaujolais comprend treize appellations : beaujolais, beaujolais supérieur (invention due au négoce pour vendre mieux un vin au degré alcoolique supérieur), beaujolais-villages, appellation réservée aux meilleures parcelles de trente-sept communes (vingt-neuf dans le Rhône et huit en Saône-et-Loire) dont dix crus qui sont respectivement, en partant du nord au sud : Saint-Amour, Juliénas, Chénas, Moulin-à-vent, Fleurie, Chiroubles, Morgon, Brouilly, Côte-de-Brouilly et Reigné.

La totalité du vignoble occupe deux zones bien distinctes :

- le Haut Beaujolais, terroir des dix crus et des trente-sept communes pouvant prétendre à l'AOC villages ;
- le Bas Beaujolais, appelé fort justement « pays des pierres dorées » en raison des constructions typiques que l'on y rencontre.

Avec l'Alsace, c'est l'un des plus beaux vignobles de France. L'automobiliste pressé, avalant des kilomètres sur l'autoroute, passe à côté d'un paysage magnifique. Au détour de chaque vallon, on découvre de ravissants villages abondamment fleuris, avec de belles constructions ayant toutes respecté le style local. On a tout loisir d'admirer les splendides vignes de gamay impeccablement alignées, dont le mode de taille « en gobelet » est déjà tout un programme.

On ne peut passer sous silence le merveilleux accueil que réserve dans chaque caveau de chaleureux vignerons à l'accent traînant du lyonnais.

Jadis, un important volume de la production des beaujolais et des beaujolais-villages, après une vinification écourtée, était commercialisé en primeurs à la mi-novembre. Cette vente rapide faisait l'objet d'un engouement sans pareil tenant en haleine les consommateurs du monde entier. Lors du déblocage, le jour J à l'heure H, plusieurs avions décollaient de Lyon Satolas à destination des États-Unis et du Japon. L'opération faisait le bonheur du négoce, des caves coopératives et des vignerons, permettant de vendre immédiatement une large part de la récolte, faisant entrer une trésorerie salvatrice pour les exploitations. J'ajoute que l'élan apporté par l'ampleur du phénomène retransmis par toutes les chaînes (radios, télévisions) permettait à l'ensemble des deux professions (négoce et viticulteur) de déterminer pour la saison à venir les cours de gros.

Aujourd'hui, les choses ont bien changé. Le consommateur actuel semble brûler ce qu'il a adoré, en se désintéressant de ce type de vin. Il faut dire que la qualité certaines années n'a pas toujours été irréprochable. Un autre facteur a joué à l'encontre de cette région : le déblocage encore plus précoce de plusieurs vins de pays primeurs, parfois aussi d'un bon niveau qualitatif.

À propos des primeurs, j'aime à rappeler les mots de mon regretté ami Jules Chauvet, que ses pairs avaient surnommé « la science et la conscience » : « Faire

des primeurs à chaque millésime n'est pas aisé. Certaines années à maturation tardive, c'est sortir un bébé de son berceau, en tentant de le faire marcher. »
Sur les trente-sept communes pouvant prétendre à l'appellation beaujolais-villages, quelques-unes sont à mon avis plus propices pour faire de meilleurs primeurs, comme Quincié-en-Beaujolais, Lantigné, Lancié, Saint-Étienne-des-Houillères et surtout le Perréon.
Pour les inconditionnels de ce type de vin, je conseille deux récoltants où l'on ne court pas de risques : Jean-Charles Pivot et le Domaine des Nugues, tous deux dans les communes indiquées ci-dessus.
Ce vignoble, comme beaucoup, traverse actuellement une crise inquiétante. Même certains crus semblent touchés !
Il n'y en a que deux arrivant à bien tirer leur épingle du jeu : Fleurie (je me garderai d'oublier Michel Chignard et l'excellent Clos de la Roilette) et Brouilly. Pour ce dernier, c'est un peu incompréhensible, vu l'importance de son volume et surtout la qualité très discutable d'une partie de ses terroirs* situés sur la commune de Charentay, plus aptes à mon sens aux cultures céréalières qu'à la vigne.
En ce qui concerne les huit autres, trois sont des habitués de la crise :

- chénas dont les meilleurs climats ont depuis longtemps été squattés par le cru moulin-à-vent ;
- morgon trop étendu, notamment sur les zones de Pizay et Saint-Joseph ;
- juliénas, qui en dépit d'un vieil appui du *Canard Enchaîné*, a bien du mal à retrouver la place qu'il occupait dans le passé.

Pourtant tous les trois comptent quelques bons récoltants : Fernand Charvet à Chénas, Louis-Claude Desvignes à Morgon et Michel Tête à Juliénas.
La conjoncture actuelle touche aussi Saint-Amour, Chiroubles et Moulin-à-Vent (un très bon récoltant : le Domaine Janin Père et Fils). La Côte de Brouilly est elle aussi constamment en recherche de débouchés, en raison de son volume restreint qui a toujours été un handicap auprès du négoce ; un bon domaine : le Château Thivin. Enfin, le dernier-né des crus, Reigné : je me demande bien quelle mouche a pu piquer les viticulteurs, pour vouloir à tout prix accéder à cette promotion. Je persiste à penser qu'il aurait mieux valu rester le meilleur des villages plutôt que d'être devenu une appellation bâtarde, se vendant aussi bien qu'une tenue de plage au grand nord.
De nombreuses caves ont des stocks, exception faite dans chacun des huit crus cités précédemment, d'une élite de récoltants sérieux, rôdés depuis de nombreuses années à la mise en bouteilles et disposant d'une clientèle (restaurants, cavistes et particuliers) bien fidélisée. Mais combien sont-ils ? Certainement moins de 20 %, ce qui est bien peu lorsqu'on sait que ce vignoble, toutes appellations confondues, compte près de 3 500 déclarations de récoltes.

LA BOURGOGNE

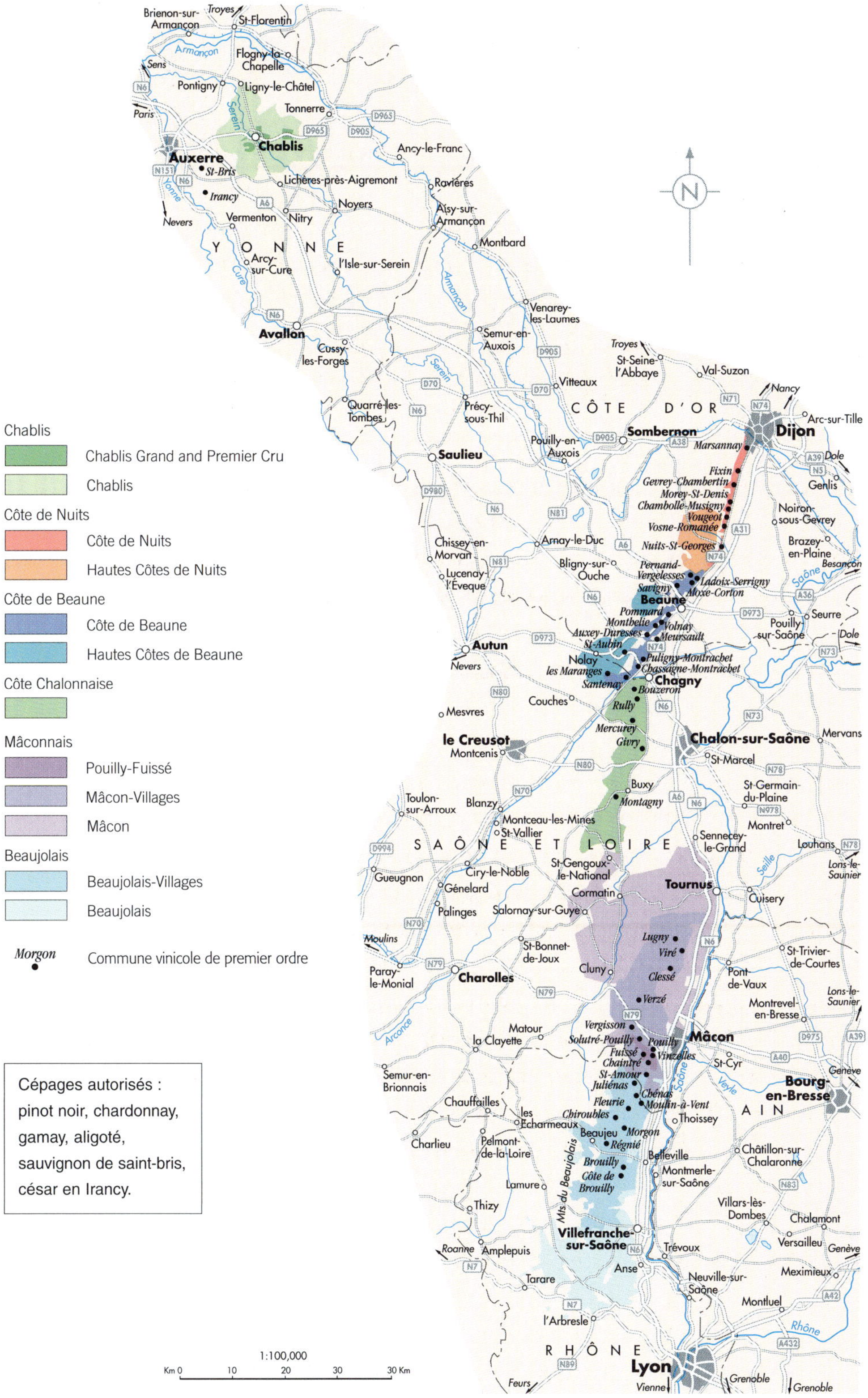

La désaffection progressive du consommateur pour le Beaujolais est en partie explicable. À différentes époques, certains procédés de vinification ont été néfastes, entre autres :

– la thermovinification* ou flash pasteurisation*, consistant à chauffer les cuves jusqu'à 72 °C pendant vingt secondes et à les redescendre ensuite à 22 °C. Avec ce procédé, on modifie complètement la typicité des vins, car en plus on est obligé de les relevurer avec des levures industrielles* pour remplacer les bonnes levures* naturelles du raisin tuées dans l'opération ;
– la chaptalisation* parfois un peu excessive qui fait perdre son charme au meilleur beaujolais. Je rappelle une pensée de la grande Colette que les vignerons devraient se remémorer : « Le beaujolais est un vin qui doit vous descendre directement dans les reins et ne jamais y stationner. » On ne le répétera jamais assez : un apport excessif de sucre sur une vendange déficiente n'a pas plus de chance de réussir que si l'on voulait donner des muscles à un squelette au Muséum d'histoire naturelle. L'alcool du raisin, donc du soleil, est léger alors que celui du sac de sucre, que j'appelle « le soleil de cuverie » est lourd.

Il existe également une curiosité ne manquant parfois pas d'intérêt, le beaujolais blanc produit à doses homéopathiques (à peine 2 %). Il semble que le bon secteur pour le chardonnay soit dans la zone sud. Deux des meilleurs domaines pour ce type de produits : Jean-Paul Brun, Domaine des Terres Dorées et Claude Berger, Domaine Berger des Vignes.

* * *

Pour déguster une bonne cuisine classique avec les plats typiques du Beaujolais, une bonne adresse :

• *Le Cep* à Fleurie, place de l'Église, tél. : 04 74 04 10 77.
  (Fermé dimanche et lundi.)
  La propriétaire Chantal, qui connaît les meilleurs domaines, saura vous conseiller.

LA CHAMPAGNE

En dépit des belles paroles de nos dirigeants, l'opinion générale commence quand même à prendre conscience que l'économie mondiale traverse actuellement une grave crise, inquiétant au plus haut point l'ensemble des milieux financiers. La quasi-totalité des secteurs n'y échappe pas. Dans ce climat défavorable, le monde viticole, déjà handicapé par une consommation en régression et les excès de plantations se traduisant par une élévation de la production, est devenu commercialement très vulnérable. En France, à quelques variantes près, au moins sept des dix grandes régions d'appellations sont touchées. Seule une élite passe à travers les mailles du filet ; on peut la chiffrer entre 5 et 10 %, c'est peu, car comme chacun le sait : « Une hirondelle ne fait pas le printemps. » Petit réconfort : la région qui nous occupe, la Champagne, pourtant en forte extension de plantations depuis 1995 (2 861 ha), ne connaît aucun problème. Avec un chiffre d'affaires supérieur à trois milliards deux cents millions d'euros, elle se place de loin au premier rang des AOC françaises, en constante progression chaque année.

QUELQUES CHIFFRES SUR CETTE BELLE RÉGION

Superficie en 2002 des vignes en plantations de 31 731 ha réparties sur cinq départements : Marne, Aube, Aisne, Haute-Marne et Seine-et-Marne, disséminées sur trois cent dix-sept communes (voir carte page suivante).

LA CHAMPAGNE

—·— Limite de département

Limite de l'appellation contrôlée Champagne

Zone de production du vin

Cépages autorisés : pinot noir, pinot meunier, chardonnay.

Il semble que les extensions de plantation vont encore s'accroître dans la décennie à venir, en raison de deux facteurs.

D'abord, l'État traverse actuellement une situation financière difficile. Seul remède pour limiter les dégâts : se donner les moyens d'accroître les rentrées de devises. Jusqu'à l'an 2000, notre vignoble avait largement répondu présent. Depuis deux ans, la conjoncture économique mondiale semble avoir bouleversé la donne. Seule la Champagne répond toujours présent, une bonne raison pour que les instances dirigeantes lui accordent sans doute un jour des facilités d'extensions.

Ensuite, il faut savoir que la délimitation du vignoble champenois est régie par deux lois cohabitant assez mal : celle de 1984, concernant toutes les AOC permettant à l'INAO de réviser lorsqu'elle le souhaite les aires d'appellations, alors qu'une autre de 1927 (toujours en vigueur) spécifique à la Champagne se base, elle, sur l'antériorité pour déterminer l'aptitude de terrains à porter des vignes, ne prenant en compte aucun critère technique.

Se basant sur cette dernière, des demandes de révisions émanant de villages ayant porté de la vigne avant la crise phylloxérique affluent. Les responsables professionnels n'envisagent pas, pour l'instant, de modifier la délimitation parcellaire, mais uniquement l'aire géographique. On joue sur les mots. Les vignerons de l'Aube particulièrement favorables à cette dernière, espèrent bien regagner une petite partie des 10 000 ha perdus entre ces deux époques.

Les vignobles appartiennent ou sont exploités par :

- 287 maisons de commerce;
- 150 caves coopératives regroupant 2 904 vignerons coopérateurs, 57 d'entre elles assurant également la commercialisation sous une ou plusieurs marques;
- 2 158 récoltants indépendants, vendant sous leur propre nom, appelés maintenant récoltants expéditeurs,

l'ensemble commercialisant sur un peu plus de 12 000 marques déposées auprès du CIVC (Comité Interprofessionnel des Vins de Champagne) avec sept sigles différents indiquant pour le consommateur l'activité exercée :

- NM : Négociant manipulant;
- MA : Marque d'acheteur ou marque auxiliaire[1];
- RM : Récoltant manipulant;
- ND : Négociant distributeur;
- CM : Coopérative manipulante;
- RC : Récoltant coopérateur;
- SR : Société de récoltants (très marginale, il n'en existe que onze).

[1] Astuce légale permettant aux maisons de commerce de vendre sous une ou plusieurs étiquettes des cuvées secondaires sans déprécier la marque principale.

Ces deux petites lettres minuscules, mais *qu'il faut bien lire*, figurent néanmoins sur chaque étiquette de Champagne à côté du numéro d'inscription de l'utilisateur au registre du CIVC.

Plus de 99 % des plantations appartiennent à trois cépages de la famille des pinots en occupant respectivement :

- pinot noir : 38 % ;
- chardonnay : 28 % ;
- pinot meunier : 34 %.

Seuls de très rares vignerons marginaux et fidèles au passé ont conservé quelques ceps d'anciennes variétés aujourd'hui disparues comme l'arbanne, le petit meslier et surtout le pinot gris couvrant pourtant il y a plus d'un siècle près de 50 % du vignoble champenois.

L'âge des vignes se répartit de la façon suivante :

- vignes de moins de 10 ans : 5 292 ha ;
- vignes ayant entre 10 et 20 ans :11 132 ha ;
- vignes âgées de 20 à 30 ans : 6 342 ha ;
- vignes de plus de 30 ans : 8 965 ha.

La moyenne des ventes de bouteilles pour les cinq dernières années a été de 284 598 851, répartis comme suit :

- négociants : 192 499 569 ;
- récoltants : 68 916 774 ;
- coopératives : 24 076 046.

Le champagne est commercialisé dans plus de cent cinquante pays au monde. La France en consomme près de 61 % avec un volume de plus de 175 millions de bouteilles. Viennent ensuite :

- Royaume-Uni : environ 32 000 000 ;
- États-Unis : environ 18 000 000 ;
- Allemagne : environ 11 000 000 ;
- Belgique : environ 9 000 000 ;
- Italie : environ 8 000 000 ;
- Suisse : environ 6 000 000 ;
- Japon : environ 4 000 000 ;
- Pays-Bas : environ 2 500 000 ;
- Espagne : environ 2 000 000 ;
- Australie : environ 1 200 000.

Le décret de contrôle publié par l'INAO le 17 octobre 1952 précisait que le vin de Champagne devait titrer au minimum 11° d'alcool acquis à la sortie des chais. Ce qui semble avoir été largement revu depuis sans doute en raison des conditions climatiques de cette région pas toujours favorisée en ensoleillement chaque année, c'est du moins ce que l'on est en droit de penser avec le degré minimal autorisé pour les cinq derniers millésimes :

- 1998 : 9° ;
- 1999 : 9°5 ;
- 2000 : 9° ;
- 2001 : 8°5 ;
- 2002 : 9°.

Il est vrai que la liqueur de tirage*, sorte de chaptalisation*, apporte au vin au moins un degré supplémentaire.

Contrairement aux neuf autres grandes régions viticoles où les rendements sont déterminés par des hectolitres, la production autorisée en Champagne fonctionne en se basant sur le nombre de kilos de raisins produits. Pour les quatre derniers millésimes, elle a été de :

- 1999 : 13 000 kg dont 1 000 en réserve ;
- 2000 : 12 600 kg dont 1 600 en réserve ;
- 2001 : 11 000 kg ;
- 2002 : 12 000 kg dont 600 en réserve.

Le système champenois présente la particularité qu'au-delà de la quantité autorisée comprenant le rendement de base et le PLC (Plafond Limite de Classement 20 %), les dépassements sont soumis à la mesure de mise en réserve ne pouvant donner lieu à une transaction entre vendeur et acheteur. Ils doivent par ailleurs être conservés chez les récoltants, caves coopératives ou maisons de commerce, sous forme de vins tranquilles* en cuves, sans aucun tirage en bouteilles. Leur éventuel déblocage ne peut se faire qu'avec l'accord du CIVC pour compenser les effets d'une future récolte déficitaire, comme cela s'est produit en 2003, à cause du gel et de la grêle.

Le pressurage* doit obligatoirement avoir lieu dans l'un des 1 929 centres agréés par le CIVC sous un contrôle minutieux avec envoi des documents à cet organisme, mentionnant l'heure de pressée, le nom du récoltant, le ou les cépages concernés, etc. Cette délicate opération se pratique par tranches de 4 000 kg de raisins non égrappés (appelé ici un marc) sur des pressoirs horizontaux propres à la Champagne. La première presse ne peut fournir que 20,50 hectolitres, la seconde de qualité inférieure, appelée la taille, est limitée à 5 hectolitres. Pour

prétendre à l'appellation, 160 kg de raisins non égrappés ne peuvent donner une quantité de moût* débourbé supérieure à 102 litres.
En prenant les poids de raisins autorisés pour les quatre années comprises entre 1999 et 2002, on arrive aux chiffres de production de 76,50 hectolitres, 68,75 hectolitres et 71,25 hectolitres/hectare, ce qui me semble déjà élevé pour produire un vin digne d'être reconnu comme une AOC de qualité.

NOUVEAU MODE DE CALCUL DU PRIX DU KILO DE RAISINS

Jusqu'en 1999 parfaitement rôdée, l'organisation champenoise gérée par le CIVC avait pour mission de déterminer chaque année les prix du kilo de raisins. Pour cela, elle se basait sur l'ensemble des prix pratiqués (pour toutes les cuvées) par le négoce et les caves coopératives[1] durant la période comprise entre le 1er janvier et le 30 juin ayant précédé les vendanges. Partant de cette moyenne, elle fixait le prix indicatif du kilo de raisins à raison de 30 % du prix de la bouteille pour les crus cotés à 100 %, pour ceux moins privilégiés, le processus était identique en allant en décroissant.
Ce système particulièrement bien adapté était une sorte de classement, dont l'ossature avait été définie par le Syndicat des vins de Champagne après la révolte sanglante des vignerons champenois en 1911. D'où une première échelle des crus attribuant pour chaque commune, en fonction de ses terroirs*, une cotation allant de 22,50 % pour les plus défavorisées, à 100 % pour les dix-sept meilleures (moins nombreuses à l'époque), en incluant pourtant curieusement Beaumont-sur-Vesle et Tours-sur-Marne, municipalités aujourd'hui presque essentiellement consacrées à la culture céréalière. Il faut toute la sagacité d'un fin limier pour y repérer les rares îlots de vignes subsistantes.
Depuis sa création, l'échelle des crus a subi de nombreuses modifications, avec toujours le même objectif, réduire l'écart entre les premiers et les derniers (1941, 1945, etc.). Il est vrai qu'avec le recul, il est apparu qu'une ou plusieurs revalorisations des villages les plus pénalisés devenaient nécessaires. Il est en effet indéniable que des améliorations dans les modes de culture et de nouvelles techniques de vinification dues à un matériel mieux adapté et plus performant, les justifiaient pleinement, mais de là à accorder 80 % à une multitude de terroirs médiocres relève du non-sens. Le nivellement par le haut semble aujourd'hui en Champagne être devenu une priorité. Dans un discours plein de bon sens, dont devraient s'inspirer nos instances dirigeantes, le président Abraham Lincoln a dit

[1] Curieusement les ventes des récoltants manipulants n'entraient pas en ligne de compte, cette catégorie de producteurs ayant fait valoir que leurs prix plus modiques que ceux du commerce risquaient de trop tirer l'ensemble vers le bas.

en 1860 à Washington : « Vous ne pouvez donner la force au faible en affaiblissant le fort! » Lorsqu'on constate qu'actuellement des villages de l'Aisne, de l'Aube, de la Haute-Marne et surtout de la Seine-et-Marne sont à 80 %, alors que les terroirs* les plus prestigieux tels Ay, Cramant, Bouzy, Oger, Mailly-Champagne et Verzenay sont à 100 %, on est en droit de se poser des questions. Toutes proportions gardées, c'est un peu comme si à l'argus automobile une voiturette coûtait 12 000 €, alors qu'une Rolls ou une Ferrari valait 15 000 €. Restons sérieux, messieurs les dirigeants du Syndicat national des vignerons champenois, même avec beaucoup de mousse, ça passe mal!

J'ai tenu à expliquer aux lecteurs ce mécanisme complexe, bien que depuis 1999 il soit devenu caduc; oubliant que dans l'Europe actuelle, la France n'est plus qu'un pion sur l'échiquier. Ces messieurs les technocrates des instances communautaires, dont la plupart ignorent les subtilités d'une législation ancienne propre à chaque État-membre, ont décrété qu'il fallait la supprimer. Ils l'ont jugée partiale, car susceptible d'entente entre vendeur et acheteur. Maintenant le prix du kilo de raisins étant entièrement libre, il se négocie de gré à gré entre les deux parties. Cette nouvelle donne, à plus ou moins longue échéance, va à l'encontre de l'intérêt du consommateur en favorisant les augmentations (nous en avons eu la preuve après la petite récolte de 2003). D'un côté les grosses maisons de commerce, fortes de leur puissance financière et détenant déjà des stocks importants, sont en position d'attente pour profiter des meilleures opportunités d'achat. De l'autre, les vignerons sont maintenant suffisamment aisés pour garder leurs vins en résistant au négoce et faire monter les enchères. C'est un peu le jeu du chat et de la souris.

Pour pouvoir prétendre commercialiser un champagne millésimé, il faut que le vin d'une seule année ait au moins trois ans de bouteille à partir de la déclaration de tirage faite à l'INAO. Or celle-ci ne peut partir qu'après le 1er janvier qui suit la récolte, plus généralement entre mars et mai suivant, soit environ trois ans et demi d'attente après les vendanges.

Il est à noter que dans le passé les bruts non millésimés pouvaient être commercialisés un an et un jour après l'année de récolte. La nouvelle réglementation exige qu'un brut sans année ne soit vendu que quinze mois après la déclaration de tirage, permettant une autolyse plus longue, ce qui est positif.

Autre point capital pour la qualité : la transformation du vin tranquille en vin effervescent a lieu lors de la mise en bouteille après adjonction de la liqueur de tirage (sucre de canne dissous dans un vieux vin de champagne, ensemencé avec des levures sélectionnées), les bouteilles étant obturées par un bouchon provisoire. Dans le passé, il s'agissait toujours d'un bouchon de liège maintenu par une agrafe métallique adhérant au goulot à bague carrée lui servant d'appui. De nos jours, pratiquement 90 % des bouteilles champenoises pour cette première opération le sont avec une sorte de capsule-couronne semblable à celles utilisées pour l'eau minérale. Cette modification a amené la création de nouveaux flacons se terminant par une gorge arrondie que le bouchon métallique doublé de plastique enserre. En ce qui concerne les champagnes non millésimés de rotation rapide, il n'y a pas d'incidence. En revanche, lors du vieillissement sur lattes des vins bouchés traditionnellement, il est prouvé que le classique bouchon de liège permet une lente évolution qualitative irremplaçable. Pour le consommateur un coup d'œil rapide au col de la bouteille suffira pour juger du sérieux de l'embouteilleur. À titre indicatif, pour la majorité de leurs productions les hommes et les maisons cités dans cet ouvrage remplissent cette condition.

COMME QUOI LA VÉRITÉ FINIT TOUJOURS PAR PAYER !

Je n'ai pas pour habitude de faire du triomphalisme. Cependant, je dois reconnaître que la campagne de presse, appuyée par l'audiovisuel, déclenchée par la parution de trois photos « vérités » parues dans mon dernier ouvrage, *Le Monde du vin : art ou bluff?*, a eu des effets positifs et inespérés sur deux pratiques peu recommandables des Champenois :

- L'interdiction du compost fait des sinistres boues de ville, escortées des inévitables débris plastiques de sacs poubelles, détruisant les potentialités de vignobles aussi prestigieux. Ils sont aujourd'hui remplacés par les apports d'écorces de résineux et de peupliers. Ces dernières sont à recommander pour le concours qu'elles apportent à l'organisation du monde animal dans la terre, en favorisant la multiplication des lombrics et celle des micro-organismes, permettant de rendre assimilables les différentes substances du sol par la vigne, en raison de leur dégradation plus rapide. En ce qui concerne les résineux, je reste beaucoup plus sceptique, hormis un effet bénéfique sur le ravinement et l'absence d'herbes aux dires de certains agronomes spécialisés dans les problèmes viticoles, ils ne seraient pas dépourvus d'une certaine toxicité. Pour les boues de ville, il convient d'associer à leur disparition le journaliste britannique Tom Stevenson, dont les multiples papiers révélateurs ont beaucoup agacé les instances dirigeantes champenoises et aussi les vignerons.
- De même, la transvaseuse, appareil qui comme son nom l'indique permet au champagne de changer d'habitat, malheureusement pas toujours sans détérioration. Lors de son fonctionnement, la machine est obligatoirement escortée d'une bouteille faisant office de contre-pression, remplie de CO_2 ou autre gaz neutre, directement envoyé dans l'appareil pour suppléer la déperdition du bon gaz naturel du vin. Elle assure ainsi la réintégration

artificielle par saturation au niveau du nouveau contenant, de celui éventuellement perdu au cours de cette délicate manipulation. Un vin ayant subi le transvasement ne s'en tire pas sans dégâts.

Toujours grâce à deux photos « vérités », la transvaseuse est aujourd'hui interdite, sauf pour les formats inférieurs à la demi-bouteille ou supérieurs au magnum, ce que je comprends aisément.

Je ne peux que me réjouir en constatant que mon ouvrage précédent a eu un impact favorable sur des procédés allant à l'encontre de la qualité, en osant espérer que celui-ci œuvrera dans le même sens.

QUELQUES CRUS OÙ L'ON NE RISQUE GUÈRE DE DÉCEPTIONS

Pour renforcer ses chances, il est préférable d'acheter dans les meilleurs crus où les prix ne sont pas obligatoirement plus élevés que dans les secteurs médiocres proches de la capitale. Partant de ce postulat, je pense, pour chacun des secteurs, aux villages apportant une excellente garantie qualitative :

- Pour pouvoir utiliser le terme « grand cru », un champagne doit provenir exclusivement de raisins d'un ou plusieurs des dix-sept villages classés à 100 %.
- Le terme « premier cru » concerne uniquement des champagnes issus de raisins provenant des quarante communes classées entre 90 et 99 %.

VALLÉE DE LA MARNE

- Ay ;
- Dizy ;
- Mareuil-sur-Aÿ ;
- Cumières.

MONTAGNE DE REIMS

- Ambonnay ;
- Tauxières ;
- Bouzy ;
- Verzy ;
- Verzenay ;
- Trépail ;
- Villers-Marmery.

Ces deux dernières produisant d'excellents chardonnay, plus ronds et plus charpentés que ceux de la Côte des Blancs.

CÔTE DES BLANCS

– Avize ;
– Mesnil-sur-Oger ;
– Oiry ;
– Cramant ;
– Oger.

PETITE MONTAGNE DE REIMS

– Ecueil ;
– Jouy-les-Reims ;
– Villedommange ;
– Pargny-les-Reims.

LA CÔTE DE SEZANNE

– Villenauxe-la-Grande.

VIGNOBLE AUBOIS

Les Riceys où l'on produit simultanément du champagne des coteaux champenois et l'un des vins rosés les plus rares de toutes les appellations (quelques milliers de bouteilles). Trois vignerons sont à recommander : Morel Père et fils, Pierre Horiot et Alexandre Bonnet.

Pour mémoire, les dix-sept crus classés à 100 % sont respectivement :

– Ambonnay ;
– Louvois ;
– Puisieulx ;
– Avize ;
– Mailly-Champagne ;
– Sillery ;
– Aÿ ;
– Le Mesnil-sur-Oger ;
– Verzenay ;
– Beaumont-sur-Vesle ;
– Oger ;
– Verzy ;
– Bouzy ;
– Oiry ;
– Cramant ;
– Chouilly (uniquement pour les raisins blancs) ;
– Tours-sur-Marne (uniquement pour les raisins noirs).

Il y a en Champagne deux Clos d'un haut niveau qualitatif :

– le Clos du Mesnil, d'une superficie de 1,87 ha. Identifié en 1698, il n'a subi aucune modification de surface depuis cette date. Sa situation privilégiée au centre du village du Mesnil-sur-Oger, en raison de la protection des murs et des maisons, lui confère un microclimat* favorable à la bonne maturation* du raisin. La famille Krug l'a acquis en 1971 ;
– le Clos des Goisses, propriété de la maison Philipponnat depuis 1935, situé sur la commune de Mareuil-sur-Aÿ, occupe une superficie de 5,50 ha. Son vignoble extrêmement pentu bénéficie d'un ensoleillement remarquable grâce à une exposition plein midi et aux réverbérations provoquées par la Marne.

SANS AUTOLYSE PAS DE GRAND CHAMPAGNE

Un champagne dégorgé* ne vit plus de la même façon. Sa qualité reste bonne pendant un certain temps (variable selon le lieu de conservation), mais il ne peut plus s'améliorer, alors qu'au contraire non dégorgé et gardé sur lattes*, il progresse encore pendant un certain nombre d'années, grâce à un phénomène d'autolyse.
L'apport de la liqueur de tirage*, composée de sucre et de levures* sélectionnées, permet au vin d'effectuer dans de très bonnes conditions une deuxième (ou troisième pour ceux faisant la malolactique) fermentation alcoolique* en milieu réducteur. Les ferments transforment simultanément le sucre contenu dans la liqueur en alcool et en gaz carbonique*, qui va se dissoudre lentement, en conférant au vin de Champagne le pétillement suffisant pour créer une pression de cinq ou six atmosphères, garante d'une bonne prise de mousse. Au cours de leur travail, les levures emmagasinent aussi beaucoup d'éléments nutritifs et subtils pour le vin, tels que des acides aminés, qui sont en fait les véhicules des bons goûts, des arômes et, plus tard, du bouquet. Lorsque cette fermentation est terminée, les levures mortes se déposent en constituant le fameux dépôt sur lequel le champagne va vieillir très lentement.
On a longtemps cru qu'elles étaient devenues inactives. Or il n'en est rien. D'importants travaux, effectués par les services techniques du CIVC ayant permis de les isoler, ont démontré qu'en éclatant, les levures se désintègrent en restituant au vin tous les éléments de sa complexité aromatique qu'elles lui avaient pris pendant la fermentation. Plus un champagne reste longtemps au contact de son dépôt, plus les composants responsables du bouquet s'expriment, pour l'aider à retrouver subtilité et rondeur.
L'autolyse permet en plus au gaz carbonique* de se mélanger intimement au vin, en affinant la bulle jusqu'à la rendre microscopique, apportant au champagne une grande finesse, seul gage d'un long vieillissement. Plus les bulles sont fines,

plus elles mettent de temps à remonter le long des parois pour atteindre le haut de la flûte ou de la coupe, assurant la longue tenue de ce qu'on nomme si joliment le cordon. Un grand champagne ayant subi un long séjour sur lattes*, propice à l'autolyse, le tient longtemps. Pour schématiser, disons que les petites poches, contenant les levures formant le dépôt qu'on a longtemps considérées comme mortes, vont s'ouvrir et commencer à s'animer, créant un mystérieux ballet invisible dans la bouteille, qui ira en s'amplifiant selon le phénomène d'autolyse, suivant le temps passé sur lattes* ; d'où une période minimale pour la commercialisation imposée par la réglementation en vigueur.

Cette noble pratique champenoise, permettant d'obtenir des grands vins millésimés ou non, n'est plus aujourd'hui que l'apanage de quelques grandes maisons de commerce, plaçant la qualité au-dessus de tout. Elle demande un travail de très longue haleine et des stocks importants, nécessitant une solide assise financière.

Lorsqu'il achète une bouteille, le consommateur doit en prendre conscience, en pensant que le prix d'un champagne de certains récoltants manipulants, qui n'est parfois qu'un simple adolescent n'ayant pas terminé sa croissance, ne peut être identique à celui d'un négociant habitué à dégorger ses champagnes non millésimés après deux ou trois ans de cave.

LA LUMIÈRE A UNE INFLUENCE NÉFASTE SUR LE CHAMPAGNE

Les effets néfastes du rayonnement lumineux (qu'il soit naturel ou artificiel) sur le vin contenu dans une bouteille ont été mis en évidence voici une vingtaine d'années par le professeur Maujean.

Agressé par une lumière que le verre de certaines bouteilles ne filtre pas toujours parfaitement, le vin, particulièrement de Champagne, subit une réaction chimique provoquant l'apparition de composés soufrés. Il en résulte, pour le consommateur, un goût plus ou moins désagréable appelé « goût de lumière », détruisant les caractéristiques du produit. L'apparition de ces goûts est due à un phénomène complexe, impliquant plusieurs systèmes d'oxydoréduction provoqués par l'influence de la lumière sur le vin et, plus particulièrement, lorsqu'il est champagnisé, donc réduit naturellement par la troisième fermentation en bouteilles.

Il est généralement admis que l'apparition de « goût de lumière » ou « goût de réduit » est en relation directe avec la formation d'hydrogène sulfuré (H_2S).

Les lumières solaires incandescentes ou fluorescentes sont des catalyseurs efficaces pour la formation de mauvaises odeurs. Concernant les vins champagnisés, l'hypothèse la plus répandue est que ce fameux « goût de lumière » résulte d'une réaction de l'hydrogène sulfuré avec l'éthanol. Selon le professeur Maujean, un composé du vin, la riboflavine, de couleur jaune intense, capte l'énergie lumineuse

et décompose la méthionine en produits nauséabonds, en particulier en méthanethiol. Le vin se décolore légèrement et prend alors un goût, pouvant aller jusqu'à le rendre impropre à la consommation.
Aujourd'hui, la plupart des caves sont éclairées par des lampes à sodium, dites « à lumière froide » (procédé très coûteux, démontrant que les Champenois redoutent tout particulièrement les effets de la lumière sur leurs vins).
Le champagne doit s'acheter chez le négociant ou à la propriété. Le consommateur n'ayant pas cette possibilité (pour des raisons financières ou parce qu'il ne peut l'entreposer) devra choisir avec beaucoup de discernement un très bon caviste ou une épicerie fine de renom, en exigeant que la bouteille provienne directement de la cave. Il ne faut pas avoir peur de le dire : *le champagne ne sera jamais le vin des grandes surfaces. Il ne supporte pas les inadmissibles stations debout ni les séjours prolongés à la lumière violente des tubes au néon, comme c'est souvent le cas.*
Des études très sérieuses ont été faites en Champagne par des œnologues ayant exposé des bouteilles de champagne pendant plusieurs jours respectivement à 1, 3, 5 et 7 m d'une lumière dispensée par des tubes fluorescents. Après une quinzaine de jours, ils ont été capables de reclasser les différentes bouteilles en fonction de la distance à laquelle elles se trouvaient de la lumière. Or une bouteille placée à deux ou trois mètres d'un tube lumineux est loin d'être en situation exceptionnelle dans un hypermarché ou chez certains cavistes jouissant pourtant d'une bonne réputation.

L'ASSEMBLAGE * : CLÉ DES BRUTS SANS ANNÉE

Ce procédé unique, propre au champagne, consiste à faire une cuvée non millésimée, en y incorporant un grand nombre de vins natures provenant de crus, de cépages et d'années différents. L'assemblage* est à la base de la réussite de ce vin de légende, raison pour laquelle les meilleurs proviennent presque exclusivement des maisons de commerce, acheteuses dans chaque millésime de raisins ou de moûts* issus des multiples zones ou villages de l'appellation.
Cette pratique remonte à près de trois siècles. Curieusement, la plupart des auteurs d'ouvrages sur le champagne ne l'évoquent que succinctement. Cette manière d'éluder le sujet amène à se poser une question : pourquoi la juger avec un certain mépris, sinon comme un simple problème de vinification, alors qu'elle est le fil conducteur sans lequel il n'y aurait pas de grands bruts sans année ?
En contrepartie, dans les mêmes lectures, on traite abondamment les détails d'un passé pourtant lointain, sur l'œuvre de Dom Pérignon. Malheureusement, aucun document ne permet de corroborer certaines affirmations, car la correspondance du révérend père, qui aurait permis d'éclaircir bien des points, a totalement disparu.

Contrairement aux autres régions viticoles, où la quasi-totalité des vins d'appellation portent l'année de référence, le millésime en Champagne est l'exception confirmant la règle.

Pour réaliser un assemblage* harmonieux, le ou les dégustateurs ayant en charge la composition de la cuvée doivent nécessairement y faire entrer un grand nombre de crus, de terroirs* (microclimats*), de cépages et de vins des années précédentes (dénommés vins de réserve), chacun d'entre eux ayant un rôle de complémentarité pour corriger l'acidité, le corps, la finesse, la puissance, l'arôme, etc. Dans certaines cuvées, il entre parfois plus de soixante crus différents.

Chaque négociant possède sa propre cuvée non millésimée, qui est son image de marque. Elle est toujours réalisée par la ou les mêmes personnes, généralement l'œnologue, le chef de cave, le propriétaire de la marque ou l'un de ses proches parents ou collaborateurs. Elle doit refléter un style personnel; certains recherchent la finesse, d'autres la nervosité ou, au contraire, la puissance. Un client, habitué à une marque et ayant un bon palais, doit aisément reconnaître la patte de la maison.

Les responsables ont une tâche délicate. Il leur faut en effet ne pas dévier de la ligne directrice et rester dans l'esprit maison, tout en faisant quand même certaines fois preuve d'imagination, en variant les dosages tant dans les années que les cépages ou les crus, pour contrer les caprices de Dame Nature sur certaines zones ou coteaux. Disons qu'une cuvée est une composition florale, ne pouvant être semblable à une autre. C'est un peu comme si l'on donnait des fleurs à trois femmes différentes pour réaliser un bouquet : la première le ferait peut-être en hauteur, la seconde préférerait une présentation ronde, alors que la troisième jouerait tout simplement sur le contraste des couleurs. Pour le champagne, c'est pareil : on obtient non seulement une qualité, mais surtout un style, en fonction de la vision commerciale de chaque maison.

C'est un domaine où le récoltant manipulant est désavantagé[1] par rapport au négoce, car il travaille essentiellement avec ses propres vignes, et souvent sur une ou deux communes, parfois même avec un unique cépage.

C'est le cas des viticulteurs de la Côte des Blancs, plantée exclusivement en chardonnay, ne disposant que des vins de réserve des années précédentes. C'est l'une des raisons pour lesquelles beaucoup de manipulants sont entrés dans le circuit coopératif, pour bénéficier d'un pré-assemblage. Une autre solution astucieuse est pratiquée par une minorité; elle consiste, pour un fils de vigneron d'une zone, à épouser une fille de récoltant d'une autre en pratiquant ce que j'appellerais familièrement « le double assemblage cave/alcôve ».

[1] En vertu d'une réglementation très ancienne, un viticulteur a le droit d'acheter chaque année l'équivalent de 5 % de sa récolte dans la même AOC; d'où des petites transactions améliorant un peu les assemblages. Il semble d'ailleurs, bien qu'aucun document ne l'atteste, qu'un Champenois ait été à l'origine de ce texte.

Le meilleur assemblage* consiste, comme le font toujours certaines maisons, à incorporer aussi à la cuvée un petit pourcentage de vins de réserve, issus de grands millésimes conservés sur lattes* en magnums (contenant idéal pour l'évolution) pendant plusieurs années.
Une petite dizaine de maisons de commerce réputées sont passées maîtres dans ce type de vin : Bollinger, Krug, Louis Roederer, Pol Roger, Laurent Perrier, Deutz, Gratien, Jacqueson et Billecart Salmon.

MIEUX CONNAÎTRE LES TROIS CIRCUITS COMMERCIAUX

LES NÉGOCIANTS CHAMPENOIS

Les négociants champenois, comme on les appelle maintenant, étaient au début du XIXe siècle, dénommés plus joliment « maisons de Champagne ». À cette époque, elles achetaient l'ensemble du raisin, faisaient le vin tandis que les vignerons s'occupaient des vignes. Tout allait donc pour le mieux dans le meilleur des mondes. Le champagne connaissait une prospérité sans cesse croissante, grâce aux exportations dans tous les pays du monde.
Puis arriva de triste mémoire la crise de 1929. Beaucoup de ces maisons, s'étant trouvées en difficultés, durent cesser ou diminuer leurs achats, mettant les vignerons devant le fait accompli, les obligeant non seulement à stocker leurs récoltes mais aussi à apprendre les rudiments de la vinification. Elles se ressaisirent, mais fortes de leur implantation en France et surtout à l'étranger et aussi de leur puissance financière, elles ne traitèrent pas toujours le vigneron comme il aurait dû l'être, achetant au coup par coup et souvent au prix le plus bas.
En somme, le négociant prit le bâton pour se frapper lui-même. Ce qui ne manqua pas d'être préjudiciable pour la renommée et surtout la qualité du champagne. En effet, si, dans toutes les autres régions viticoles françaises (Bordelais mis à part en raison de son quasi-monopole de vente sur les crus classés, passant par le canal du négoce), je suis le plus souvent favorable au récoltant, je pense qu'en Champagne les plus grands vins sont l'apanage des maisons de champagne. Cela est fort compréhensible puisqu'ils ont tous les éléments pour réussir : expérience acquise depuis plus de trois siècles, installations d'une haute technicité, caves impressionnantes, meilleurs œnologues, personnel ultra-qualifié, stocks de vins de réserve, finances permettant au vin de s'affiner par un long vieillissement sur lattes* ; enfin, gamme très étendue de crus, donnant la possibilité de procéder aux assemblages* les plus complexes.
Il est regrettable pour la Champagne que certaines grandes maisons, qui ont fait sa réputation, soient maintenant devenues, par le jeu des financiers, des sociétés où le commerce prime souvent sur la qualité. En Champagne, on ne

saura bientôt plus si untel appartient à untel et qui a pris le contrôle de qui ! Il y a tellement d'alliances et de prises de participations que le consommateur ne s'y retrouve plus, d'autant que les marques, donc les étiquettes, restent inchangées. Pour l'avenir économique d'une région viticole aussi prestigieuse que la Champagne, toutes ces absorptions, qui sont loin d'être terminées, ont un petit côté déroutant. Le consommateur risque d'en faire les frais. Il n'est en effet jamais souhaitable, pour celui qui est au bout de la chaîne, que la plupart des cartes maîtresses se trouvent dans les mêmes mains. Seule l'émulation commerciale est à même de garantir l'équilibre du marché.

Le tableau n'est pourtant pas aussi noir. Quelques belles affaires, restées entièrement familiales, d'un haut niveau qualitatif, subsistent heureusement encore. Ce sont, respectivement : Bollinger, Pol Roger, Louis Roederer, Jacqueson et Billecart Salmon (les cinq possédant 586 ha). Bien que n'étant plus familiales, on peut aussi citer Gratien, Laurent Perrier, Deutz et Taittinger. Les maisons de commerce, contrairement à une fausse idée reçue, ne sont seulement propriétaires que de 3 181 ha. Ce qui représente à peine 10 % du vignoble, dont près de 2 000 ha pour huit d'entre elles, le reste réparti entre toutes les autres. On se croirait en Côte-d'Or !

Pour la petite histoire, la maison Ruinart, dont la création remonte à 1729, est le plus ancien négoce champenois.

Les qualificatifs manquent pour évoquer l'extrême amabilité de la plupart des grandes maisons de commerce champenoises, et surtout celle du comité interprofessionnel du vin de Champagne (tél. : 03 26 51 19 30) où l'on est reçu comme un VIP.

LE RÉCOLTANT MANIPULANT

Le récoltant manipulant est un vigneron qui champagnise et vend son vin en bouteilles. Il a fait son apparition après la crise de 1929. Il s'est tout à coup trouvé dans l'obligation de stocker ses récoltes, d'apprendre la vinification qu'il connaissait mal, d'effectuer des investissements en matériel de cave, à une époque peu florissante, où les banques ne prêtaient pas aussi facilement qu'aujourd'hui. Il lui a fallu également se créer une clientèle ; épreuve extrêmement difficile pour lui, qui n'avait reçu aucune formation commerciale. C'était cela ou disparaître !

Freinée par la Seconde Guerre mondiale, la vente à la propriété, dès 1950, commença à se ressaisir. En 1971, la Champagne comptait déjà près de 3 000 manipulants. Après la crise de 1974, ils étaient 3 800. Actuellement, on en recense plus de 5 000 dont près de 60 % sont des coopérateurs.

Il est évident que, d'une région à l'autre, l'accueil diverge considérablement, et l'on pourrait écrire tout un chapitre tant le sujet est vaste. Sans entrer dans des considérations interminables sur chacune des dix grandes régions viticoles, j'en tire cet enseignement. Je pense que la palme de la gentillesse et de la disponibilité revient aux Alsaciens tandis que la méfiance est l'apanage des vignerons de la Côte-d'Or, alors que celle de la froideur semble parfaitement correspondre au tempérament des récoltants champenois. Partant de cette observation, je n'en suis que plus à l'aise pour citer sept récoltants expéditeurs où, outre la qualité du champagne, j'ai trouvé un accueil chaleureux et un empressement à répondre à toutes mes questions :

- Bara Paul et Fille à Bouzy (11 ha) ;
- Aubry Frères à Jouy-les-Reims (17 ha) : ce domaine possède encore un peu plus de 2 ha plantés avec les cépages quasiment disparus ;
- Selosse Anselme à Avize (6,20 ha) ;
- Vazart Jacques à Chouilly (11 ha) ;
- Gimonnet Pierre à Cuis (26 ha) ;
- Doquet-Jeanmaire à Vertus (15 ha) ;
- De Souza Patrick à Avize (7 ha),

auxquels je tiens à adjoindre la petite maison Moutard Père et Fils à Buxeuil possédant un bon vignoble sur la Côte de Bar.

LES CAVES COOPÉRATIVES

Cette région viticole, avec le Languedoc, est aujourd'hui l'une des mieux équipées dans le domaine de la coopération. Elle compte cent cinquante caves coopératives, cinquante-sept ont également une activité de commercialisation.

En Champagne, contrairement aux autres régions viticoles (à quelques exceptions près), la coopération se fait à la carte. Le vigneron coopérateur peut en effet ressortir son produit à chaque stade de sa fabrication, en moût, dès la fin du pressurage, en vin clair après l'assemblage* ou encore sur pointe après le cycle de remuage. Dans ces trois cas, il doit ensuite assurer lui-même les opérations suivantes : dégorgement*, mise à niveau, rebouchage définitif et étiquetage portant le sigle RM. Dans l'hypothèse où ces manipulations seraient faites par la coopérative, il ne peut plus, sur son étiquette, apposer que les lettres RC.

* * *

Si vous voulez vous restaurer, deux tables à découvrir :

- *La Touraine Champenoise* : rue Magasin à Tours-sur-Marne, tél. : 03 26 58 91 93. (Fermé le jeudi.)
  Sympathique auberge familiale tenue par la même famille depuis près d'un siècle. C'est la cantine des cadres de Laurent Perrier.
- *Le Mesnil* : 2, rue Pasteur à Mesnil-sur-Oger, tél. : 03 26 57 95 57. (Fermé le lundi soir, mardi soir et mercredi.)
  La cuisine classique de Claude Jaillant mérite une visite. Très belle cave.

LA VALLÉE DU RHÔNE

Créée en 1937, sur l'initiative du baron Le Roy, la vieille appellation côtes-du-rhône regroupait surtout à l'époque de modestes vins de comptoir. Ce nom avait cependant fini, dans l'esprit des dirigeants du comité national des vins de France, par devenir péjorativement le porte-drapeau de l'ensemble d'une très vaste région, englobant des AOC prestigieuses. Moins conformistes, les Américains, gros importateurs des vins de cette zone, avaient pris l'habitude, comme pour Napa et Sonoma, de la définir plus simplement par le terme mieux adapté de « Rhône Valley ».
Sans doute inspiré par cette dénomination, l'INAO a décidé que la nouvelle région comprenant actuellement vingt appellations d'origine contrôlée, en englobant les anciens satellites, réparties sur 79978 ha, s'appelleraient désormais « Vallée du Rhône ». Elle est toujours constituée de deux vignobles bien distincts, séparés par un très grand *no man's land* démarrant peu après Valence, pour prendre fin au-delà de Montélimar.

RÉGION SEPTENTRIONALE

Son vignoble comprend huit appellations, dont deux mondialement connues, mais est très restreint (2912 ha) ; les vignes sont étalées sur trois départements : le Rhône, la Loire et l'Ardèche (voir carte p. 278). Il apparaît presque brusquement dans une sorte de couloir, peu de kilomètres après avoir dépassé la périphérie

lyonnaise où les premiers ceps de syrah de la Côte-Rôtie s'accrochent aux coteaux de Saint-Cyr-sur-Rhône, pratiquement face à la ville de Vienne.
Cette partie du vignoble ne prend fin qu'avec l'AOC saint-péray dans la banlieue de Valence. Le climat septentrional s'apparente un peu à celui de la capitale des soyeux, bien que plus chaud. Il devient très vite une sorte de grand verger où cerisiers, pêchers, poiriers et surtout abricotiers cohabitent en alternance avec les parcelles de vignes, plantées en grande partie sur des coteaux et des terrasses aux sous-sols granitiques, parfois même décomposés.

CÔTE-RÔTIE

En partant du nord, la première appellation rencontrée est la célèbre côte-rôtie dont les premiers coteaux escarpés (parfois près de 60 % de pente) brûlés par le soleil, prennent naissance au-dessus du poste de péage d'Ampuis, juste à la limite du très vieux château de Montlis. C'est un superbe vignoble, tour à tour concave ou convexe, doublement ensoleillé du fait de la réverbération du Rhône, le plaçant dans une situation particulièrement privilégiée. Ces vignes sont certainement parmi les plus difficiles à travailler. Les vignerons continuant à maintenir ce véritable patrimoine national en production devraient comparativement à ceux d'autres régions aux abords plus accessibles bénéficier de certains allègements fiscaux.
La Côte-Rôtie (220 ha) est scindée en deux zones bien distinctes : Côte brune et Côte blonde, séparées par un minuscule ruisseau, le Reynard. Leur exposition est sensiblement identique, mais plusieurs microclimats* permettent de les différencier. Les parcelles les plus représentatives sont :

- Côte brune (sol brun grossier très riche en oxyde de fer) : la Turque (monopole* Guigal), la Landonne et la Pommière;
- Côte blonde (sol plus pâle, de composition silico-calcaire) : la Mouline (environ 1 ha pour cette marque déposée appartenant à Marcel Guigal), la Chatillonne, la Grande Plantée et la Garde.

Trois vins exceptionnels semblent dominer qualitativement l'ensemble de l'appellation, comptant aussi parmi les bouteilles les plus recherchées au monde : la Turque (la plus blonde des brunes), la Mouline et la Landonne (la plus brune des brunes). Elles sont toutes trois l'œuvre et la propriété du même homme, le perfectionniste Marcel Guigal, auquel il convient d'associer son fils Philippe animé du même état d'esprit. Un petit regret : ces crus sont difficiles à obtenir, car seule une fidélité sans faille à la maison Guigal peut amener quelques rares privilégiés à les acquérir, en respectant certaines conditions d'acquisition : ils ne connaissent pas leur bonheur!
La Côte-Rôtie, bénie des dieux, compte aussi deux autres récoltants talentueux : les frères Jamet et René Rostaing, sans oublier le renouveau qualitatif de l'excellent négociant Delas et les vins du Château d'Ampuis.

LA VALLÉE DU RHÔNE RÉGION SEPTENTRIONALE

Cépages autorisés : syrah, marsanne, roussanne et viognier.

- Limite de département
- Côte Rôtie
- Château Grillet
- Condrieu
- Condrieu/St-Joseph
- St-Joseph
- Hermitage
- Crozes-Hermitage
- Cornas
- St-Péray
- Côtes du Rhône

1:450,000

Km 0 5 1 0 15 Km

LA VALLÉE DU RHÔNE RÉGION MÉRIDIONALE

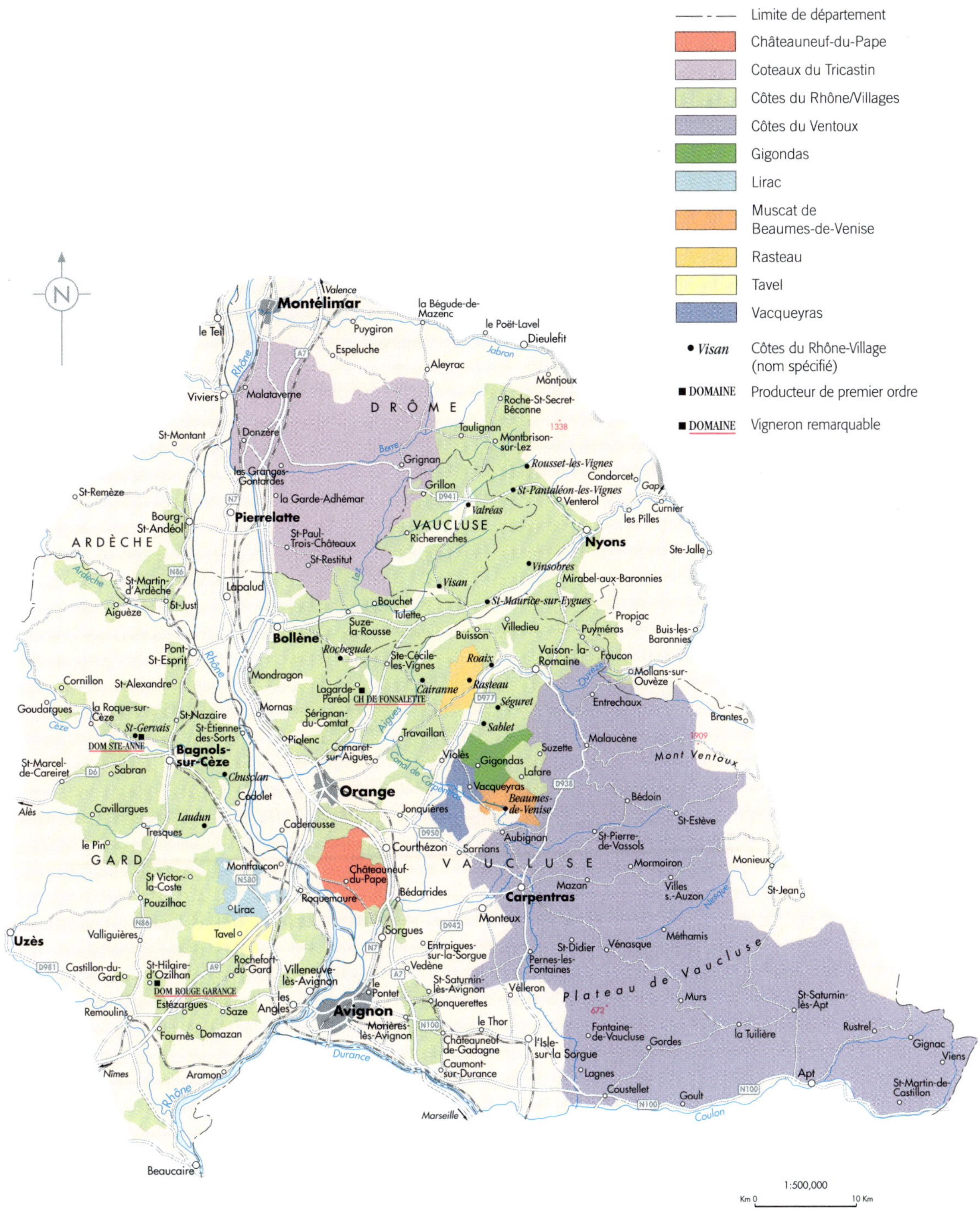

Principaux cépages :
grenache, syrah, mourvèdre, cinsault, roussanne, marsanne, bourboulenc, clairette blanche, muscardin, counoise, vaccarèse, terret noir, picardan, calitor et picpoul.

CONDRIEU

Plus au sud, un autre ruisseau miniature, le Bassenon, sépare la côte-rôtie de l'AOC condrieu (110 ha), berceau incontesté du floral cépage viognier, produisant cet exceptionnel vin aux arômes inimitables de violette et d'abricot. Sans la farouche détermination d'un grand homme du vin, Georges Vernay, ce superbe vignoble aurait sans doute disparu. Rappelons qu'en 1960, il ne comptait plus que 12 ha. J'aime particulièrement quatre bouteilles de ce vin si particulier, le Coteau de Vernon de la famille Vernay, le Coteau de Chéry d'André Perret, la cuvée La Doriane de Marcel Guigal et le Clos Boucher de Delas.

CHÂTEAU-GRILLET

À cheval sur deux départements, c'est l'une des plus petites AOC françaises (seuls trois grands crus de Vosne-Romanée lui sont inférieurs en superficie) ; elle appartient depuis le XIXe siècle à la famille Neyret Gachet. Restructuré dans le début de la seconde moitié du siècle dernier par un homme intègre, M. Canet, ce cru d'à peine 4 ha est actuellement sous la férule de sa fille Mme Baratin. Contrairement aux condrieu qui l'entourent et pourtant issus du même cépage, en raison d'un terroir* et d'un sous-sol différents, il se révèle d'une garde étonnante. C'est certainement l'un des plus grands vins blancs de France.

SAINT-JOSEPH

En vertu d'un décret du 5 juin 1969, portant sur une nouvelle délimitation, le cru Saint-Joseph (980 ha), dont l'attribution de l'AOC remonte au 15 juin 1956, a vu ses frontières devenir élastiques. Il part de Chavanay (inclus dans l'appellation condrieu) pour prendre fin à Guilherand aux portes de Valence, après avoir gaillardement enjambé les deux dernières AOC du groupe septentrional (cornas et saint-péray).
Conscient d'avoir péché par excès de générosité, l'INAO en 1991 a désigné une nouvelle commission, en revoyant sérieusement à la baisse les délimitations antérieures, retenant quand même plus de 3 500 ha sur les 7 000 classés dans le passé. Ce cru produisant simultanément d'excellents vins blancs et rouges a quand même ses terroirs de prédilection, ceux ayant donné lieu à sa reconnaissance par les anciens pas encore obnubilés par des objectifs de rentabilité. Ces lieux sont les mêmes qu'il y a un siècle : Mauves, Tournon et Saint-Jean-de-Muzols. Ils sont communément appelés le berceau. Cinq noms s'imposent, les domaines :

- Jean-Louis Chave ;
- Bernard Gripa ;
- Gonon Père et Fils ;
- Coursodon ;
- la maison Guigal pour la cuvée du lieu-dit Saint-Joseph (anciennes vignes du Domaine Jean-Louis Grippat).

HERMITAGE

Reposant sur un superbe coteau majoritairement granitique exposé plein sud, en dominant le Rhône et la ville de Tain-l'Hermitage, ce cru mythique n'a jamais subi d'extension. Contrairement à la quasi-totalité des AOC, dont les limites géographiques sont périodiquement remises en question. En raison de sa délimitation par un jugement, il ne bouge pas car il est difficile de revenir sur la chose jugée. Le 4 mars 1937, le comité national des vins de France entérinait cette décision de justice, en octroyant l'appellation d'origine contrôlée. Il totalise 140 ha dont 108 sont détenus en propriété ou en fermage par sept raisons sociales, le reste atomisé entre une vingtaine de récoltants.

Quatre négociants : Chapoutier, Jaboulet Ainé, Delas et Guigal.

Pour la cave coopérative de Tain-l'Hermitage, on peut se poser des questions, car que je sache, il n'est guère compatible avec les statuts de la coopération qu'un organisme en bénéficiant soit en même temps propriétaire de vignobles.

Enfin deux récoltants, les Domaines Marc Sorrel et Jean-Louis Chave, ce dernier mondialement connu.

Qualitativement en rouge et sans ordre de préférence, cinq noms semblent dominer aisément l'ensemble de la production :

- La Chapelle de Jaboulet (rappelons qu'en 1961, il fut consacré comme l'un des douze plus grands vins du siècle, malheureusement les derniers millésimes ne sont guère concluants) ;
- la cuvée issue du lieu-dit Les Bessards de Delas ;
- celle appelée Ex Voto de Guigal ;
- Les Greals de Sorrel ;
- et surtout l'extraordinaire cuvée Cathelin (honorant un grand peintre) de Jean-Louis Chave.

En blanc, je serai plus restrictif ; trois vins sont au-dessus du lot, ceux de :

- Jean-Louis Chave ;
- les Rocoules de Sorrel ;
- l'Ex Voto de Guigal.

CROZES-HERMITAGE

Par sa superficie de plus de 1 300 ha, il s'étend sur onze communes environnant Tain-l'Hermitage. On y trouve des vins de qualité très inégale due à des sols de plaine très hétérogènes et des expositions diversifiées. Lors de l'attribution de l'appellation, le 4 mars 1937, seule la commune de Crozes-Hermitage avait été retenue. Choix il est vrai peut-être un peu trop restrictif, d'où un nouveau décret du 5 juillet 1952, ouvrant grande la porte à dix autres municipalités, décision sans doute trop libérale. Les pouvoirs publics avaient jugé que cette large extension serait à l'époque salvatrice pour les producteurs de fruits, traversant une période bien difficile, d'où la possibilité pour eux d'une reconversion avec la vigne. Conséquence de l'opération, des droits de plantations souvent accordés sans discernement pour certaines parcelles de plaine d'une médiocrité affligeante, allant jusqu'à classer Pont-de-l'Isère en AOC. Il y a bien eu depuis, quelques progrès, mais encore pas assez pour en faire un véritable cru, d'autant qu'aujourd'hui 90 % des vignobles sont vendangés à la machine. Quatre vins sortent du lot : ceux de la maison Jaboulet, qu'il s'agisse du lieu-dit Thalabert ou des parcelles rachetées au Domaine Raymond Roure, sans oublier le Château de Curson appartenant à Étienne Pochon et celui du Domaine Sorrel (sans doute les deux meilleurs blancs).

CORNAS

Avant-dernière AOC de la zone septentrionale, cornas (à peine une centaine d'hectares) produit des vins très corsés qu'il convient d'associer à une cuisine robuste. Deux récoltants dominent largement l'ensemble des producteurs : les Domaines Auguste Clape, maintenant sous la direction du fils Pierre, et Thierry Allemand.

SAINT-PÉRAY

Avec saint-péray, cette zone prend fin (60 ha). On y a longtemps fait un vin blanc mousseux, travaillé avec la méthode champenoise; certains y sont restés fidèles. Pour ma part, je préfère le classique sec*, surtout lorsqu'il est aussi bien vinifié que la cuvée les Figuiers de Bernard Gripa.

Il faut noter que dans la région septentrionale de la Vallée du Rhône, contrairement à la région méridionale, on ne trouve que quatre cépages : syrah pour les rouges, viognier, roussanne et marsanne produisant les vins blancs. Je déplore que, dans de nombreuses exploitations, la roussanne, plant noble ayant contribué à la grande réputation de l'hermitage et même du saint-joseph, soit en régression, au profit de la marsanne dont les vins sont loin d'avoir la même finesse. La préférence pour ce dernier s'explique par deux facteurs : il est plus gros producteur et surtout moins sensible à certaines maladies.

RÉGION MÉRIDIONALE

D'une superficie impressionnante (77 066 ha), cette seconde partie s'étend sur les départements du Vaucluse, de la Drôme et du Gard (voir carte p. 279). La nature a complètement changé. Nous entrons dans le royaume des garrigues, à la végétation broussailleuse, où abondent le thym et le romarin. On voit aussi quelques chênes truffiers, des oliviers et même les champs de lavande qui commencent à faire leur apparition. Le mistral parfois violent y souffle au moins deux cents jours par an, créant la transition entre le climat continental parfois humide et froid, et celui, méditerranéen, sec et chaud. Les vignobles des dix appellations occupent une multitude de parcelles aux sols et sous-sols de composition extrêmement variée, allant des cailloux roulés de Châteauneuf-du-Pape, aux sables squelettiques de Tavel, en passant par les molasses sableuses de Beaumes-de-Venise ; tout un chapitre ne suffirait pas à les décrire. Les vins de cette région, en raison de son climat du sud accentuant les qualités et les défauts, exigent de nombreuses variétés de cépages pour obtenir un parfait équilibre. Ce mélange des raisins dans les assemblages*, allié à la diversité des terroirs* et des microclimats*, donne ce que les esprits modernes appellent du « complémentarisme sensoriel ».

Il peut paraître paradoxal que deux régions où tout diffère, bien séparées géographiquement, aient reçu, lors de la création du comité national des vins de France, la même dénomination, explication d'ordre purement juridique. Il faut se rappeler que la loi du 6 mai 1919, qui avait servi de référence, exigeait comme conditions de reconnaissance d'une appellation, le respect des fameux usages dits « locaux, loyaux et constants ». En application de ces principes, tous les lieux où étaient produits des vins vendus sous le nom de côtes-du-rhône ont été intégrés dans la même région.

De telles assimilations peuvent paraître aujourd'hui discutables, mais après tout, le Beaujolais fait bien partie de la Bourgogne, alors que tout l'oppose à la Côte-d'Or, à commencer par l'encépagement, la méthode de vinification et surtout le sol et le sous-sol.

CHÂTEAUNEUF-DU-PAPE

Le but de cet ouvrage n'est pas de détailler l'historique de chaque AOC, mais en raison de circonstances bien particulières traversées au cours de son histoire, ce vignoble fait exception. Le fait, pour la cité d'Avignon, d'avoir abrité pendant près d'un siècle le siège et la résidence des souverains pontifes a certainement largement contribué à faire connaître au monde le vignoble papal proche. Sept papes ont vu leur élection dans cette ville : le Bordelais Clément V, Jean XXII, Benoît XII, Clément VI, Innocent VI, Urbain V et Grégoire XI. Jean XXII (1316-1334), protecteur du vin de Châteauneuf, fit bâtir le château, dont il reste encore quelques vestiges au sommet de la colline dominant la commune. Les papes qui se succédèrent furent presque tous propriétaires d'un vignoble clos d'une vingtaine d'hectares dans Châteauneuf.

Très tôt, bien avant la naissance des AOC, les vignerons de Châteauneuf-du-Pape, sous l'impulsion d'un homme remarquable, le baron Le Roy, s'attachèrent à faire reconnaître et délimiter leur vignoble par un jugement du tribunal

d'Avignon, le 28 mars 1930. Il s'étend sur cinq communes : Châteauneuf-du-Pape pour pratiquement les deux tiers, Courthézon, Orange, Bédarrides et Sorgues. C'est en volume, avec près de 3 200 ha, l'appellation de crus (connue depuis le début du XXe siècle) la plus importante, après saint-émilion.
La plus grande partie du sol de Châteauneuf-du-Pape, qui repose sur le diluvium alpin de l'époque du Quaternaire, est en fait composée de gros cailloux roulés qui emmagasinent la chaleur accumulée pendant la journée, pour la restituer la nuit à la vigne, favorisant la maturité des raisins. C'est un sol extrêmement ingrat, unique au monde, au point que la plupart des constructeurs de charrues et de chenilles agricoles viennent y faire des essais de matériel. À l'est et au nord, vers Courthézon, sur quelques sols siliceux et sableux, on produit des vins assez fins, mais moins colorés. C'est certainement la seule appellation où les vignerons s'imposent des règles draconiennes pour le respect de la qualité.
L'encépagement, selon le décret de contrôle de l'AOC, permet de faire appel à treize cépages rouges ou blancs, qui sont, respectivement : grenache, syrah, mourvèdre, counoise, terret noir, cinsault, vaccarèse, picardan, muscardin, picpoul, roussanne, bourboulenc et clairette.

La renaissance de l'ancien vignoble de la papauté s'est surtout faite sous l'impulsion d'un médecin natif de Saint-Quentin, le docteur Philippe Dufays, propriétaire d'un beau domaine dans l'aire d'appellation. Il a accompli un véritable travail de bénédictin, tant dans la biologie végétale que dans la sélection variétale, consistant à retrouver tous les cépages du passé. Après les avoir plantés par unités parcellaires (comme c'est l'usage aujourd'hui), il a commencé à les vinifier séparément d'une manière rationnelle, pour bien connaître les propriétés de chacun. Puis, il a procédé à divers assemblages* méthodiques, en variant à chaque fois le pourcentage, jusqu'à ce qu'il arrive au parfait équilibre entre les principaux composants tels que la finesse, l'alcool, l'acidité, la couleur et la persistance aromatique. Avec le recul, on peut dire que ce praticien mériterait, au même titre que le baron Le Roy, d'avoir sa statue en bonne place à Châteauneuf-du-Pape.
Actuellement, seuls quelques très rares domaines utilisent à nouveau la palette complète des cépages autorisés. La majorité se cantonne à six ou huit, dont les qualités dominantes des principaux sont :

- grenache : gras et puissance alcoolique ;
- syrah : potentialité aromatique intense ;
- mourvèdre : tanique* et antioxydant, contrebalançant certains excès du grenache et possédant une grande aptitude au vieillissement ;
- counoise : extrême finesse ;

– bourboulenc : acidité ;
– muscardin : arôme délicat ;
– roussanne : délicatesse d'un grand cépage blanc.

Un grand vin de Châteauneuf-du-Pape est en quelque sorte une somptueuse recette préparée par un chef de cuisine d'exception, où tous les ingrédients se fondent harmonieusement sans qu'aucun ne domine. On peut dire que cette appellation présente à peu près autant de types de vins que de vinificateurs, puisque, en dehors de quatre types de sols, chacun reste maître du nombre de cépages et de leur pourcentage dans sa cuvée, qui reflète le « style maison ». Néanmoins, le plant très dominant demeure le grenache et c'est heureux car il est parfaitement adapté au terroir*.

Parmi les vins que j'aime, sans ordre de préférence : Réserve des Célestins, Clos des Papes, Château de Beaucastel, Domaine du Vieux Télégraphe, Château de la Nerthe, Château Rayas, Domaine de la Janasse, Château la Gardine et Domaine Pierre Giraud. Au chapitre des regrets, trop de cuvées spéciales si l'on excepte le Clos du Pape et le Château Rayas.

GIGONDAS

Ayant obtenu son AOC le 6 juillet 1971, ce cru s'étendant sur 1 220 ha est adossé aux célèbres Dentelles de Montmirail. Selon les récentes dégustations que j'ai faites, trois domaines fidèles à la tradition méritent une visite : Raspail-Ay (à ne pas confondre avec le Château Raspail), le Grapillon d'Or et le Cayron.

VACQUEYRAS

Appellation plus récente (30 avril 2001), ce cru compte 1 300 ha. Une petite partie plantée sur les anciennes terres maraîchères de la commune de Sarrians ou sur les alluvions de l'Ouvèze donne des vins sans personnalité. Là encore, trois domaines semblent émerger qualitativement :

– les Amouriers ;
– les Lambertins ;
– le nouveau Clos du Caveau (une découverte de l'agent commercial Philippe Maire).

TAVEL

Durant les trente dernières années, ce cru de 948 ha produisant un des seuls vins rosés nobles s'est considérablement étendu. Une première fois entre 1953 et 1957 et une seconde en 1965, en occupant, avec la bénédiction de l'INAO « de superbes » terrains situés à l'ouest de la commune n'ayant précédemment eu que des bois ! Ces extensions sur des sols médiocres expliquent sans doute la présence accrue des bouteilles de Tavel sur les linéaires des grandes surfaces. Quatre domaines présentent un intérêt :

- la Mordorée ;
- Roc Olivet ;
- Aqueria ;
- Château de Trinquevedel.

LIRAC

Cru produisant simultanément des vins rouges, rosés et blancs, couvrant sur quatre communes presque 650 ha. Appellation contrôlée depuis le 2 décembre 1992, il a vu son développement facilité sous l'impulsion de plusieurs rapatriés d'Afrique du Nord et depuis, son extension favorisée par la poussée de domaines voisins, déjà établis à Châteauneuf-du-Pape et surtout à Tavel où pratiquement la totalité des exploitants y possède des vignes avec un encépagement identique au lirac pour les vins rouges et rosés. Dans ce secteur, il court des bruits laissant supposer qu'entre ces deux AOC se pratique parfois, chez certains récoltants peu scrupuleux, le vieux principe des vases communiquants. On a même poussé la complaisance jusqu'à me donner le mécanisme du système fonctionnant lors d'années déficitaires. Il arrive, dans ce cas, que le grenache, cépage dominant, en raison d'une mauvaise floraison* due au froid, coule, incitant ceux qui possèdent les deux AOC à privilégier le tavel, commercialement plus vendeur. Dans cette hypothèse, il suffit de faire cuver ensemble un certain pourcentage de raisins pendant quelques heures et de procéder ensuite à des saignées* en bas de chaque cuve, pour de faire du rosé de Tavel. Deuxième opération : laisser ensuite le reste macérer pendant quelques jours, afin de terminer la fermentation alcoolique* pour obtenir du lirac rouge. Cela explique peut-être pourquoi certains vins de cette dernière AOC sont parfois durs et trop taniques*, en raison d'un pressurage* déséquilibré par un mauvais rapport partie solide/jus. Je n'ai aucune preuve de ce que j'avance, mais ces on-dit nous rappellent un vieux proverbe : « Il n'y a pas de fumée sans feu. »
Pour rester optimiste, une bonne adresse : le Château Saint-Roch appartenant à la famille Brunel de Châteauneuf-du-Pape.

CÔTEAUX-DU-TRICASTIN

Plus de 2 000 ha entrent dans le giron des AOC le 27 juillet 1973. Malgré plusieurs visites, hormis la truffe du Tricastin, égale à celle du Périgord, dont il faut se souvenir, je n'ai trouvé aucun domaine méritant d'être signalé.

CÔTES-DU-RHÔNE

Avec l'AOC qui suit, l'ensemble couvre 43 170 ha. Lors de la création des appellations contrôlées, cent dix-sept communes pouvaient prétendre appartenir à cette AOC. Aujourd'hui, elles sont cent soixante et onze réparties dans six départements :

– Vaucluse ;
– Gard ;
– Loire ;
– Drôme ;
– Ardèche ;
– Rhône.

Certaines, nouvellement promues, se trouvent pratiquement à 40 km des rives rhodaniennes. Quant à leur altitude, mieux vaut ne pas en parler, si l'on veut conserver au terme « côtes » sa véritable signification. Pour ce qui est des terroirs*, leur choix amène à se poser des questions. Ainsi, sur le plateau entre Orange et Sainte-Cécile-les-Vignes, un véritable grenier à raisins a pris la place des anciennes plantations de chênes verts.

C'est encore plus significatif au lieu-dit le Plan de Dieu, proche de l'aérodrome. On pourrait épiloguer à l'infini sur d'autres exemples semblables dans le même vignoble. Malgré cela, l'INAO prétendra que notre système d'appellations contrôlées reste un modèle de rigueur que le monde entier nous envie !

CÔTES-DU-RHÔNE-VILLAGES

Face à l'immensité de ce vignoble, immédiatement après la dernière guerre, plusieurs communes, dont les superbes terroirs étaient – on le comprend – plus estimés par le négoce, cherchèrent à se distinguer de la masse, en tentant de se créer une identité, qui leur permettrait de vendre un peu mieux et plus cher. D'où, à partir de 1953 jusqu'à 1979, seize arrêtés ministériels, les autorisant à faire suivre sur l'étiquette le nom du lieu de production, après les termes « Côtes du Rhône », à condition, bien sûr, d'observer des contraintes de production plus sévères que celles imposées pour l'appellation générique*. Ce sont respectivement, par ordre d'attribution :

– Cairanne ;
– Valréas ;
– Chusclan ;
– Rochegude ;
– Laudun ;
– Saint-Maurice-sur-Eygues ;
– Vinsobres ;
– Rousset-les-Vignes ;
– Rasteau ;
– Saint-Pantaléon-les-Vignes ;
– Visan ;

– Sablet ;
– Roaix ;
– Saint-Gervais ;
– Séguret ;
– Beaumes-de-Venise.

Antérieurement à 1967, ces nouvelles dénominations, qui donnaient satisfaction aux producteurs, n'étaient cependant pas sans poser quelques problèmes commerciaux. Hormis certaines transactions, portant sur des ventes en bouteilles, il apparaissait que le négoce avait du mal à se plier aux nouvelles exigences administratives pour imposer à sa clientèle autant de vins différents, compte tenu du volume relativement faible de chacun. Conscient de cet inconvénient, le baron Le Roy, alors président de l'INAO, chercha une formule qui pouvait aider à développer la progression des ventes en donnant au négoce la possibilité d'opérer sur des quantités plus importantes, pour être en mesure de faire consciencieusement leur travail.

Il fallait mettre en place un marché, fonctionnant sous une appellation commune, en prenant modèle sur le Beaujolais. D'où le décret du 25 août 1967 qui, à défaut d'une définition nouvelle – tout en gardant une réglementation et des disciplines identiques –, permettait de donner un air de famille à ces vins dont les nuances reposaient sur un terroir*, mais qui présentaient beaucoup de points communs. Désormais, viticulteurs et négociants pourraient les vendre soit sous le nom de côtes-du-rhône (avec une identification communale) – par exemple, côtes-du-rhône Vinsobres –, soit sous celui de côtes-du-rhône-villages dans le cas où les produits de plusieurs communes reconnues seraient assemblés pour justifier cette désignation.

Bien qu'elles aient une certaine similitude, ces seize municipalités sont pourtant différentes. Il existe dans cette zone d'importants décalages climatiques d'un secteur à l'autre. Ainsi, malgré une distance qui n'excède pas 40 km au nord, Valréas vendange quelquefois quinze jours après Châteauneuf-du-Pape. En outre, en raison de microclimats* bien particuliers, le grenache, cépage dominant, peut, en fonction des conditions climatiques et géologiques du terroir où il est planté, se comporter différemment. Pour les vins rouges deux grandes familles se dégagent :

– vins puissants, généreux et très colorés, à forte prédominance de grenache, dont le bouquet demande plusieurs années pour s'épanouir, qui sont un peu les cousins germains de gigondas et de vacqueyras ;
– vins plus élégants à la robe moins soutenue, plus vite prêts à boire, mais pouvant apporter d'autres satisfactions.

Cependant, vu la diversité de l'encépagement et la liberté laissée à chacun pour en modifier les pourcentages, apparaissent parfois, même entre deux vins du même village, des disparités étonnantes, selon que le vigneron recherche la charpente, la finesse ou le bouquet, pour ne citer que trois éléments.

Les meilleures communes des côtes-du-rhône-villages, pour des vins rouges de garde, sont Cairanne, Rasteau et Vinsobres. En blanc, Saint-Gervais et Laudun. Six récoltants méritent une visite, dont trois en priorité : les Domaines Gourt de Mautens à Rasteau menés de main de maître par Jérôme Bressy, de l'Oratoire Saint-Martin pour l'excellente vinification des frères Frédéric et François Alary, et toujours Alary, mais cette fois Daniel et Denis, encore à Cairanne. Décidément, lorsqu'on parle qualité dans cette commune, les cousins Alary sont incontournables.

J'aime aussi, toujours à Cairanne, les Domaines Marcel Richaud, à Rasteau les vins de Paul Coulon (les argiles bleues) et enfin à Saint Gervais des vieilles connaissances, la famille Stenmaïer, productrice de bons vins blancs et de syrah bien typés.

Bien que seulement côtes-du-rhône générique*, il ne faut pas mésestimer le Château de Fonsalette, appartenant à Emmanuel Reynaud, et surtout le blanc remarquable de Marcel Guigal.

Lorsqu'on parcourt cette partie du vignoble, considérée comme le véritable berceau de la viticulture rhodanienne, et que l'on admire ses coteaux – pour la plupart bien exposés –, on comprend les raisons qui ont poussé le législateur à permettre successivement à plusieurs localités de se différencier d'un vaste ensemble de terroirs*, dont une large partie est tout juste bonne à produire des vins de comptoir qui leur ont valu dans les bistrots de la capitale le terme familier de : « Petite Côte ». Il était cependant à prévoir qu'elles ne tarderaient pas à faire des envieux qui, par tous les moyens, chercheraient à leur tour à s'intégrer à ce noyau d'élite. Comme il fallait s'y attendre, lors de ses différentes sessions, l'INAO une fois de plus approuva un vaste programme d'extensions, si bien qu'actuellement une centaine de nouvelles localités sont autorisées à déclarer une partie de leur production en côtes-du-rhône-villages.

Comment s'étonner dans ces conditions que des consommateurs délaissent les AOC pour les vins de pays ou les vins étrangers, qui valent souvent mieux que les productions issues d'extensions injustifiées? Pour en être convaincu, il suffit d'inspecter les « splendides » coteaux de Sainte-Cécile-les-Vignes ou les vignobles des anciennes terres maraîchères de Jonquières, dont le moins que l'on puisse dire est qu'elles ne sont pas réputées pour leurs grands vins! Les nouveaux promus peuvent commercialiser sous l'AOC côtes-du-rhône-villages, mais ne doivent en aucun cas se recommander du nom de la commune d'origine!

Au départ, le décret d'appellation exigeait un tri des raisins, en excluant la machine à vendanger! Aujourd'hui les choses ont certainement changé. Pour ce dernier point, j'aimerais savoir comment ont été effectués les contrôles des parcelles classées en villages dans de nouvelles municipalités, compte tenu du fait que, dans certains cas, elles ne représentent qu'un faible pourcentage, à l'intérieur de domaines importants, équipés depuis longtemps pour tout vendanger mécaniquement !

CÔTES-DU-VENTOUX

Promue au rang d'AOC le 27 juillet 1973, cette région a longtemps plafonné, mais depuis quelques années semble avoir fait des efforts qualitatifs considérables. À l'ombre du mont Ventoux, géant du Vaucluse culminant à 1 912 m, les 7 500 ha de vignes produisant simultanément des vins des trois couleurs tirent assez bien leur épingle du jeu. Cette zone, dominée par les caves coopératives, occupe les meilleurs terroirs de cinquante et une communes. Je me souviens avoir apprécié les vins de deux propriétés :

– le Château Talaud à Loriol-du-Comtat ;
– le Domaine de Fondrèche à Mazan.

CÔTES-DU-LUBERON

Déjà une vieille AOC (4 000 ha). C'est un secteur doré, paradis des artistes. Longtemps plus connu pour ses vins blancs, on peut dire que, qualitativement, les rouges les ont rejoints. Deux domaines méritent d'être retenus :

– le Château la Verrerie à Puget ;
– le Domaine de Fontenille à Lauris.

COSTIÈRES-DE-NÎMES

Près de 12 000 ha étalés sur vingt-quatre communes et sans doute bientôt des extensions, car 25 000 ha ont été retenus comme susceptibles d'être plantés dans l'avenir. Hormis le Château Mourgues du Grès à Beaucaire, rien de bien enthousiasmant, mais j'avoue ne pas tous les connaître.

CLAIRETTE DE DIE

Environ 1 100 ha produisant des vins mousseux avec un parfum typique, commercialisés surtout localement. Bonne note pour la cave de Die Jaillance.

Je ne peux conclure cette importante région viticole sans parler du muscat de Beaumes-de-Venise, dont le meilleur ambassadeur semble être le Domaine des Bernardins.

* * *

Entre deux visites de cave, une halte s'impose. Trois adresses, la première dans les septentrionales, les deux autres plus au sud :

- *Le Chaudron* : 7, rue Saint-Antoine à Tournon-sur-Rhône, tél. 04 75 08 17 90.
  (Fermé jeudi soir et dimanche.)
  Dans une salle aux boiseries foncées, cuisine goûteuse et riche carte des vins à des prix sages. C'est la cantine des grands viticulteurs de la région.
- *La Beaugravière* : à Mondragon, tél. 04 90 40 82 54.
  (Fermé dimanche soir et lundi.)
  Dans une salle rustique ou sur une terrasse ombragée, on vous servira une cuisine classique où la truffe est reine. Certainement la plus belle carte des vins des Côtes du Rhône en France.
- *Le Grand Pré* : à Roaix, tél. 04 90 46 18 12.
  (Fermé mardi et samedi midi.)
  Adresse que les guides ne vont pas tarder à découvrir. La cuisine est tenue par un chef qui fut second d'une des meilleures tables belges.

LE JURA ET LA SAVOIE

LE JURA

Avec ses quatre appellations, le vignoble jurassien occupe 1 800 ha (voir carte ci-contre). Ses vins blancs ont toujours été considérés par ses voisins immédiats bourguignons comme des marginaux par rapport aux autres AOC. Ce point de vue, un peu péjoratif, se comprend facilement pour ce qui concerne le château-chalon, le vin jaune et quelques côtes-du-jura, issus à 100 % du savagnin, élevés par oxydation*. Rappelons qu'en Côte-d'Or, les récoltants recherchent essentiellement la fraîcheur du vin, en pratiquant un élevage à l'abri de l'air, par conséquent non oxydatif, antithèse de beaucoup de bouteilles provenant du Jura.

CHÂTEAU-CHALON

Une cinquantaine d'hectares, reposant sur un sol de marne bleue appelée lias. Son aire AOC est répartie sur quatre communes :

- Château-Chalon ;
- Domblans ;
- Ménétru ;
- Neuvy-sur-Seille.

C'est un vin très particulier, exigeant avant sa mise en bouteilles un élevage comportant un vieillissement en fûts sans remplissage (ouillage*) pendant six ans, lui permettant de poursuivre lentement son évolution, à l'abri d'un voile providentiel créé par la nature, en raison d'un microclimat* favorisant le développement et la

Cépages autorisés : savagnin, trousseau, poulsard, pinot noir, chardonnay.

multiplication des levures* naturelles du cépage savagnin, pour acquérir ce fameux goût de jaune dû à l'éthanal*. Il arrivait, dans le passé (aujourd'hui beaucoup moins heureusement), qu'au bout de ces six années interminables, certains vins pourtant bien vinifiés, ne parvenaient pas à accomplir correctement cette transformation, que le vigneron, même attentif et méticuleux, ne peut contrôler, d'où parfois un taux d'acidité volatile* supérieur aux normes de la commercialisation, ou inversement un goût de jaune pas assez prononcé, en raison du faible taux d'éthanal*. Dans cette dernière hypothèse, il ne restait plus qu'à vendre le vin en simple côtes-du-jura ou, pour le premier cas, à l'envoyer à la vinaigrerie ; j'ajoute qu'alors, le tonneau n'est plus bon qu'à faire du bois de chauffage. Les nouvelles mesures prophylactiques, mises au point par le laboratoire d'analyses de Poligny effectuant régulièrement à la demande des producteurs des prélèvements, permettent d'éviter cette solution extrême.

À l'inverse des autres vins blancs, il doit se déguster à la température ambiante et le flacon peut rester plusieurs jours en vidange – c'est-à-dire dans une bouteille entamée – sans aucun risque. Le château-chalon est obligatoirement mis dans une bouteille gravée au nom de l'AOC, d'une contenance de 62 centilitres, appelée « clavelin », les 13 centilitres manquants correspondant à la perte subie par le vin

durant son très long élevage. Comparativement à beaucoup d'appellations en renom, il est encore, compte tenu de son élevage, d'un prix accessible au consommateur, oscillant entre 25 et 30 €.
Sur les dernières dégustations que j'ai faites, il m'a semblé que trois vignerons avaient les qualités requises pour être retenus :

- Domaine Jean Macle à Château-Chalon ;
- Domaine Durand-Perron à Voiteur ;
- Domaine Berthet-Bondet à Château-Chalon.

CÔTES-DU-JURA

En volume, il semble que ce soit l'appellation la plus importante. Les trois couleurs sont autorisées, mais il est incontestable que les rouges sont très minoritaires. Ils proviennent exclusivement de trois cépages : le pinot noir trouvant ses terres d'élection sur des sols plus légers à dominance de graviers, alors que le poulsard et le trousseau (vin moins robé) typiquement jurassiens ont leurs terroirs* de prédilection dans des terres argileuses et marneuses plus lourdes. Le trousseau n'occupe que 90 ha, dont la moitié sur l'excellente commune de Montigny-lès-Arsures. Pour les vins blancs, issus du chardonnay et du savagnin, il y a pratiquement autant de types de vins que de vinificateurs et pour cause : en premier, vient le pourcentage des deux cépages entrant dans la cuvée de chacun ; interviennent aussi les techniques d'élevage, faisant appel à trois procédés :

- barrique ouillée à la bourguignonne (c'est celui que j'aime) ;
- sous voile comme pour un vin jaune (seulement durant une période d'un an à dix-huit mois) ;
- pur chardonnay relevuré avec des souches provenant du savagnin.

ARBOIS

Appellation couvrant 842 ha sur les parcelles du canton d'Arbois, patrie de Pasteur, père de la première œnologie. Elle concerne aussi des vins des trois couleurs avec les mêmes types de sols et des procédés d'élevage identiques aux côtes-du-jura.

L'ÉTOILE

AOC depuis 1937, elle couvre actuellement une soixantaine d'hectares sur les communes de l'Étoile, Plainoiseau et Saint-Didier. Cette appellation concerne exclusivement des vins blancs, des vins jaunes et des vins de paille, issus du savagnin et du chardonnay. Une seule cave mérite une visite : le Domaine Montbourgeot.
Le consommateur a parfois la fâcheuse tendance de confondre, alors qu'ils n'ont pas de critères communs : le vin jaune et le vin de paille. Aucun des deux ne bénéficie de sa propre appellation, leur production et leur commercialisation étant soumises à des décrets complétant les AOC arbois, côtes-du-jura et l'étoile.

- Vin jaune : s'appuie sur un élevage identique au château-chalon, mais en contrepartie, il n'est nullement tenu aux mêmes contraintes : rendement à l'hectare et temps de vieillissement ; pour ce dernier point, les domaines les plus sérieux les appliquent, mais rien ne les y oblige. Compte tenu d'une production et d'un élevage beaucoup plus souples que pour les château-chalon, la plupart des prix auxquels il est vendu me paraissent excessifs.
- Vin de paille : est élaboré à partir de raisins séchés, en principe sur de la paille, mais plus couramment dans des cagettes ou sur des claies bien aérées dans une pièce très ventilée à l'abri des prédateurs. Le blanc doit provenir du savagnin ou du chardonnay, quant au rouge, il est issu exclusivement du poulsard et du trousseau. Le temps de séchage ne peut être inférieur à six semaines, mais il dure généralement plus longtemps, pouvant aller de la mi-novembre à la fin mars. Avant de procéder au pressurage*, le récoltant est tenu de faire une déclaration à l'INAO qui se déplace pour vérifier le degré alcoolique, qui doit faire au moins 18°. Par tradition, il est embouteillé dans un flacon de 37,5 cl.

Huit domaines ne pouvant amener que des satisfactions :
- Jacques Puffeney à Montigny-lès-Arsures : une des meilleures caves jurassiennes ;
- Domaine Ganevat à Rotalier, au sud du département : bon vinificateur ayant fait ses armes en Côte-d'Or ;
- Domaine Frédéric Lornet à Montigny-lès-Arsures : une bonne cave ;
- Domaine Overnoy à Pupillin : agriculture biologique ;
- Domaine de la Renardière à Pupillin : élevage à la bourguignonne ;
- Domaine Grand et Frères à Passenans : vignerons de qualité ;
- Domaine de la Pinte à Arbois : vaste domaine avec un choix d'appellations ;
- Claude Charbonnier à Chillé : côtes-du-jura rouge intéressant.

* * *

Une bonne table :
• *Le Grapiot* : à Pupillin, un des meilleurs villages viticoles, tél. : 03 84 37 49 44. (Fermé le lundi.) Cadre rustique et cuisine régionale.

LA SAVOIE

J'aime cette région attachante. Elle présente la particularité d'avoir, sur une superficie restreinte (2 200 ha), à la fois deux très vieilles appellations, crépy (29 avril 1948) et seyssel (11 février 1942), couvrant respectivement 65 et 82 ha, et aussi pas moins de dix-neuf crus pour les différentes appellations de Savoie, ayant accédé au sommet de la hiérarchie en 1973. Ils ont pour noms :

- Abyme ;
- Cruet ;
- Monterminod ;
- Apremont ;
- Frangy ;
- Monthoux ;
- Arbin ;
- Jongieux ;
- Montmelian ;
- Ayze ;
- Marestel ;
- Ripaille ;
- Chautagne ;
- Marignan ;
- Saint-Jean de la Porte ;
- Chignin ;
- Marin ;
- Saint-Jeoire Prieuré ;
- Chignin Bergeron.

En volume, les trois plus importants sont : Apremont (378 ha), Abyme (280 ha) et Chignin (121 ha). Qualitativement, celui qui est au-dessus du panier est Chignin Bergeron où, sur 50 ha de coteaux superbement exposés, s'épanouit le cépage noble de l'hermitage la roussanne, suivi qualitativement, sans ordre de préférence, par Arbin, berceau de la Mondeuse produisant les meilleurs rouges de Savoie, Chignin et Apremont pour de jolis blancs mis généralement en bouteilles avec une petite pointe de CO_2, leur conférant un léger perlant plein de charme. Les vins de ces autres crus sont tellement variés qu'il peut paraître surprenant au consommateur qu'ils se rangent sous la même bannière.

Le vignoble savoyard couvre totalement ou faiblement quatre départements : la Savoie, la Haute-Savoie, l'Ain pour 90 ha, dont une partie en Seyssel et l'Isère (130 ha).

L'encépagement comprend dix variétés, sept en blanc et trois en rouge, dont cinq essentiellement propres au pays savoyard.

Par ordre décroissant, on trouve en blanc :

- chasselas ;
- altesse ou roussette ;
- jacquère ;
- gringet (uniquement en Haute-Savoie).

En rouge :

- gamay ;
- pinot noir ;
- mondeuse.

C'est une région ne connaissant aucun problème de commercialisation, ce qui s'explique par trois facteurs : multiplicité de petits crus, afflux de touristes pendant la période hivernale intrigués par l'encépagement diversifié et original, enfin collaboration sans faille des restaurateurs locaux jouant le jeu sans restriction.

Assez peu de négoces de poids. Seuls quelques hommes à la double casquette font office de commerciaux. La plus grande partie des ventes s'effectue dans deux circuits : en direct de la propriété ou par les trois caves coopératives existantes.
Lorsqu'on recherche des bouteilles irréprochables en Savoie, cinq noms, dont deux que j'aime plus particulièrement, où l'on ne risque pas de déception :

– Domaine André et Michel Quenard à Thormery, hameau dépendant de Chignin splendide Bergeron, sans doute le meilleur vin blanc savoyard, capable d'être confronté en dégustation à des AOC plus célèbres et également une très bonne mondeuse ;
– Domaine Trosset à Arbin, berceau des grandes mondeuses. Un vin rouge méritant un détour, d'autant que son prix est angélique.

Enfin trois autres caves :

– Domaine Louis Magnin à Arbin : encore une belle mondeuse ;
– Domaine Edmond Jacquin à Jongieux : une roussette pleine de charme ;
– Domaine René Bernard Les Charbonniers à Apremont : bonne cave de son AOC. Seul ce dernier vendange à la machine.

BUGEY

Ce VDQS du département de l'Ain, bien que couvrant encore 248 ha, est très dispersé. Il compte trois crus : Montagnieux, Manicle et Cerdon (180 ha sur dix communes). Encépagement : 90 % de gamay et 10 % de poulsard.
On y produit un surprenant vin rosé pétillant* demi-sec. Après un pressurage* direct, débourbage* et fermentation alcoolique*, le vin est ensuite placé en cuve isotherme où il est bloqué par le froid pendant une semaine. Ce temps de repos lui permet de perdre une partie de son sucre résiduel*, de s'éclaircir et de faire une bonne précipitation tartrique*. La deuxième phase consiste à le mettre en bouteilles type champenoise, avec un bouchage en couronne métallique. Elles sont ensuite stockées en cave sur lattes*, à environ 13 °C, pendant au moins deux mois (délai minimal exigé par le décret de l'appellation).
Selon la demande, les bouteilles passent successivement dans deux appareils pour subir ce qu'on appelle une filtration* iso-barométrique videuse, tireuse, avec entre les deux un filtre à plaques. À l'inverse de la méthode champenoise, elles doivent être entièrement vidées et à nouveau remplies, puis bouchées définitivement avec un bouchon de liège et un muselet identique à celui du champagne.
Je me suis intentionnellement étendu sur la vinification de ce vin, pratiquement inconnu du grand public et même des professionnels de la restauration. Il a pourtant beaucoup d'attraits. Titrant seulement 8°, cela en fait un apéritif idéal, d'autant qu'il donne en dégustation l'impression de croquer une coupe de petits fruits rouges où se mêlent, dans une expression aromatique peu commune, la framboise, la fraise des bois et la groseille.

J'ajoute qu'à base de gamay, il pourrait donner des idées aux viticulteurs du Beaujolais, traversant actuellement une passe délicate, pour les aider à surmonter leurs difficultés. On va, avec juste raison, me dire que ce type de vinification n'est pas prévu dans les statuts de ce vignoble, ce que je n'ignore pas. Mais lorsqu'il s'agit de préserver des exploitants en péril, l'INAO semble en mesure de pouvoir proposer au ministre de l'Agriculture une modification ou un additif à un décret d'appellation, surtout si les syndicats viticoles se font pressants.
Les coordonnées d'un des meilleurs vignerons du VDQS Cerdon :

– Domaine Marjorie Guinet et Bernard Rondeau, 01640 Boyeux-Saint-Jérôme, tél. : 04 74 37 12 34.

PETIT COUP DE GRISOU

Lecteur intermittent de la revue *L'Expansion*, je m'explique assez mal tout le battage fait autour du N° 677, concernant un très long article intitulé « Le vin. Enquête sur une passion française ».
J'ai parcouru ce papier avec beaucoup d'attention, espérant y trouver de précieuses informations. Au lieu de cela, j'ai lu avec étonnement qu'un récoltant savoyard avait fait une mondeuse du niveau d'un côte-rôtie. Savez-vous comment ? En vendangeant alors que les raisins étaient encore verts pour débarrasser le cépage de son astringence. Comment ose-t-on écrire des choses pareilles ! Je rappelle que, lorsqu'ils sont encore verts, cela indique au récoltant que le processus de véraison* n'est pas terminé, donc pas question de vendanger. Je m'adresse au rédacteur en chef de cette revue, qui jusqu'alors m'avait paru sérieuse et compétente, lui conseillant à l'avenir, pour ne pas qu'elle perde sa crédibilité, de ne pas envoyer pour certains sujets n'importe qui, écrire n'importe quoi !

* * *

Deux tables où l'on se restaure pour un prix décent :

• *La Tour Pacoret* : 73460 Le Grésy-sur-Isère, tél. : 04 79 37 91 59.
(Fermé mardi soir.)

• *Viboud* : dans le vieux Montmélian, tél. : 04 79 84 07 24.
(Fermé dimanche soir, lundi et mardi.)
Établissement familial servant une bonne cuisine régionale avec un service amical. La Mondeuse de Magnin et le Bergeron de Quénard sont de la fête.

LE LANGUEDOC-ROUSSILLON

(Voir cartes p. 304-305.)

J'ai parfaitement conscience, en rédigeant ce chapitre, que je vais me faire quelques ennemis de plus. Ce n'est pas grave, j'en ai pris l'habitude.

Déjà sous l'occupation romaine du temps de Pline l'Ancien, la vigne faisait l'objet d'intenses cultures en Languedoc. Selon le célèbre auteur Julien, les vins de cette région étaient de couleur foncée et manquant de bouquet, ce qui aujourd'hui semble faux.

Aux alentours des années vingt, la France sortant tout juste de la guerre était en complète reconstruction, d'où l'afflux de travailleurs manuels, gros acheteurs de vins rouges de consommation courante, dont le Languedoc fut le pourvoyeur. Une trentaine d'années plus tard, le mode de vie avait considérablement changé. Les nouvelles générations, moins consommatrices de vins ordinaires, commençaient aussi, il est vrai timidement, à s'intéresser aux produits d'autres vignobles plus réputés, causant le marasme du Midi viticole.

Il n'en fallait pas plus pour provoquer à nouveau des émeutes dans cette région perpétuellement agitée, dont il faut se rappeler la révolte sanglante des vignerons du Midi en 1907.

Le Languedoc est un véritable océan de vignes comprenant trois catégories de vins :

- Les vins de table ou vins de consommation courante dont la situation est loin d'être enviable à une période où ils n'ont plus guère de place lors des repas familiaux. Les deux parties concernées ont chacune leur part de responsabilité. Le négoce profite abusivement de la situation pour acheter au plus bas, allant même jusqu'à se tourner vers les vins étrangers, au grand dam des vignerons, les incitant à effectuer des expéditions punitives se traduisant par le vidage des cuves.

Les récoltants, au lieu de modifier leur encépagement et de réduire sensiblement les productions au bénéfice de la qualité, se mettent en colère. Sous la houlette de meneurs syndicalistes, dont le seul objectif est de justifier les cotisations des adhérents, ils s'acharnent à tout casser en demandant des subventions. Lorsqu'ils ne manifestent pas, ils refont généralement le monde, et comble d'ironie, autour d'un pastis! Tout cela n'est guère constructif.

- Les vins de pays, peut-être un peu trop nombreux dans la région (63), tirent assez bien leur épingle du jeu, notamment ceux issus d'un seul cépage. Ils comptent deux locomotives de poids, le Mas Daumas Gassac et la Grange des Pères et aussi d'autres alliés : le commerce avec un leader de choix, les établissements Robert Skalli et plusieurs bonnes caves coopératives. J'ajoute que, grâce à l'appui des guides et de la presse, de nombreux domaines méritants sont sortis de l'ombre. Si j'en juge par les prix pratiqués par certains récoltants, ils sont même carrément en pleine lumière! De 30 à 90 € la bouteille avec des paliers intermédiaires. On semble nager en pleine folie!
- Enfin, les appellations d'origine contrôlée, qui, depuis une quinzaine d'années, se sont multipliées à une cadence effrénée.

Ce vignoble est devenu une sorte d'eldorado, attirant tous ceux croyant encore que posséder un domaine en Languedoc est synonyme de fortune. On a vu arriver des gens de toutes professions, des artistes célèbres et encore plus surprenant des vignerons bourguignons, certains n'ayant pourtant jamais fait d'étincelles sur leur propre terroir*. Chacun espérait y connaître très vite gloire et fortune, nous rappelant la ruée vers l'or, survenue il y aura bientôt deux siècles aux États-Unis. À l'un de ses clients lui disant : « Comment monsieur Point, vous ne connaissez pas ce restaurant, c'est un des meilleurs de France », le grand Fernand répondit : « Si c'était le cas, il y a longtemps que cela se saurait! » Lorsqu'on me parle des très grands terroirs du Languedoc, je fais la même réponse.

Depuis quelques années, on ne cesse de nous rabâcher que ce vignoble regroupe des terroirs exceptionnels et par voie de conséquence des vins du même type, oubliant qu'entre bon et grand, il existe une marge qualitative difficile à franchir. On ne peut affirmer d'une manière péremptoire que le Languedoc ne recèle pas quelques parcelles d'un très haut niveau mais, au vu des multiples dégustations que j'ai faites, il semble qu'elles n'aient pas encore été véritablement mises en valeur.

En revanche, c'est un vignoble qui bouge beaucoup. Depuis quelques années, une bonne centaine de domaines sont sortis de l'anonymat, certains par la valeur des terres qu'ils exploitent et leur talent de vinificateur, mais ils ne sont pas majoritaires. Les plus nombreux sont les opportunistes, pensant que, dans le vin aussi, la réussite tient à trois facteurs : l'argent, les relations et la technique. D'où, actuellement sur le marché, une kyrielle de cuvées spéciales avec abus de bois neuf et surextraction, vendues très cher à des consommateurs endormis par les articles élogieux de chroniqueurs et le bla-bla des sommeliers auxquels ces nouveaux venus à la vigne tentent de faire prendre des vessies pour des lanternes.

Sachant à combien revient une bouteille d'un cru classé du Haut-Médoc, on a maintenant une idée plus précise de celle du Languedoc, compte tenu du fait que l'investissement dû à l'acquisition des parcelles n'est pas comparable. Lorsqu'on découvre que la plupart des prix avoisinent ou dépassent allégrement les 30 €, on est en droit de se poser des questions. La réponse est pourtant fort simple.

Pour une meilleure compréhension, il faut aussi visiter au moins une fois l'un de ces châteaux appartenant à des vignerons amateurs, plus aptes à faire de l'argent, que du bon vin. Les investissements faramineux sont totalement disproportionnés avec les appellations concernées. Je n'ai pas souvenance d'avoir rencontré un matériel aussi sophistiqué dans un domaine de la Côte-d'Or ou des Côtes du Rhône, ni même dans beaucoup de Châteaux de Pomerol et Saint-Émilion.

En Languedoc, on peut dire que certaines propriétés respirent l'aisance! Cuveries à laisser pantois les récoltants les plus blasés, batterie interminable de cuves en inox thermorégulées, chais d'élevage où s'alignent, presque à perte de vue, des fûts en chêne neufs et les chers conseils d'un œnologue à la mode, d'où des prix de vente démentiels, pour couvrir ces investissements outranciers, plus élevés que ceux de vignobles historiques comme le Bordelais, la Bourgogne ou les Côtes du Rhône.

J'ajoute que l'euphorie actuelle pour les vins du Languedoc est sciemment entretenue par la presse, les sommeliers, les cavistes et agents commerciaux ayant trouvé là un astucieux moyen pour se valoriser. Pensez donc! Faire découvrir une nouvelle cuvée de prestige, en utilisant les commentaires les plus délirants, voilà qui vous positionne un homme!

Après l'énoncé des pratiques commerciales que je réprouve, il est temps de donner maintenant mes impressions favorables sur ce vignoble, que je pense plus apte à la production de vins rouges. Dans le cas des blancs, à de rares exceptions près, la réussite de ces vins élaborés sous un climat chaud est essentiellement à mettre sur le compte de l'évolution technologique. Que ce soient les vins primeurs, fermentés à basse température, ou les vins blancs de garde, vieillis et parfois fermentés en fûts de chêne neufs, l'arôme primaire du raisin est souvent très peu présent, en tout cas dominé par les seuls arômes issus de la transformation œnologique. Les quatre dominants en blanc, sans ordre de préférence, sont à mon avis le Mas Daumas Gassac, la Grange des Pères, le Prieuré Saint-Jean de Bébian et la cuvée des Aurel du Domaine des Aurelles.

Les terroirs* les plus intéressants pour les rouges se trouvent à :

- Faugères avec un bon vigneron Jean-Michel Alquier;
- Saint-Chinian, notamment la partie reposant sur les schistes, avec un domaine à retenir, Canet Valette;
- Pic Saint-Loup (Château de Lancyre[1]) et le nord de Pézenas jusqu'aux limites de Cabrières où je retiens tout particulièrement le Prieuré Saint-Jean de Bébian : vieille réputation méritée, déjà due au précédent propriétaire, le fantasque Alain Roux;
- Aniane avec l'incontournable Mas Daumas Gassac, détonateur de la reconnaissance mondiale du Languedoc et la Grange des Pères. Un reproche, prix vraiment peu amènes et même décourageants;
- Saint-Georges-d'Orques où officie le Domaine Henry pratiquant un bon élevage où le bois est absent sans oublier quelques îlots épars de Montpeyroux (Domaine d'Aupilhac), Saint-Drézéry et Saint-Christol;
- j'aurais garde d'oublier, en coteaux-du-languedoc, l'excellent Domaine Julien, le Château de Montpezat, le Château de Serniac appartenant à mon ami François Serres, l'œnologue qui fait bouger le Languedoc, et surtout deux Domaines : les Aurelles à Nissas où officient deux grands professionnels (ici pas de vendange en vert, ni d'élevage sous bois, mais cependant des grands vins) et aussi Roc d'Anglade et le Domaine de la Colombette (vin de pays des coteaux du Libron).

L'importante zone du Minervois, dont les deux meilleures communes sont Minerve et la Caunette avec le bon Château Coupe Roses. On va me rétorquer que le village de la Livinière a obtenu sa propre appellation. Je persiste à dire qu'il le doit plus à la qualité de ses récoltants qu'à la valeur de ses terroirs*. Deux autres très bons vinificateurs opérant au Clos Centeilles et au Domaine Bories des Maurels.

Le Languedoc est décidément très vaste, en comprenant le très grand secteur des Corbières avec sa commune phare, Boutenac, ou opèrent Patrick Reverdy au Château la Voulte-Gasparets (meilleure cuvée Romain Pauc) et à Villesèque-des-Corbières, le Château Gléon Montagnié.

Je ne saurais quitter ce secteur sans parler des très bons vins de mon ami, le Bordelais Philippe Courrian (Château Tour Haut Caussan à Blaignan-Médoc), Château Cascadais représentant un rapport qualité/prix peu courant et avec une seule cuvée. Encore bravo! On peut aussi retenir à Talairan le Domaine Serres-Mazard et à Padern les vins de M. Schenck.

Dernière née des AOC languedociennes, la zone de Cabardès, dont les premières vignes plantées par les bénédictins de l'abbaye de Montolieu en l'an 1000, est

[1] Hormis le Château de Lancyre, aucun des autres domaines cités ne vendange à la machine.

proche de la cité de Carcassonne. Elle compte deux excellents vignerons, le Domaine de Cabrol (MM. Claude et Michel Carayol, 11600 Aragon – meilleure cuvée Vent d'Ouest) et le Château Salitis. Dans cette AOC, les cépages atlantiques et méditerranéens se côtoient harmonieusement.
N'oublions pas que le Languedoc produit aussi de délicieux vins doux naturels*, le muscat de Saint-Jean-de-Minervois dont le meilleur ambassadeur me paraît être le Domaine Barroubio.

LE ROUSSILLON

Spécialité : les remarquables vins doux naturels* de Rivesaltes (Domaine Cazes), maury et banyuls (Domaine du Mas Blanc), particulièrement aptes à accompagner les desserts au chocolat.
Cinq communes dominent l'ensemble de l'appellation côtes-du-roussillon-villages : Tautavel, Caramany, Latour-de-France, Baixas et Calce (plus précoce) où opère un bon vigneron : Olivier Python.
J'ai volontairement passé sous silence un viticulteur ayant le vent en poupe et les faveurs de la presse, car ses prix vous encourageraient à devenir sobre…, d'autant que je n'ai pas gardé un souvenir impérissable de sa cuvée de prestige frôlant pourtant les 90 €! En revanche, je recommande les Domaines Sarda Mallet à Perpignan, de l'Ausseil à Latour-de-France et Mas de Laval à Maury.

* * *

- *Le Puits du Trésor* : 21, route des quatre Châteaux, 11600 Lastour, tél. 04 68 77 50 24.
  (Ouvert le soir du mercredi au samedi et le dimanche midi.)
  Une très bonne table, le chef, Jean-Michel Boyer, est un ancien de Bernard Pacaud à *L'Ambroisie*.
- *L'Échalote* : à Soumartre (proche de Faugères), tél. 04 67 23 18 05.
  (Fermé lundi et mardi.)
  Cuisine locale réactualisée.
- *L'Ambassade* : 22, boulevard de Verdun à Béziers, tél. 04 67 76 06 24.
  (Fermé dimanche et lundi.)
  Carte des vins exceptionnelle et sans doute la meilleure cuisine de cette capitale du vin languedocien.

LE LANGUEDOC-ROUSSILLON

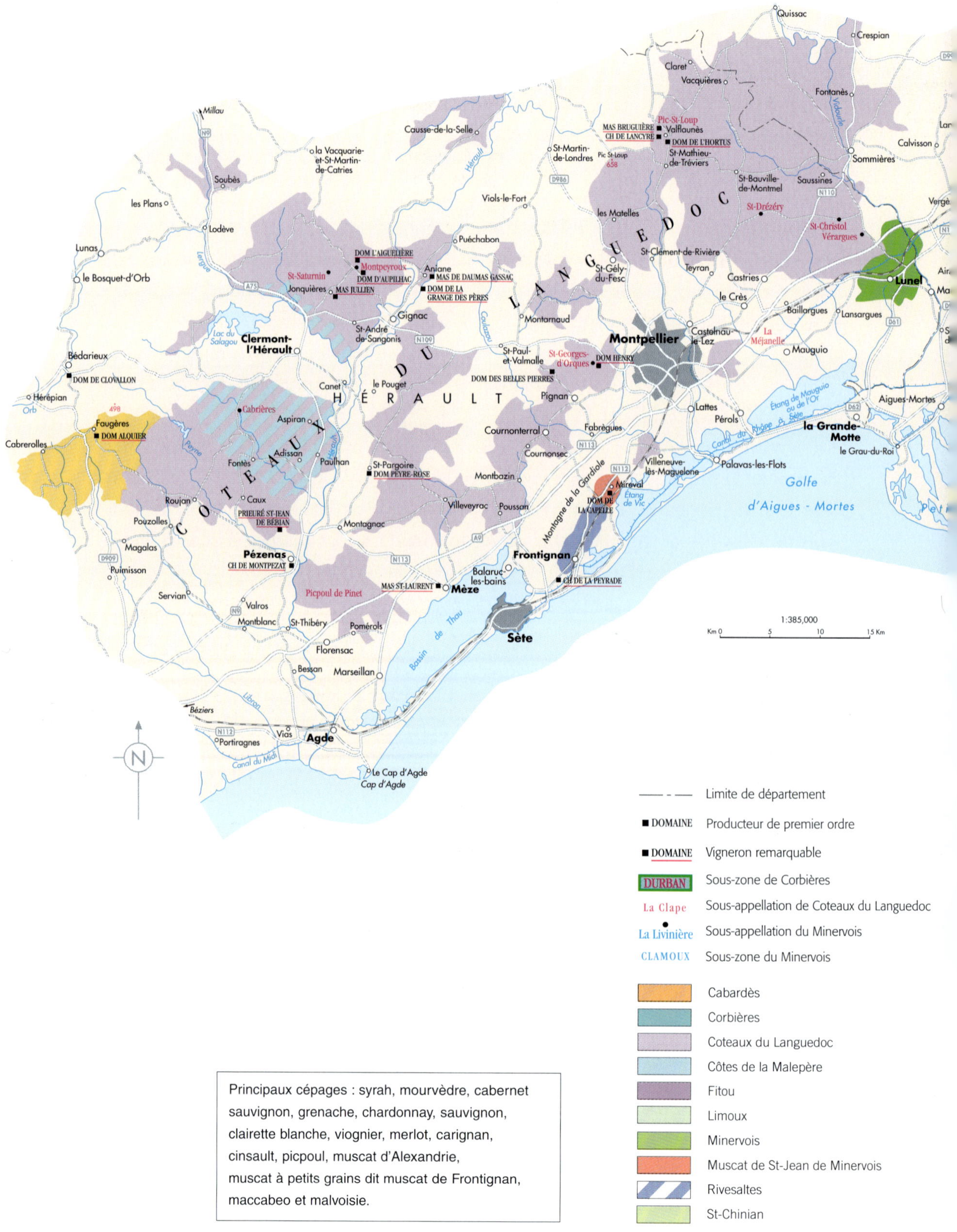

Principaux cépages : syrah, mourvèdre, cabernet sauvignon, grenache, chardonnay, sauvignon, clairette blanche, viognier, merlot, carignan, cinsault, picpoul, muscat d'Alexandrie, muscat à petits grains dit muscat de Frontignan, maccabeo et malvoisie.

- Limite de département
- St-Christol : Sous-appellation des Coteaux du Languedoc
- ■ DOMAINE : Producteur de premier ordre
- ■ DOMAINE (souligné) : Vigneron remarquable
- Clairette de Bellegarde
- Clairette de Languedoc
- Coteaux du Languedoc
- Costières de Nîmes
- Faugères
- Muscat de Frontignan
- Muscat de Lunel
- Muscat de Mireval

Principaux cépages : syrah, mourvèdre, cabernet-sauvignon, grenache, chardonnay, sauvignon, clairette blanche, viognier, merlot, carignan, cinsault et picpoul.

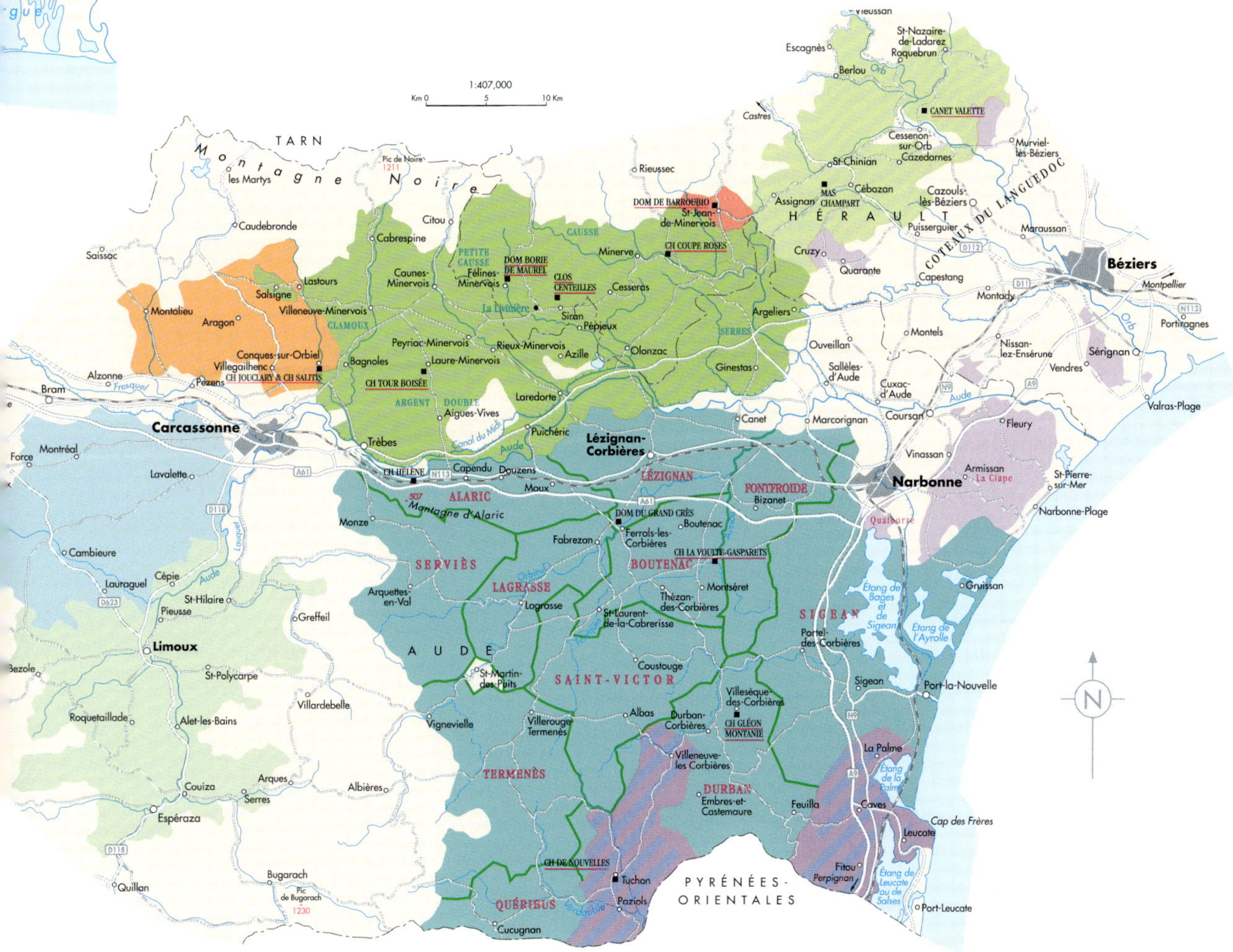

LES NOUVEAUX VIGNERONS : ATTENTION AUX MIRAGES

Durant les années comprises entre 1982 et 2000, certaines régions comme le Languedoc et le Bordelais connurent une embellie sans précédent. Comme c'était à prévoir, de nombreux domaines (pas toujours les meilleurs) changèrent de propriétaires. J'avoue que naïvement j'étais loin de m'imaginer qu'il puisse y avoir un tel creuset de vocations viticoles.

Venus de tous les horizons, ces viticulteurs néophytes, disposant généralement d'un substantiel capital, ne manquèrent pas d'attirer l'attention de la faune des conseillers en tout genre, allant du spécialiste en marketing au technicien en viticulture, en passant par le féru d'œnologie. Lorsqu'un pactole est en vue, il y a toujours de bonnes âmes pour tenter de tirer partie de la situation. Au début du siècle, les braves docteurs en présence de patients à la forte tension artérielle (on disait à l'époque « coup de sang »), pour les soulager, pratiquaient une saignée. Il n'y a rien de changé, elle se fait encore aujourd'hui, mais c'est sur les finances !

Ces nouveaux hobereaux, inexpérimentés face à une profession dont ils ignoraient tout, n'ont eu que deux alternatives : faire confiance ou revendre à perte. Il en est à qui la première solution a souri, mais ce n'est qu'une minorité, les autres, endormis par les belles paroles de charlatans, finirent par croire que des techniques novatrices et tout un arsenal d'artifices à la mode arriveraient à transformer des produits médiocres en vins spéculatifs et médiatiques, oubliant que c'est au consommateur que reviendra toujours le mot de la fin.

Parmi eux, j'ai noté au hasard : un décorateur, un pharmacien, un ancien cadre en informatique, plusieurs transfuges de la grande distribution, un dentiste, des betteraviers, un ex-courtier en bourse, une attachée de presse, un journaliste, un publiciste, un industriel en confitures, un peintre portraitiste, un ancien technicien en industrie chimique et un homme d'affaires américain. La liste est loin d'être exhaustive.

On ne s'improvise pas viticulteur d'un coup de baguette magique, mais on peut donner le change un moment en appliquant cinq procédés qui, à notre époque, peuvent faire illusion un certain temps :s

- prendre un œnologue ayant le bras long… ;
- s'assurer des conseils d'un champion des vins de garage ;
- utiliser toutes les ficelles actuelles en matière de vinification ;
- faire une super-cuvée spéciale dans une bouteille lourde, écrasant tous les autres vins lors de son passage en dégustation ;
- surtout alerter la presse, en n'hésitant pas à faire visiter des vignes bien effeuillées où pendent lamentablement quatre ou cinq raisins ayant survécu à la vendange en vert…, et le tour est joué.

Et le consommateur dans tout cela, me direz-vous ? Qu'importe pourvu que l'on fasse illusion en gagnant de l'argent, grâce au miroir aux alouettes !

LE SUD-EST ET LA CORSE

LE SUD-EST

Huit appellations d'origine contrôlée composent cet immense vignoble de plus de 28 000 ha (voir carte double page suivante), entrecoupé de *no man's land* rocheux et forestiers. On y trouve obligatoirement de très fortes disparités qualitatives dues surtout à trois facteurs :

- multitude de sols calcaires, sableux, granitiques, etc. ;
- complexité de l'encépagement, treize variétés y étant admises ;
- dates de vendanges très étalées commandées par la maturité des raisins. Pour donner un exemple, les vignobles des collines boisées au nord de Brignoles sont assez tardifs, alors que ceux proches de la côte, comme La Londe-les-Maures, sont les plus précoces.

CÔTES-DE-PROVENCE

C'est l'appellation la plus importante de France après les bordeaux génériques. Elle recouvre plus de 20 000 ha répartis sur un bon tiers du département du Var, avec un prolongement dans les Bouches-du-Rhône et une enclave dans les Alpes-Maritimes. On y produit plus de 75 % de vins rosés de qualité très inégale ; n'oublions pas que, pendant longtemps, leur réputation n'a tenu qu'à la glace ! Aujourd'hui les choses ont beaucoup changé, mais il reste encore à faire pour justifier totalement de l'AOC acquise en 1977. Un bon point pourtant : une minorité

LE SUD-EST

Encépagement :

CÔTES DE PROVENCE

Vins blancs : clairette blanche, rolle, semillon, ugni blanc.
Vins rouges et rosés : grenache, cabernet-sauvignon, cinsault, mourvèdre, carignan, tibouren, calitor, syrah et barbaroux.

Bandol

Vins blancs : bourboulenc, clairette blanche et ugni blanc.
Vins rouges et rosés : mourvèdre, grenache, cinsault.
Cépages secondaires : calitor ou pecoui-touar, carignan, syrah.

Bellet

Vins blancs : rolle, roussan, spagnol ou majorquin.
Vins rouges : braquet, folle noire, cisault et grenache.
Vins rosés : possibilité d'ajouter des cépages d'appoint, pignerol, clairette blanche et bourboulenc.

Cassis

Vins blancs : ugni blanc, sauvignon, clairette blanche, doucillon, marsanne et pascal blanc.
Vins rouges et rosés : grenache, carignan, mourvèdre, cinsault, barbaroux et terret.

Palette

Vins blancs : grenache blanc, muscat de tous types, terret bourret, picpoul, pascal, aragnan, colombard, le cépage local désigné dans l'appellation sous le nom de tokay et picardan.
Vins rouges : mourvèdre, grenache, cinsault, téoulier, durif, muscat noir de différentes variétés et même de Hambourg, carignan, syrah, castet, brun fourcas, terret gris, petit brun, cabernet-sauvignon et tibourin, en bref une palette très importante qui, ajoutée à certaines expositions nord, font de palette des vins très particuliers.

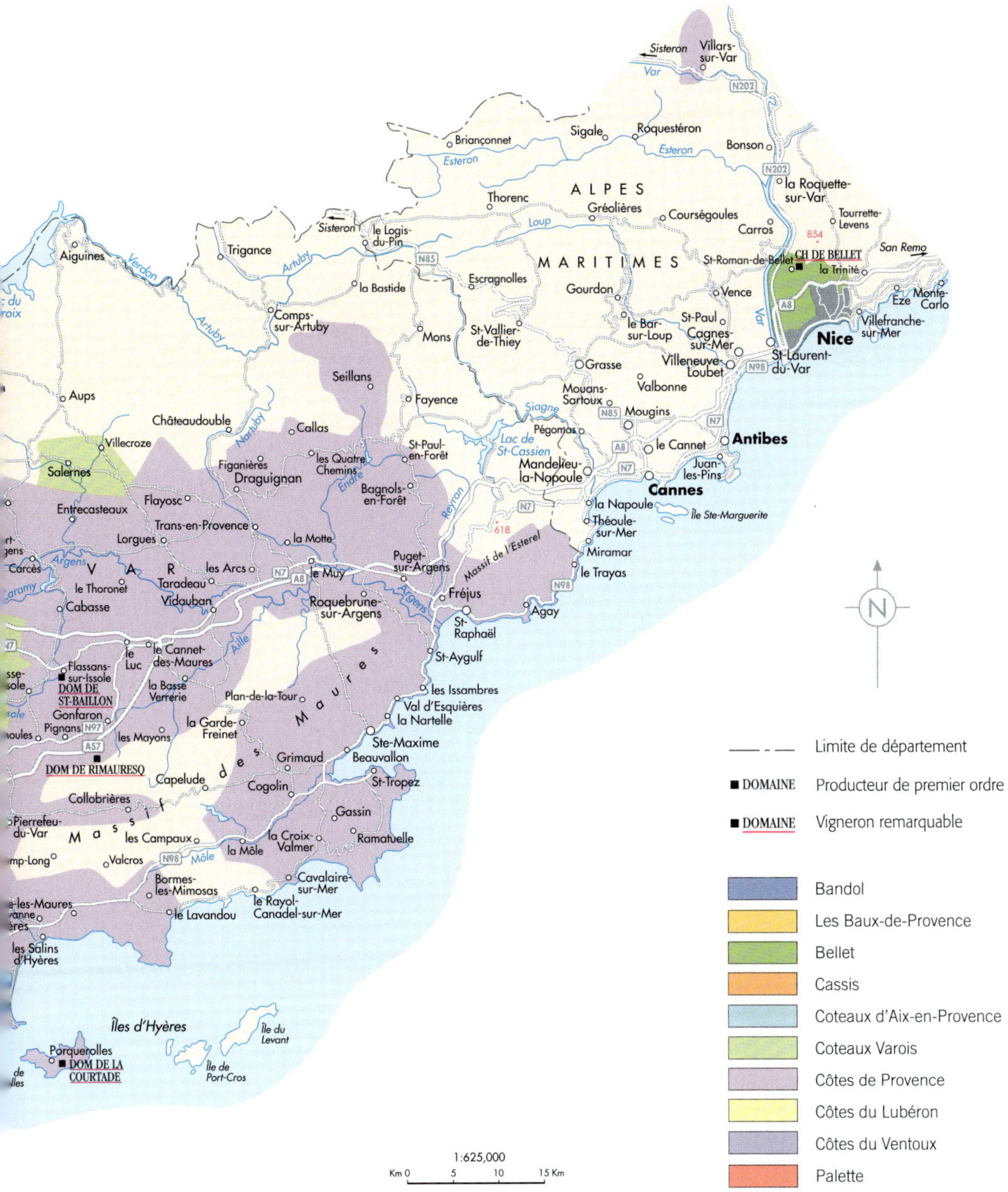

CORSE

Vins blancs : vermentino (75 % minimum), ugni blanc (rossola) et codivarta.

Vins rouges : sciacarello, nielluccio, barbarossa, grenache, cinsault, mourvèdre, carignan, syrah.

Dans certaines autres appellations, on trouve également, pinot noir, gamay, counoise.

de nouveaux domaines s'améliore avec des rosés dignes de ce nom et surtout des rouges plus qu'intéressants. J'aurais garde d'oublier quelques blancs sortant du lot, mais pourquoi faire figurer sur l'étiquette la mention « blanc de blancs* », qui n'est qu'un artifice inutile pour bluffer le consommateur ?
Cette vaste région comprend plusieurs secteurs, dont trois principaux : la zone côtière propice aux vins blancs, le plateau triasique et la dépression permienne où, dans le passé, on trouvait les meilleurs vins rouges, notamment sur les communes de Cuers, Pierrefeu, Gonfaron et Pignans.
On oublie qu'à l'instar du Bordelais, les Côtes de Provence ont aussi leurs crus classés depuis un arrêté de juillet 1955. Ils regroupent, entre autres, les Châteaux de Selle, Minuty, Sainte-Roseline et les Domaines de Rimauresq, de l'Aumerade, du Jas d'Esclans ainsi que le Clos Mireille, pour n'en citer que sept. Il serait toutefois bon de procéder à une révision pour le dépoussiérer.
La Provence est aussi un fief gardé pour les caves coopératives qui sont actuellement quatre-vingt-une, ayant un poids important dans les décisions concernant les problèmes de l'AOC et surtout de la production.
Que peut-on encore reprocher :

- trop de bouteilles fantaisistes qui desservent plutôt le vin. On reconnaît parfois le bon vinificateur à la sobriété du contenant ;
- près de 90 % des vignes sont vendangées à la machine ;
- enfin, certains vins produits aux environs de Saint-Tropez sont parfois d'une qualité discutable, surtout si l'on tient compte du prix auquel ils sont commercialisés. Être récoltant dans cette zone est un véritable pactole. Il est vrai que, pour l'ensemble de l'AOC, l'afflux touristique n'incite pas toujours à faire des efforts !

Vaste région où démarquer quelques domaines, au détriment d'une quantité d'autres, peut-être plus méritants, relève un peu de la chance. Pour avoir dégusté dans un certain nombre de propriétés, je pense que neuf d'entre elles méritent d'être signalées. Que les oubliés me pardonnent.

- Château des Anglades à Hyères ;
- Domaine de la Bastide Neuve au Canet-des-Maures ;
- Château Coussin Sainte-Victoire à Sainte-Victoire ;
- Domaine de la Jale à Vidauban ;
- Domaine Richeaume à Puyloubier (la cuvée Columelle est remarquable) ;
- Domaine de Rimauresq à Pignans ;
- Château Maravenne à La Londe-les-Maures ;
- Domaine Pinchinat à Pourrières ;
- Domaine Sorin à La Cadière-d'Azur.

Quatre AOC plus récentes composent également cette très belle région de Provence.

MONTAGNE-SAINTE-VICTOIRE

Récemment promue AOC, ce secteur proche d'Aix-en-Provence compte environ 2 000 ha repartis sur onze communes. Comme pour l'ensemble de l'appellation, on y produit pratiquement 75 % de rosés, 15 % de rouges et 5 % de blancs.

CÔTEAUX-D'AIX-EN-PROVENCE

AOC obtenue le 24 décembre 1985 couvrant un peu plus de 4 000 ha. Cette appellation produit simultanément des vins rouges, rosés et blancs. Ils ont eu pour détonateur un médocain, Georges Brunet, ancien propriétaire du Château Vignelaure, farouche partisan du cabernet-sauvignon. On y trouve des domaines de qualités très inégales, cela va du meilleur au très moyen.

CÔTEAUX-VAROIS

Occupent environ 2 100 ha au centre du département du Var, dont une bonne partie autour de Brignoles. Ils ont été gratifiés d'une AOC le 26 mars 1993. Une bonne adresse, le Domaine du Deffends à Saint-Maximin, appartenant à un ancien professeur de droit, Jacques de Lanversin. J'aime aussi la cuvée des Auréliens, vin de pays du Var (le blanc issu du chardonnay est remarquable mais le rouge ne démérite pas), produit au Domaine de Triennes à Nans-les-Pins par deux Bourguignons de talent, Jacques Seysses (Domaine Dujac à Morey-Saint-Denis) et Aubert de Villaine (Domaine de la Romanée-Conti).

LES BAUX-DE-PROVENCE

Dernière-née avec un peu plus de 350 ha et AOC depuis le 20 avril 1995, elle est le secteur d'une espèce de piège à touristes, qui doit son nom à l'extraordinaire village médiéval des Baux-de-Provence. C'est un secteur où le cabernet-sauvignon, lorsqu'il domine, est vu comme un intrus, d'où l'exclusion de l'appellation pour un vigneron d'exception, Éloi Dürrbach, sorte de chien blanc né dans une portée de chiens noirs. Ses rouges sont parmi les plus grands vins du Sud mais je suis moins passionné par ses blancs un peu boisés. L'INAO lui a reproché un encépagement laissant la part trop belle au cépage médocain, en revanche dans la même appellation, elle tolère l'irrigation déguisée baptisée hypocritement « compensation du stress hydrique ». Homme de décision, Dürrbach a pris le parti de commercialiser sa production en simple vin de pays des Bouches-du-Rhône, sans pour autant perdre un seul client en faisant un superbe pied de nez aux fonctionnaires de l'organisme parisien. Dans ce secteur des Baux, j'aime aussi le Domaine Hauvette cultivé en biodynamie par une femme dynamique.

Pour les quatre dernières appellations reposant sur une réputation beaucoup plus ancienne, je serai beaucoup plus affirmatif dans mes choix.

BANDOL

AOC depuis le 11 novembre 1941. Trois domaines me donnent l'impression que, au fil des années, ils n'ont rien perdu de leur superbe :

- Château de Pibarnon à La Cadière-d'Azur ;
- Domaine Tempier au Castellet créé par Lucien Peyraud, pionnier de la grande époque des AOC, avec lequel je me souviens de repas mémorables, en compagnie d'une famille provençale, dans une demeure typique du terroir* ;
- Château Pradeaux à Saint-Cyr-sur-Mer. Je me rappelle encore la personnalité marquante de Mme Portalis, baronne d'Empire, d'une spiritualité et d'une mémoire étonnantes. Son neveu, Cyrille, maintient haut le fanion de la qualité de cette belle propriété. Vins de longue garde.

PALETTE

AOC depuis le 28 avril 1944. Lorsque j'évoque cette appellation microscopique, un seul nom me vient à l'esprit : le Château Simone, tenu depuis des lustres par la sympathique famille Rougier, avec laquelle j'ai partagé amicalement de sublimes œufs brouillés aux truffes escortés par les merveilleux vins de la propriété. Blancs surprenants de longévité. Je reste plus sceptique sur les rouges, séjournant trop longtemps en foudres (trente-six mois) dans les superbes caves creusées par les moines de la Simone.

BELLET

Appellation contrôlée obtenue en même temps que Bandol. Là encore, un grand nom pour sauvegarder ce vignoble de légende sur les hauteurs de Nice, menacé par une horde de promoteurs, toujours à l'affût pour détériorer ces paysages de carte postale. Non content de maintenir au plus haut niveau les vins de Bellet, Ghislain de Charnacé, descendant direct du baron de Bellet, s'efforce de garder la typicité du cru avec les vieux cépages qui ont fait sa réputation : braquet, folle-noire et rolle.

CASSIS

Lors de l'attribution de l'appellation d'origine contrôlée, le 15 mai 1936, elle n'a malheureusement pas été assortie d'exclusion pour quelques parcelles discutables comme les autres AOC. D'où certaines zones du bas, peu propices à la culture de la vigne, grave lacune expliquant qu'aujourd'hui on trouve des bouteilles de qualité très hétérogène. Vins blancs intéressants comme compagnons indispensables de la bouillabaisse. La meilleure adresse : Clos Sainte-Magdeleine.

LA CORSE

Département bien agité actuellement, mais heureusement plus calme sur le plan viticole. Rappelons qu'il n'en fut pas toujours de même à une certaine époque, si l'on se souvient de l'épisode tragique de la cave d'Aléria.

L'île de Beauté compte huit régions viticoles :

- Porto-Vecchio ;
- la Côte orientale ;
- Calvi ;
- Sartene ;
- Figari ;
- Patrimonio ;
- les Coteaux du Cap Corse ;
- Ajaccio.

Il semble que qualitativement les trois derniers réunissent un ensemble plus homogène, bien qu'il y ait des terroirs* intéressants sur les autres, mis à part la Côte orientale peu propice à de grandes choses. Une centaine de domaines se partagent les sept zones dignes d'intérêt. Les vignobles d'AOC couvrent pratiquement 2 000 ha. Sols granitiques sur les coteaux d'Ajaccio, qui ont vu naître un remarquable cépage qualitatif, le sciacarello. Une adresse à retenir : le Domaine Péraldi. N'ayant obtenu son AOC que le 23 octobre 1984, Patrimonio avait depuis belle lurette obtenu la consécration sur des terroirs d'éboulis calcaires propices au niellucio et au vermentino. Les deux meilleurs vignerons de Corse y font des choses remarquables :

- Antoine Arena à Patrimonio : blancs sortant du lot, muscat du même niveau et rouges proches de la perfection ;
- Domaine Leccia à Poggio-d'Oletta : l'un des meilleurs muscat du monde et vins rouges parmi les plus grandes réussites du département.

Ces deux noms ne doivent pas occulter trois autres vinificateurs ayant le vent du bien faire en poupe :

- le Clos Canarelli à Figari : blancs très gras ;
- Domaine Gentile à Saint-Florent où œuvre un vigneron individualiste, obsédé par la qualité, Dominique Gentile ;
- Domaine de Bernard Renucci à Feliceto produisant un superbe rosé tout en fruit, à base de sciacarello.

La Côte orientale, grande plaine (la seule de l'île), s'étend sur près de 80 km, entre le sud de Bastia et Solenzara, où un vaste vignoble complanté de cépages très productifs sans aucune personnalité a été créé depuis 1960 par les rapatriés d'Afrique du Nord. C'est le royaume de la coopération. Les points forts sont les villes d'Aléria et de Ghisonaccia.

* * *

Pour se refaire entre deux dégustations en Provence :

- *La Tonnelle* : place Gambetta, 83230 Bormes-les-Mimosas, tél. : 04 94 71 34 84. (Fermé mercredi et jeudi.)
  Une cuisine recherchée et petite cave provençale.
- *La Petite Fontaine* : place de la République, 83610 Collobrières, tél. : 04 94 48 00 12. (Fermé le lundi.)
  Bonne cuisine régionale qu'accompagnent les vins du même type.

La Corse fait partie des derniers endroits où l'on peut encore se restaurer de bons produits locaux pour un prix décent, comme le prouvent les trois adresses qui suivent :

- *La Pasturella* à Monticello, tél. : 04 95 60 05 65.
  (Fermé le dimanche soir.)
  Cadre syumpathique avec terrasse et excellent accueil.
- *Auberge du coucou* ou *Bistrot de Serge* à Calenzana, tél. : 04 95 62 77 00.
  Des poissons grillés et un vin rouge plein de fruit provenant du plus petit vignoble de Calvi (Camelu) qui appartient à Bernard Vilanova.
- *La Bergerie* à Monticello, tél. : 04 95 60 01 28.
  (Fermé le lundi.)
  Beaux poissons directement du producteur au consommateur, avec la pêche du patron. Quelques découvertes en vins locaux, notamment la cuvée Eprove du Clos Riginu.

LE SUD-OUEST

Cette grande région regroupe vingt appellations d'origine contrôlée et huit VDQS couvrant une superficie en production de 31 631 ha, répartis sur douze départements (voir carte double page suivante) :

- Pyrénées-Atlantiques ;
- Landes ;
- Hautes-Pyrénées ;
- Haute-Garonne ;
- Gers ;
- Tarn ;
- Lot ;
- Tarn-et-Garonne ;
- Lot-et-Garonne ;
- Aveyron ;
- Dordogne ;
- Cantal.

BERGERAC

Avec 9 836 ha, ce secteur occupe la plus grande surface, divisée cependant en sept AOC pouvant simultanément produire des vins rouges, rosés et blancs, tant secs que liquoreux. Ce sont respectivement :

- pécharmant ;
- côtes-de-montravel ;

LE SUD-OUEST

Dans l'ensemble des vignobles AOC et VDQS de cette zone, on trouve encore : manseng noir, courbu noir, camaralet, lauzet, négrette (cépage principal des côtes du Frontonnais), chardonnay, clairette blanche, mouyssaguès, cruchinet, claverie et baroque (tursan où pourtant il n'apporte guère d'éléments qualitatifs).

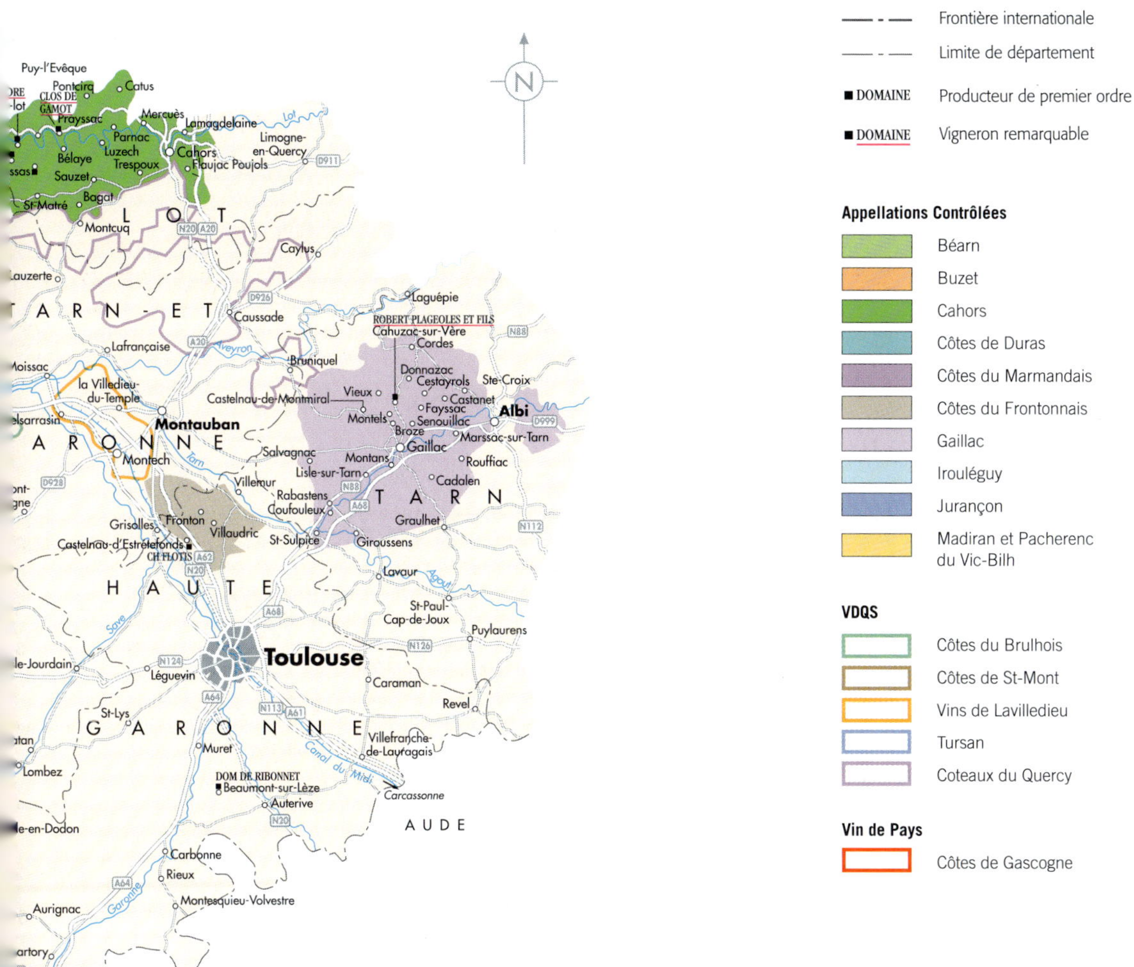

Pour les principales appellations, l'encépagement dans l'ensemble est le suivant :

Cahors
Merlot, tannat et jurançon noir.

Jurançon
Petit et gros manseng, courbu et arrufiac.

Madiran
Tannat, cabernet-sauvignon et franc

Gaillac
Mauzac (7 variétés), ondenc, l'en de l'El, muscadelle, sauvignon, sémillon en blanc, braucol, duras, gamay, syrah, cabernet-franc et sauvignon, merlot, négrette, jurançon rouge et portugais bleu.

Bergeracois
Vins blancs : semillon, sauvignon, muscadelle, ondenc, chenin et ugni blanc.
Vins rouges : carbernet sauvignon et franc, merlot, malbec, fer servadou et mérille.

LE VAL DE LOIRE

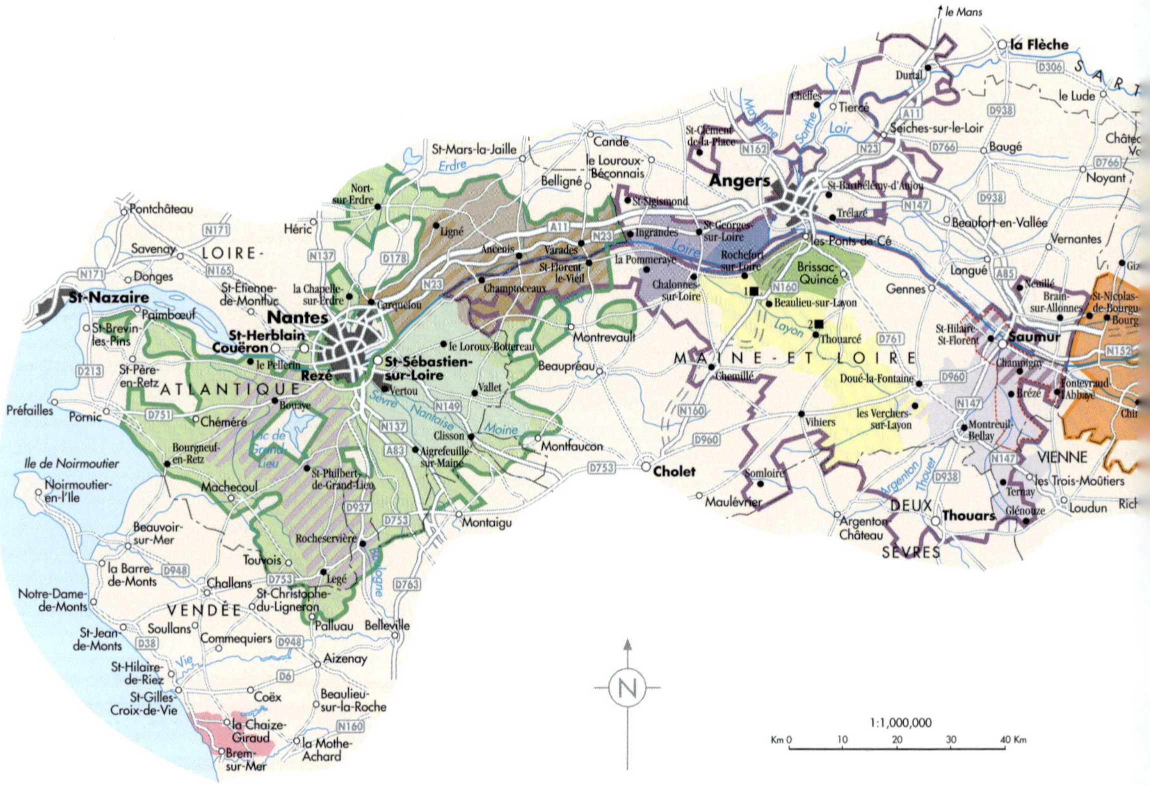

Muscadet et Gros Plant
Cépages autorisés : melon de bourgogne et folle blanche.

Anjou
Principaux cépages : chenin, cabernet franc, cabernet sauvignon et chardonnay.

Touraine et Sarthe
Principaux cépages : chenin, chardonnay, cabernet franc, cabernet-sauvignon, romorantin, pinot meunier et pinot gris.

Sancerre, Pouilly, Quincy et Reuilly
Cépages autorisés : sauvignon, pinot noir et chasselas.

Autres secteurs
Les cépages déjà mentionnés auxquels il faut ajouter le tressalier, merlot et saint pierre doré.

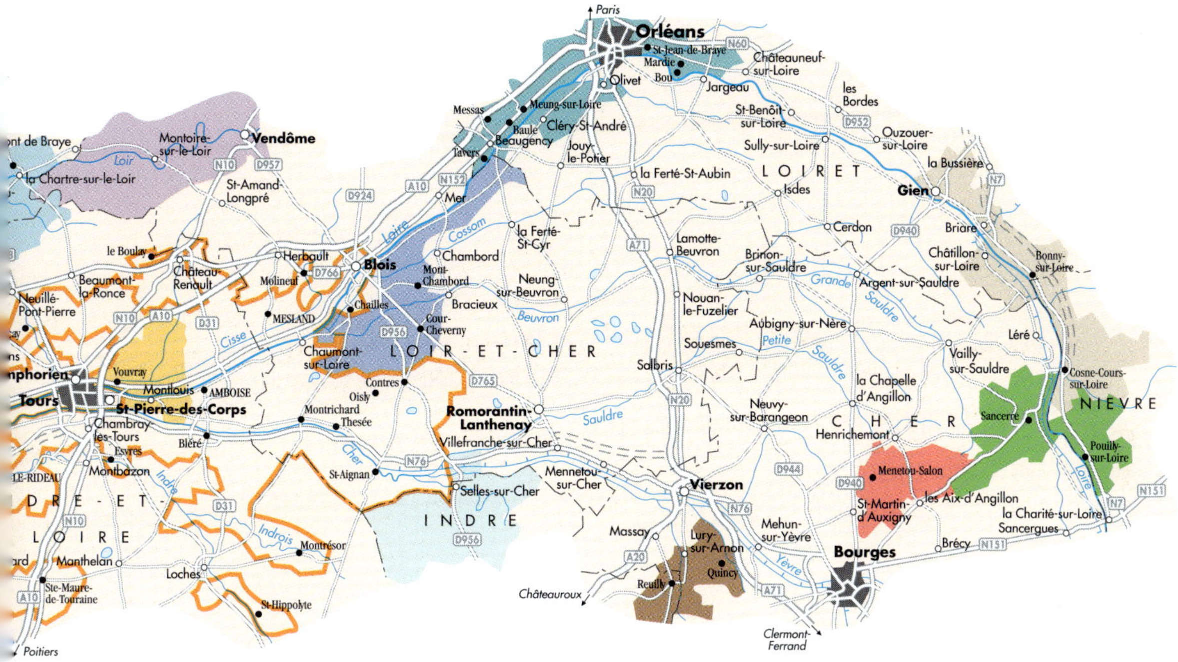

—·— Limite de département

● Bourgueil Commune productrice importante

Pays Nantais

Appellations Contrôlées:

- Muscadet (et VDQS Gros Plant du Pays Nantais)
- Muscadet de Sèvre-et-Maine
- Muscadet des Coteaux de la Loire
- Muscadet Côtes de Grand Lieu

VDQS:

- Coteaux d'Ancenis
- Fiefs Vendéens

Touraine

Appellations Contrôlées:

- Bourgueil, St-Nicolas-de-Bourgueil et Chinon
- Vouvray et Montlouis

AMBOISE Nom qui peut être ajouté à l'Appellation Touraine Contrôlée

Anjou-Saumur

Appellations Contrôlées:

- 1 ■ Quarts-de-Chaume
- 2 ■ Bonnezeaux
- Savennières (avec La-Roche-aux-Moines, Coulée-de-Serrant)
- Coteaux de l'Aubance et Anjou-Villages-Brissac
- Anjou Coteaux de la Loire
- Coteaux du Layon
- Saumur
- Saumur-Champigny
- Coteaux de Saumur

Haute-Loire

Appellations Contrôlées:

- Coteaux du Loir and Jasnières
- Cheverny et Cour-Cheverny
- Reuilly and Quincy
- Sancerre et Pouilly-sur-Loire
- Menetou-Salon
- Coteaux du Giennois

VDQS:

- Vins de l'Orléanais
- Valençay
- Coteaux du Vendômois

– rosette ;
– haut-montravel ;
– soussignac ;
– bergerac ;
– montravel.

Devant tant de diversité, on comprend le désarroi du consommateur, d'autant que les modes de vinification désordonnés actuels n'arrangent pas les choses. Résultat : ces appellations connaissent actuellement une passe difficile.

Sans doute plus attiré par le Bordelais limitrophe, je dois reconnaître ne pas avoir prospecté avec suffisamment de conviction certaines appellations du Sud-Ouest, notamment cette vaste zone. J'ajoute que je n'ai pas souvenance (hormis dans quelques rares domaines) d'y avoir dégusté des vins m'ayant laissé un grand souvenir, d'où des remarques qualitatives très limitées :

– Château la Tour des Gendres à Ribagnac où œuvre un perfectionniste, Luc de Conti. Rouges et blancs superbes. C'est la valeur la plus sûre de bergerac ;
– Domaine du Haut-Pécharmant. Dans ce secteur qui est le meilleur de l'appellation, les descendants d'une très vieille famille locale produisent un superbe rouge ;
– Domaine les Verdots : vinification très soignée de David Fourtout, dont je recommande le blanc, proche de la perfection ;
– Château Lespinassat à Montcaret. La propriétaire assistée de son fils fait un remarquable montravel liquoreux. Vendanges manuelles, pas de vendanges en vert ni d'effeuillage.

CAHORS

Vignoble historique, quasiment anéanti par les gelées de 1956. Occupant aujourd'hui un peu plus de 4 500 ha, il semble avoir retrouvé son dynamisme d'autrefois. Il y a dans cette appellation deux sortes de vins : ceux des coteaux plus rustiques, rappelant les cahors noirs du passé et ceux plus souples des terroirs* d'alluvions anciennes de la vallée du Lot, assez faciles à cultiver.

Sur l'ensemble des communes (une bonne vingtaine), quelques-unes ne sont plus guère viticoles, d'autres, au contraire, ont pris une importance considérable. Parmi elles, j'aime assez les vins de Prayssac, Vire, Puy-l'Évêque, Albas et Soturac, mais de nombreux microclimats* permettent à la majorité de produire des vins agréables.

J'apprécie plus particulièrement le type de cahors de trois domaines, surtout en accompagnement d'un confit aux pommes sarladaises ou d'une brouillade aux truffes de mes amis Pebeyre, papes de la commercialisation de ce tubercule auprès des plus grandes tables de France :

– Château des Rigalets à Prayssac appartenant à une famille laborieuse, perpétuellement à la recherche du mieux faire, les Bouloumié ;
– Château Lamartine à Soturac : ce cru en limite de l'AOC fait de bien beaux cahors vinifiés par Alain Gayraud ;
– Château la Caminade à Parnac : vins très élégants de M. Ressès.

Six reproches à faire aux récoltants, dont cinq qu'il est inutile de répéter, puisqu'ils concernent la quasi-totalité des AOC, mais un propre à cahors : dans une majorité de propriétés, le merlot a pris une place prépondérante, parfois au détriment du tannat. Résultat : une quantité de faux bordeaux néfastes à la typicité du cru.

GAILLAC

Appellation d'environ 3700 ha, dominée qualitativement par la personnalité de Robert Plageoles, assisté de son fils Bernard. C'est l'homme qui a remis en valeur les vieux cépages ayant, dans le passé, fait la renommée de ce vignoble, notamment l'ondenc en 1983, ayant pratiquement disparu depuis le phylloxéra. À son actif, également, la réapparition de certaines variétés de mauzac ; il en compte sept : noir, roux, vert, gris, rose, jaune et côte de melon.

Non contents de produire des blancs secs* et liquoreux de qualité, les Plageoles font également un produit de légende, « le vin d'Autan », grand liquoreux, dont le nom provient d'un vent à la fois sec et très chaud, permettant aux raisins surmûris de se passeriller sur souche en acquérant un taux de sucre impressionnant.

L'appellation gaillac, séparée par le Tarn, occupe les deux rives du fleuve, la gauche au sol graveleux étant plus propice aux rouges alors que la droite avec ses terrains argilo-calcaires très marneux, jusqu'au plateau Cordais, convient admirablement aux vins blancs secs ou liquoreux.

Cette règle n'est pas impérative. Les deux bords du fleuve voient s'épanouir simultanément des vignes produisant des vins de deux couleurs. Notons cependant, à quelques exceptions près, dont fait partie la cuvée Mélanie du Domaine du Mas Pignou à base de braucol ou fer servadou, que les vignes d'une couleur convenant moins bien au sol sont généralement d'un niveau inférieur.

Trois domaines familiaux et une excellente cave coopérative forment le quarté des vins que j'ai le plus appréciés :

– rive droite : Domaine Robert Plageoles et Fils à Cahuzac-sur-Vère ;
– sur la même rive : le Domaine du Mas Pignou appartenant à la famille Auque ;
– rive gauche : le Domaine Rotier à Cadalen produit un excellent rouge pour sa cuvée Renaissance ;
– la Cave de Tecou, dirigée par M. Boutry est certainement la meilleure coopérative du Gaillacois. Elle commercialise la production de ses adhérents, qui se répartissent ainsi : trois quarts sur la rive gauche et un quart sur la rive droite.

MONBAZILLAC

Avec 1 980 ha en production, cette AOC produit des vins liquoreux cherchant toujours à devenir le concurrent des sauternes. Pour ma part, je pense que l'ambition démesurée de certains de ses producteurs relève plus du fantasme que de la réalité. Certes, il y a eu d'incontestables progrès pour produire des grands liquoreux moins lourds que dans le passé, en privilégiant l'élégance par de nouvelles techniques de culture et d'élevage. Mais de là, comme l'a écrit un homme cherchant à faire la pluie et le beau temps dans les vignobles, à égaler en dégustation le célèbre Château d'Yquem, il y a un obstacle qualitatif que je juge infranchissable. Très attaché aux traditions, lorsque je parle de cette AOC, j'ai toujours une pensée pour le Clos Fontindoule de M. Cros, vigneron ayant toujours vécu à l'heure solaire. J'ai dans ma cave de très vieux millésimes de ce domaine qui ne sont pas près d'être sur la pente descendante. Pour son prix encore accessible et son fort pourcentage de muscadelle, cépage ayant contribué à la reconnaissance de l'appellation, aujourd'hui en régression pour ses difficultés culturales, je recommande le Château Fonmourgues.

CÔTES-DE-BUZET

Créée en 1955, la Cave Coopérative des vignerons de Buzet est aujourd'hui un modèle du genre. Elle contrôle et commercialise 97 % des 2 000 ha composant l'appellation délivrée en 1973 et répartie sur vingt-sept communes. Tous les vins rouges passent sous bois dans des barriques fabriquées sur place dans la tonnellerie maison. Les cépages sont ceux du Bordelais. Deux cuvées semblent dominer un ensemble qualitatif très homogène :

- le Château de Gueyze;
- le Baron d'Ardeuil.

CÔTES-DU-FRONTONNAIS

Aux portes de Toulouse, cette AOC portant sur 2 021 ha est le royaume d'un cépage local, la négrette, dont on a ici dans quelques domaines un large aperçu qualitatif et surtout, comme son nom l'indique, coloré.

Trois récoltants semblent émerger :

- Domaine le Roc à Fronton, tenu par la famille Ribes;
- Château Plaisance à Vacquiers, tenu par Marc Penavayre;
- Château Deves à Castelnau-d'Estretefonds, remarquable vin rouge issu de la négrette et de la syrah de Michel Abart.

CÔTES-DE-DURAS

Prolongement naturel du plateau de l'Entre-deux-Mers, cette zone de plus de 2 000 ha connaît des difficultés de commercialisation dues surtout au fait qu'elle n'est pas en Gironde. L'encépagement, à quelques variantes près, est sensiblement identique à celui du voisin bordelais. Il semble que les blancs tirent mieux leur épingle du jeu. Pour ne pas être sectaire, deux récoltants :

- Domaine du Petit Malrome à Saint-Jean-de-Duras ;
- Château Molhière à la Moulière.

CÔTES-DU-MARMANDAIS

Proche des AOC duras et buzet, cette zone recouvrant 1 635 ha a pour capitale Marmande, jadis réputée pour produire une des meilleures tomates à la chair ferme et goûteuse. Aucun problème pour établir une sélection, tant deux récoltants surclassent l'ensemble :

- Château de Beaulieu à Saint-Sauveur-de-Meilhan appartenant à Robert et Agnès Schulte ;
- Domaine Elian Da Ros à la Clotte, vigneron bio semblant avoir le vent en poupe et les critiques avec lui. Je remarque toutefois que la qualité est au rendez-vous.

MADIRAN

Un peu plus de 1 400 ha composent cette aire d'AOC regroupant trente-sept communes, réparties sur trois départements : Pyrénées-Atlantiques, Hautes-Pyrénées et Gers. Incontestablement en raison de sous-sols bien aérés et surtout bien drainés assurant une meilleure protection contre le gel, trois communes du Gers dominent qualitativement : Maumusson, Viella et Canet. Cinq domaines m'ont produit la meilleure impression. J'ajoute qu'ils vendangent tous manuellement :

- Château Barréjat : Maurice Capmartin est une vieille connaissance. Aujourd'hui, assisté de l'un de ses fils, Denis, il produit toujours d'excellents vins d'un rapport qualité/prix peu courant ;
- Domaine du Couvent : dans la même commune, l'autre fils, Guy Capmartin fait aussi des produits hautement qualitatifs ;
- toujours à Maumusson, une jeune récoltante, Christine Dupuy, réalise sur ses 15 ha de bien belles cuvées au Domaine Labranche-Laffont.

Enfin, à Viella, municipalité voisine, j'aime aussi deux récoltants :

- Domaine Berthoumieu dirigé par Didier Barré ;
- Château de Viella situé sur le meilleur coteau, particulièrement apte à la maturité du tannat.

PACHERENC-DU-VIC-BILH

Imbriquée dans le secteur du madiran, cette autre appellation de 270 ha produit des vins blancs secs* et surtout de remarquables liquoreux, pouvant accompagner le foie gras local. Ce vin bien particulier est issu de quatre cépages, le petit et le gros manseng, moindrement l'arrufiac et le courbu. Les cinq domaines précités en possèdent une certaine superficie.

JURANÇON

Vin préféré du bon roi Henri IV dont il a été le compagnon de baptême. Ce cru occupe actuellement 905 ha disséminés sur vingt-cinq communes, dont une bonne partie n'est plus guère viticole. Aujourd'hui, j'ajoute qu'une majorité de récoltants peu nantis pratiquent aussi la polyculture et sont du même coup des coopérateurs, parfois plus tentés par la productivité que la qualité. Un décret salvateur du 17 octobre 1975 promulgua l'appellation jurançon sec. Ce fut à mon sens une erreur d'appréciation, tout au moins il aurait dû être assorti de dérogations n'autorisant ce type de vin qu'à l'occasion de millésimes bien particuliers. Même si certains ne partagent pas ma vision, je persiste à dire que ce vin est plus un liquoreux qu'un sec.

La principale commune, Monein, n'occupe pas une situation privilégiée. L'ensemble de ses terroirs* est très loin de valoir les pentes abruptes du meilleur secteur, la Chapelle des Rousses. Lorsqu'on parle qualité, quatre ou cinq noms reviennent invariablement :

- Domaine Ramonteu (très médiatique) ;
- Bru Baché;
- le Clos Uroulat;
- le cru Lamouroux.

Ce dernier sur les parcelles les plus représentatives.

IROULEGUY

Ce bastion du Pays basque occupe 220 ha des communes de :

- Saint-Étienne-de-Baïgorry et Saint-Jean-Pied-de-Port (les deux principales en superficie plantée) ;
- Irouléguy;
- Ispoure;
- Anhaux.

Le renouveau de ce vignoble d'accès plus que périlleux est dû à la maison Brana et surtout à son propriétaire, très attaché à son terroir. Pendant très longtemps, ce cru maintenu en survie par une sorte de respirateur artificiel, la Cave Coopérative d'Irouléguy, est sorti de sa torpeur sous la poussée de quelques récoltants dynamiques comme Jean-Louis Costera du Domaine Ameztia ou Jean-Claude Errécart du Domaine Abotia. À ces deux domaines, il faut ajouter un Basque passionné, le sympathique Jean-Claude Berrouet (œnologue des propriétés de la maison Mouiex, comprenant le cru Pétrus). Son domaine porte le joli nom de Herri-Mina qui en basque veut dire « mal du pays ».

MARCILLAC

Ce vignoble aveyronnais a été promu AOC le 4 avril 1990. Il recouvre aujourd'hui 158 ha produisant un vin rouge qui, d'après les spécialistes en médecine, est riche en resvératrol, molécule fabriquée par la pellicule du raisin de fer-servadou pour lutter naturellement contre la pourriture grise. Les sommités lui reconnaissent des vertus contre les maladies cardio-vasculaires et dans la stabilisation des cellules cancéreuses, les empêchant de proliférer. Il semble que trois domaines émergent :

– le Domaine Jean-Luc Matha à Bruéjouls ;
– le Domaine Laurens à Clairvaux ;
– le Domaine du Cros à Marcillac.

BÉARN

Zone d'environ 240 ha comprenant les communes entourant Orthez et Salies-de-Béarn, avec pour fief principal Bellocq. N'ayant jamais goûté de bouteilles dignes d'être signalées, j'en resterai là…

* * *

Les **VDQS du sud-ouest** ont pour noms :

– Côtes du Brulhois ;
– Côtes de Millau ;
– Côtes de Saint-Mont ;
– Lavilledieu ;
– Tursan ;
– Entraygues et le Fel ;
– Estaing ;
– Coteaux du Quercy.

On peut retenir qualitativement l'excellent tursan Baron de Bachen du grand chef Michel Guérard et moindrement la Cave du Cocumont et le rosé du Domaine Jean-Marc Viguier à Entraygues.

* * *

Quelques bonnes petites tables relatives à certaines zones.

À Cahors et ses environs :

• *Le Ballandre* : 5, avenue Freycinet à Cahors, tél. 05 65 53 32 00. (Fermé dimanche et lundi.) Bonne cuisine que *Le Guide Michelin* a injustement sanctionnée par la perte de l'étoile.

• *Gindreau* : à Saint-Médard, tél. 05 65 36 22 27.
(Fermé lundi et mardi.) La cuisine classique de M. Pellisou me rappelle celle du regretté Escorbiac de *La Taverne* à Cahors.

• *La Récréation* : aux Arques, tél. 05 65 22 88 08.
(Fermé à partir d'avril jusqu'à fin septembre le mercredi et le jeudi, en hiver sauf janvier et février ouvert seulement vendredi, samedi et dimanche.)
Donnant sur un ancien préau communal, cette petite maison propose à des prix angéliques une cuisine simple et bonne.

Dans le pays de Tursan une grande adresse :
• *La Ferme aux Grives* : à Eugénie-les-Bains, tél. 05 58 05 05 06.
(Fermé mardi et mercredi.) La seconde maison de Michel Guérard. Cuisine authentique du terroir* dans un cadre rustique, d'un goût exquis.

Enfin à Bayonne :
• *Le Bayonnais* : 38, quai des Corsaires, tél. 05 59 25 61 19.
(Fermé dimanche et lundi.) C'est à côté du musée basque, où un ancien du *Carré des Feuillants* et de *L'Ambroisie* à Paris réalise une cuisine inventive de très haut niveau à des prix des plus étudiés.

LE VAL DE LOIRE

Cette immense région s'étend sur quinze départements (voir carte p. 318-319) :

- Allier ;
- Nièvre ;
- Loire-Atlantique ;
- Deux-Sèvres ;
- Sarthe ;
- Loiret ;
- Indre-et-Loire ;
- Vienne.
- Loire ;
- Cher ;
- Puy-de-Dôme ;
- Loir-et-Cher ;
- Indre ;
- Vendée ;
- Maine-et-Loire ;

Elle traverse en partie ou en totalité dix des anciennes provinces françaises :

- Anjou ;
- Orléanais ;
- Maine ;
- Berry ;
- Touraine ;
- Bretagne ;
- Auvergne ;
- Poitou ;
- Nivernais ;
- Bourbonnais.

Avec pour trait d'union le plus long fleuve du territoire national couvrant avec son bassin près du cinquième de la superficie de la France.

Les vins de cette zone n'ont aucune histoire commune. Ils sont d'ailleurs improprement dénommés du Val de Loire, alors que le terme « vins des régions de la Loire » serait certes mieux approprié.

Ce secteur a la particularité de produire une palette complète, comprenant tous les types de vins, allant des blancs secs*, demi-secs et moelleux aux vins rouges

primeurs et de garde jusqu'aux vins gris et rosés, là encore secs ou demi-secs, sans oublier les différents vins effervescents : pétillant*, crémant et méthode traditionnelle. Il y en a vraiment pour tous les goûts!
Curieusement, on trouve aux deux extrémités des blancs secs très populaires : muscadet et sancerre.
Le Val de Loire, étendu sur plusieurs centaines de communes, regroupe cinquante-sept appellations d'origine contrôlée et onze VDQS, de quoi désorienter le consommateur le plus aguerri, l'ensemble couvrant 36 066 ha en AOC et 4 526 pour les vins délimités de qualité supérieure.
Parler en détail de tous ces secteurs, où une multitude de microclimats* viennent encore bouleverser la donne, relèverait de la pure forfanterie. C'est un peu comme l'Océanie : tout le monde sait où elle se trouve, mais bien peu y sont allés. Aussi me suis-je contenté de fournir quelques détails et surtout d'indiquer un nombre très limité de récoltants dignes de confiance pour les AOC et les VDQS que je connais assez bien.

MUSCADET

Cette dénomination regroupe quatre appellations : muscadet (2 084 ha), muscadet-coteaux-de-la-loire (287 ha), muscadet-côtes-de-grandlieu (315 ha) et muscadet-sèvre-et-maine (9 958 ha). Quatre AOC, voilà bien l'ineptie de notre système. Avec de telles pratiques, on comprend que le consommateur soit désorienté.
Ce vin est indissociable des fruits de mer. Je m'indigne contre les producteurs d'AOC plus prestigieuses, qui le considèrent comme le parent pauvre; avec quelques huîtres, il a pourtant du charme. C'est un vin de soif, vif, frais et peu alcoolisé, surtout lorsqu'il provient d'un bon récoltant et des meilleurs terroirs* de Sèvre-et-Maine.
Un décret du 14 décembre 1977 a défini le terme de « mise en bouteilles sur lie* ». Cette opération consiste à laisser le vin en cuve ou en tonne (terme ancien désignant un gros fût), afin qu'il continue son évolution sur ses lies* fines, formées essentiellement des débris de levures* naturelles mortes, qui vont contribuer dans les premiers mois, suivant la fermentation alcoolique*, à l'élaboration de son bouquet, grâce à leur rôle réducteur, en s'opposant à son altération par oxydation*.
Cette contrainte, imposée par l'AOC, nécessite que les vins, durant l'hiver, subissent l'action du froid, leur permettant de conserver une teneur en gaz carbonique* d'environ 1,5 gramme par litre; ce qui les rend naturellement perlants, sans avoir besoin d'un apport artificiel de CO_2. La vente en bouteilles du dernier millésime ne peut avoir lieu avant le premier jeudi suivant le 1er mars après la récolte.

Théoriquement, les meilleurs terroirs occupent une succession de coteaux granitiques et schisteux, dans une zone comprise ou bordant les deux rivières, la Sèvre nantaise et la Maine. Ce sont Saint-Fiacre, la Haie Fouassière, Château Thébaud, Maisdon-sur-Sèvre et Le Pallet (pour ce dernier vin plus précoce), Gorges et Monnières, ces deux communes dépendant du canton de Clisson ont des vins d'une évolution plus tardive.

L'appellation sèvre-et-maine est à mon avis très élastique, englobant toutes sortes de parcelles, souvent sur les sols plus profonds des plateaux, constituant un véritable océan de vignes sur les cantons de Vallet et du Loroux Bottereau, en limite de l'Anjou. Il serait plus logique de dire que la route nationale 149 sépare les bons muscadet des autres. Quatre récoltants vendangeant encore manuellement :

- Domaine de la Haute Févrie à Maisdon-sur-Sèvre : Claude Branger est un vigneron méticuleux ;
- Château de la Mercredière au Pallet : je connais le sérieux des frères Futeul, depuis une trentaine d'années ;
- Domaine de L'Écu au Landreau : adepte de la biodynamie, Guy Bossard demeure le perfectionniste de l'appellation ;
- Domaine de la Louvetrie à la Haie Fouassière : exploité par un vinificateur sérieux Joseph Landron.

Je regrette vivement que, depuis quelques années, aient été installés dans le vignoble quatre vendangeoirs géants, pouvant accueillir dans de gigantesques cuves au moins 120 000 hectolitres de moût*, immédiatement ensemencés en levures* aromatiques. Le jour J, lors du déblocage, le tout est mis en bouteilles en une journée, livré le lendemain dans les grandes surfaces, et en place sur les gondoles le troisième jour. C'est du vite fait mais pas bien fait, le vin n'aura qu'à se reposer chez le client ! On ne s'étonnera plus qu'avec de telles pratiques, la consommation chute !

Le VDQS gros-plant, issu de la folle blanche, est un vin diurétique. Occupant 2 084 ha, il a ses sols de prédilection dans une zone proche du lac de Grandlieu et sur la commune du Landreau. Un récoltant mérite une visite :

- Château de la Boitaudière au Landreau : j'ai aimé ce vin assez riche, et surtout pas agressif, de Serge Sauvêtre.

ANJOU-BRISSAC

Reconnu AOC en 1998, le secteur de la commune de Brissac produit d'excellents anjou rouges à partir des cépages cabernet franc et cabernet-sauvignon ; ce dernier, lorsqu'il est implanté sur de très bons terroirs* bien exposés, donne des vins qui n'ont pas de complexe à avoir vis-à-vis des bordeaux. En disant cela, je pense particulièrement à la cuvée Croix de Mission d'un des meilleurs domaines du cru :

– Les Rochelles à Saint-Jean-des-Mauvrets : Jean-Yves Lebreton, assisté de son fils, demeure la référence ;
– ceux produits par Victor Lebreton sont aussi excellents et savent très bien traverser les ans sans dommage.

COTEAUX-DE-L'AUBANCE

Sur les coteaux schisteux, bordant la petite rivière l'Aubance, le cépage chenin fait des merveilles. J'avoue que ce vin m'impressionne parfois plus que certains coteaux-du-layon pour lesquels les récoltants recherchent trop la concentration. Le sucre (naturel) c'est bien, mais une légère pointe de nervosité donne un équilibre parfait. On en a une idée avec celui d'un excellent vinificateur de blanc liquoreux :
– Domaine de Montgilet à Juigné-sur-Loire : Vincent et Victor Lebreton.

SAVENNIÈRES

Si l'on comprend les crus de la Roche aux Moines et la Coulée de Serrant (7 ha), la commune fait une petite centaine d'hectares. Hormis la Coulée de Serrant, que je connais fort bien depuis près de quarante ans, aujourd'hui conduite en biodynamie par le puriste Nicolas Joly, depuis le départ en retraite du meilleur vinificateur, François Roussier, ex-propriétaire du Clos de Coulaine, je ne vois guère de vins dignes d'intérêt, mise à part une seule propriété :
– Château d'Epiré appartenant à M. Bizard qui est à mon avis, en matière déontologique, la seule valeur ;
– enfin, le nec plus ultra, Château de la Roche aux Moines, appartenant depuis fort longtemps à la famille Joly. Le fils Nicolas, grâce à une optique basée sur le respect de la nature, a réussi à redonner ses lettres de noblesse à ce cru légendaire de la Coulée de Serrant, l'un des plus grands vins blancs secs* de France. Ce vignoble vendangé en plusieurs tris, donne des vins admirables légèrement jaunes par la maturité, mais surtout pas oxydés.

COTEAUX-DU-LAYON

Occupent les coteaux de vingt-cinq communes, bordant le Layon. Six d'entre elles comprenant les meilleurs terroirs*, sont autorisées à faire figurer leur nom après l'appellation. Ce sont :
– Beaulieu-sur-Layon ;
– Rochefort-sur-Loire ;
– Faye-d'Anjou ;
– Saint-Aubin-de-Luigné ;
– Rablay-sur-Layon ;
– Saint-Lambert-du-Lattay.

On y produit de remarquables liquoreux, ayant une capacité de vieillissement exceptionnelle. Ces vins ont connu trois périodes :

- la première ayant englobé trois millésimes d'anthologie : 1921, 1947 et 1959;
- la deuxième où les excès de soufre leur avaient enlevé la notoriété amenant une complète désaffection du consommateur pour ces vins ayant la réputation de donner des lendemains très difficiles;
- enfin, un superbe renouveau qualitatif, depuis une petite quinzaine d'années, dû à des vinifications précises, jouant avec habilité sur un juste équilibre entre la puissance et la nervosité.

Hélas, toute réussite a ses revers et amène parfois à des excès. Avec l'autorisation, sous certaines conditions de richesse naturelle, de porter la mention « sélection de grains nobles* », on assiste de la part de certains récoltants à une sorte de course à la puissance, transformant des vins superbes en monstre de sucrosité comparable à une liqueur.

Au dernier Salon des vins de Loire à Angers, j'ai failli sortir de mes gonds. Presque à chaque stand, les récoltants semblaient avoir oublié les sols et la particularité des crus, tant ils étaient obnubilés par les taux de sucre résiduel*.

Malgré ces petites imperfections, il est quelques domaines à ne pas laisser dans l'ombre, y compris dans les AOC bonnezeaux et quarts-de-chaume :

- Domaine de la Sansonnière à Thouarcé : Mark Angéli, sorte de vigneron traditionnel, sur le plan qualitatif, il est incontournable;
- Domaine des Sablonnettes à Rablay-sur-Layon : tenu par un couple d'enfants du pays animé d'une passion du bien faire;
- Domaine Philippe Delesvaux à Saint-Aubin-de-Luigné : voilà des années que je goûte ses vins avec le même plaisir, mais attention, mettez un frein sur la concentration;
- Domaine Ogereau à Saint-Lambert-du-Lattay : une certaine régularité anime ce vigneron;
- Château de Suronde à Rochefort-sur-Loire : Francis Poirel, adepte de la culture en bio, fait de très loin le meilleur quarts-de-chaume. Qu'il n'ait pas d'étoile dans *Le Guide Bettane*, alors que des domaines très inférieurs en ont deux, relève de la méconnaissance de ses auteurs;
- Château Montbenault à Faye-d'Anjou : une vieille réputation et des millésimes anciens remarquables, encore vinifiés par M. Leduc, surnommé « papa »;
- citons également le Domaine de la Bergerie à Champ-sur-Layon : où œuvre Yves Guégniard;
- Domaine des Petits Quarts à Faye-d'Anjou, ayant à sa tête un bon vinificateur, Pascal Godinot.

SAUMUR-CHAMPIGNY

Appellation très commerciale, il faut dire que le mot Champigny n'y est pas étranger. Pour établir une sélection, la tâche est facile tant trois domaines surclassent qualitativement l'ensemble des producteurs :

- Clos Rougeard : les frères Foucault, comme leur ami Dürrbach, sont dans une portée de chiens d'une autre couleur. Tout a déjà été dit sur ce domaine hors du commun dans son AOC ;
- Château de Villeneuve : Jean-Pierre Chevallier est véritablement un grand vinificateur. Son saumur blanc, les Cormiers, est un de mes vins blancs de Loire préférés ; quant aux différentes cuvées de rouges, on ne peut que louer l'homme qui en est l'auteur ;
- Château du Hureau : ce pigeonnier d'époque, avec salle de dégustation jouxtant des entrées de caves, réservant bien des plaisirs, a beaucoup de charme. Parmi l'ensemble des cuvées, j'avoue avoir une nette préférence pour celle dénommée Lisagathe à base des plus vieilles vignes de la propriété.

SAUMUR

On ne peut parler du Saumurois, cité du commerce des vins, sans mentionner une maison remarquable pour l'ensemble de ses produits : Bouvet Ladubay. Ses bouteilles Trésor et Saphir peuvent aisément faire la pige à beaucoup de cuvées de Champagne. Quant à son saumur blanc, la Nompareille, et surtout l'anjou rouge, les Non Pareils, on peut les ranger dans la première catégorie de leurs AOC respectives.

Retenons aussi le Domaine Guiberteau Eggerton. Une direction bicéphale franco-britannique opérant sur un petit vignoble de 8,30 ha. Certainement l'un des meilleurs saumur rouges, capable de rivaliser avec beaucoup de champigny.

BOURGUEIL

Composé de huit communes ayant une superficie viticole de 1 368 ha. Le secteur de Benais a la particularité de produire des vins plus taniques*, d'une longue conservation. Trois récoltants semblent émerger :

- Domaine Pierre et Catherine Gauthier à Restigné : vins superbes provenant de vignes vendangées manuellement ;
- Domaine des Ouches à Ingrandes-de-Touraine : le fils Gambier est une valeur sûre de l'appellation ;
- Pierre Breton à Restigné : il pratique la culture biologique avec succès, si j'en juge par ses différentes cuvées.

SAINT-NICOLAS-DE-BOURGUEIL

L'ensemble (ou presque) des récoltants cultivant pourtant 900 ha devrait s'inspirer des techniques culturales pour l'entretien des vignes, telles que les pratique le meilleur vigneron de l'AOC :

– Domaine Yannick Amirault, Pavillon du Grand Clos à Bourgueil : assisté de son épouse Nicole, au secrétariat, et de son fils, aux vignes, ce passionné, toujours inquiet de la qualité de son travail, fait de grandes choses. Dormez tranquille, mon cher Yannick, l'avenir devrait encore confirmer votre consécration.

CHINON

Ville médiévale des bords de l'Indre, célèbre du temps de la royauté, l'appellation, sur une vingtaine de communes, comprend 2 200 ha reposant sur des sols très différents, les uns carrément en plaines sableuses, les autres sur d'excellents coteaux où le cabernet franc, dit le breton, semble particulièrement se plaire. Quelques terroirs* apparaissent qualitativement d'un niveau supérieur, ce sont :

– Chinon : les Clos de l'Écho et surtout de l'Olive ainsi que le Coteau de Sonay ;
– Beaumont-en-Véron : la Roche Honneur, les Peuilles et mieux encore les Picasses ;
– enfin, à Cravant-les-Coteaux : le Coteau de Noiré.

Il faut quand même remarquer que l'assemblage* de plusieurs parcelles donne souvent, par complémentarité, d'excellents vins. On en a la preuve à Cravant, avec les bouteilles des deux meilleurs vinificateurs de l'AOC :

– Domaine Philippe Alliet à Cravant-les-Coteaux : vins de garde d'un haut niveau, notamment ceux provenant du Coteau de Noiré. Il faut montrer patte blanche pour avoir le privilège de faire partie des acheteurs ;
– Domaine Bernard Baudry, également à Cravant-les-Coteaux : très belle gamme de qualité, d'où ressort la cuvée la Croix Boisée. Production confidentielle d'un bon chinon blanc ;
– Domaine Olga Raffault, Hameau de Roguinet à Savigny-en-Véron : exploitation à la base de la célébrité du Chinonnais. Vieux millésimes encore accessibles, un blanc issu du lieu-dit Champ Chenin, méritant d'être découvert et des chinon plus classiques que l'ensemble. C'est maintenant la petite fille d'Olga qui assure en partie avec son mari la pérennité du domaine.

JASNIÈRES ET LES COTEAUX-DU-LOIR

Jasnières a obtenu son AOC le 31 juillet 1937. Elle doit une grande partie de sa réputation à une phrase prononcée par le prince des gastronomes, Curnonsky : « Le vin de Jasnières est le meilleur de France trois fois par siècle. » Il faut dire que, lors de sa visite à Lhomme, la dégustation avait porté sur trois années légendaires 1893, 1921 et 1947, ce qui aide à mieux comprendre son jugement.

Ce vignoble, proche de mon lieu de résidence, est sur deux communes : Lhomme et Ruillé-sur-Loir. Il occupe actuellement environ 52 ha (plantés en chenin, produisant du blanc) officiellement déclarés en production.

Les coteaux-du-loir (72 ha officiels et AOC depuis 1948) occupent des parcelles disséminées sur seize communes de la Sarthe et six de l'Indre-et-Loire (la plupart ne sont plus viticoles), produisant des vins rouges, rosés et blancs. Meilleurs terroirs* : Marçon et Chahaignes. J'aime surtout ceux à base de pinot d'aunis, vinifiés par les quatre domaines précités.

Ces vignobles sont dispersés en trois catégories de récoltants :

- la première regroupe une petite douzaine de viticulteurs professionnels, ne vivant que de la vigne parmi lesquels il convient de noter quatre des meilleurs :
  - Domaine Joël Gigou à la Chartre-sur-le-Loir : sans la ténacité dont il a fait preuve, l'appellation à une certaine époque aurait peut-être disparu. Bien que son tempérament ne fasse pas toujours l'unanimité parmi ses collègues, il faut lui reconnaître ce mérite. De plus, j'ajoute qu'aidé de son fils Ludovic, il fait d'excellents vins ;
  - Domaine de Cézin à Marçon, appartenant à François Fresneau : là encore une très bonne cave, produisant des vins tout en finesse vinifiés par un personnage simple et attachant ;
  - Domaine de Bellivière à Lhomme : son propriétaire Éric Nicolas est un perfectionniste produisant des vins d'une rare élégance. Très médiatique, il fait aujourd'hui pour l'appellation, avec plus de moyens, ce que Gigou a fait hier ;
  - Benoît Jardin à Ruille-sur-Loir, assisté de son épouse. Ce vigneron ne pratiquant pas la vendange en vert est un perfectionniste ;
- la deuxième, plus marginale, concerne un petit noyau de récoltants ne possédant pas suffisamment de vignes pour en vivre, donc obligés de pratiquer la polyculture ;
- enfin, la troisième est faite de vignerons amateurs, dispensés de la déclaration de récolte (pourtant propriétaires de 130 ha). C'est une zone très particulière et quasiment unique présentant une certaine similitude (toutes proportions gardées) avec les jardins ouvriers. Ils ne font, paraît-il, du vin que pour leur consommation familiale. Mais cela reste à prouver ; les mauvaises langues disent que quelques cartons, soi-disant pour des amis, sont parfois réglés sous le manteau. Ce n'est peut-être que des on-dit, mais méfiance ! Un conseil, n'achetez jamais de vin dans ces conditions, sauf à vos risques et périls, car en cas de problème qualitatif, il n'y aurait aucun recours.

VOUVRAY

Cette appellation du nord de la Loire couvre actuellement environ 2 000 ha. Il semble qu'elle soit un peu en perte de vitesse auprès des consommateurs et surtout de la grande restauration. L'explication est très simple : la multiplication des types de vins désoriente le consommateur.

On compte en effet cinq catégories, il y a respectivement :

- les secs* : parfois d'un petit niveau, car produits généralement les années climatiquement difficiles ;
- les demi-secs : vins androgynes qui, pour moi, sont parfois délicats à placer dans un repas ;
- les moelleux : pouvant être exceptionnels une vingtaine de fois par siècle ;
- les pétillants* : pourquoi leur avoir donné une AOC et surtout un terme aussi peu commercial déjà trop usité par les eaux minérales ;
- enfin, les vins rendus effervescents par la méthode traditionnelle, concurrencée par la multiplication des crémants notamment ceux du Saumurois proche.

Lorsqu'on parle vouvray de qualité, les trois mêmes noms reviennent :

- Domaine du Clos Naudin : sur 12 ha, Philippe Foreau donne une grande image de l'appellation ;
- Domaine Huet : importante propriété, mise en valeur depuis plus d'un demi-siècle par un vigneron légendaire, récemment disparu, Gaston Huet. Elle vient, pour des problèmes de succession, d'être cédée à un groupe asiatique extrêmement sympathique laissant carte blanche au vinificateur, mais tant que les vignes et le vin seront sous la responsabilité de Noël Pinguet, gendre de Gaston, les acheteurs n'auront pas de soucis à se faire.
- Domaine des Aubuisières : appartenant à Bernard Fouquet, il complète ce tiercé qualitatif.

MONTLOUIS

Sur l'autre rive de la Loire, cette AOC couvre 1 000 ha. Elle présente, malgré une exposition différente, une grande similitude avec sa voisine : même cépages et catégorie de vins identiques.

- Domaine François Chidaine : c'est la valeur la plus sûre de l'appellation.

COUR-CHEVERNY

Une quarantaine d'hectares pour cette AOC récente (1993) réservée aux vins blancs issus d'un cépage en voie de résurrection, le romorantin. La meilleure cave semble être :

- Domaine des Huards à Cour-Cheverny, appartenant à Jocelyne et Michel Gendrier.

TOURAINE

Cette région connaît des problèmes de vente, ce qui n'est pas pour m'étonner, car je n'ai jamais compris que l'organisme garant des appellations ait consenti à accorder autant d'AOC à des secteurs aussi marginaux, n'ayant aucun avenir tant à l'exportation qu'auprès du commerce de gros, vu les volumes infimes qu'ils sont en mesure de proposer. J'ajoute que, dans beaucoup de domaines, la qualité n'est pas toujours au rendez-vous, d'autant que l'écrémage dû aux cuvées spéciales se charge de faire encore plus le tri !

On trouve en effet le touraine-mesland (200 ha), le touraine-amboise (161 ha), le touraine-azay-le-rideau (150 ha) et enfin le minuscule touraine-noble-joué (21 ha), une diversité un peu folklorique.

Cette vaste région, couvrant pratiquement 5 500 ha, est répartie sur cent soixante-dix communes de trois départements, Indre-et-Loire (le plus important), Loir-et-Cher et Indre, en produisant à peu près tous les types de vins en trois couleurs.

Vu l'ampleur du secteur, j'avoue humblement en avoir négligé une grande partie. Ce qui ne m'a pas empêché de relever trois domaines et une cave coopérative dignes d'intérêt :

- Domaine de la Charmoise à Soings, appartenant à Henry Marionnet, l'homme providentiel de la région. Qualitativement, c'est sans doute ce qui m'a le plus impressionné, qu'il s'agisse de son superbe vin blanc, le M. de Marionnet, ou de son remarquable gamay, dont devraient s'inspirer beaucoup de vignerons du Beaujolais. J'ai aussi goûté quelques cuvées sans soufre, type de vinification qui me laisse cependant toujours sceptique ;
- Clos Tue-Bœuf, 41120 Les Montils : appartenant aux frères Puzelat, très attachés à la qualité ;
- Clos de la Roche Blanche à Mareuil-sur-Cher : vins très élégants, d'une charmante viticultrice, Catherine Roussel. Les blancs sont d'un niveau supérieur à certains sancerre et son rouge à base de cot vaut bien des cahors ;
- La Confrérie des Vignerons de Oisly-Thézée à Oisly : cette cave coopérative mérite une visite pour les efforts de ses adhérents.

REUILLY

Petite AOC comprenant 158 ha répartis sur sept communes de l'Indre et du Cher. Il semble qu'elle soit dominée par deux récoltants :

- Domaine Claude Lafond au Bois-Saint-Denis : avec deux cuvées dominantes, le Clos des Messieurs et la Raie ;
- Domaine de Seresnes à Diou : les vins de M. Jacques Renaudat font partie des réussites du cru presque chaque année.

QUINCY

D'un volume légèrement supérieur à son proche voisin Reuilly (174 ha), cette appellation a longtemps été dominée par un seul domaine. Aujourd'hui, il apparaît que l'émulation s'est manifestée chez un autre :

- Domaine Mardon : régularité dans la qualité;
- Domaine des Ballandors au Tremblay : où Chantal Wilk et Jean Tatin semblent en passe de devenir les étoiles montantes.

MENETOU-SALON

Prolongeant les vignobles du Sancerrois, cette appellation a été délivrée le 23 janvier 1953. Elle est répartie sur une succession de coteaux entrecoupés de vastes zones de terres céréalières et de prairies, laissant à penser que l'on se trouve dans un pays d'élevage.

Je ne nommerai qu'un viticulteur, tant les autres ne présentent guère d'intérêt :

- Domaine de la Tour Saint-Martin à Crosses, où Bertrand Minchin fait un blanc remarquable.

SANCERRE

Les deux atouts majeurs en faveur de cette AOC sont d'abord l'accueil chaleureux des récoltants et surtout le fait qu'à partir de 1970, une majorité de vignerons est venue prospecter la restauration et les cavistes de la région parisienne, assurant ensuite chaque semaine elle-même les livraisons. Ce qu'elle continue du reste de faire, le client étant toujours sensible au fait de rencontrer périodiquement son « petit vigneron » (d'ailleurs, souvent aussi nanti d'une double casquette de négociant). Ne dit-on pas qu'il n'y a que la foi qui sauve!

On a beaucoup replanté et pas toujours dans les bons terroirs*. Actuellement, ce vignoble compte pratiquement 2600 ha. Les meilleurs terrains se trouvent incontestablement sur les communes de Sancerre, Bué et Champtin, ainsi que sur les hameaux d'Amigny et Chavignol (peut-être le meilleur) avec ses splendides coteaux la Comtesse, Cul de Beaujeu, Monts Damnés et Grande Côte. En revanche, bien qu'elles comptent aussi quelques parcelles intéressantes, les localités de Verdigny, Sury-en-Vaux, Vinon, Veaugues et Montigny sont d'un niveau légèrement inférieur. Ne parlons pas de la plaine de Saint-Gemme outrageusement plantée et donnant des sancerre n'ayant que le nom, pourtant la plupart des parcelles appartiennent à des domaines résidant dans les communes plus en vue où trône devant la porte la fameuse pancarte « vigneron récoltant ». Je rappelle qu'au départ, ce dernier village ne faisait pas partie de l'appellation; seul un raccroc salvateur a permis plus tard de rattacher les wagons au bon convoi parti de Sancerre il y avait belle lurette.

Le sancerre rouge, dont l'AOC est beaucoup plus récente, connaît actuellement une vogue peut-être un peu surfaite, bien qu'il en existe quelques bons, mais c'est loin d'être la majorité. Reconnaissons toutefois que certaines années, sous réserve qu'il provienne d'un grand vinificateur de Bué, de Sancerre ou du hameau de Champtin, il peut avoir des qualités à condition de ne pas avoir été élevé dans un fût de chêne neuf pour tenter d'en faire un faux bourgogne.

À Sancerre, on a eu droit à tout : vieilles vignes, cuvées de prestige, vendangées tardivement et en indiquant la date, élevé en bois neuf et j'en passe..., autant de vins atypiques, dont les artifices finissent par coûter cher au consommateur.
Cinq caves semblent qualitativement au-dessus du lot :

- Domaine Edmond Vatan à Chavignol (Clos de la Néore) : voilà un très grand sancerre, qui m'a rappelé le bon vieux temps où la sincérité d'un terroir* animait encore les vignerons d'une autre époque;
- Domaine de la famille Cotat à Chavignol : faisant encore le type de vin que j'aime;
- Domaine Vincent Pinard à Bué : blancs d'un haut niveau et rouges dignes de ce nom;
- Domaine Lucien Crochet à Bué : bon vivant devant l'éternel, le grand Lucien, figure emblématique du Sancerrois, était connu comme le loup blanc dans la grande restauration depuis des lustres. Aujourd'hui, son fils Gilles, peut-être moins public, mais tout aussi bon vinificateur, lui a succédé. Pas de changement, vins blancs et rouges toujours aussi bons;
- Domaine Vacheron à Sancerre, une des meilleures caves de l'appellation vendangeant à la main pour les deux couleurs. Superbe blanc, issu d'un terroir à silex et surtout, ce qui est très rare, une étiquette sobre et de classe.

POUILLY-SUR-LOIRE ET POUILLY-FUMÉ

Cette belle région, face à Sancerre sur l'autre rive de la Loire, a deux appellations : le pouilly-sur-loire à base de chasselas dont les surfaces en production s'amenuisent comme peau de chagrin, la seconde concernant le pouilly-fumé issu du sauvignon (à ne pas confondre avec le pouilly-fuissé bourguignon).
Actuellement, la première compte à peine 40 ha et la seconde 1 370. Les meilleurs terroirs se trouvent sur les communes de Pouilly-sur-Loire, Tracy et Saint-Andelain. Lieux-dits les plus intéressants qualitativement :

- les hameaux des Loges et des Berthiers;
- les Griottes à Pouilly-sur-Loire;
- la Côte de Girarmes qui se prolonge sur Tracy;
- la Butte de Saint-Andelain;
- et surtout les Chaudoux, comme les Loges, à cheval sur Pouilly et Tracy.

À l'instar de la plupart des AOC, depuis une vingtaine d'années ont eu lieu des plantations sur des parcelles inaptes à produire des bons vins, entre autres sur les communes de Saint-Laurent et Saint-Martin. L'intérêt porté à ces terres provient du remembrement agricole des années soixante-dix, d'où de très grandes pièces de terre plus aptes à être travaillées à la machine.

Je regrette qu'en raison du renouvellement des vignes, le sauvignon, plus commercial et surtout rentable, prenne toujours la place du chasselas, même si les sols lui conviennent parfois moins bien.

Trois viticulteurs me semblent retenir toutes les conditions pour figurer dans cet ouvrage :

- Domaine Didier Dagueneau à Saint-Andelain : personnage surmédiatique, auquel on ne peut rien reprocher sur le plan qualité. Cela commence par des vignes admirablement tenues venant illustrer un vieux principe : « Pour faire des bons vins, il faut avoir de beaux raisins. » Cela continue à la vendange faite manuellement, et se termine enfin par un élevage rigoureux. Je dois reconnaître que l'homme m'horripile un peu, mais j'ai pensé que ne pas le faire figurer aurait été une injustice encore plus impardonnable ;
- Domaine Serge Dagueneau et Filles à Saint-Andelain : à la différence de son cousin, voilà un vigneron simple et attachant, cherchant toujours à faire mieux. Ses deux filles, Valéry et Florence, semblent dans le même état d'esprit. Son pouilly-sur-loire est de loin le meilleur que j'aie dégusté. La raison en est simple, il provient d'une vigne de chasselas pratiquement centenaire ;
- Domaine Masson Blondelet à Pouilly-sur-Loire : là aussi un excellent domaine où la qualité demeure l'objectif prioritaire.

Je signale que ces deux derniers domaines vendangent une faible partie de leur production (jeunes vignes) à la machine.

CÔTE-ROANNAISE

Fief d'une des meilleures tables de France, le restaurant des *Troisgros*, ce petit vignoble groupe quatorze communes où, sur 192 ha, le gamay noir à jus blanc est roi. Deux récoltants semblent un peu au-dessus :

- Domaine Robert et Stéphan Sérol à Renaison : j'ajoute que la famille Troisgros possède 2 ha au lieu-dit les Blondins, vinifiés d'ailleurs par la famille Sérol ;
- Domaine André et Frédéric Villeneuve à Saint-Haon-le-Vieux : aussi des bons vignerons.

N'oublions pas trois VDQS du Val de Loire dignes d'intérêt.

LES FIEFS VENDÉENS

Dans l'ancien fief du cardinal de Richelieu, ce vignoble qui avait connu une petite notoriété au Moyen Âge, semble trouver un regain de forme. Il est à peine croyable qu'il fasse près de 500 ha aujourd'hui. Une adresse méritante :

– GAEC Saint-Nicolas Michon et Fils à Brem-sur-Mer : rouges et blancs surprenants.

SAINT-POURÇAIN

Vingt communes composent ce secteur important de l'Allier, produisant des vins des trois couleurs sur une superficie de 535 ha. Les blancs issus du cépage local, tressalier, assemblés au chardonnay, ont eu autrefois une petite réputation leur ayant même valu d'être servis à la Cour. Deux récoltants :

– Domaine Serge et Odile Nebout à Saint-Pourçain-sur-Sioule;
– Cave François Ray à Venteuil.

CÔTES-D'AUVERGNE

Vignoble très important avant le phylloxéra. Il a disparu avec l'arrivée des vins de consommation courante du Languedoc, pourvoyeurs des travailleurs manuels de l'époque. Il semble depuis une vingtaine d'années renaître de ses cendres, comptant aujourd'hui 370 ha sur les arrondissements de Clermont-Ferrand, Issoire et Riom avec cinquante et une communes dans l'aire d'appellation, mais la plupart n'ont plus de vignes. Il y avait autrefois cinq crus populaires; le plus important actuellement est Châteaugay avec sa pittoresque rue des Caves, suivi de Boudes et Corent (secteur des rosés), Madargues et Chanturges (à peine 2 ha encastrés dans les constructions).

J'avais fait découvrir, il y a bien longtemps, ce vignoble aux lecteurs de *La Revue du vin de France*, dirigée durant cette période par Mme Chantal Lecouty. Lorsqu'on parle typicité, deux noms me viennent à l'esprit :

– Domaine Rougeyron à Châteaugay;
– Domaine André Charmensat à Boudes.

* * *

Et maintenant si l'on se mettait les pieds sous la table :

• *Auberge du Port des Roches* : à Luché-Pringé, tél. 02 43 45 44 48. (Fermé dimanche soir, lundi et mardi midi.) Cadre champêtre au bord du Loir, cuisine classique et charmant accueil.

• *Le Moulin des Quatre Saisons* : rue Galliéni à La Flèche, tél. 02 43 45 12 12. (Fermé mercredi soir, dimanche soir et lundi.) Certainement la meilleure table de la Sarthe, très beau livre de cave et accueil adorable de Mme Constantin.

• *Bistrot Ronsard* : 8, rue du Champ de Foire, 72800 Le Lude, tél. : 02 43 94 83 33. (Ouvert seulement le midi du lundi au vendredi et le samedi soir.) Un autodidacte prépare avec goût une cuisine bourgeoise comme je l'aime. Petite carte des vins à des prix angéliques.

Ces trois tables sont proches de Jasnières.

• *Auberge de l'Île* : à l'Île Bouchard, tél. 02 47 58 51 07. (Fermé mardi et mercredi.) Plaisante auberge sur une île, ayant appartenu au cardinal de Richelieu, cuisine classique et jolie carte des vins. Table à cheval entre les AOC chinon, bourgueil et saint-nicolas-de-bourgueil.

• *La Chancelière* : à Montbazon, tél. 02 47 26 00 67. (Fermé dimanche et lundi.) Tenu par deux grands professionnels assistés d'un chef talentueux, Michel Gangneux, petite maison tourangelle décorée avec goût, cuisine remarquable (je recommande les exceptionnels ravioles d'huîtres au champagne). Bon choix de vins à des prix abordables. C'est la halte tout indiquée après avoir dégusté à Vouvray ou à Montlouis proches.

Enfin pour un dernier arrêt, entre deux dégustations à Sancerre et à Pouilly :

• *L'Auberge des Monts Damnés* : à Chavignol, tél. 02 48 54 01 72. (Fermé dimanche soir, mardi soir et mercredi.) Très petite maison simple mais bonne et peu onéreuse.

• *La Pomme d'Or* : place de la Mairie à Sancerre, tél. 02 48 54 13 30. (Fermé mardi soir et mercredi.) Ce restaurant très apprécié des vignerons du secteur est certainement la meilleure table du cru.

LA LÉGISLATION

L'INAO OU LES VICISSITUDES D'UNE RÉGLEMENTATION ÉVOLUTIVE

Possédant pourtant une bibliographie très diversifiée sur le vignoble français et les organismes en dépendant, j'ai été très étonné de constater une lacune inexplicable. Aucun des ouvrages en ma possession n'a parlé ou très succinctement de l'historique et du fonctionnement de l'organisme garant du système très complexe des appellations d'origine contrôlée. Depuis le décret du 30 novembre 1960, il est également chargé d'étudier les dossiers concernant les VDQS.

Conscient de cette grave omission, dans mon dernier ouvrage, *Le Monde du vin : art ou bluff?*, j'ai consacré pas moins de vingt-six pages à l'INAO[1] en retraçant point par point les différentes étapes ayant marqué son cheminement :

- ses débuts difficiles dans une période agitée pour la viticulture lors de sa création par le décret du 30 juillet 1935, à l'initiative du sénateur Joseph Capus, instituant le comité national des vins de France, qui allait devenir le 16 juillet 1947, l'Institut national des appellations d'origine;
- la naissance des premières AOC, le 15 mai 1936 qui, curieusement, ne concernaient aucune des régions les plus réputées;
- les différentes étapes ayant marqué les rendements imposés à l'époque;

[1] Institut National des Appellations d'Origine.

– enfin, sa nouvelle orientation en vertu du *décret du 9 janvier 1967* axée sur une application totalement différente de l'esprit originel que j'avais qualifié « d'étatisation ».

Autant de détails, voulant que je ne revienne pas sur le sujet.

Avec le recul, il m'est quand même apparu qu'en tenant compte de certains faits nouveaux, on pouvait encore apporter plusieurs éclaircissements sur son fonctionnement actuel et sur les desiderata des présidents de syndicats de toutes les appellations.

Il faut, en premier, encourager le nouveau président, René Renou, homme de conviction, doué d'une intégrité exemplaire et plein du bon sens des gens de la terre. Il est à mon avis en droite ligne dans l'éthique de deux de ses « très anciens » prédécesseurs : le sénateur Joseph Capus et le baron Le Roy. Je lui souhaite la réussite qu'il mérite pour sauvegarder (malgré les embûches qu'il trouve journellement sur son chemin) l'esprit initial de cette magnifique institution que le monde entier nous envie.

Il ne se passe guère de mois où les comités régionaux, et par voie de conséquence le président, ne soient assaillis de demandes émanant d'un grand nombre de syndicats d'appellations désireuses de hiérarchiser leurs vins. C'est une chaîne sans fin, où chacun cherche à affirmer sa petite identité, pour se différencier du voisin :

– l'Alsace frappe à la porte pour obtenir une AOC supplémentaire entre l'appellation régionale et le sommet « alsace-grand cru » ;
– en Minervois, non content d'avoir déjà accédé à l'AOC minervois-la-livinière pour un terroir* bien moyen (certainement très inférieur à deux autres communes du Minervois Minerve et La Caunette), les responsables de l'appellation demandent maintenant de pouvoir revendiquer « La Livinière » seule..., pourquoi pas en premier cru pendant qu'ils y sont!
– les Corbières souhaitent que l'on reconnaisse le terroir de la commune de Boutenac pour le différencier du reste de l'appellation ;
– Cahors voudrait se voir accorder des premiers crus, pourquoi pas des grands!

Un jour ou l'autre, la plupart de ces demandes finiront sans doute par aboutir. Quels seront les avantages que les consommateurs pourront réellement en tirer, hormis une augmentation des prix, rarement en rapport avec une nouvelle mention figurant sur l'étiquette?

Ces quatre exemples, pris sur une douzaine, illustrent bien cette manière déguisée de vouloir une promotion tout en restant discret sur les rendements et la qualité. N'oublions pas une autre catégorie, qui essaie désespérément d'obtenir le droit d'irriguer, en évoquant le stress hydrique subi par leurs vignobles durant certaines périodes. Je rappelle qu'il a déjà été accordé (depuis 1978 pour l'une d'entre elles, dans certaines zones des Coteaux d'Aix et en Corbières), à titre provisoire, en rappelant qu'en France ce terme équivaut souvent à définitif. Vous croyez en avoir fini avec les lamentations, eh bien non ! Il y a encore l'utilisation des méthodes soustractives* telle que l'osmose inverse* dont rêvent plusieurs AOC. Il est vrai que cette technique, pourtant longtemps proscrite à Pomerol, a quand même été tolérée pour certains ; là encore plane un mystère, ce n'en est d'ailleurs plus un, des camions de prestataires de services se déplacent maintenant avec un appareillage adapté aux techniques soustractives.

Jusqu'au millésime 2002, il arrivait fréquemment que des domaines possédant une ou plusieurs parcelles peu productives (pieds manquants ou très vieilles vignes) jouent habilement sur la complémentarité, en produisant au-delà des rendements autorisés sur d'autres, afin d'obtenir, par le système des vases communicants, un effet compensatoire.

Pour limiter ces facteurs nuisibles à la qualité, l'INAO, à compter du millésime 2003, a prévu pour chaque appellation des contrôles inopinés sur des parcelles prises au hasard, afin de débusquer les petits malins. Je dis bravo à cette initiative, tout en avouant que pour trois raisons, je n'y crois guère :

- l'Institut national des appellations d'origine ne dispose pas de suffisamment d'agents pour effectuer un véritable travail de fond sur l'ensemble du vignoble ;
- hormis un grand nombre de ceps manquants, il est très difficile, voire impossible, d'apprécier avec précision visuellement, l'importance d'une récolte sur pied pouvant, selon les années, être plus ou moins riche en jus ;
- il est exact qu'il existe, dans chaque AOC, une assemblée de cinq membres désignés par le président du syndicat qui la dirige et entérinée par l'INAO, pour contrôler l'état des parcelles déclarées en appellation. Ces membres, très justement dénommés « sages », sont en général choisis parmi les vignerons réputés pour leur expérience et leur impartialité. Bien qu'ayant eu connaissance dans le passé de quelques décisions prises en défaveur de certains viticulteurs (à cause du refus du PLC), je reste quand même assez sceptique sur l'autorité de telles commissions pour plusieurs raisons :
  - les hommes qui la composent sont eux-mêmes viticulteurs, donc déjà avec une activité très prenante, expliquant aisément qu'il ne leur reste guère de temps disponible pour aller inspecter les vignes de leurs collègues, en jouant le rôle ingrat de contrôleur ;
  - il y a aussi la « bonne vieille sagesse paysanne » voulant que l'on évite d'entrer en conflit avec les voisins. N'oublions pas que les propriétaires d'une appellation vivent presque toujours en vase clos, la plupart du temps dans le même village, où chacun peut un jour avoir besoin de l'autre. D'où une prudence bien compréhensible avant de s'aventurer dans les affaires des autres. Autant de facteurs susceptibles de raviver de vieilles querelles. À la campagne, on a parfois la rancune tenace.

Bref, encore un vœu pieux, même si une poignée de récoltants malchanceux est prise « la main dans le sac ». Il est vrai que, pour la presse, cela donne l'impression que l'Institut veille au grain !
Devant autant de requêtes et de projets, il faudra que le président en place fasse preuve d'une diplomatie digne d'un ministre des Affaires étrangères et ait des nerfs d'acier pour imposer sa vision des choses et composer habilement sans heurter la susceptibilité des syndicats viticoles, dont le poids pèse lourd dans la balance de l'organisme.

DANS L'AOC COMME DANS LE COCHON, IL N'Y A RIEN À JETER

Dans son numéro d'avril 2001, l'excellente *Revue des œnologues* a consacré un article détonant, fort bien documenté, relatif à la procédure d'agrément des vins d'AOC intitulé « Comme dans le cochon, dans l'AOC, tout est bon ».
Ce document était si percutant qu'il n'a pas manqué d'être repris point par point sous le titre « Réflexion sur les appellations d'origine » par une revue belge réputée pour son impartialité : *In Vino Veritas*.
À mon tour, je me penche à nouveau sur le sujet. Pour ne pas être injustement qualifié de plagiaire, je rappelle que, bien avant ces écrits, très exactement en février 1994, dans mon ouvrage *Le Monde du vin : art ou bluff?*, j'avais déjà dit ce que je pensais de l'agrément des vins d'AOC dans un chapitre intitulé « La dégustation obligatoire souvent du bidon… ».
Je précise qu'en vertu du décret-loi du 19 octobre 1974, il y a obligation pour l'ensemble des viticulteurs, coopérateurs ou négociants, de soumettre collectivement la totalité des vins produits ou acquis lors du dernier millésime à une dégustation obligatoire, en vue de l'obtention d'un agrément délivré par l'INAO, document indispensable pour pouvoir ensuite les commercialiser. Depuis septembre 2001, le comité national gérant les appellations d'origine a adopté une nouvelle réglementation, précisant en outre que dorénavant les vins peuvent être présentés à plusieurs dates, en fait, lorsqu'ils sont plus proches de la commercialisation. C'est déjà (malgré les imperfections subsistantes) le premier pas de franchi vers un progrès, car auparavant juger des vins n'ayant pas toujours fait leur deuxième fermentation (malolactique) équivalait à prédire l'avenir d'un enfant encore au berceau. Comment savoir si celui-ci sera un jour un homme politique, un grand financier, un SDF, un policier ou tout bonnement un gangster ?
Je me suis suffisamment étendu sur le problème pour ne pas revenir sur les jurys des commissions de dégustations, les recours à l'infini…, et la manière dont sont prélevés les échantillons dans certaines régions viticoles, entre autres en Côte-d'Or.

La lecture des tableaux publiés par *La Revue des œnologues*, dont les renseignements pris à la source ne sont pas contestables, est édifiante. On y apprend que, dans une année récente, sur vingt-deux centres chargés du recensement des agréments à transmettre à l'instance dirigeante, un seul a fait figure de mauvais élève : Angers, en n'agréant que 88,37 % des vins présentés. Quant aux autres, je laisse le lecteur juge !

VINS REÇUS		**VINS REÇUS**	
Angers	88,37 %	Gaillac	99,24 %
Aurillac	100 %	Hyères	98,35 %
Avignon (blancs)	99,86 %	Mâcon	97,91 %
Avignon (rouges)	99,59 %	Montpellier	98,48 %
Avignon (rosés)	99,06 %	Nantes	98,60 %
Bastia	99,12 %	Pau	97,88 %
Bergerac	99,46 %	Perpignan	99,13 %
Bordeaux (blancs)	98,52 %	Poligny	99,60 %
Bordeaux (rouges)	99,60 %	Sancerre	99,52 %
Chambéry	99,18 %	Tours	98,25 %
Colmar	97,35 %	Valence	99,34 %
Dijon	99,50 %	Villefranche	99,80 %
Épernay	99,95 %		

(Source : *La Revue des œnologues.*)

Ce décret avait pourtant été créé pour tenter d'éliminer les vins présentant une tare due à une carence, survenue au cours de la vinification, telle qu'une piqûre acétique* ou un goût de croupi, engendrée par exemple par l'utilisation d'un matériel vinaire défectueux, etc.
Obtenir un tel pourcentage de réussite après avoir dégusté plus de 100 000 vins considérés comme n'ayant aucun défaut me laisse pantois !
Cette brillante démonstration du nouveau savoir-faire de notre viticulture m'amène quand même à me poser des questions à partir de jugements annexes, concernant une sélection, il est vrai plus nuancée.
Ainsi, le guide le plus lu, *Le Guide Hachette*, annonce que son jury, après avoir dégusté 28 000 vins provenant de l'ensemble du vignoble français, n'en a retenu que 9 000, soit à peine un tiers.
Encore plus étonnant : la célèbre Confrérie des Chevaliers du Tastevin, lors d'un récent tastevinage* sur 725 lots présentés, n'en a tasteviné que 42,34 %. Comment se fait-il que 57,6 % ont été éliminés, alors qu'au passage de l'agrément 99,5 % des mêmes vins ont satisfait à l'examen ! Je rappelle que le jury de cette confrérie ne comprend que des dégustateurs chevronnés (œnologues,

courtiers*, journalistes, sommeliers, grands restaurateurs, vignerons et négociants).

Enfin, j'ajoute que les revues, destinées à prendre la défense des consommateurs, se procurent régulièrement et anonymement des bouteilles dans les grandes surfaces et déclarent que 5 à 10 % des échantillons pourtant agréés sont en dessous du seuil d'acceptation.

Les vins bénéficiant d'une appellation d'origine doivent répondre à certains critères :

- être issus d'une zone délimitée constituée par un ensemble de terroirs* situés à l'intérieur d'une aire géographique reconnue ;
- provenir d'un encépagement spécifique donnant à la production son originalité ;
- ne pas dépasser le rendement maximal imposé ;
- titrer, avant tout enrichissement*, un degré minimal et un degré maximal ;
- provenir de vignes taillées selon un mode imposé ;
- être élaborés en se conformant aux modes de vinification imposés, etc.

En répondant à toutes ces prescriptions vis-à-vis de l'instance dirigeante, l'appellation d'origine devient automatiquement contrôlée.

En revanche, comme on peut le constater, aucun des paramètres la concernant ne fait appel à la qualité. Mais alors, dans tout cela, comment est-elle définie ? « Élémentaire mon cher Watson », par le jury délivrant l'agrément !

Les instances dirigeantes vont peut-être rétorquer que le passage devant une commission statuant sur l'attribution d'un agrément n'a d'autre but que d'accorder à un vin ne présentant pas de défauts de vinification le droit d'être commercialisé. D'accord, mais pour moi, l'absence de tares équivaut à reconnaître une qualité.

On s'étonne, après de telles controverses, que les vins étrangers, exemptés de ce fameux label de qualité, commencent à prendre la place de leurs homologues français sur plusieurs marchés étrangers.

LE VIN DANS LES MÉDIAS

Il y a toujours eu des critiques pour encenser ou démolir les différents vins. Au milieu du XXe siècle, je me souviens de l'impartialité et des immenses connaissances du grand Raymond Baudoin, redouté comme la peste par tous les magouilleurs. Il fut aussi le fondateur de la meilleure publication de l'époque sur le sujet : *La Revue du vin de France*. À son actif également, la création de l'académie internationale des Vins.

Depuis très longtemps, dans la presse, les chroniqueurs gastronomiques sont chargés des informations viticoles. Certains le font avec brio, d'autres moins bien, un petit nombre donnant parfois la priorité au copinage ou péchant par ignorance du sujet.

La critique émet parfois des jugements un peu rapides. Ainsi, certains vins qui ne le méritaient pas se sont vus surmédiatisés et sont aujourd'hui des vedettes à part entière. Des vins de garage sans aucun terroir* ni passé, aux heures de grande écoute, ont parfois bénéficié d'un temps d'antenne aussi important que des événements capitaux...

Dans ce registre, il faut évoquer aussi la revue *Wine Spectator*, dont je suis loin de partager toutes les appréciations, bien qu'elles aient aussi auprès des consommateurs internationaux un impact considérable.

À l'inverse, je conseille aux amoureux du vin de lire une formidable revue belge : *In Vino Veritas*. Les journalistes qui y collaborent sont impartiaux et respirent l'honnêteté.

LES GUIDES

Dans le secteur de l'édition, il ne se passe guère d'année où nous n'assistions à la naissance d'un nouveau guide du vin. J'ai parcouru les plus en vue, je me suis mis à la place d'un lecteur, ce qui m'a immédiatement fait comprendre qu'il fallait lire entre les lignes en ne retenant que quelques appréciations et ne pas suivre aveuglément la sélection des auteurs. Dans le cas contraire, on risque de se constituer une cave sans agrément et sans piquant, dictée par le goût de personnes n'ayant pas notre personnalité et encore moins notre palais. Mieux vaut, lorsqu'on envisage de se monter une petite collection d'AOC ou de vins étrangers, commettre au début quelques erreurs de jugement, en faisant preuve d'originalité, que de tomber dans le travers de la bouteille choisie par un autre.

LE GUIDE PARKER DES VINS DE FRANCE

Il me semble que deux facteurs font que les jugements de Robert Parker sont sujets à caution :

- une connaissance de nos grands terroirs parfois prise en défaut. Ainsi, il n'hésite pas à comparer celui de l'Enclos Quinault au sol de Château Haut-Brion. Il est vrai qu'ils sont tous les deux en milieu urbain ; là s'arrête la comparaison. Le premier à Libourne sur l'ancienne AOC sables-saint-émilion (le nom est déjà tout un programme), le second à Pessac sur les magnifiques croupes de graves, qui ont contribué à la réputation mondiale des vins de Bordeaux, il y a plusieurs siècles, bien avant le Médoc et la rive droite ;
- enfin, et surtout, son goût immodéré pour les vins concentrés. Petit à petit, ses fameuses notes contribuent à déformer le palais des consommateurs internationaux, les amenant vers un type de produit standard, s'apparentant aux vins du Nouveau Monde dont la percée s'amorce un peu plus chaque jour en Europe, où ils commencent à prendre la place de la France sur certains marchés à l'exportation.

Parcourant inlassablement le vignoble national depuis plus de quarante ans, j'ai eu l'occasion d'y rencontrer de très grands dégustateurs, sans toutefois trouver un phénomène du style de Robert Parker, capable de goûter plus d'une centaine de vins en une seule matinée pour leur attribuer une note sur 100. J'ajoute que son savoir va bien au-delà, puisque souvent il n'hésite pas à donner des dates limites de longévité. Ainsi, le Château Machin serait à boire entre 2003 et 2014. Le tout c'est d'y croire ! Entre déguster, apprécier et juger, il y a une nuance. Au-delà d'un certain nombre d'échantillons, il y a un phénomène de saturation des papilles et l'on ne peut plus être sensible qu'à la concentration. Robert Parker possède au plus haut niveau une qualité indéniable : le pouvoir d'être médiatisé à l'extrême en se servant du vin, mais pas celui de servir le vin. Il y a là une importante nuance !

Il y a des siècles que l'on fait du vin en France. On ne peut quand même pas tout bouleverser du jour au lendemain, parce que deux ou trois faiseurs d'opinion, ne le connaissant que depuis une vingtaine d'années, donnent leur avis en pérorant.

BETTANE ET DESSEAUVE, CLASSEMENT DES MEILLEURS VINS DE FRANCE

Je ne partage pas toujours les idées de Michel Bettane, mais je dois reconnaître que son guide, écrit en collaboration avec Thierry Desseauve, demeure depuis ses trois dernières éditions ce qu'il y a de mieux dans la spécialité, mis à part quelques points de détail.

Bordelais : pour avoir dégusté les deux vins sur plusieurs millésimes, j'en suis arrivé à la conclusion que l'Église Clinet (concentration mise à part) n'est pas supérieur à Vieux Certan. Pourquoi vouloir toujours gratifier de trois étoiles les vins les plus célèbres de la Gironde? Même processus dans les autres grandes régions viticoles. Ainsi en Alsace, où c'est à croire qu'il n'y a que trois grands vinificateurs! Pour de tels spécialistes, j'aurais aimé un peu plus d'imagination et une pincée de risque.

Enfin en Bourgogne, quelques domaines sont injustement oubliés ou guère gratifiés. C'est le cas de Jayer-Gilles, Mugneret-Gibourg, Groffier, Tollot Beaut, J.-M. Pavelot ou Ghislaine Barthod, vis-à-vis de vignerons mieux notés et pourtant inférieurs.

Je reconnais qu'établir une sélection, en faisant fi de l'amitié et de considérations personnelles, n'est guère aisé. Malgré ces petites remarques amicales, il s'agit d'un guide très fiable.

LE GUIDE HACHETTE DES VINS

C'est incontestablement l'ouvrage le plus lu, avec ses fameux « coups de cœur ». Dans les cinq dernières éditions, j'en ai relevé trente-six concernant les neuf grands crus mondialement connus du Bordelais. Voilà ce qui s'appelle faire des découvertes! J'ajoute que, sur la sélection de l'édition 2004, rien que pour le Languedoc-Roussillon, sur quatre cent vingt-trois vins, entre les cuvées spéciales, l'élevage en fûts de chêne et les vieilles vignes, on en trouve deux cent douze, soit 50 %, relevant de la pure fantaisie, mais avec des prix réévalués en conséquence, allant de 11-15 €, jusqu'à 46-76 € et au-delà...

Ce guide annonce en outre les dix mille meilleurs vins de France, alors que certains de ceux-ci sont absents et que cinquante des domaines les plus réputés n'ont pas jugé bon d'envoyer des échantillons, notamment les Domaines Leflaive, Raveneau, Tollot-Beaut, Comtes Lafon, Coche Dury, Jayer-Gilles, les Châteaux Climens, Rayas, Beaucastel et aussi des vignerons tels que Henri Bonneau, Alliet, Foucault ou Foreau pour ne citer que quelques exemples.

Son tableau des millésimes manque de fiabilité. Ainsi en Bourgogne, le millésime 1999, tant en blanc qu'en rouge, contrairement à la note attribuée, est très supérieur aux années 1993 et 1994, pourtant mieux cotées.
Hormis les AOC mineures et les vins de pays, ce guide n'a que l'intérêt de donner des adresses et des numéros de téléphone.

LE GUIDE DUSSERT-GERBER

Ce n'est pas ma tasse de thé. Les sélections semblent manquer de conviction.

LE BOTTIN GOURMAND

Il annonce en toute modestie indiquer les mille meilleurs vins de France. Éric Verdier n'hésite pas y à écrire : « Je vous livre quelques chiffres, vous permettant d'apprécier l'étendue de mon expérience actuelle en matière de vins exceptionnels. » Suivent ses archives de dégustation : 3 038 vins de collection ou introuvables, dégustés sur 769 millésimes de différents crus et surtout 348 bouteilles de Montrachet. Une chance qu'il nous ait fait grâce des vins encore sur fûts ! En bref, un guide que je trouve inutile et égocentrique.

CONCLUSION

JE RESTE OPTIMISTE, MAIS J'AIMERAIS QUE LES RÉCOLTANTS M'ENCOURAGENT

Après la lecture de ce nouvel ouvrage, on va sans doute avec véhémence m'accuser d'acrimonie envers le monde du vin. Je m'inscris en faux. Trois raisons primordiales font que je lui suis indéfectiblement attaché :

- je voue un profond attachement aux hommes et aux femmes qui font le vin ;
- je n'ai pas oublié les ordres religieux, pionniers de la mise en valeur de nos incomparables terroirs, ni la clairvoyance et le désintéressement des anciens qui, en 1936, dans une époque bouleversée, sauvèrent les grands vins de France du désastre en créant le système des AOC, que le monde entier nous envie aujourd'hui ;
- j'ai aussi une grande reconnaissance pour les générations actuelles qui ont pris conscience de la valeur des sols en les protégeant, alors qu'il faut bien reconnaître qu'après la Seconde Guerre mondiale la génération précédente, en jouant la carte des engrais et des pesticides, les avait détériorés ;
- enfin j'aime le vin sans lequel notre vie et notre alimentation paraîtraient bien ternes.

En somme, ce livre rappelle la véracité du proverbe : « Qui aime bien châtie bien. » Pour autant, il ne doit pas inciter plus au pessimisme qu'à l'optimisme même si j'avoue nourrir quelques inquiétudes sur l'avenir de notre viticulture face à la poussée étrangère. Il conviendrait de produire des vins qui expriment pleinement la typicité des terroirs dont ils sont issus et soient vendus à un prix raisonnable, plutôt que de favoriser les pratiques culturales et œnologiques qui tendent à l'uniformisation. Ayant pressenti le danger, les plus sages ne sont pas rentrés dans le système, mais ils demeurent à mon sens encore trop marginaux. Il serait temps que les autres reviennent à des concepts plus traditionnels, permettant d'élaborer des vins sincères, élégants et subtils. Si l'on fait abstraction des sols en voulant faire les mêmes produits que ceux du Nouveau Monde, indéniablement on leur laissera la place sur de nombreux marchés.

Reconnaissons aussi qu'un matériel plus performant, une connaissance mieux affirmée, des techniques de vinification et un meilleur suivi des laboratoires d'œnologie sont autant d'atouts pour le consommateur appelé à boire mieux, même dans des millésimes réputés difficiles. Mais il ne faudrait pas aller trop loin ; souvenons-nous que le mieux est l'ennemi du bien.

Pour autant, il faut reconnaître que les nouveaux vins très aromatiques, différents de ceux du passé, bus très jeunes, apportent des satisfactions et surtout un plaisir immédiat. C'est bien sûr au détriment de la garde, mais c'est sans doute une évolution inéluctable, si l'on pense que se constituer une cave aujourd'hui demande un apport financier et une patience difficilement conciliables avec la vie actuelle.

J'ajoute que la pléthore de nouveaux vins en provenance de régions ou de nations étrangères, jadis inconnus du grand public, crée une émulation profitable aux nouveaux consommateurs et, espérons-le, à l'ensemble de la profession. C'est à eux que je lève mon verre en buvant à la santé des lecteurs qui m'ont, une fois de plus, accordé leur confiance.

GLOSSAIRE

ACESCENCE

Maladie du vin, appelée aussi piqûre acétique. Des bactéries aérobies transforment l'alcool du vin en acide acétique. Cette dégradation conduit inévitablement au vinaigre.

ACÉTATE D'ÉTHYLE

Composé chimique conférant au vin une odeur piquante, caractéristique du vinaigre.

ACIDE MALIQUE

Acide naturel du raisin, dont le taux diminue au cours de la maturation, surtout lorsque le temps est chaud.

ACIDE TARTRIQUE

Il est aussi présent naturellement dans le raisin et, bien entendu, dans le vin, mais peu répandu dans le reste du monde végétal. Les vins nouveaux en année froide en sont sursaturés, provoquant des précipitations de bitartrate de potassium dès qu'ils se trouvent au froid. Lorsqu'elles n'ont pas été éliminées totalement en cours d'élevage, elles se déposent au fond des bouteilles. Ce sont les fameux cristaux, appelés « gravelle », que les consommateurs prennent le plus souvent à tort pour du sucre.

ACIDIFICATION

Traitement appliqué aux moûts et au vin en fermentation considérés comme insuffisamment acides pour la garde, en partant d'un produit naturel obtenu par raffinement du tartrate acide de potassium, après élimination du sel de potasse. Cette opération n'a rien de chimique, puisqu'il s'agit simplement de restituer au vin les substances manquantes entrant normalement dans sa composition.

ACIDITÉ VOLATILE

Elle est constituée par plusieurs substances, dont la principale est l'acide acétique. Le vin qui en contient une dose supérieure à celle admise par la législation européenne n'est plus guère consommable, d'autant qu'elle augmente généralement avec le vieillissement. Son apparition se manifeste lors de la cuvaison, à l'occasion de l'arrêt de la fermentation causé par l'élévation de la température.

AMPÉLOGRAPHIE

Science décrivant les différentes espèces de cépages.

ANTHOCYANE

Composé phénolique responsable de la couleur des vins rouges.

AOÛTEMENT

Phénomène physiologique intervenant sur les bois de la rafle à la fin d'un été particulièrement chaud. Les vignerons égrappant en totalité incorporent parfois un certain pourcentage de rafle dans leur cuvaison, lorsque ces conditions sont requises, sans risque de donner au vin des goûts herbacés.

ASSEMBLAGE

Procédé consistant à incorporer, dans des proportions judicieusement étudiées, de nombreux crus de Champagne pour réaliser la cuvée. Dans les autres régions, cette opération a pour but, soit d'unifier les différentes pièces de vin pour obtenir une cuvée homogène avant la mise en bouteilles, soit d'incorporer le vin de presse à celui de goutte. Dans ce dernier cas, en Bordelais, elle se nomme « égalisage ».

BÂTONNAGE

À l'aide d'une tige, généralement munie d'ailettes ou d'un fouet, le vigneron remue les lies fines pour les remettre en suspension, afin de nourrir le vin en lui donnant du gras. Certains prétendus novateurs pratiquent également cette opération sur les vins rouges. Ce qui est un non-sens, n'apportant rien de qualitatif, si ce n'est de les fatiguer.

BENTONITE

Silicate d'aluminium provenant, entre autres, du gisement américain de Fort Benton aux États-Unis. Cette matière gonfle au contact de l'eau. Elle possède un pouvoir clarifiant pour le collage des vins, en éliminant les protéines en excès.

BGO

Bourgogne Grand Ordinaire, provenant essentiellement du cépage gamay.

BLANC DE BLANCS

Vin blanc uniquement élaboré avec des raisins blancs. Ce terme ne trouve sa véritable signification qu'en Champagne, puisqu'il permet de distinguer les vins blancs provenant uniquement du chardonnay.

BOIS MERRAIN

Bois de chêne, débité en planches, destiné surtout à la tonnellerie.

BONDE

Pièce de bois, plastique ou verre, permettant d'obturer le fût.

BOTRYTIS CINEREA

Champignon parasite du raisin, qui selon les conditions météorologiques, peut apporter le désastre, avec la pourriture grise, ou l'apothéose qualitative dans les grands liquoreux et moelleux, avec développement de la pourriture noble. Ce qui fait que, curieusement, selon les régions il est souhaité ou redouté.

CASSE CUIVREUSE

Maladie du vin pouvant apparaître dans les blancs ou dans les rosés trop riches en cuivre, en raison de certains composés des sols, de traitements ou d'opérations malencontreuses en cuverie. À l'inverse de la casse ferrique, elle exige, pour que le cuivre demeure insoluble, qu'il soit en milieu réducteur. Remède simple : dès que la bouteille est ouverte, il faut la décanter ; le vin, alors débarrassé du dépôt provoqué par l'excès de cuivre, retrouvera ses qualités normales.

CASSE FERRIQUE

Excès de fer apporté au cours des manipulations que subit le raisin. Elle provoque dans les vins blancs ou rosés soit une casse blanche, appelée phosphato-ferrique, soit une casse bleue, dénommée tannate ferrique. La couleur du vin est difficile à définir, en raison des particules en suspension arrêtant les rayons lumineux. Remède simple : il suffit d'exposer les bouteilles debout aux rayons ultraviolets de la lumière solaire pendant plusieurs heures pour la voir disparaître. J'en ai été témoin, il y a une trentaine d'années, chez Étienne Sauzet à Puligny-Montrachet.

CENTRIFUGATION

Sorte de clarification des moûts, en utilisant la force centrifuge pour éliminer dans les vins nouveaux les particules lourdes. Ce procédé est couramment pratiqué dans les grosses unités de production alsacienne et pour le traitement des primeurs en Beaujolais.

CHAPEAU

Nom donné aux matières solides de la vendange, faites de grumes et de rafles (pour les vins non égrappés) flottant à la surface du moût. Elles peuvent être, selon les vinifications, dénommé chapeau « immergé » ou chapeau « flottant », d'où, dans ce dernier cas, l'intérêt du pigeage ou de l'arrosage avec du moût prélevé en bas de la cuve, pour extraire le maximum de matière colorante.

CHAPTALISATION

Apport de sucre pendant la fermentation, pour remonter le degré alcoolique.

CHAUSSAGE

Travail qui consiste, à l'approche de l'hiver, à ramener la terre sur les pieds de vignes pour protéger les ceps des gelées. Il est malheureusement en voie de disparition.

CHLOROSE

Étiolement de la vigne, causé principalement par un excès de calcaire dans les sols, dû le plus souvent à un mauvais choix du porte-greffe caractérisé par le jaunissement des feuilles.

CLARIFICATION

Ensemble des opérations permettant d'obtenir un vin brillant et limpide. Plusieurs procédés sont utilisés simultanément ou séparément : centrifugation, filtration et collage.

CLOS

Parcelle de vignes qui, selon la législation, devrait obligatoirement être entourée de quatre murs ; ce qui est loin d'être le cas en Bourgogne.

COLLAGE

Opération de clarification par addition dans le vin d'une « colle » incolore et sans saveur ayant la propriété de précipiter les particules en suspension. Il y en a de différentes sortes selon la couleur des vins et aussi en fonction d'un usage bien précis; bentonite, caséine, blanc d'œuf (frais ou en poudre) ou colle de poisson issue de la vessie natatoire de certains poissons, notamment l'esturgeon.

COLLOÏDES

Composés de natures diverses, qui peuvent floculer ou se déposer au fond des cuves ou des barriques en cours d'élevage. Ils ont pour inconvénient de colmater rapidement les filtres et pour avantage d'arrondir et de protéger les vins.

CONCENTRATION DES MOÛTS

Jus de raisin que l'on enrichit par évaporation.

CORRECTION

Amélioration apportée au moût ou au vin en fermentation. Il peut s'agir d'acidification ou de chaptalisation, quelquefois les deux réunies comme parfois en Bourgogne.

COULEUSE

Bouteille dont la fermeture n'est pas hermétique en raison entre autres d'un pincement du bouchon lors de la mise en bouteilles par la mâchoire de la boucheuse.

COULURE

Accident empêchant généralement, en raison du froid, la fécondation de la fleur, ayant pour conséquence de faire avorter le fruit.

COUPAGE

Mélange de vins d'origines différentes.

COURSON

Branche du cep de vigne taillée court pour que la sève s'y concentre.

COURTIER

Intermédiaire entre le vendeur et l'acheteur, dont la mission est de prospecter les récoltants dans le vignoble sitôt après les vendanges. Il est rétribué à la commission.

CRÈME DE TÊTE

Expression surannée autrefois utilisée en Sauternais pour désigner des raisins particulièrement riches en sucre issus d'une première trie.

CRYOEXTRACTION

Ce principe repose sur une loi classique de la chimie, la loi de Raoult, selon laquelle, lorsqu'on dissout un corps dans l'eau, le point de congélation de la solution baisse quand la quantité de produit dissous augmente. Par conséquent, plus un raisin est riche en sucre, plus le point de congélation de son jus est bas. On imagine donc très bien l'existence d'une température à partir de laquelle les raisins les moins sucrés sont congelés, alors que ceux qui le sont le plus ne congèlent pas.

CUVAISON

Acte principal de la vinification des vins rouges, pendant laquelle se produit la fermentation alcoolique, permettant d'extraire la couleur, les tanins, les arômes et diverses substances secondaires. Il arrive que la fermentation secondaire (malolactique) s'enclenche à la suite. La durée de cuvaison constitue l'un des facteurs les plus importants de la qualité.
Elle est fonction du type de vin recherché et de l'option choisie par le vigneron. C'est sur cette opération que se joue tout l'avenir du vin. Elle n'est pas, comme on pourrait le croire, un moment de relaxation, mais implique au contraire une surveillance vigilante et constante du vinificateur. Il faut quand même préciser qu'avec l'apparition de matériel de plus en plus sophistiqué, contrôlant les températures à l'aide d'ordinateurs, l'homme a vu sa tâche grandement facilitée.

DÉBOURBAGE

Premier soutirage, pour éliminer les bourbes ou grosses lies.

DÉCAVAILLONNAGE

Action d'enlever la terre placée entre les pieds de vigne pour les protéger du gel.

DÉCHAUSSAGE

Travail aratoire pratiqué au printemps pour ramener la terre dans l'inter-rang, lorsque les grands froids ne sont plus à craindre.

DÉCLASSEMENT

Cette décision peut être administrative ou volontaire pour le vigneron intègre. Elle a pour objet de ne pas revendiquer l'appellation, en commercialisant le vin sous une autre moins noble, dite « de repli ».

DÉGORGEMENT

Ultime phase de la champagnisation, éliminant le dépôt accumulé sous le bouchon pendant le remuage. Cette opération délicate se pratiquait dans le passé à la volée. Elle est maintenant grandement facilitée par l'emploi du froid artificiel, en plongeant le goulot de la bouteille dans un bac contenant une saumure de chlorure de calcium ou de solution glycolée alimentaire, dénommée « monopropylène glycol », jusqu'à ce qu'il se forme un glaçon.

DENSITÉ DE PLANTATIONS

Indique le nombre de pieds de vigne contenus à l'hectare, généralement compris selon les régions, entre 3 000 et 10 000.

DOUELLE

Planche servant à la fabrication d'un tonneau.

ÉCOULAGE

Opération de la vinification, consistant à tirer le vin de goutte au bas de la cuve, en ne laissant que le marc qui sera ensuite pressuré.

EDELZWICKER

Terme alsacien désignant les vins de cépages nobles et moins nobles type chasselas ou pinot blanc (*edel*), qui sont assemblés pour former l'appellation. Bien qu'étant le bas de gamme, il reflète généralement la qualité de la cave.

EMBLAVURE

Terre emblavée, c'est-à-dire ensemencée de céréales.

ENRICHISSEMENT

Addition de moût concentré rectifié ou non, permettant de remonter le degré.

ENTONNAGE

Remplissage des fûts après la décuvaison.

ÉTHANAL

De la famille des aldéhydes, il est un intermédiaire entre l'acide acétique et l'alcool éthylique. On l'obtient, soit en oxydant l'alcool éthylique, soit en réduisant l'acide acétique.

EXTRAIT SEC

Résidu de l'évaporation d'un vin. Un vin surchaptalisé manque toujours d'extrait sec, car en augmentant artificiellement l'alcool, le vinificateur ne fait que déséquilibrer son produit.

FERMENTATION ALCOOLIQUE

Transformation des sucres en alcool sous l'influence des levures. Cette réaction amène la transformation du moût en vin.

FERMENTATION MALOLACTIQUE OU FERMENTATION BACTÉRIENNE DE L'ACIDE MALIQUE

Dégradation de l'acide malique en acide lactique (moins fort) et en gaz carbonique. Cette transformation provoque la désacidification biologique du vin. Dans de nombreuses régions à part la Bourgogne et l'Hermitage, elle n'est pas toujours recherchée – voire le plus souvent évitée – pour les vins blancs. En revanche, elle est systématique dans tous les rouges.

FILTRATION

Procédé de clarification pour rendre le vin plus limpide. Il existe plusieurs types de filtres : à plaques (quelquefois stérilisantes pour le mal du vin), à membrane ou à kieselgur (de plus en plus utilisé) formé de dépôts siliceux à base de micro-organismes (diatomées). Dans le passé, les plaques étaient le plus souvent en amiante ; sous la poussée des scientifiques, arguant qu'elles étaient cancérigènes, elles furent interdites. La presse, à l'époque, avait parlé de dangereuses fibrilles subsistant dans le vin ! Comme le fait justement remarquer Jacques Puisais dans un excellent ouvrage, *Le Vin se met à table*, la quantité infime ne pouvait avoir aucune incidence sur la santé de l'individu. Des études ont d'ailleurs démontré qu'un homme buvant journellement un litre de vin filtré à l'amiante pendant cinquante ans de sa vie, aurait ingéré moins de 2 mg au bout de cette période. En revanche, curieusement, la plupart des sirops vendus en pharmacie continuent à être filtrés avec ce type de plaques, puisque aucun texte à ce jour ne l'interdit !

FINAGE

Ensemble des terroirs viticoles d'une commune bourguignonne.

FLASH PASTEURISATION

Technique tuant non seulement les bactéries mais aussi les levures, puisqu'elle consiste, avec un appareillage extrêmement complexe fait d'échangeurs, à monter le vin à une température de 120 °C pendant une à deux secondes.

FLAVONES

Pigments jaunes, contenus dans le raisin, qui interviennent dans le processus d'oxydoréduction.

FLORAISON
Phase végétative de la vigne, amenant la fécondation des grappes, qui va permettre la formation des baies.

GAZ CARBONIQUE (CO_2)
Le gaz carbonique est présent dans tous les vins, même dans ceux qui ne sont pas rendus mousseux comme le champagne. Il apparaît lors de la fermentation alcoolique, qui en dégage environ 88 litres par litre de moût. À la mise en bouteilles, il est indispensable qu'il en reste encore un certain pourcentage pour permettre aux arômes et plus tard au bouquet de s'exhaler (environ 400 mg). Certains vins blancs, surtout d'Alsace, sont mis en bouteilles avec un volume de CO_2 beaucoup plus important, très perceptible à la dégustation, ce qui leur permet de garder beaucoup plus longtemps leur jeunesse. Dans le vin rouge, c'est une tare inadmissible, sauf à la rigueur pour un primeur tel que le beaujolais.

GAZ INERTE
Deux sont autorisés, le gaz carbonique et l'azote, qui peuvent aussi être mélangés. Ils servent surtout à conserver les vins en vidange maintenus en gros volumes en cave, en évitant les altérations microbiennes.

GÉNÉRIQUE
Dans un sens très large, terme s'appliquant aux appellations d'origine de base. Exemples : bordeaux, bourgogne, côtes-du-rhône.

GOUTTE (VIN DE)
Vin rouge qui s'écoule des cuves après la cuvaison. Il représente environ 85 % du volume total. Contrairement au vin de presse issu du pressurage des marcs.

GREFFAGE
Procédé utilisé pour reproduire la vigne après le phylloxéra. Il est issu de la soudure biologique réalisée entre deux vignes différentes, la première portant le système racinaire (porte-greffe) et l'autre le système aérien porteur des feuilles et des fruits appelé le greffon. Les pépiniéristes emploient le terme « greffé-soudé ».

HYBRIDE
C'est le résultat de croisements entre les espèces du genre *vitis* destinés à apporter aux descendants des facteurs de résistance aux maladies. On distingue les hybrides américano-américains (noah, clinton, vialla, york et madeira), les franco-américains (jacquez, herbemont, seibel, couderc, baco et seyve villard) et les franco-asiatiques ainsi que les russes, résistant au froid de l'hiver sibérien.

HYBRIDEUR

Personne qui, dans le passé, effectuait des recherches génétiques pour créer de nouveaux hybrides.

JACHÈRE

État d'une terre agricole qu'on laisse temporairement se reposer en ne lui faisant pas porter de récoltes.

JÉROBOAM

Flacon correspondant au double magnum, soit quatre bouteilles.

LAMBRUSQUE

Vigne sauvage.

LATTE

Planchette étroite servant d'intercalaire entre les bouteilles de champagne empilées, après avoir reçu la liqueur de tirage, et stockées à l'horizontale avant l'opération du remuage.

LEVURE

Champignon microscopique, généralement de forme elliptique. On en dénombre jusqu'à dix millions par millilitre. Elles permettent le bon déroulement de la fermentation alcoolique.

LEVURE INDUSTRIELLE

Produit fabriqué par des entreprises souvent canadiennes ou hollandaises, opérant sur la multiplication des micro-organismes pour les produits agroalimentaires et pharmaceutiques. Son origine n'est pas industrielle, mais sa multiplication l'est.

LIE

Dépôt du vin pouvant être constitué en grande partie de levures inactives, en raison de l'épuisement en sucre. C'est pourtant une partie noble du vin et sa redissolution est indispensable pour que ce dernier s'enrichisse pendant son élevage. Son contact prolongé développe les arômes et les matières azotées.

LIQUEUR D'EXPÉDITION OU LIQUEUR DE DOSAGE

Elle a pour but de combler le vide (environ 2 cl) laissé par l'expulsion du dépôt évacué lors du dégorgement. Elle est généralement constituée d'un kilogramme de sucre de canne au litre, dissous dans un vieux vin de Champagne, à laquelle on ajoute de l'esprit de cognac obtenu dans les Charentes en distillant une troisième fois de l'eau-de-vie de cognac, pour atteindre un degré alcoolique d'environ 85°. Le dosage du sucre dans la liqueur varie selon le goût recherché et l'option du champagnisateur.

LIQUEUR DE TIRAGE

Le vinificateur, après avoir réalisé la cuvée de vin sec, ajoute la liqueur de tirage et les ferments pour provoquer la prise de mousse. Elle est constamment brassée pendant tout le temps de l'opération car, étant plus lourde que le vin, elle tomberait au fond de la cuve avec le risque d'avoir plus tard des bouteilles qui exploseraient et d'autres insuffisamment dosées empêchant la fermentation secondaire de se faire dans de bonnes conditions.

MACÉRATION CARBONIQUE

Méthode de vinification des vins rouges, appelée fermentation intracellulaire. Les raisins entiers sont introduits sans foulage dans la cuve. Elle permet une amélioration des caractères organoleptiques et une diminution de l'acidité, en donnant des vins très aromatiques, mais de garde limitée. Ce type de vinification convient admirablement aux primeurs, notamment en Beaujolais, mais il s'est élargi à beaucoup d'autres régions où il donne parfois d'excellents résultats, notamment avec le cépage carignan en Côtes du Roussillon.

MACÉRATION PELLICULAIRE

Les adeptes de cette technique nouvelle affirment qu'elle permet une meilleure valorisation du potentiel aromatique de la plupart des cépages blancs. Le système ne demande guère d'investissement, ce qui le rend facilement utilisable par tous. Il n'empêche qu'il exige le respect de données bien précises et des connaissances profondes du produit. Tout le monde n'a pas le génie de Denis Dubourdieu. Il faut utiliser des raisins vendangés dans un état sanitaire parfait, cueillis à maturité mais sans excès, faute de quoi le vin serait lourd et peu agréable (la machine à vendanger est à proscrire), et surtout respecter le temps pendant lequel ils doivent être en contact avec le jus de l'écrasement naturel avant pressurage. La durée de macération est fonction du cépage. Ce type de vinification donne des vins plus structurés avec une complexité aromatique intense, mais il est indéniable que cela se fait souvent au détriment de la garde. Ce qui explique que l'intérêt de cette technique doit se porter en priorité sur des appellations mineures.

MALADIE CRYPTOGAMIQUE

Certains champignons sont à la base de ces maladies. Les plus connus sont le mildiou, l'oïdium, la pourriture grise et le black-rot.

MARCOTTAGE

Mode de multiplication d'un végétal par lequel une tige aérienne s'enterre et prend racine. Avant le phylloxéra, toutes les vignes françaises étaient conduites de cette façon.

MATHUSALEM

Flacon d'une contenance de huit bouteilles.

MATURATION

Période au cours de laquelle les grumes ne grossissent plus beaucoup. En contrepartie, elle permet en fonction de deux courbes, l'une décroissante (celle de l'acidité) et l'autre évolutive (indiquant la teneur en sucre), d'arriver au stade de la maturité physiologique du raisin.

MATURITÉ PHÉNOLIQUE

Pour les rouges, c'est le moment où le raisin a le maximum de couleur. On la contrôle par le dosage des matières colorantes.

MÉTHODE SOUSTRACTIVE

Ce type d'appareil est très complexe et extrêmement onéreux (entre 6000 et 18000 €), le plus connu est celui utilisé pour l'osmose inverse, permettant la concentration de l'alcool des moûts avant le départ de la fermentation, pour éliminer un certain volume d'eau (environ 10 % mais certains vont jusqu'à 15 %). La majorité des crus classés du Médoc et des Graves et beaucoup de crus bourgeois en sont maintenant équipés. La Côte-d'Or et d'autres régions en possèdent également. Je suis contre ce genre de technique, qui ne peut trouver son utilité que dans les grands millésimes où, bien sûr, elle n'est que rarement employée. Il faut encore ajouter que des problèmes se sont posés récemment à Bordeaux dans des crus classés, et non des moindres, qui avaient eu tendance à interpréter la législation en faisant leur déclaration de récolte seulement après usage de l'appareil, faussant les rendements autorisés. L'inconvénient est qu'il concentre non seulement l'alcool mais aussi les autres composants du vin, les bons comme les mauvais.

MICRO-BULLAGE

Appareil mis au point par un récoltant du madiranais, M. Ducournau. Ce système consiste à inoculer dans la barrique, d'une manière très lente, de très faibles quantités d'oxygène, dans le but d'accélérer la dégradation des tanins pour faire évoluer plus vite le vin, toujours dans un même but : satisfaire aux dégustations précoces. Je pense que cette pratique présente sans doute un certain intérêt mais uniquement pour le cépage tannat.

MICROCLIMAT
Terme désignant un ensemble de conditions climatiques régnant en permanence sur une parcelle, créant ainsi une situation privilégiée pour un cru ou partie de celui-ci.

MILLERANDAGE
Avortement partiel des grains de raisins, en raison de mauvaises conditions météorologiques lors du passage de la fleur. Hormis les cas extrêmes, cette situation est toujours favorable à la qualité des vins rouges.

MONOPOLE
Climat bourguignon appartenant à un seul domaine.

MOÛT
Jus de raisin non fermenté destiné à l'élaboration d'un vin, libéré des grumes lors des phases précédant la fermentation.

MUID
Grand fût dont la contenance varie selon les régions. Il avoisine le plus souvent les 600 litres.

MYCODERMA ACETI
Bactérie (acetobacter) décrite pour la première fois par Pasteur et provoquant la transformation de l'alcool en acide acétique, donc du vinaigre en vin.

OSMOSE INVERSE
Voir **MÉTHODE SOUSTRACTIVE**

OUILLAGE
Opération consistant à remplir très régulièrement les barriques à ras de la bonde, afin d'éviter que le vin, qui subit une évaporation constante (moins importante dans les caves très humides), ne demeure en contact avec l'oxygène de l'air.

OXYDATION
Réaction chimique plus ou moins grave, provoquant des défauts dans les vins. On lutte contre elle par l'ouillage, la conservation sous gaz inerte ou l'apport de SO_2.

PAL INJECTEUR
Appareil en cuivre muni d'une pompe manuelle, permettant d'insuffler dans le sol du sulfure de carbone.

PALISSAGE

La plupart des vignes, hormis le gamay (exclusivement pour les beaujolais-villages et les crus du beaujolais), la syrah, le mourvèdre et le grenache – pour ne citer que les principaux –, sont généralement palissées contre un support en fils de fer depuis la remise en état du vignoble français quelques années après l'invasion phylloxérique.

PASSERILLAGE

Flétrissement du raisin sur souche par dessèchement naturel, dû à des conditions climatiques exceptionnelles avant la cueillette, amenant une très forte concentration de tous les éléments du raisin et particulièrement du sucre. C'est l'autre moyen pour obtenir des vins naturellement moelleux en dehors de la pourriture noble.

PASSETOUTGRAIN

Mélange de deux cépages ; deux tiers de gamay et un tiers de pinot noir.

PÉDICELLES

Ramifications du pédoncule se terminant par une fleur.

PÉRENNE

Plante qui dure très longtemps.

PÉTILLANT

Vin effervescent préparé selon la réglementation communautaire par une méthode semblable à la champenoise, mais avec une pression moindre (comprise entre 1 et 2,5 atmosphères par centimètre carré). Les plus traditionnels ont toujours été produits à Vouvray et à Montlouis.

PHYTOSANITAIRE

Relatif aux soins à donner aux végétaux.

PIED DE CUVE

Levain provenant de la cueillette préalable d'un faible volume de raisins parfaitement mûrs, choisis dans la meilleure parcelle, facilitant la multiplication des levures dans une cuve de vinification. On considère qu'un hectolitre de levain suffit pour faire démarrer 40 hectolitres de vendange.

PIGEAGE

Opération de vinification en rouge, consistant une ou deux fois par jour à enfoncer la partie solide dénommée chapeau, qui, poussée par le gaz carbonique, s'accumule à la surface de la cuve pendant la fermentation. Elle a pour but de remettre le moût au contact des pellicules, favorisant ainsi l'extraction des anthocyanes et des tanins responsables de la couleur. Ce procédé est maintenant mécanisé dans beaucoup de domaines possédant des cuves à pigeage automatique, dont certaines sont même programmées par ordinateur.

PIQÛRE ACÉTIQUE
Maladie du vin occasionnée par des bactéries. Elle se produit généralement sur les vins mal protégés de l'oxygène de l'air et peu sulfités, en conduisant presque invariablement à la formation du vinaigre.

PIQÛRE LACTIQUE
Maladie d'origine microbienne, agissant sur les vins rouges. Des bactéries lactiques, toujours présentes dans le vin (en fonction de l'élévation de la température ou lorsqu'il manque d'acidité), attaquent les sucres restants, qu'elles transforment en acide lactique, en acide acétique et en gaz carbonique. Le vin prend alors une odeur infecte de chou fermenté.

POLYPHÉNOL
Molécule de base de la matière colorante, comprenant aussi les tanins et les anthocyanes.

POURRIDIÉ
Maladie cryptogamique de la vigne et de certains arbres fruitiers. C'est un petit ver appelé nématode qui en est le vecteur, lorsque les débris de racines subsistantes n'ont pas été entièrement extirpés avant une nouvelle plantation.

POURRITURE GRISE
Un champignon, qui est le même que celui de la pourriture noble, s'attaque au raisin et se propage très rapidement, causant des dégâts considérables, surtout à la suite d'une longue période d'humidité. En outre, la vendange altérée est de très mauvaise qualité. Seule solution dans les cas extrêmes : vinifier en rosé ou chauffer le vin pour tuer les oxydases.

POURRITURE NOBLE
Pourriture bénéfique provoquée sur des raisins mûrs, en fonction de certaines conditions météorologiques et du *Botrytis cinerea*. L'idéal, pour son développement, est un brouillard humide le matin, suivi d'un beau soleil durant le reste de la journée. Elle provoque des modifications importantes dans la composition des grumes, amenant une diminution de l'acidité et surtout une très forte concentration

du sucre. Du fait que tous les grains n'atteignent pas ensemble le stade recherché, il est nécessaire de récolter par tries successives, en ne cueillant à chaque passage que les raisins parfaitement à point.

PRÉCIPITATION TARTRIQUE
Dépôt de bitartrate de potassium, formant des cristaux appelés « gravelle ».

PRESSE (VIN DE)
Vin que l'on extrait du marc fermenté lorsqu'il passe sur le pressoir. Il est plus chargé en tanin que celui de goutte et son acidité volatile est également plus importante. Il est, dans un fort pourcentage, incorporé au vin de goutte, mais pas systématiquement, c'est fonction du vigneron.

PRESSURAGE
Opération consistant à extraire le jus de raisin à l'aide d'appareils de types différents. Les meilleurs sont les pressoirs horizontaux à chambre à air. Le pressurage est une opération délicate, demandant beaucoup de sagesse de la part du vinificateur, car, avec le matériel moderne, il est possible – si on le contrôle mal – de serrer jusqu'à l'obtention de mauvais goûts.

PROPHYLACTIQUE
Se dit d'une mesure destinée à se prémunir d'une future maladie de la vigne.

PYRALE
Papillon d'une famille de lépidoptères, dont les chenilles s'attaquent aux bourgeons de la vigne. Pour la petite histoire, c'est un vigneron de Chénas, Benoît Raclet, qui triompha pour la première fois de ce redoutable parasite avec une technique, pourtant primitive, consistant à ébouillanter les bourgeons à l'aide d'une chaudière portative maintenant l'eau à bonne température, grâce à un ingénieux système fonctionnant au charbon de bois.

RAFLE
Ensemble du pédoncule et des pédicelles, formant le squelette d'une grappe de raisin.

RÉDUCTION
Phénomène physico-chimique, qui est l'inverse de l'oxydation. Ne dit-on pas qu'un vin qui a le goût de réduit, provoqué par une privation prolongée d'oxygène, demande une aération pour retrouver son équilibre ?

REFERMENTATION

Nouveau départ d'une fermentation alcoolique (sucre résiduel) ou malolactique (bactérie lactique subsistante) dans un vin mal stabilisé.

RÉFRACTOMÈTRE

Appareil mesurant l'indice de réfraction, variable selon les concentrations de sucre dans le jus de raisin.

RELEVAGE DE COLLE

Quand la colle de clarification est bien descendue, cette opération consiste à l'éliminer.

REMONTAGE

Phase de la cuvaison, obligeant à pomper du vin de goutte en bas de la cuve pour lessiver le chapeau, en augmentant l'extraction des différents composés de vin, notamment la couleur. Ce procédé rappelle celui des vieilles lessiveuses de nos grands-mères.

REMUAGE

Opération pratiquée en Champagne, consistant à tourner chaque jour, pendant un temps variable, les bouteilles ayant reçu la liqueur de tirage sur un pupitre réservé à cet effet, pour rassembler progressivement le dépôt de levure sur le bouchon. Un bon remueur tourne jusqu'à quarante mille bouteilles par jour. Il existe maintenant différents pupitres de remuage automatique.

ROBINET À DEUX BECS

Appelé aussi, en raison de sa forme, la « chèvre à deux becs ». Il s'agit d'un robinet en cuivre à double tirage permettant de tirer le vin directement au fût sans le fatiguer à l'aide de deux bouteilles, la seconde se remplissant pendant l'échange de la première. Il n'est plus gère utilisé que par des perfectionnistes, et c'est dommage pour la qualité.

ROGNAGE

L'un des travaux en vert, consistant l'été à stopper la végétation de la vigne, pour éviter la perte de sève occasionnée par la pousse désordonnée de jeunes rameaux. Il ne faut toutefois pas rogner trop bas pour limiter les pertes de sucre sur le futur vin.

SAIGNÉE

Dans une cuve remplie de vendange fraîche, le vinificateur procède au bout d'un nombre d'heures déterminé (selon la couleur du vin qu'il désire obtenir), à un écoulage d'une partie des jus, qui produira en général du rosé. Cette pratique permet aussi, dans les années pléthoriques, d'éliminer un certain volume de liquide pour amener de la concentration.

SEC

Selon la législation, terme usité pour les vins blancs contenant, une fois la fermentation terminée, moins de 2 grammes de sucre restants au litre.

SÉLECTION DE GRAINS NOBLES

Mention strictement réservée à de très grands vins de plusieurs AOC. Elle est encore plus restrictive que celle de « vendanges tardives ». Les vins autorisés à mentionner ce superlatif sur l'étiquette sont issus de grains vendangés en surmaturité, à l'issue de plusieurs tries.

SOUTIRAGE

Opération par laquelle le vin est séparé de ses lies. Elle peut se faire à l'abri de l'air s'il est fragile à l'oxydation ou, au contraire, à l'air pour l'oxygéner s'il est robuste. Le transvasement dans un autre fût préalablement méché (apport d'une pastille de soufre pour tuer toute bactérie susceptible d'être encore présente) n'exclut pas un léger apport de SO_2. Selon le type de vin et les habitudes du vinificateur, on compte entre deux et quatre soutirages pour une période d'élevage s'étalant sur deux ans.

STABILISATION

Réalisation d'analyses préventives, tout au long de l'élevage, dans un souci constant de juger de la santé du vin.

SUCRE DE RAISIN

Il faut savoir qu'il n'est pas du saccharose, mais un mélange de fructose et de glucose, qui ne cristallise pas.

SUCRE RÉSIDUEL

Vin ayant conservé, après la fermentation alcoolique, un taux de sucre non transformé en alcool supérieur à 2 grammes. Certaines cuvées difficiles ont parfois – comme disent les vignerons – « bien du mal à manger leur sucre ».

SULFATAGE

Traitement de la vigne, désignant de nos jours une multitude de nombreux produits de synthèse.

SULFITAGE

Opération consistant, en cours d'élevage, à ajouter au vin, à plusieurs reprises, une légère dose de SO_2. Cela commence sur la vendange, puis au pressurage, se poursuit à chaque soutirage et prend fin lors de la mise en bouteilles.

SURCHAPTALISATION

Excès de chaptalisation dû à un apport de sucre mal calculé.

SURMATURATION

Concentration très accentuée, généralement engendrée par la recherche de vins liquoreux ou moelleux.

SYSTÉMIQUE

Produit de traitement trop efficace à mon avis, contaminant l'ensemble de la plante pour la rendre toxique à toutes les attaques (champignons ou insectes).

TABLE D'ACCUMULATION

Faisant suite au groupe d'embouteillage, elle permet aux bouteilles venant d'être remplies de stationner debout pendant quelques minutes, pour aider le bouchon à reprendre 92 % de ses dimensions initiales, en limitant les risques de bouteilles couleuses.

TABLE DE TRIE

Stable ou mobile (avec vitesse réglable), elle permet à une équipe, lors des vendanges, d'éliminer les grains insuffisamment mûrs ou atteints de pourriture. C'est un des outils indispensables pour la qualité.

TANIN

Groupe de substances contenues dans la peau, les pépins et moindrement dans la rafle du raisin (ceux de cette dernière sont sans intérêt). C'est l'élément indispensable de la tenue des vins rouges. Certains cépages en sont plus pourvus que d'autres.

TANIQUE

Vin très riche en tanin, procurant souvent à la dégustation une impression d'astringence.

TARTRIQUER

Verbe employé en Côte-d'Or et signifiant « procéder à l'acidification ».

TASTEVINAGE

Label de qualité délivré à certains vins de Bourgogne par un aréopage de dégustateurs opérant au Château du Clos de Vougeot, sur l'initiative de la Confrérie des Chevaliers du Tastevin qui n'intervient pas, son rôle se bornant à assurer la régularité de l'épreuve.

TENUE

Faculté d'un vin à rester stable lorsqu'on le place dans des conditions extrêmes : tenue à l'air pour voir s'il casse et tenue au froid pour éventuellement juger de traitements préventifs.

TERROIR

Comprend le sous-sol, le sol et l'environnement. On dit souvent qu'un vin bien typé a le goût de terroir.

THERMOVINIFICATION

Procédé de chauffage de la vendange à 70 °C (totalement ou partiellement), qui est ensuite refroidie et réensemencée avec des levures industrielles. Par cette opération, on tue les bactéries, mais aussi les bonnes levures naturelles. C'est une méthode pratiquée en Beaujolais pour accentuer les arômes des primeurs et extraire de la couleur. Je suis réticent envers ce système de fermentation contrôlée, semblable, à quelques nuances près, à celui utilisé par les brasseurs de bière.

TRAITEMENT CUPRIQUE

Traitement à base de produits contenant du cuivre.

TRANQUILLE (VIN)

Vin qui n'est pas effervescent.

TRIE

Cueillette où l'on ne ramasse que les raisins atteints par la pourriture noble, pour produire des vins liquoreux ou moelleux.

VENDANGE TARDIVE

Expression désignée par un texte de loi, s'appliquant aux vins de plusieurs appellations (Alsace, Val de Loire, Sud-Ouest, etc.) sous réserve d'avoir atteint naturellement (sans aucun apport de sucre) des degrés très élevés. Outre le fait d'avoir l'obligation de porter le millésime en référence, ces vins sont, en plus, soumis à des contrôles extrêmement rigoureux avant et après récolte.

VÉRAISON

Stade de maturation du raisin au cours duquel les baies rouges commencent à se pigmenter et les blanches à devenir translucides.

VCC

Vin de consommation courante.

VIN AU PROPRE

Terme employé par les vignerons, signifiant que les impuretés ont été éliminées par les soutirages ou la filtration. En Bourgogne, certains sont trop propres pour avoir un avenir.

VIN DOUX NATUREL (VDN)

Vin pour lequel on procède au mutage (arrêt de la fermentation alcoolique, par l'adjonction d'un certain pourcentage d'alcool de rétrocession compris entre 5 et 10 % du volume des moûts). Les plus célèbres sont banyuls, maury, rivesaltes, et les muscats de Rivesaltes, Frontignan, Saint-Jean-de-Minervois, Lunel et Beaumes-de-Venise.

VIN MÉDECIN

Produit d'assez fort degré ou très coloré, provenant en général des cépages grenache ou alicante bouschet (raisin teinturier à jus rouge) pour remonter une cuvée déficiente.

VITIS VINIFERA L[1]

Espèce indo-européenne définie botaniquement par Linné en 1957, regroupant tous les cépages cultivés en Europe et une partie de l'Asie (Afghanistan, Cachemire, Iran, Turquie et Russie d'Asie). Elle sert à produire des raisins de table, des raisins secs et des raisins de cuve destinés à faire des boissons alcooliques tout particulièrement du vin. On compte plus de cinq mille cépages dans le monde.

VQPRD

Vin de qualité produit dans une région déterminée selon la législation communautaire.

---

[1] « L » en hommage au grand botaniste Linné.

SOURCES

PÉRIODIQUES

La Vigne.
La Revue des œnologues.
In Vino Veritas.
La Revue du vin de France.

LIVRES

Bettane (Michel), Desseauve (Thierry), *Bettane & Desseauve, Classement des meilleurs vins de France,* Revue du vin de France, 2004.

Cocks, éd. Féret (sous la direction de Bruno Boidron et Marc-Henry Lemay), *Bordeaux et ses vins : classés par ordre de mérite dans chaque commune*, Éditions Féret.

Collectif, *Le Guide Hachette des vins,* Hachette, 2003.

Dovaz (Michel), *Encyclopédie des vins de Corse*, De Fallois, 1990.

Dubs (Serge), Ritzenthaler (Denis), *Les Grands Crus d'Alsace*, Serpenoise, 2002.

Hulot (Mathilde), Cronenberger (Patrick), *Vins de Tokaj*, Éditions Féret.

Johnson (Hugh), Robinson (Jancis), *L'Atlas mondial du vin,* Flammarion, 2003.

Kressmann (Édouard), *Du vin considéré comme un des beaux-arts,* Denoël, 1970.

Pitiot (Sylvain), Poupon (Pierre), *Nouvel atlas des grands vignobles de Bourgogne*, 2 vol., Poupon, 1999.

Renvoisé (Guy), *Le Guide des vins de Bourgogne*, Presses de la Cité, 1982.

Renvoisé (Guy), *Le Monde du vin : art ou bluff,* Éditions du Rouergue, 1994.

Rigaud (Jacky) et Bon (Christian), *Les Nouveaux Vignerons*, Éditions de Bourgogne.
Teillaud (Marie-Christine), *Thèse sur le vin et la santé.*
Turnbull (James), *La Vallée de la Loire – Grandeur nature*, EPA, 2000.
Wallerand (Jean-Claude), *Le Montrachet* (cartographie).

REMERCIEMENTS

Que soient ici particulièrement remerciés pour leur participation à cet ouvrage :

BORDELAIS

Jean-Claude Berrouet, œnologue
Jean Boivert, viticulteur
Denis Dubourdieu, ingénieur agronome, professeur à l'université d'œnologie de Bordeaux II et directeur de recherches
Jean Gautreau, viticulteur

BOURGOGNE

Jean-Yves Bizot, viticulteur
André Bonhomme, viticulteur
Gérard Boudot, viticulteur
Christian Gouges, viticulteur
Henri Jayer, viticulteur retraité et c'est dommage…
Bernard Michelot, viticulteur
Hubert de Montille, bâtonnier de l'ordre et viticulteur
Marie-André Mugneret, viticultrice
Jean-Marie Raveneau, viticulteur
Christophe Roumier, viticulteur
Jean Trapet, viticulteur

CHAMPAGNE

Le comité interprofessionnel de Champagne
Philippe Le Tixerand, retraité, ex-directeur des relations publiques au CIVC

VALLÉE DU RHÔNE

Jean-Louis Chave, viticulteur
Philippe Guigal, œnologue et viticulteur

JURA-SAVOIE

Jean-Paul Jeunet, restaurateur
Michel Quenard, viticulteur
Marius Perron, viticulteur à la retraite

LANGUEDOC

Philippe Courrian, viticulteur
François Serres, œnologue

SUD-OUEST

Denis Capmartin, viticulteur
Bernard Plageoles, viticulteur

VAL DE LOIRE

Yannick Amirault, viticulteur
Serge Dagueneau, viticulteur
Michel Futeul, viticulteur
Nicolas Joly, viticulteur
Francis Poirel, viticulteur
Paul Millerioux, viticulteur à la retraite

DIVERS

Philippe Bourguignon, directeur du *Laurent*
Jean-Marie Gray, médecin
Gérard Margeon, chef sommelier chez Alain Ducasse
Guillaume Bour et Alain Ballofet, internautes
Michel Bonnefond, grand connaisseur et dégustateur
Sophie Boucard de l'ONIVINS
Valérie Prouteau pour sa collaboration informatique

Ouvrage réalisé par le Studio graphique des Éditions du Rouergue

Achevé d'imprimé en février 2004
sur les presses de Pozzo-Gros-Monti (Italie).

ISBN : 2 84156407 X

Dépôt légal : avril 2004